江戸の知をよむ

古典中国からの離脱と近代日本の始まり

今野真二

河出書房新社

目次

凡例

引用にあたっては、漢字字体を保存せず、原則として常用漢字表に掲げられた字体を使う。「く」を縦にのばしたような形状の繰返し符号は「々々」に置き換えた。また平仮名・片仮名一字の繰返し符号を仮名で置き換えることがある。

扉絵：歌川国貞「与話情浮名横櫛」（部分、東京都立中央図書館蔵）、本書一四六頁参照

江戸の知をよむ　古典中国からの離脱と近代日本の始まり

序　章　江戸の知とは

本書は「江戸の知」を書名にしている。漢字「知」には〈認識する・認知する〉という字義がある。したがって、江戸時代において、あることがらについてどのような認識に至っていたかということが「江戸の知」といえるだろう。ただし、江戸時代が全体としてどのような認識に至っていたかという問いについて答えを述べることは難しい。それはその問いが極端に抽象的な問いであるからだ。

試みに、「ChatGPT」に「江戸時代がどのような知に至っていたかを教えてください」と聞いてみると、「仏教思想」「和算・暦学」「医学」「経済学」「文学」「歴史学」に分けて答えてきた。この分け方でいいかどうか、ということはあるし、経済学に宮本武蔵や丹羽長秀の名前があがっているなど、あきらかな誤りを含んでおり、この問いは「ChatGPT」にとってもそうとうに難しい問いであることがわかる。しかしながら、幾つかの分野に分けていることは穏当といってよい。

どのようなことを述べたいかによって、採りあげる分野が自然に決まるだろうから、その採りあげた分野の「知」について述べればよい。本書は基本的にそうした組み立て方を選択し、分野と論点とを組み合わせて「反朱子学」「白話小説の流行」「名物学・本草学から博物学へ」「町衆のコミュニティ」「国学における人情」という章をたてた。

「江戸の知」にかかわる言説を含む入門書的な書物として田尻祐一郎『江戸の思想史　人物・方法・連環』（二〇一一年、中公新書）、末木文美士『日本思想史』（二〇二〇年、岩波新書）、辻本雅史『江戸の学びと思想家たち』（二〇二一年、岩波新書）、山泰幸『江戸の思想闘争』（二〇一九年、角川選書）などがある。本書もこれらを参照させていただいている。

知のネットワーク

「江戸の知」全体を構造的にとらえることはあるいは可能かもしれない。現時点で稿者は、さまざまな分野の「知」、それを仮に小さな知＝「小知」と呼ぶとするならば、そうした「小知」がネットワークで結ばれて全体として「江戸の知」を形成しているというモデルでとらえている。この「小知」を「要素」とみなし、「小知」同士がどのようにお互いを縁取っているか、どのようにくみあっているか、ということがある程度描ければ「江戸の知」全体をとにもかくにも構造的、立体的にとらえたことになる。しかし、そうしたことが可能だったとしても、それが稿者の能力をはるかに超えたことであることはいうまでもない。また仮にそうしたとらえ方ができるとしても、それを、言語の線条性にしたがってつくられた一冊の書物として提示できるだろうか、とも思う。書物によって知を構造的に示すことは案外と難しい。

「江戸の知」を考えるにあたっては、固有名詞が重要になる。ある人物と結びつきが具体的に確認できる人物は誰か。あるいはある人物はどのような書物をあらわしているか。そしてその書物は誰が読んだと思われるか。その書物は印刷されたのか、印刷されずに写本として伝わっているのか。人物＝人名と書物＝テキスト名を追うことによって知のネットワークがおぼろげながらも浮かび上がってくる。

『論語』里仁に「子曰、徳不レ孤、必有レ鄰」（子曰く、徳は孤ならず、必ず鄰《となり》有り）とあるが、この表現を借りれば「知には必ず隣がある」ということになるだろう。伊藤仁斎には山崎闇斎に対しての反発があったと言われている。「反発」は相入れないということであるが、しかしまったくかかわりがないものは反発さえもしない。ある語の語義を考えるにあたって、類義語との違いを考えるのは当然であるが、反義語の語義も視野に入れることによって、その語の語義がよりいっそうはっきりすることがある。そのように、反発に対しても目を向けることによって「江戸の知」がうかびあがることはあるだろう。浅田徹・田中康二（二〇二三）は「近世の論争」を採りあげているが、「かなづかい」をめぐっては、契沖と橘成員との間に論争があり、古代日本語の発音をめぐっては、上田秋成と本居宣長との間に論争があった。

思想とは何か

先に本書が参照させていただいた幾つかの書物をあげた。しかし（と言っておくが）、これらの書物と本書とには大きな「違い」がある。これらの書物は書名に「思想」という語を含み、「思想」を枠組みとして一冊が構成されている。本書は書名に「思想」を含まず、「思想」を枠組みとしていない。仮に「語る」という語、表現を使うのであれば、本書は「思想」として「江戸の知」を語っていない、ということである。「思想」という語を一度も使わずに本書を書き終えることができるかどうか、とは思うが、稿者の気持ちとしてはそうしたい。そのようにしようとしていることの背後には「思想とは何か」という稿者なりの問いがある。

荻生徂徠が「漢文」を訓読せずに理解することを主張したことについては、第三章において述べる。この主張について「今日から見ればまっとうな主張であるが、当時としてはきわめて斬新で、思想界に与えた衝撃は大きかった」（末木文美士（二〇二〇：一四一頁））と述べた時には、江戸時代に「思想界」と呼ばれるようなものがあった、ということが前提になる。あるいは、渡辺浩（二〇一〇）は第九章「反「近代」の構想」に「荻生徂徠の思想」という副題を附している。遡れば、荻生徂徠を「徳川封建社会が生んだ最初の偉大なる「危機の思想家」」（一三八頁）と呼んだ、丸山真男『日本政治思想史研究』（一九五二年、岩波書店）があった。そして、小林秀雄は『本居宣長』（一九七七年、新潮社）において、まず「宣長の遺言書」（六頁）を採りあげ、それについて述べていく中で、「この誠実な思想家は、言はば、自分の身丈に、しつくり合つた思想しか、決して語らなかつた。その思想は、知的に構成されてはゐるが、又、生活感情に染められた文体でしか表現出来ぬものでもあつた。この困難は、彼によく意識されてゐた」（十九頁）と述べている。揚げ足取りのようにみえないことを願うしかないが、右では宣長がまず「思想家」としていわば規定され、宣長が自身の「身丈に、しつくり合つた」「思想」のみを語っていた、と述べられている。宣長は「思想家」なのだろうか、宣長は自身の言説を「思想」ととらえていたのだろうか、というのが稿者の問いである。

『広辞苑』第七版の見出し「思想」は次のように説明されている。

①考えられたこと。かんがえ。「誤った—」
②〔哲〕(thought イギリス・Gedanke ドイツ)
㋐判断以前の単なる直観の立場に止まらず、直観内容に論理的反省を加えてでき上がった思惟の結果。思考内容。「新しい—」

㋑社会・人生に対する全体的な思考の体系。社会的・政治的な性格をもつ場合が多い。透谷、厭世詩家と女性「安（いずく）んぞ知らむ、恋愛は—を高潔ならしむる嬭母なるを」

㋒哲学の成果を体系的にまとめた特定の世界観や見方。

現代日本語で「シソウ〈思想〉」は②の㋑㋒の語義で使うことが多いだろう。つまり現代日本語の「シソウ〈思想〉」はただの〈考えたこと・思ったこと〉ではなくて、「体系的」にまとめられたものを指していることがほとんどである。あるいは「思想」ということばからは多くの人が「体系的」であることを思い浮かべるといってもよい。そうであれば、「思想」という観点から、江戸時代のある一人の人物について語ることができるのか、ということが稿者の素朴な疑問としてある。

渡辺浩（二〇一〇）は徳川吉宗が将軍となった頃から、「徂徠は堰を切ったように、その独特の思想体系（徂徠学）を短期間に形成し、確立し、次々と作品化した」（一七八頁）と述べ、『弁道』『弁名』『学則』『論語徴』の名前をあげる。ここでも揚げ足取りと思われないことを願うしかないが、徂徠からすれば、一つ一つのテキストをつくりあげていったのであって、自身の「思想体系」を形成することを目的として、これらのテキストをあらわしたわけではないだろう。それでも、そうした徂徠のあらわしたテキストから徂徠の「思想」を抽出することはできる、という「みかた」があるからこそ、右のような言説があることはいうまでもない。「思想」を抽出するにあたっては「抽出者」が存在する。徂徠は享保に先立つ正徳四（一七一四）年に『訳文筌蹄』を出版している。享保で線を引くと、それ以前のテキストから徂徠の「思想」を抽出することはできないのかということになりそうだ。そもそも、一つのテキストには必ず一つの「思想」があって、一つ一つのテキストから抽出した「思想」を集めてさらに抽象化することによって、「思想」がうかびあがってくるのかどうか、ということもあるだろう。

田中優子・松岡正剛（二〇一七）は、「日本儒学と日本の身体」という章を設け、その章中に「なぜ江戸幕府は朱子学を御用学問にしたか」という小見出しを置く。書名は「日本問答」であるのだから、「日本」というきわめて大きな枠組み、きわめて抽象度のたかい枠組みの中で、日本の朱子学について述べていることになる。あるいは田中優子・松岡正剛（二〇二一）は「サムライ問答」という章において熊沢蕃山『大学或問』について述べている。こちらは「江戸」という大きな枠組み、「サムライ」という枠組みの中で熊沢蕃山について論じていることになる。いずれも抽象度がたかい。

具体的であることと抽象的であること

稿者には、「思想」はそうとうに抽象度のたかい概念に思われる。抽象度のたかい概念であるから、誰が抽象化するかによって、結果がかなり異なることが推測される。本書では、ここまで述べてきたようなことを考えて、「江戸の知」を抽象的に語るのではなく、できるだけ具体的に語ることをこころがけた。具体的に語ることを支えているのは、「テキストをよむ」という「方法」である。

本書は「江戸の知」を書名にしているので、江戸時代に成ったテキストを観察対象とし、それを「よむ」。現在は江戸時代に成ったテキストの多くが精細な画像として公開されている。稿者が大学生であった、四十年ぐらい前であれば、テキストを蔵している大学図書館などに行って、その場で写すか、紙焼き写真を作ってもらうしかなかった。時間とコストとがかかるし、その場で写すためにはその場でよむことができるスキルが必要になる。

稿者の勤務している大学では、稿者の提案によって、おもに平仮名の「くずし字」を解読する科目を一年生の必修科目にしている。半期十三回の授業によって一定の解読力をつけるような「教育方法（メソッド）」があって、それに基づいて授業を行なう。半期で獲得できる解読力には限りがあるけれども、ある程度までは読めるようになる。「ある程度まで」読むためにということであっても半年はトレーニングをする必要がある。

江戸時代に成ったテキストの画像は今後も次々に公開されていくだろう。しかし、それを「よむ」ことができる人はそうは増えないだろう。現在は「くずし字」を解読するアプリなども開発されている。

しかしまだ精度はあまりたかくない。稿者はアプリやソフトが人間の解読よりも高い精度に至ることはないだろうと思っている。それはともかくとして、右のことからすれば、「くずし字」を解読するスキルを持っていることは今後さらに価値を増すことになる。

話を戻す。「くずし字」を解読するスキルを身につけていない場合には、テキストを「翻字」したものを使うことになる。それでももちろんいい。しかし、「知」はいろいろなところに浮かび上がる。江戸時代に出版されたテキストが現在に伝えられる間、いろいろな所持者を得ていたことが推測される。その時々の所持者が自身が購入したテキストに書き込みをすることがある。書き込みをしている時点ではもの」と思っているだろうが、やがてそのテキストがまた市場に出て、他の所持者のものとなる。この所持者は前の所持者が書き込みをしたテキストを購入したことになるが、また「自分のと思って書き込みをするかもしれない。このテキストがまた市場に出て、また他の所持者を得る。現在稿者のてもとにあるテキストはこうしたことを繰り返してきたテキストであるはずだ。稿者は、テキストは預かりものと思っているので、書き込みはしない。自分の手元にある時にはできるだけいいコンディションを保つように気をつけているが、「自分のもの」とはあまり思っていない。

さて、テキストを具体的な存在ととらえれば、テキストに残されたいろいろな所持者の「書き込み」もテキストの一部を形成しているとみることができる。「書き込み」にあたるような情報ごと出版されているテキストもある。また、「書き込み」を読み解くことによって何かがわかることもある。そのようにみた場合、テキストは限りなく具体的な存在ということになる。そして翻字されたテキストは抽象的な存在ということになる。テキストを抽象的にとらえる必要がある時もあれば、具体的にとらえる必要がある時もある。本書においては、まずできるだけ具体的にとらえることを考えている。図版はその具体性を示すための手段でもある。

中国との接触の歴史

仏教伝来、遣隋使・遣唐使の派遣、大宝律令の制定など、奈良時代までの日本はまさしく中国を模範としていたといってよい。平安時代に入り、八〇五年には最澄が中国から帰国して天台宗を始め、八〇六年には空海が帰国して真言宗を始める。八九四年に遣唐使が廃止されるまでの間、中国との濃密な接触は続いていた。鎌倉時代、栄西（一一四一～一二一五）は入宋し、帰国後臨済宗を始め、道元（一二〇〇～一二五三）は曹洞宗を始める。室町時代になると京都五山を中心に禅宗文化が興る。第二章で述べるように、京都五山に宋学が伝わっている。宋学が禅宗をいわば「経由」して日本にもたらされたということを大げさに言い換えるならば、宋学は禅宗の理解に基づいて日本に入ってきたということになる。しかしまた、日本列島の外からもたらされるものには、列島内に必ず最初の「受けとめ手」がいるといってもよく、そうしたことには留意する必要がある。

副題「古典中国からの離脱と近代日本の始まり」によって本書を支える二つの観点を示した。江戸時代まで、あるいは江戸時代を通してもなお、「古典中国＝古典的中国世界」は日本のさまざまなことがらにおける模範であり規範であった。「古典的中国世界」は定義することが難しいが、本書においては、その「古典的中国世界」を「かきことば」としての漢文が安定的に使用されていた世界ととらえている。中国においては、明の時代になると「はなしことば＝白話」を多く交えた白話小説がつくられるようになる。このことによって、「古典的中国世界」を形成していた「古代中国語」が「近代中国語」に移行し始めた、とみることができる。その白話小説はいちはやく、江戸時代の日本にもたらされ、日本文化および日本語に影響を与えた。そうした意味合いにおいて、江戸時代には「古典的中国世界」からの離脱が始まっていた。

江戸時代の安定性　貨幣経済・交通網・印刷

江戸時代に「知」が「開花」したことには幾つか理由があると思われるが、江戸時代が「安定した」時代であったことをまずあげておくべきであろう。「安定」には幾つかの安定がある。戦乱に明け暮れるということがなくなったということは一つの「安定」といってよい。戦乱によって人の命が失われ、書物＝テキストも失われる。中世においては、渡来銭である銭貨を中心として貨幣経済が成り立っていた。その銭貨に、貴金属として素材価値が高かった金、国際的な決済手段として用られていた秤量貨幣の銀を加え、相互の交換比率を定め、貨幣としての体系を整えた江戸時代の「三貨制度」によって、国内の貨幣経済が整えられ、安定した商業活動が展開できるようになっていく。

一六〇四年には日本橋を起点として、諸街道の整備が始まり、品川から大津までの東海道五十三宿、板橋から守山までの中山道六十七宿、内藤新宿から上諏訪までの甲州道中四十五宿、千住から鉢石までの日光道中二十一宿、白沢から白河までの奥州道中十宿が作られた。陸路ばかりではなく、海路も次第に整えられ、江戸と大坂を結び、菱垣廻船、樽廻船が運航する南海路、陸奥と江戸とを結ぶ東回り、出羽と大坂・江戸とを結ぶ西回りの航路が整備された。海陸の交通網が整備されることによって、各地の産物が大坂、江戸にもたらされるようになる。

例えば、寛政四（一七九二）年に「諸国案見道中独案内図」という道中案内図が出版されている。江戸時代には、このような道中案内図が大・小さまざまなサイズで出版されている。ほとんどのものが懐中できるようなサイズに折りたたむことができ、実際にこうした道中案内図を携帯して旅行が行なわれていたことが窺われる。今日はどこに宿泊した、何をいくらで買ったというような、道中のできごとなどを記した個人的な道中日記の類も少なからず残されている。道中案内図や道中日記は、そのまま「江戸の知」とはいいにくいけれども、これらを丁寧に読み解くことによって、新たな気づきがある可能性は大いにあるだろう。それは「具体」からのアプローチといってよい。

国内の交通網の整備が進む一方で、ロシア船が来航するなど、日本列島の外との接触も増えるようになっていく。寛政四（一七九二）年にはロシア使節ラクスマンが漂流民、大黒屋光太夫らを連れて、根室に来航し、エカチェリーナ二世の命令によって通商を要求してきたが、幕府は拒絶する。文化元（一八〇四）年にはロシア使節レザノフが長崎に来航し通商を求めるが、幕府はこれも拒絶する。文化五年にはイギリスの軍艦フェートン号が長崎に侵入するフェートン号事件が起こり、文化八年にはロシア軍艦長ゴロウニンが国後島に上陸して捕らえられる事件が起こっている。さらに天保八（一八三七）年には日本人漂流民七人の返還と貿易交渉のために浦賀に着いたアメリカ船モリソン号が砲撃され、さらには薩摩の山川《やまがわ》でも砲撃される「モリソン号事件」がおこる。この事件について、渡辺崋山（一七九三～一八四一）は『慎機論』をあらわし、高野長英（一八〇四～一八五〇）は『戊戌夢物語』をあらわすが、高野長英は「蛮社の獄」で永牢処分となり、のちに逃亡し自死する。一七九九年、幕府は東蝦夷地を直轄地とし、翌年寛政十二年閏四月十九日（西暦一八〇〇年六月十一日）には伊能忠敬が蝦夷地を測量する。伊能忠敬は、この日の朝五時頃に内弟子三人と従者二人を連れて、富岡八幡宮に参拝してから、浅草の暦局に向かい、一同御神酒を頂戴してから千住宿まで行き、測量を開始する。この第一次蝦夷地測量で寛永十二年につくられたのは、蝦夷地十枚、奥州街道十一枚の「大図」と全体を一枚にまとめた「小図」一枚だった。伊能忠敬はこの年から文化十三（一八一六）年まで、十七年をかけて日本全国を測量して歩き、『大日本沿海輿地全図』を完成させて日本列島の正確な形を明らかにした。伊能忠敬は、寛政八年八月に改暦御用を命じられて、改暦作業の中心人物であった高橋至時《たかはしよしとき》（一七六四～一八〇四）に師事している。高橋至時はケプラーの楕円軌道論の研究を行なった。

室町時代までは、情報の文字化は基本的に「手書き」によって行なわれていた。豊臣秀吉の朝鮮半島出兵に伴って、半島の技術が（結果的に）日本に伝わった。その中には活字印刷の技術も含まれており、室町時代末期から江戸時代初期にかけての時期には活字印刷が行なわれるようになった。しかし、活字印刷はすぐに木版による製版印刷に移行し、江戸時代においては、製版印刷が文字化の手段の一つとして定着していく。「手書き」は江戸時代ももちろん行なわれており、それは現代まで続いているが、製版印刷によって、同じテキストを大量につくることが可能になった。宗教的な目的によって同じテキストが大量につくられることがあるが、そうでなければ、同じテキストの大量印刷は販売を目的としたものということになる。貨幣経済の安定と印刷によるテキストの制作は表裏一体のものであったといえるだろう。印刷されたテキストは「江戸の知」の「器」であり、「知」そのものであった。

室町時代までは「一子相伝」されていた奥義や口伝が、江戸時代になると印刷されたテキストとして刊行されることがある。あるいは手書きの写本として流通していたテキストが印刷されることがある。こうしたことを「情報」という観点からみるならば、それは「情報公開」ということになる。室町時代までであれば、茶道の秘伝は茶道家のみに伝わり、立花のある流派の秘伝は立花のその流派の家元だけに伝わっていた。茶道家の人々は（おそらくといっておくが）立花の秘伝を知る機会はなかったであろう。しかし、それぞれの芸道における秘伝が印刷されたテキストとして公開されていれば、さまざまな分野の「情報」を知ることができる。このことによって、「知の地平」は急速に拡大したと思われる。『万葉集』を読むためには、どこかから『万葉集』のテキストを借りてきて自身で写さなければならない。あるいは借りてきた『万葉集』のテキストを人を雇って写さなければならない。そうなると、『万葉集』を読んだことがある人はかなり限られていることになる。そうした時代であれば『古今和歌集』や『新古今和歌集』も当然手で写すしかない。そうなると、『万葉集』も『古今和歌集』も『新古今和歌集』

も読んだことがある人は極度に少なくなるであろう。

『万葉集』は江戸時代初期、慶長・元和頃に活字で印刷され、寛永二十（一六四三）年には製版本が印刷されている。『古今和歌集』は万治三（一六六〇）年に出版されており、『新古今和歌集』には寛永年間に出版されたと目されているものがある。契沖は寛永一七（一六四〇）年に生まれ、元禄十四（一七〇一）年に没しているが、二十歳を過ぎた頃には、『万葉集』『古今和歌集』『新古今和歌集』いずれも出版されたテキストで読むことができるようになる。このような「情報の公開」を背景にして、「江戸の知」は前時代と比して飛躍的にひろまりと深度とを獲得したと推測することができる。

「かなづかい」は歌道においては重視され、和歌をどのように書くかという枠組みの中で「かなづかい」が秘伝のように扱われることもあった。室町時代には写本としてつたえられていたかなづかい書も、江戸時代になると印刷されて出版されるようになっていく。藤原定家の名前を冠することもあった『仮名文字遣』はそうしたテキストといってよいだろう。

参考文献

浅田徹・田中康二　二〇二三　近世の論争（『日本文学研究ジャーナル』第二十五号、古典ライブラリー）

小林秀雄　一九七七　『本居宣長』（新潮社）

末木文美士　二〇二〇　『日本思想史』（岩波新書）

田尻祐一郎　二〇一一　『江戸の思想史　人物・方法・連環』（中公新書）

田中優子・松岡正剛　二〇一七　『日本問答』（岩波新書）

二〇二一　『江戸問答』（岩波新書）

辻本雅史　二〇二一　『江戸の学びと思想家たち』（岩波新書）
山泰幸　二〇一九　『江戸の思想闘争』（角川選書）
渡辺浩　二〇一〇　『日本政治思想史』（東京大学出版会）

第一章

反朱子学の誕生

儒学・朱子学・陽明学

「儒学」はおおむね次のように理解されているだろう。

孔子に始まる中国古来の政治・道徳の学。漢代に五経などの経典が権威をもち儒家が重用されるに及んで、他に抜きんでた。南北朝・隋・唐では経典の解釈学が進み、また礼制の普及・実践が見られた反面、哲理面で老荘の学や仏教に一時おくれをとった。宋代に宋学が興って哲理面で深化し、特に朱子学による集大成がなされた。やがて朱子学が体制教学化するにつれ、明代中葉以降、王守仁を始め朱子学の批判・修正を通じて多くの儒家による学理上の革新が続き、清朝考証学を経て清末の共和思想に及ぶ。日本には応神天皇の時に「論語」が伝来したとされるが、社会一般に及んだのは江戸時代以降。（『広辞苑』第七版の見出し「儒学」の説明）

「儒学」とはまず「孔子に始まる中国古来の政治・道徳の学」で五経と呼ばれる経典についての学といってよい。右では、隋代から清代に至るまで、官僚登用のための資格試験である科挙の制度が、儒学の学的到達の国家認定という意味合いをもっていたことについてふれられていない。中国においては、儒学が官僚になれるかなれないかということと深く結びついていた。つまり、儒学が実際に政治とかかわりをもち、生活と結びついていた。しかし、日本においてはそうしたことがついになかった。このことには留意しておく必要がある。江戸時代に儒学はひろがりをもち、数多くの「儒者」と呼ばれる人が存在していたが、それらの人々は官僚ではなく、むしろ市井の人であった。後に採りあげる伊藤仁斎は京都堀川の商家に生まれているし、荻生徂徠は医師荻生方庵の次男として江戸に生まれている。

図1は嘉永五（一八五二）年に出版された「中興漢学名家録」である。「漢学者」の見立て番付表といってよいが、中央の「行司」の中央には「羅山林道春」、右に「鵞峰林春齋」、左に「鳳岡林春常」の名が記されている。鵞峰は羅山の息、鵞峰の次男が鳳岡。林羅山の名は信勝で、道春は剃髪後の呼び名、羅山は号であるが、一般的には林羅山と呼ばれることが多いので、ここでもそれに従う。

慶長九年、羅山が二十二歳の時に、藤原惺窩に会い、その門人となっている。慶長十年、羅山が二十三歳の時に、二条城で家康に謁し、仕官することになる。慶長十二年には家康の命によって、家康の居所である駿府に移り、剃髪を命ぜられて道春と改名した。寛永六（一六二九）年、四十七歳の時に、「民部卿法印」という、国持大名以外の一般の大名に与えられる従五位下に相当する高位の僧位に任ぜられ[1]、家康の在世中は、幕府の政治、教学にかかわった。「かかわった」はいわば結果としてということであって、羅山が家康の政治顧問であったわけではない。寛永七年には上野忍岡の私邸に学塾を開いたが、これが後に幕府の学問所である昌平坂学問所のもとになった。

羅山は朱子学者といってよいが、朱子学以外のいろいろな分野に関心をもっていた。「経・史・子・集」はいうまでもなく、神道、有職故実、国文学、国史、『寛永諸家系図伝』のような系図まで、羅山の長子春齋の記した「編著目録」には百四十七部に及ぶさまざまな著作が掲載されている。本草学への

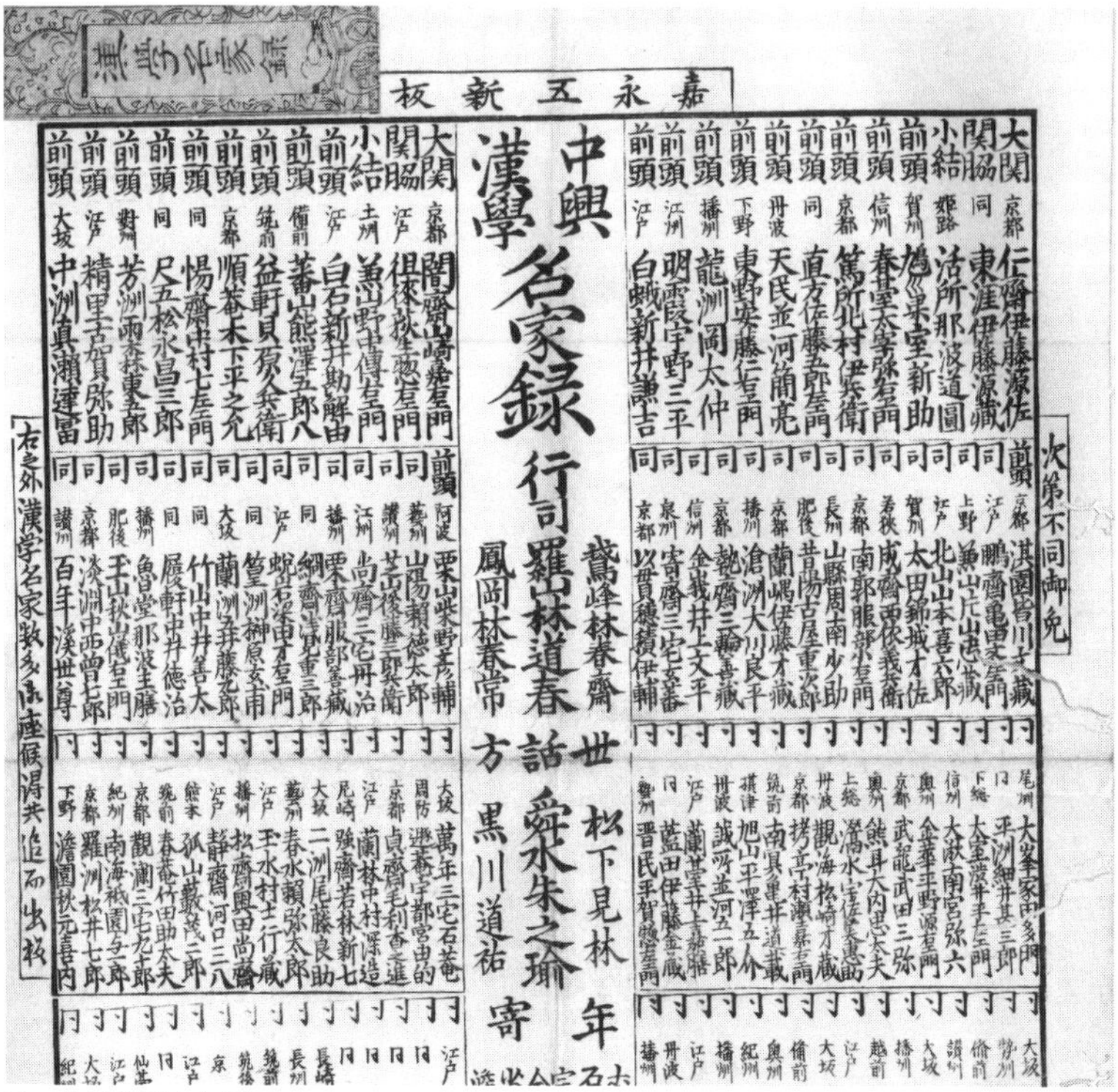

図1 「中興漢学名家録」

関心が第三章で採りあげた『多識編』としてまとめられている。

林羅山について、例えば「朱子学を幕藩支配秩序を正当化するイデオロギーとするために努力し、神儒一致論《しんじゆいっちろん》をとり（理当心地神道《りとうしんちしんとう》）仏教を排斥した。上野忍岡に家塾を開き、子孫代々幕府の儒官となった」（二〇〇〇年、吉川弘文館『概論日本歴史』一六八頁）というような述べられ方をすることが少なくない。湯島に孔子を祀る聖堂がつくられたのは、鳳岡（一六四四～一七三二）の代になってからのことで、五代将軍綱吉の時である。しかしその時には聖堂の学問所はまだ林家の家塾であり、寛政九（一七九七）年に昌平坂学問所が開校して、林家の家塾は幕府の学校となった。
羅山に関しては、家塾すなわち「スクール」を作ったこと、その知的好奇心が儒学（朱子学）に限定されておらず多方面にわたっており、それを著作＝テキストとしてまとめていたことに注目しておきたい。

図1のタイトルは「中興漢学名家録」であるが、この「漢学」は「漢文テキストをよむ」ぐらいにとらえればよいだろう。中国に淵源をもつ「知」にふれるためには漢文で書かれたテキストを読み解く必要があり、江戸時代の「知」は漢文と表裏一体であったといってもよいだろう。漢文テキストの中には経書が含まれているので、「漢学名家録」の中には儒者の名前が少なからず含まれている。藤原惺窩、林羅山の門流で、諸藩に仕官した人としては、尾張藩に仕官した堀杏庵、紀州藩に仕官した那波活所、加賀藩に仕官した松永尺五などがいるが、これらの儒者の名前を「中興漢学名家録」に見出すことができる。

伊東多三郎（一九七五）は薩摩藩や佐賀藩などでは、「戦国時代以来の習わしで、禅僧に文事を司らせたが、寛永又は寛文元禄から儒者を招いた実例が多い。学問文事が禅僧の手から、専門の儒者の手に移」り、それが「近世学問・思想史上、大きな契機となったこと」を指摘している。「黒衣の宰相」と呼ばれ今川義元を補佐した太原崇孚《たいげんそうふ》（一四九六～一五五五）は臨済宗妙心寺派の僧すなわち禅僧であったし、徳川家康の外交事務を掌った以心崇伝（金地院崇伝）（一五六九～一六三三）も臨済宗の僧であった。

本章の冒頭に掲げた引用には「宋代に宋学が興って哲理面で深化し、特に朱子学による集大成がなされた」とある。朱子学がどのような学であるかについてわかりやすく説明することは稿者の能力をはるかに超えることであるので、ここでは垣内景子（二〇一五）の言説を参考にさせていただきながら、稿者の理解の範囲内で、ある程度の整理を試みておくことにしたい。

孔子にとって「聖人」とは文化や制度（＝礼楽）を人類のために作ったいにしえのすぐれた王たちのことであった。したがって文化が完成すれば、「聖人」がこの世に現われることはなく、「孔子自身は聖人ではないし、聖人を目指すこともなかった」（十頁）。しかし、時代が経ち、孔子が権威づけられていくうちに、実在が感じにくい「伝説的な古の聖王たちよりもはるかに実在性の感じられる孔子が聖人」（十一頁）ととらえられるようになっていく。孔子が「聖人」ということになると、「聖人」の意味合いが大きく変わり、「文化を創り出すこともなく、王者となることがなくても、人は聖人になることができるということ」になり、「聖人が新たに現われる可能性が開かれた」（十一頁）。

　唐が滅んでしばらくとだえていた科挙は北宋時代に復活する。北宋の科挙官僚たちの多くは試験のために学んだ「経書の内容を現実の政治の問題やみずからの生き方の問題として捉え」（八頁）、儒教をめぐる議論を重ね、幾つかの派閥を形成するようになる。その派閥の一つに、程顥《ていこう》（号は明道《めいどう》、一〇三二～一〇八五）、程頤《ていい》（号は伊川《いせん》、一〇三三～一一〇七）兄弟を中心とする一派で、後の朱子学につながる「道《どう》学《がく》」と呼ばれる学派があった。[2] この学派は「新法」と呼ばれる政治改革をしたことで知られる王安石（一〇二一～一〇八六）一派と対立した。「道学」と同じように「道」を冠する呼称に「道家」「道教」がある。「道家」は諸子百家の一つで「老荘思想」と呼ばれる思想を指し、「道教」はその「道家」の思想と結びついた中国の民間宗教であって、どちらも儒教とは対立している。「道《どう》」は「人が従い守るべき正しい教え・道理」をあらわす語であって、「道学」と「道教」とでは「道」の内容が異なる。

　北宋の道学者たちは「聖人可学而至」（聖人学んで至るべし）をスローガンとした。「ベシ」は可能、すなわち「いたることができる」であると同時に当為「ならなければならない」という意味にもなり、そうなると「聖人は、孔子のような特別な人だけの問題ではなく、万人が等しく到達可能で、そうであるからこそ目指さなければならない」（十一頁）目標となった。そのことが人間の本性は善であるという孟子の「性善説」を強調することになり、人間の本性が善であるということは、そうであるから、人間は誰でも「聖人」になる可能性をもっているというみかたにつながっていく。垣内景子（二〇一五）はそのみかたが「仏教の「悉皆成仏（万物すべてに仏性があり、仏になることができる）」に対抗する発想であった」（十二頁）と指摘している。「対抗する発想」と表現すると対立的に受けとめられやすいが、ともに人間は誰でも救われる可能性があるという点において共通性があるとみることもできる。

南宋の時代になって、朱熹が「あるがままの心と外的な規範・秩序」（十二頁）との「調和的一体化」（十三頁）とを目指して従来の儒教にはみられなかった説明体系＝朱子学を構築する。「外的な規範・秩序」は後に「理」と呼ばれるようになり、朱子学は「心」と「理」とをめぐる思想ととらえることができる。

鎌倉時代になると、栄西、弁円、俊芿《しゅんじょう》、道元などの日本人僧侶が宋に渡り、兀庵、蘭渓道隆、大休、一山一寧、子元などの宋僧が来日していた。例えば、俊芿は正治元（一一九九）年に渡宋し、蒙庵元聡《もうあんげんそう》（一一三六～一二〇九）に禅、如庵了宏《にょあんりょうこう》に律、北峯宗印《ほくほうそういん》（一一四九～一二一四）に天台を学んでいる。建暦元（一二一一）年に帰日するが、律、天台、華厳、儒道などの典籍二五六巻を持ち帰ったという。また弁円は朱熹の『大学或問』『中庸或問』『大学注』『孟子注』『孟子精義』など、宋儒の著作を大量に持ち帰っている。日本における朱子学は禅僧が将来している点に留意しておく必要がある。藤原惺窩（一五六一～一六一九）は禅僧であったし、林羅山も建仁寺の僧侶であった。

朱熹は「心」を「性」と「情」とに分けて、「性」のみを「理」ととらえ「性即理」を唱える。朱熹が、心を「性」と「情」に分けたのは、心の中にある不善の要素を無視することができなかったためで、人の心の本性が善で「理」そのものであることは認めてはいるが、肉体といういれものの「気」（「気質の性」または「人欲」）の影響によって心は善、不善が入り交じっていると考えていた。[3] 垣内景子（二〇一五）は朱熹が「心即理」ではなく「性即理」を掲げたことによって「不善を語り、「工夫」を語る余地を得た」（二四九頁）と述べている。

朱熹が「性即理」を唱えたのに対して、王陽明（一四七二～一五二九）は心全体を「理」ととらえ「心即理」を唱える。心全体が「理」であるということは、心に不善はあり得ないということである。不善がないのだから「工夫」の余地もない。王陽明のあらわしたテキストは五山僧の間に伝わっていたことが指摘されているが、その時点においては朱子学学説と陽明学説とははっきりと区別されていなかったと考えられている。日本において陽明学がはっきりとしたかたちをもつのは中江藤樹（一六〇八～一六四八）からと考えられている。

次第に経書の訓詁学にちかいものになっていった儒教に対する反発から朱子学がうまれ、その朱子学に対する反発から陽明学がうまれるというように、中国において儒学は変遷していく。その変遷していく儒学がその時々に日本に伝えられ、それらの「日本的理解」がある。そう考えると、日本には「日本的な儒学の変遷」があることになる。「反発」は対立的ということを思わせるが、まったく新たなものでない以上、重なり合いもあることになる。それは言語学でいうところの類義語のようなもので、語義がまったく同じであれば、同義語ということになるが、類義語だから、重なり合いと違いとがある、ということになる。その重なり合いと違いとを的確にとらえなければ、それぞれがどのようなものであるかをつかむことができないことになるが、いわゆる「思想」の違い、重なり合いをとらえることは難しいことといわざるをえない。

江戸の蘐園と京都の古義堂

江戸、京都において白話すなわち中国語のはなしことばについての学習が流行したことについては、第三章において述べた。荻生徂徠（一六六六〜一七二八）は十二歳の時に林鵞峰に入門し、三十一歳の時に柳沢保明、後の吉保に仕える。宝永六（一七〇九）年、徂徠四十四歳の時に徳川綱吉が没し、徂徠は柳沢吉保の藩邸を出て、茅場町に居を構える。「蘐」の字義は〈カヤ（茅・萱）〉であるので、「蘐園《けんえん》」は茅場町にちなんだ命名ということになる。徂徠に、徂徠の門人となった太宰春台、服部南郭、山県周南、安藤東野《とうや》、宇佐美灊水《しんすい》、平野金華、僧万庵《ばんあん》を合わせて蘐園八子と呼ぶことがあるが、蘐園に学んだ人々は多い。『七経孟子《しちけいもうし》考文《こうぶん》』をあらわし、考証学の先駆といわれる山井崑崙《やまのいこんろん》も徂徠の門人であった。

一方、京都には伊藤仁斎の家塾である古義堂があった。

吉川幸次郎（一九七五）は「宋学への敢然たる批判を、彼（引用者補：徂徠のこと）にさきだってしたのは、京都の伊藤仁斎、一六二七‐一七〇五、である。彼は仁斎から多くをうけつぎ、「近き歳の豪傑の士」としつつも、仁斎が「論語」の価値を「六経」の上におくこと、孟子の重視、個人道徳の重視、みな宋儒の誤謬の残滓とする」（八十四頁）と述べている。

田尻祐一郎（二〇一一）は「徂徠もまた朱子学から出発したが、早い時期から仁斎の思想に関心を寄せて、半ばの共感を懐いていた。しかし古文辞学という方法の獲得とともに、朱子と仁斎を一括《ひとくく》りに、いずれも「古言《こげん》」を知らず「道」についての主観的な言説を吹聴《ふいちょう》する者として厳しく斥けるようになる」（九十四〜九十五頁）と述べており、徂徠が朱子学を否定する仁斎に共感を覚えつつも、その仁斎にも同調できなかったととらえている。「反朱子学」の「反」はもとの朱子学にもどってしまいそうであるが、そうではないところに複雑さがある。

自分でテキストをよむ

儒教の経典である『周易』『尚書』『詩経』『周礼』『儀礼』『礼記』『春秋左氏伝』『春秋公羊伝』『春秋穀梁伝』『論語』『孝経』『爾雅』『孟子』は「十三経《じゅうさんけい》」と呼ばれ、宋の時代になると経の本文に、漢魏の時代につくられた「注」と南北朝唐宋の時代につくられた「疏」（＝注の注）とをあわせた『十三経注疏』というテキスト(4)として編集され、流通するようになった。

『論語』を例にする。『論語』は孔子とその関係者の言行録で、中国の漢の時代以降、中国においてはいうまでもなく、日本を含め東アジアでも読まれてきたテキストといってよいだろう。『十三経注疏』には『論語』の注として魏の何晏《かあん》（？～二四九）らが編纂した『論語集解《ろんごしっかい》』が収められている。この『論語集解』の編纂にあたったのは、孫邕《そんよう》・鄭沖《ていちゅう》・曹羲《そうぎ》・荀顗《じゅんぎ》・何晏の五名で、すでにあった、孔安国・包咸・周氏・馬融・鄭玄・陳群・王粛・周生烈の八家の注釈のうち、妥当と思われるものを選びとってまとめられている。「集解」は先行する注解を集めているということで、誰の説であるかは明示されている。南宋の時代になると朱熹が『論語集注』をあらわすが、その『論語集注』を「新注」、『論語集解』を「古注」と呼ぶことがある。

このように、経書として『論語』があり、その『論語』の注がつくられる。いろいろな注のうちの妥当と思われるものが選ばれて『論語集解』がつくられる。しかしまた時が経つと新しい注『論語集注』が編まれる。先行する注疏を参照しながらテキストをよむことがまず求められ、それは日本においても変わらない。漢文で記されている注疏をよむとなれば、そこには「よみ＝解釈」が介在することになる。中国における「よみ」、日本における「よみ」があり、テキストとしての『論語』をどうよむか、ということはそうした重層的な「よみ」の中につねにあることになる。

ところが（と言っておくが）伊藤仁斎は、仁斎の没後に息である東涯が編集し、享保二（一七一七）年、仁斎十三回忌の年に詩集とともに刊行された『古学先生文集』において次のように述べている。なお、「古学先生」は仁斎の没後に門人がおくった私諡《しし》（＝私的な諡《おくりな》）。原文は漢文であるが、日本思想大系33『伊藤仁斎　伊藤東涯』（一九七一年、岩波書店：二三九～二四〇頁）の書き下し文を示すことにする。

ああ、余毎《つね》に学者に教うるに、文義《ぶんぎ》すでに通ずるの後《のち》、ことごとく宋儒《そうじゅ》の註脚《ちゅうきゃく》を廃して、特に語《ご》孟《もう》の正文《せいぶん》をもって、熟読翫味《じゅくどくがんみ》二三年《にさんねん》ならば、庶《ねが》わくは当《まさ》にみずから得《う》るところ有るべきをもってす。繇《よ》って思う　蛮貊《ばんぱく》の間《かん》、ひとり語孟の正文有つて、いまだ宋儒の註脚有らざるの国有って、大聡明《だいそうめい》の人を得て、これと学を講ずるときは、すなわち直《ただ》ちにみずから孔孟の意思《いし》を得て、後来許多《こうらいあまた》の説《せつ》話《わ》無からん。これをもってこれを観れば、すなわちもっぱら註脚に拠《よ》って正文を理会《りかい》することを知って、註脚を去って正文を理会することを知らざる者、おおむね多く孔孟と背馳《はいち》して、仏老門中《ぶつろうもんちゅう》の人となることを免れざるや、必《ひつ》せり。（二三九～二四〇頁）

「文義」は〈文章の意味〉であるので、テキストのおおよその内容がつかめた後には、「宋儒の註脚」を離れ、『論語』『孟子』の「正文」を二、三年「熟読翫味」すればよい。「蛮貊」の「蛮」は〈南方の夷〉、「貊」は〈北方の夷〉であるので、「蛮貊」で〈未開の外国〉ぐらいの意味合いと思えばよいだろう。そういう未開の土地で、「宋儒の註脚」がなくて、「語孟の正文」だけがある国があって、「大聡明の人」がいて、その人と学を論じるならば、「直ちにみずから」孔子、孟子の思うところを得ることができて、後にあれこれと言う必要がない。（宋儒のように、という含みが当然あると思われるが）「註脚」によって「正文」すなわちテキストを理解することのみを行ない、「註脚」を離れてテキストを理解することができない人は、多くは孔子孟子の考えと「背馳」して仏教と老子の考えにとらわれてしまうことを避けられない、と言う。ここで仏教と老子とが引き合いに出されていることにも留意しておきたい。

仁斎が元禄四（一六九一）年頃から稿を作り始め、仁斎没後の宝永四（一七〇七）年に、出版された『童子問』というテキスト（全三巻）がある。宋の欧陽脩の『易童子問』あるいは輔広の『詩童子問』にならって、童子と師との問答形式を採り、仁斎の考えるところが漢文体で記されている。古義堂では伊藤東涯が『童子問』の講義を九回行なっており、歴代の塾主が教科書とした。東涯が使用した『童子問』の書き入れを整理した『童子問標釈』が寛保二（一七四二）年に刊行されている。『童子問』は日本古典文学大系97『近世思想家文集』（一九六六年、岩波書店）や岩波文庫によってよむことができる。

この『童子問』上巻第二章に次のようなくだりがある。日本古典文学大系97の書き下し文を示す。

> 論孟を読む者、初学《しよがく》の若きは、固《まこと》に註脚を去《さつ》て、能《よく》本文を暁《あか》すこと能《あたは》ず。苟《いやしく》も集註章句、既《すで》に通《つう》ずるの後《のち》は、悉《ことごと》く註脚を棄て去り、特に正文に就《つい》て、熟読詳味《しやうみ》、優游佩服《いういうはいふく》するときは、則其の孔孟の本旨に於《おけ》る、大寐《たいび》の頓《にはか》に寤《さ》むるが猶《ごと》く、自《おのづから》心目《しんもく》の間《あひだ》に瞭然《れうぜん》たらん。今子が疑《うたがひ》を致すことを免《まぬか》れざる所以の者は、皆註脚〔の〕為《ため》に累《わづら》はさるるのみ。天下の理、語孟二書に到《いたつ》て尽《つ》く。復《また》加ふべきこと無し。疑《うたが》ふこと勿れ。（五十五～五十六頁）

「論孟」「語孟」はいずれも『論語』『孟子』のことで、仁斎は『論語』を重視し、『論語』理解のために『孟子』を重視していた。「集注」は『論語集注』『孟子集注』で、「章句」は『大学章句』『中庸章句』のこと。これらのテキストに「通ずるの後」には「註脚」を離れて「正文」すなわち『論語』『孟子』の「正文」（＝本文）を「熟読詳味、優游佩服」すれば、「孔孟の本旨」をはっきりとつかむことができると言う。右では「天下の理」は「語孟二書に到て尽く」と述べる。

吉川幸次郎（一九七五）は、先行する注釈を読み、その注釈の解釈を読み、それら「註脚」をふまえながら、テキストを読むのがいわば常識であったなかで、一定の理解を得た後には、テキストを熟読して、ゆっくりと考えればよいという仁斎の考え方は「異常であったと思われる」（三頁）と述べている。

討論をしてテキストをよむ

『童子問』下巻四十五章には次のようなくだりがある。

学者《がくしや》当《まさ》に下問《かもん》を恥《はぢ》ず、己《おの》れを舎《す》てて人に従《したが》ふを以て志《こころざ》しと為《す》べし。苟《いやしく》も此《かくのごと》き志《こころざし》有るときは、則《すなはち》天下何の善《ぜん》か之に如《し》かん。予《よ》や第《ただ》孔孟の旨《むね》、復《また》世《よ》に明《あきらか》ならんことを欲《ほつ》して、其の信不信《しんふしん》を較《は》からず。況《いは》んや其の言《げん》の必《かならず》行《おこな》はれんことを欲《ほつせ》んや。苟《いやしく》も孔孟の直指《ちよくし》を闡明《せんめい》して、明《あきらか》に以て我れに告ぐる者有らば、是《こ》れ吾が大《おほい》に聞《きく》ことを欲《ほつ》する所なり。吾れ将《まさ》に鞭《むち》を執《と》て以《もつて》之に従《したが》はんとす。豈《あに》其の我《われ》を議《そし》ることを尤《とが》めんや。

予《よ》門人小子《もんじんせうし》の説《せつ》と雖《いへ》ども、苟《いやしく》も取るべき者有るは、皆之に従《したが》ふ。論語孟子を解《かい》する皆然《しか》り。乃《すなはち》門人と商搉《しやうかく》し、衆議《しゆうぎ》定《さだまつ》て、而後《しかるのち》之を書《しよ》に命《めい》ず。若《も》し理《り》に合《あ》はざる者有れば之を却《しり》ぞく。是《こ》れ子《し》が識《し》る所なり。若《も》し夫《そ》れ私心《ししん》を以て之を攻《せ》め、私説《しせつ》を持《ぢ》して之を難《なん》ぜば、是《こ》れ吾が聞くことを欲《ほつ》せざる所なり。（一八七～一八八頁）

学ぶ者は「下問」すなわち目下の者にものをたずねることを恥とはしない。「己れを舎《す》てて人に従ふ」（自分の私心を捨てて他人のよい所に従う）ことを志とするべきである。

「下問を恥ず」は『論語』公冶長第五の第十四章に「子貢問曰。孔文子何以謂之文也。子曰。敏而好學。不恥下問。是以謂之文也」とあることをふまえていると思われる。図2は伊藤仁斎があらわした『論語古義』の稿者所持の本の該当箇所（巻之三・十丁表）。上部欄外には、いずれかの時期のこの本の所持者が書き込みをしている。

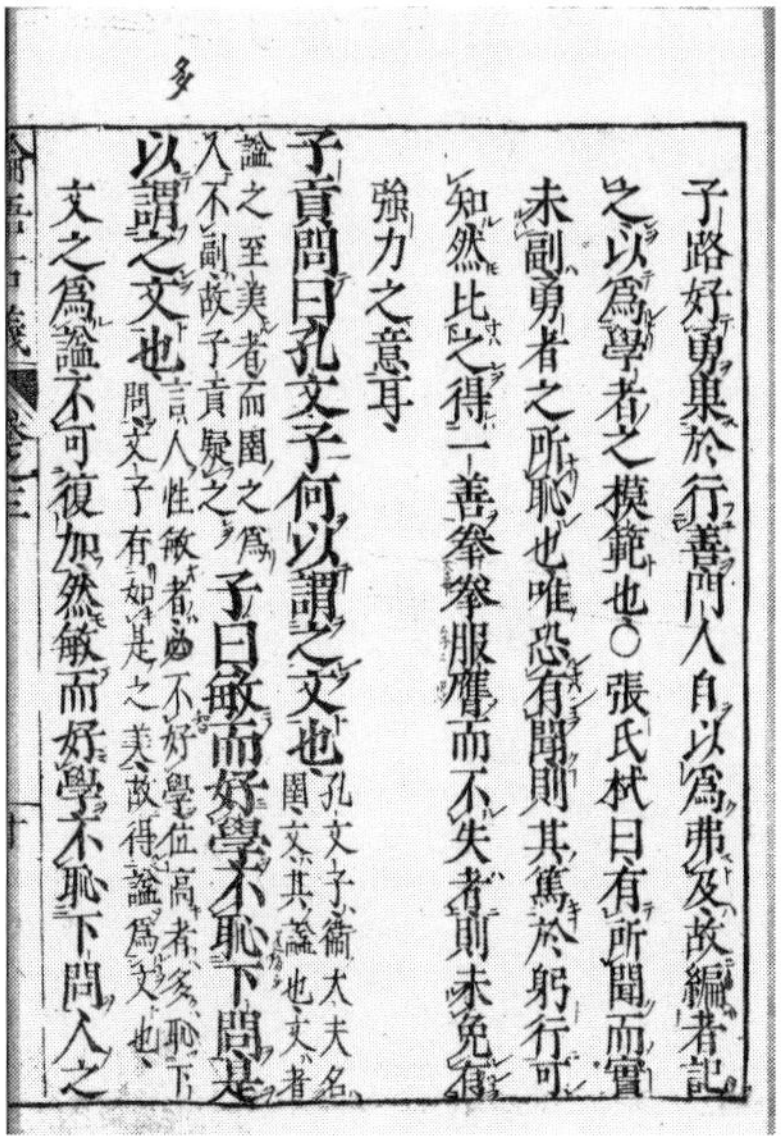
子路好勇果於行善門人自以爲弗及故編者記之以爲學者之模範也○張氏栻曰有所聞而實未副勇者之所恥也唯恐有聞則其篤於躬行可知然比之得一善拳拳服膺而不失者則未免有强力之意耳

子貢問曰孔文子何以謂之文也孔文子衛大夫名圉文其謚也文者謚之至美者而圉之爲人不副故子貢疑之子曰敏而好學不恥下問是以謂之文也言人性敏者多不好學位高者多恥下問文子有如是之美故得謚爲文也

文之爲謚不可復加然敏而好學不恥下問人之

図2 『論語古義』（巻之三・十丁表）

大きな字で印刷されている箇所が『論語』の「本文」で、それに続く小さな字で二行に割って記されている割り注は「本文」の語句の「注解」で、一字下げになっている「文之為謚不可復加」以下の箇所は「本文」の大意を示している。その後に「論曰」で始まる二字下げの文章（＝論注）が続くことがあり、この「論注」に仁斎の「みかた」が示される。割り注になっている「注解」には「文者謚之至美者」（文は謚の至美なるもの）とあって、中国の周・春秋時代から戦国時代にかけての諸侯国、衛の大夫であった孔圉《こうぎょ》はあまり評判のいい人物ではなかったが、「文」を謚として、孔文子と呼ばれる。図2の「注解」には「（孔）圉」（＝孔文子）の「為人不副」（人と為《な》りに副《そ》わず＝人となりにそぐわない）と述べられている。そこに子貢が疑問をもち、孔子に質問をしたということになる。

「至美者」がそぐわないということは、『春秋左氏伝』哀公十一（四八四）年の条に、孔子が孔圉のもとを去って魯の国に戻ったことが記されており、それを指していると思われる。ただし、『論語古義』の大意の末尾には「左氏所記文子之事恐未必然」（左氏の記する所、文子の事、恐らくはいまだ必ずしも然《しか》らず）とあって、仁斎は「左伝」の記事を疑っていたことになる。

「己れを舎《す》てて人に従ふ」は『書経』大禹謨篇にみられる舜のことばであり、また『孟子』公孫丑上第八章にも「孟子曰、子路人告之以有過則喜、禹聞善言則拝、大舜有大焉。善與人同舎己従人、樂取於人以為善、自耕稼陶漁以至為帝、無非取於人者、取諸人以為善、是與人為善者也。故君子莫大乎與人為善」（＝孟子曰く、子路は人之に告ぐるに、過あるを以てすれば則ち喜ぶ。禹は善言を聞けば則ち拝す。大舜は焉より大なる有り。善は人と同じくす。己を舎て、人に従ふ。人に取りて以て善を為すを樂む。耕稼陶漁より、以て帝と為るに至るまで、人に取るに非る者無し。諸を人に取りて以て善を為す。是れ人と善を為す者なり。故に君子は人と善を為すより大なるは莫し）とある。

　同じくだりは『童子問』巻の下第四十三章にも引かれ、そこではさらに「尽心」上篇の「及其聞一善言、見一善行、若決江河、沛然莫之能禦也」（一の善言を聞き、一の善行を見るに及んでは、決《き》れる江河の沛然として之れ能く禦ぐこと莫きが如し）（＝（舜は）一つの善いことばを聞き、一つの善い行ないを見ても、（自身がそのようにしようと思い）決潰した長江や黄河がどっと溢れて禦ぎようがないよう（に速くかつ一心）であった）ということばを併せ、「子思孟子、皆其の聖を称せずして、一は問ふことを好むと称し、一は人に取るに非る者無しと称す」と述べている。子思は孔子の孫の孔伋のことで、「子思」はその字《あざな》。『礼記』の中庸篇（＝四書の『中庸』）は子思があらわしたテキストと考えられており、孟子は子思の学派から儒教を学んだと考えられている。最初の「一」は子思の中庸篇を、次の「一」は『孟子』を指している。

自分はただ、孔子孟子の考えが世に明らかになることを望んでいるだけで、自分の言＝ことばが世に必ず行なわれてほしいと望んでいるわけでもない。そして、自分は「門人小子の説」であっても取るべきものは取る。門人たちと「商推」（＝相談）して、みんなの意見が定まってからそれを書き付ける。

仁斎は友人を集めて共同研究会とでもいうべき「同志会」を作っている。先に引いた、仁斎の文集『古学先生文集』の巻五には「同志会筆記」四十八条が収められ、巻六には「同志会籍申約」「同志会式」「同志会品題式」が収められており、「同志会」の目的や形式などがわかる。「講者」と呼ばれている、いわば当番が「書を講じる」。講義が終わると参加者は「おのおの疑うところを質問」する。「講者」の答えの「意義」が通じにくく、「理を失」っていた場合は、「会長」が「折衷」（折り合い）をつける。一人の講義と討論がおわると、当番が交代する。すべての講義と討論がおわると、「会長」が「策問」か「論題」を出す。学生が提出した論策に批評はするが、甲乙はつけない。そして会の間に行われた問答や経書中の重要なところを見つけた者、などみな記録をする。

師弟の別なく、論議をして、テキストをよむ。まさしくアクティブラーニングといってよい。江戸時代にすでにこうしたことが行なわれていた。仁斎は師から教えられて自身の「みかた」を獲得したのではなく、自らがテキストを読み、門人たちとテキストを読んでの獲得、到達であった点には特に注目しておきたい。また、仁斎はかきことばとしての漢文を正確に読み、朱子とその門人たちとの対話をはなしことばのままに筆録した『朱子語類』を読み、正確に引用しており、そのことからすれば、中国語のはなしことばに関しての能力もたかいことが窺われる。ただし、後に述べるように、仁斎を敵視していたとみられることのある徂徠は（と言っておくが）、『蘐園随筆』巻一において「細観其書、其於中華言語未能眎之如此方言語。則其所解程朱諸先生語者不能全得程朱諸先生之心」（其の中華の言語に於ける、いまだこれを眎《み》ること此の方の言語の如くすること能はず。則ち其の程朱諸先生の語を解する所の者、全く程朱諸先生の心を得ること能はず）と述べ、仁斎の「中華言語」の読解力にあからさまな疑問を呈している。

「道」は日常平易の中にある

『童子問』巻の上第二十四章には次のようなくだりがある。

> 問《とふ》、「先生の道を談ずる固《まこと》に善《よ》し。然《しかれ》ども甚《はなはだ》過《すぎ》て卑《ひく》きに非《あらざ》ることを得んや」。曰《いはく》、「卑きときは則自《おのづから》実《じつ》なり。高きときは則必《かならず》虚《きよ》なり。故に学問は卑近を厭《いと》ふこと無し。卑近を忽《ゆるがせ》にする者は、道を識《し》る者に非ず。（日本古典文学大系97『近世思想家文集』七十三頁）

先生の「道」ははなはだ日常的でありすぎないか、という問いに対して、仁斎は「卑」ければ「実」で、「高」いときは「虚」である、学問は「卑近を厭ふこと」はないのだと述べ、「卑近」を大切にしない者は「道を識る者に非ず」と述べる。「卑近」は右で仁斎が使った語であるが、今ここではその対義語として「高遠」あるいは「高邁」を使うとするならば、仁斎は「卑近」であることに「実」を見、それを重視する。反対に「高遠・高邁」であるものは虚妄であると見ている。

『童子問』巻の上第八章には次のように述べられている。

> 人の外《ほか》に道無く、道の外《ほか》に人無し。人を以て人の道を行《おこな》ふ、何《な》んの知り難《がた》く行《おこな》ひ難きことか之れ有らん。夫《そ》れ人の霊《れい》を以てすと雖《いへ》ども、然《しかれ》ども羽《はね》ある者の翔《かけ》り、鱗《うろこ》ある者の潜《もぐ》るが若《ごと》くなること能《あたは》ざる者は、其の性《せい》異《こと》なればなり。堯《げう》の服《ふく》を服《ふく》し、堯の行《おこなひ》を行《おこな》ひ、堯の言《げん》を誦《しよう》するに於《おい》ては、則復《また》甚《はなはだ》難《かた》きこと無き者は、其の道同《おなじけ》ればなり。故に孟子の曰《いはく》、「夫《そ》れ道は一《いつ》のみ」と。若《も》し夫《そ》れ人倫《じんりん》

を外《ほか》にして道を求めんと欲する者は、猶《なほ》風を捕《と》り影を捉《とらふ》るがごとし。必《かならず》得《う》べからず。故に道を知る者は、必《かならず》之れを邇《ちか》きに求む。其の道を以て高しと為《し》遠しと為《し》、企《くはだ》て及ぶべからずと為《す》る者は、皆道の本然《ほんぜん》に非《あらず》、自《みづから》惑《まどふ》の致す所なり。故に孔子曰《いはく》、「中庸《ちゆうよう》の徳為《た》るや、其《そ》れ至れるか。民鮮《たみすく》なきこと久し」と。至れり。子《し》必《かならず》想はん耳目《じもく》の見聞《けんぶん》する所を外《ほか》にして、更に至《し》貴《き》至《し》高《かう》光《くわう》明《みやう》閃爍《せんしやく》驚くべく楽《たのし》むべきの理有らんと。非《ひ》なり。天地の間《あひだ》、唯一《ただいつ》の実理《じつり》のみ。更に奇特《きとく》無し。（同前六十頁）

人間以外には「道」すなわち真理はなく、人間はその「道」＝真理の中に生きるという仁斎の「みかた」は、真理を人間を超越したものとしてとらえ、考えようとする形而上学的な「みかた」を退けている。第九章ではそうしたことについての「みかた」がさらに提示されている。人間が、羽がある者のように飛び、鱗がある者のように水に潜ることができないのは、「性」＝生まれつきが異なるからである。仁斎は続けて『孟子』滕文公章句上の「夫道一而已矣」を引く。『孟子』告子下篇の引用といってよいが、仁斎は「堯の服を服し」以下の堯をひきあいに出しての箇所は、『孟子古義』において、「聖人与レ我同レ類也。然不レ能レ無二少不同一。必有レ道以一レ之。故不レ曰レ性。而曰レ道」と述べている。「道」は一つしかない。だから、「人倫」以外に「道」を求めようとする者は、風や影をとらえようとするようなものので、「道」を得ることはできない。「道」がどのようなものであるかを知っている者は、必ず「道」を「邇《ちか》き」に求める。これは『孟子』離婁章句上の「道在邇而求諸遠」（道は邇きに在りてこれを遠きに求む）をふまえたもので、このくだりも、『童子問』中で繰返し引かれるくだりといってよい。「孔子曰く」では『論語』雍也篇第六の二十七「中庸之爲徳也、其至矣乎民鮮久矣」を引いて、感覚を超越したところにきらきらと光り輝くものを楽しむという「理」はなく、天地の間にあるのは「実理」すなわち実体のある道理であると述べる。それ以外には「奇特」変わったものなどない。仁斎は「実理」という表現を採り、実体があることを重視している。「卑近」は「俗」ということでもある。『童子問』巻の中六十一章では次のように述べている。

蓋《けだし》学者の道に進む、其の初《はじめ》学問と日用《にちよう》と扞格齟齬《かんかくそご》して、相入《あひい》ること能《あた》はず。真積《しんつ》み力《つとむ》ること久《ひさしう》して、自《おのづから》得《う》る所有るに及ぶときは、則《すなはち》向《さき》に之を視《み》て以《もつて》遠しと為《す》る者、今始《はじめ》て近きことを得《え》、向《さき》に之を視《み》て以《もつて》難《かた》しと為《す》る者、今始《はじめ》て易《やす》きことを得《え》、漸次《ぜんじ》近前《きんぜん》して、学問に非《あらざ》れば楽しまず、学問に非《あらざ》れば言《い》はず、其の愈々熟《いよいよじゆく》するに及《およん》で、殆《ほとんど》布帛菽粟《ふはくしゆくぞく》の須臾《しゆゆ》も離《はな》るべからざるが如し。子女臧獲《しぢよざうくわく》の賤《せん》、米鹽柴薪《べいえんさいしん》の細《さい》に至るまで、大凡《おほよそ》耳目《じもく》に接《まじは》り、日用《にちよう》に施《ほどこ》す者、総《すべ》て是《こ》れ道に非ずといふこと莫《な》し。俗《ぞく》の外《ほか》に道無く、道の外《ほか》俗無し。一点《いつてん》の俗気《ぞくき》と雖《いへ》ども、亦著《つ》け得《え》ず。此《こ》は是《こ》れ上達《じやうたつ》の光景《くわうけい》。（同前一三五頁）

「子女臧獲の賤」、すなわち、むすこ、むすめ、下男、下女のような身分の低い者たち、「米鹽柴薪の細」、米や塩、柴や薪のような細々とした物に至るまで、およそ耳目にふれ、日用に使う物、すべて「道」でない物はない。そして「俗」の外に「道」はなく、「道」の外に「俗」はない。仁斎は「道」を形而上学的なものとみなさず、それは日常生活の中にあるという。右に続く六十二章においては、「禅《ぜん》家《か》に頓悟《とんご》の説《せつ》有り、儒者《じゆしや》に一旦豁然《いつたんくわつぜん》の論《ろん》有り。聖人の学に於《おい》ても、亦之れ有るか」という問いに対して「之れ無し。聖人の学は、実語《じつご》を以て実理《じつり》を明《あか》す。目《め》観《み》て耳《みみ》聞《き》き、心得《え》て身《み》有《いう》す。故に践履《せんり》の言ふべき有《あつ》て、頓悟《とんご》の期《き》すべきこと無し。禅者《ぜんしや》は空言《くうげん》を以て空理《くうり》を説《と》く。耳《みみ》聞《き》く所無く、目《め》観《み》る所無し。故悟《ゆゑにさとり》を用《もちひ》ざることを得《え》ず。蓋実徳《けだしじつとく》有《あつ》て、而後実見《しかるのちじつけん》有り。猶白日《なほはくじつ》に物を視《み》るに、歴歴分明《れきれきぶんめい》、既《すで》に疑《うたが》ふ所も無く、亦迷《まよ》ふ所も無きがごとし」と述べる。禅学には「頓悟」があり、儒者には「一旦豁然」すなわちある時にいっぺんにぱっと悟りが開けるということがある。しかし「聖人の学」にはそれはなく、「実語」（＝実質のあることば）で「実理」（＝実質のある道理）を明らかにする。仁斎は「実」を重視する。そして、「践履の言ふべき」（＝言語で表現し得る実践行為）があって、「頓悟」などはない。禅を学ぶ者は、「空言」（＝抽象的なことば）で「空理」（＝抽象的な道理）を説く。

また仁斎は『論語』子罕第九の三「吾従衆」（吾は衆に従はん）を含むくだりについて、『論語古義』の「論注」において次のように述べる。子安宣邦（二〇一七）の現代語訳をあげる。「論注」の原文を丸括弧に入れて補なった箇所がある。

> 先儒（程子）は、「君子が世に処するにあたって、義理に害なき世事については衆俗に従ってもよい」というが、これは謬りである。いやしくも世に行われる事の義理に反しないときは、世の俗《ならわし》がすなわち道（俗即是道）であるのだ。俗を外にしていわゆる道というものはない（外俗更無所謂道者）。それゆえ「君子の道は端《たん》を夫婦に造《な》す（君子の道は、世の夫婦の道を端《もと》にして成るのである）」（『中庸』）というのである。堯舜が帝位を禅譲したのも、天下の衆心に従ったのであり、湯王・武王による放伐も衆心に順ってなしたことである。衆心が帰するところに、世の俗は形成されるのだ。どうしてこの俗を外にして道を求めることができようか。俗を外にして道を求めるもの（外俗而求道）は、まさしく異端の流というべきである（実異端之流）。それは聖人の道ではない（非聖人之道也）。（三二一九頁）

右では、「程子」すなわち程顥、程頤兄弟の「事之無害於義者従俗可也」を引き、それは謬りであると述べる。右のくだりにおいても、仁斎は「俗を外にしていわゆる道というものはない」と述べる。

また『童子問』の末尾下の巻五十一章それに続く五十二章において、仁斎は孔子が「群聖」の中から堯と舜とを選び出して祖述（＝先人の説を受け継いで述べること）し、伏羲・神農・黄帝らを祖述していないことに着目し、『書経』の序を引きながら次のように述べている。伏羲・神農・黄帝は「磅礴広大」（＝はてしなく広く大きい）で「無為自化」（＝自分から対象に向かって能動的に行為しなくても対象が自ずから変化するという道家のみかた）を尊重しており、「人倫常道」によろしくない「大道」である。「常道」を超越した「大道」は結局は「常道」からの逸脱となり、「邪説暴行」の興るもととなる。仁斎は『語孟字義』に附録されている「論堯舜既没邪説暴行又作（堯・舜すでに没し邪説暴行又作《おこ》るを論ず）」において、人は「珍羞異味」（＝珍しいごちそうや変わった料理）を貪り食べるが、「五穀常膳」すなわち普通の食事をこのまない。しかし、「五穀常膳」をすててしまえば、食べるものはなくなる。仁斎は「堯舜孔子の道」を「五穀常膳」にたとえ、人間は固《まこと》に尊ぶことを知らないけれども、一日も「五穀常膳」なしには生きられないと言う。

『論語』述而第七の二十三「子曰、二三子、以我為隠乎。吾無隠乎爾。吾無行而不与二三子者、是丘也」（子の曰く、二三子、我を以て隠すとするか。吾れ隠すこと無きこと爾《し》かり。吾れ行うとして二三子に与《しめ》さざること無き者は、是れ丘なり＝孔子がいわれた。お前たちは私が隠しているとするのか。私が隠すことなどしないのは、この通りだ。私はお前たちの目に明らかでないことを行なうことはない。それが私なのだ）の「論注」において次のように述べている。「論注」の一部を子安宣邦（二〇一七）の現代語訳によって示す。

> 聖人孔子の道は高過ぎるものでも低過ぎるものでもない。また難し過ぎも易し過ぎもしない。それは天下に通用し、万世に通達し、人びとの日常に離れることのない、中庸の極みというべき道で

ある。聖人孔子を高遠として、学ぶことができないとするものは、聖人の道を知らないものである。聖人孔子を卑近として、学ぶに足らずとするものは異端の流れであり、いっそう道を知らないものである（二七五頁）

原文の表現は「聖人之道、不高不卑、非難非易」で、「中庸之極」すなわちバランスがとれていることが述べられているが、右で「高遠」という現代語によって訳されている、「聖人為高」の「高」のこの文脈における対義は「平易」であろう。孔子の教えが平易すぎるために弟子たちが何か隠しているのではないかと疑問をもった。しかしまた、卑近であるので、学ぶに足りないと考えるものはいっそう道を知らないと述べ、平易、卑近、日常的なものが忽《ゆるが》せにされやすいことを戒めている。「平易」はまた日常的な「具体」でもある。『論語』里仁第四の二十一「子曰、父母之年、不可不知也。一則以喜、一則以懼」（子の曰く、父母の年は、知らずんばあるべからず。一つには則ち以て喜び、一つには則ち以て懼《おそ》る）の「大注」において仁斎は「聖人之言、天下之至言。理到此而尽矣。教到此而極矣。不可以其語平易忽諸」（聖人の言は天下の至言。理、此に到りて尽く。教、此に到りて極まる。其の語の平易なるを以て諸を平易にすべからず）と述べている。父母の年齢を知って喜び、懼れる。日常的な生活の中にある一つの具体的な場面といってよいが、それが「天下之至言」であり、「平易」な語であるからといって忽せにしないようにと述べる。

ここまで述べてきたことを整理するならば、仁斎は「理」が世界の原理として存在すること、その「理」が人間の「性」として人間の内部にあることを認めない。人間の道徳や生活の法則は、人間の具体的、現実的な生活＝「日用」の中に現われているとみる。それは形而上学的な（仁斎にとってはおそらくは空疎な）理論によって、複雑な現実にあたろうとする宋儒への反発といってよいだろう。仁斎が没した頃には、中国においてはまだ宋儒に対する批判はない。清代、乾隆時代になって、宋儒を批判し、古代語を研究することによって古典テキストをよみとく「漢学」がおこり、それが中国の学の主流となっていく。その創始者として知られる戴震（一七二三〜一七七七）は仁斎の死の十八年後に生まれている。仁斎の到達は中国よりもずいぶんとはやかった。つまり、江戸の知には速度があった。その速度は、明治期になって、西洋の知が日本に流れ込むことによって、いったん緩やかになったということはないのだろうか。明治期になって「脱亜」が唱えられるようになるずいぶんと前に、すでに中国離れの兆しはあった。

荻生徂徠のテキストをよむ

仁斎と山崎闇斎の間には確執があったと言われることがある。また、徂徠と仁斎との間にも確執があったと言われる。『徂徠集』巻之二十七に収められている「与伊仁斎」という書簡は、宝永元（一七〇四）年に徂徠が仁斎に送った書簡であった。

「不佞少在南総」わたくしが若くまだ南房総におりました頃から、「亡踰先生者也。心誠郷焉」仁斎先生を踰《こ》える者が亡きことを知り、心は誠に郷っておりましたと述べ、仁斎の「語孟諸書」を拝読して驚嘆したことを述べている。仁斎は当代一流の大学者であり、無名の一青年からのファンレターのようなものと思えばよいのだろう。この書簡に対して、仁斎は返事を出さなかった。仁斎は書簡を受け取った翌年にあたる宝永二（一七〇五）年の一月に病になり、三月に死去する。とても返事を書けるような状態ではなかったかもしれない。しかし、『蘐園随筆』には「予亦旦夕竢其報至者垂一年。仁斎死報不至」

（予も亦旦夕その報の至るを竢《ま》つ者一年に垂《なんなん》として、仁斎死して報至らず）とあり、「我書牘百往其何能容人之言」（わが書牘百たび往くと雖も、それ何ぞ能く人の言を容れんや）とあり、この記事による限り、徂徠は一年もの間仁斎からの返事を待っていた。

そしてまた、宝永四（一七〇七）年には、仁斎の門人が『古学先生碣銘行状』を刊行するにあたって、徂徠から来た問題の書簡を徂徠に無断で附録してしまった。そうして、徂徠は怒り、仁斎学への攻撃をしたものが『蘐園随筆』だ、という(5)。

そうかもしれないし、そうでないかもしれない(6)。江戸時代の知をめぐる面白いエピソードとみることはできるだろう。しかし、いずれにしても、はっきりそうだとはいえないであろう。ここではそうしたことに正面からふみこむことは控えておくことにしたい。

荻生徂徠の漢詩文集『徂徠集』に、後に本居宣長の師となる堀景山にあてた書簡が収められている。この書簡は『徂徠先生学則』の附録の一つともなっており、徂徠自身も重視していたことが窺われる。

この書簡において徂徠は「学問之道」は「古」であるという。そして「六経論語左国史漢」（六経・論語・左伝・国語・史記・漢書）といった古書を読まなければならないが、人はそれらの理解に苦しむ。それは古と今との言語が異なるからだ。そのために「伝注」（＝注釈）を使って理解しようとする。それは「倭訓」を仮りて「華文」（＝中国語文）を読むようなもので、「一層」ひと皮を隔てていることになる。「不佞」わたくしも、幼い頃より、「宋儒の伝注」を守り崇奉してきたが、ある時天の特別の恩寵「天之寵霊」によって、王・李「二公」と出会い、初めはやはり読みにくかった。それは「二公之文」が「古辞」に基づいているからだ。「古文辞之学は豈徒読《あにただ》む已《のみ》ならん邪《や》」古文辞の学は読むだけではだめであって、「手指」から出すことを求めなければならない。そうすることによって、読みも深まるという主張であろう。よみと書きとが双方向《インタラクティブ》であることを認めた卓抜した「みかた」といってよい。よみ・書きの一体的な獲得は「古今」の時間的・空間的な「距離」を超えるものとしてはたらき、また通訳や注釈といった媒介を必要としない[7]。

そして、「陽明仁斎」すなわち王陽明、伊藤仁斎も「宋儒」を排しているが、「心」について言っているだけで、すべてのことを「辞」と「事」とに求めることを知らない。結局は「宋人之類」である。

そしてまた「古言簡而文」（古言は簡にして文）すなわち古言は簡潔で文飾に富むが、「今言質而冗」（今言は質にして冗）今言は内容本位で冗長であり、この「古言」と「今言」との関係は、「雅言」と「俚言」、「華言」（＝中国語）とそれを翻訳する「倭言」（＝日本語）との関係のようなものであるという。「華言」で訳すことができるのは「意」だけで、「文采の粲然たる者」は訳すことができない。「宋文」と「俚言」「倭言」は「冗長脆弱」ということにおいて似る。そして『春秋左氏伝』襄公二十五年の「仲尼曰、志有之。言以足志、文以足言。不言誰知其志。言之不文、行而不遠」（＝仲尼の評。古書に「ことばによって意図が伝わり、文辞によってことばがわかりやすくなる」とある。ことばに出さなければ意図は相手にわからない。ことばに修辞を用いなければ遠くまで伝わらない）を引く。「遠くまで伝わらない」は相手に深く通じないといってもよい。

『春秋左氏伝』では、右の言説の直前に、鄭が覇者である晋の命令なしに陳を攻撃した。鄭の宰相であった子産は、晋に行って陳を攻撃した理由を説明したが、その時の子産のことばが立派であったので晋が納得したという話が記されている。

修辞を単なる飾りととらえると、右の言説は理解しにくくなる。かきことばとしての古典中国語においては文采、修辞は必須のもので、自分のいいたいことを相手に伝える＝意志の伝達のためには適切な修辞が必要であった。しかしまた、意志の伝達＝「達意」ということを離れてしまうと「修辞」は空疎なものになってしまう。そして文采、修辞は訳すこと、他言語で置き換えることが難しい。吉川幸次郎（一九七五）は「「古文辞」とは、古《いにしえ》の文《あや》ある辞《ふみ》、あるいは古《いにしえ》の文《かざ》れる辞《ふみ》、なのである」（一三二頁）と述べる。

『徂徠集』には陸奥守山藩の目付、三浦義質《よしかた》（一八一三～一八七八）、字は子彬への書簡「平子彬に与ふ」が収められている。三浦義質は天狗党の乱に連座し、水戸藩邸で四年間入牢していた。

徂徠はまず「夫辞与言不同」（それ、辞と言とは同じからず）と述べ始める。足下、あなたはそれを一つのものとみなしている。それは「倭人之陋」である。「辞者、言之文者也」「辞」は「言の文《かざ》れる者」である。そうだから、「辞尚」（辞を尚《たつと》ぶ）といい、「脩辞」（辞を脩《おさ》む）といい、「文以足言」（文は以て言を足す）という。ここでは『易経』繋辞伝上、十章の「易有聖人之道四焉。以言者尚其辞。以動者尚其変。以制器者尚其象。以卜筮者尚其占」（易に聖人の道四つ有り。以て言ふ者は其辞を尚び、以て動く者は其変を尚び、以て器を制する者は其象を尚び、以て卜筮する者は其占を尚ぶ）の「以言者尚其辞」をふまえている。この書簡も『徂徠先生学則』に附録されている。

吉川幸次郎（一九七五）は「「修辞」は「叙事」のための「修辞」であり、事実を言語に密着させるための「修辞」ということにならねばならない。また「修辞」があればこそ「叙事」が可能になり、文章が事実に密着し得るとしなければならない」（一三二～一三三頁）と述べる。

徂徠の『弁名』の「文質・体用・本末」の條には「文者。所以状道而命之也」（文なる者は、道を状してこれに命《なづ》くる所以なり）文は道を具体的に形容して名づけたものである、とある。また『弁道』17には「古者道謂之文。礼楽之謂也」（古者は道これを文と謂ふ。礼楽の謂ひなり）、「古謂儒者之道博而寡要。道之本体為然。後世貴簡貴要。夫直情径行者。戎狄之道也」（古は「儒者の道は、博くして要寡《すくな》し」と謂ふ。道の本体は然りとなす。後世は簡を貴び要を貴ぶ。それ直情径行する者は、戎狄の道なり）とある。「儒者之道博而寡要」は『史記』の太史公自序にみえる「儒者博而寡要」をふまえた表現であり、「夫直情径行者。戎狄之道也」は『礼記』檀弓下「有直情而径行者、戎戎之道也」をふまえた表現になっている。「道」は「文」であり「文」は「道」であった。

つまり、稿者の表現、概念を使っていうならば、「ことがら情報」の伝達はもとよりかきことばの大前提である。しかし、そのかきことばが適切なる修辞を加えたものであった時に、伝達「達意」は完全なものになり、その「ことがら情報」が受け手に深く印象的に伝わる。なぜならば、「ことがら情報」は無味乾燥のかたちでは受け手の心に響かない。「ことがら情報」が受け手の心に響くということは、受け手の「気持ち・感情」がなにほどかにしても動くということであり、受け手が自身の日常生活、言語生活を通して蓄積してきた「感情情報」を動かすということであるからだ。印象深いことばは記憶に残る。受け手の「気持ち・感情」を動かすためには、どうしても「修辞」が必要になる。それも空疎なものではいけない。練達、熟達の「修辞」が必要になる。そうやって、一つの語、一つの表現を吟味することによって、「修辞」を知ることができる。「練達・熟達」という表現はそれが技術的なものであることを思わせるかもしれないが、そうではなく、その時々の書き手としての、あるいは読み手としての、自身の存在をいわば賭けた、生きた、具体的な「練達・熟達」を意味する。

「修辞」が施されている文章は単線的ではない。第二章で採りあげた『訳文筌蹄』の「題言十則」の十則に「古書辞多含蓄有余味。後世文辞、義趣皆露莫有雋永」（古書の辞、含蓄多く余味有り。後世の文辞、義趣、皆露《あらわ》れて雋永有る莫《な》し）とある。「雋永《せんえい》」は〈肥えてうまい肉〉のことで意味深長で味のあること。古書の辞、すなわち古文辞には含蓄があって味わい深い。しかし後世の文辞はうまみがない。

十則においては「後世の文」は「一條の路径」にすぎないが、古文辞を熟読する者にはつねに「数十の路径」がみえてくる。その「数十の路径」は「條理」が紊《みだ》れず、最終的にはまた「一路」に「帰宿」

する。「数十の路径」はその「ことがら情報」にかかわる可能性といってよいだろう。そうした可能性があますところなく内蔵されている濃密な文章が古文辞である。

徂徠は『弁道』において「程朱諸公。雖豪傑之士。而不識古文辞。是以不能読六経而知之」（程朱の諸公は、豪傑の士なりといへども、古文辞を識らず。ここを以て六経を読みてこれを知ること能はず）と述べる。「六経」は『詩経』『書経』『易経』『礼記』『春秋』に『楽経』を加えたもの。「程朱」の「程」は程顥・程頤の兄弟＝二程を、「朱」は朱熹を指す。要するに、それらの人々は古文辞が読めないのだ、と揚言する。

かきことばとはなしことばとの違いはいろいろあるが、話すそばから消えていくはなしことばと違って、かきことばは「ことがら情報」を構造的に織り込むことができる。そうして時間をかけて練り上げることができる。そのようにしてつくられたかきことばは時空を超えて残り、時空を異にする受け手にまた「解凍」されていく。右で述べられているのは、「古文辞」についてであるので、古典的なかきことばとしての「古文辞」についての謂いととらえておく必要がある。

徂徠の門人服部南郭（一六八三〜一七五九）は、李攀竜の編纂した『唐詩選』を享保九（一七二四）年に覆刻したが、版を重ねて江戸時代を通じての「ベストセラー」となった。ただし、『唐詩選』は唐詩のうち勇壮、剛健な作品を選び、白居易の作品は一首も収めないという「偏向」があることが指摘されている。しかし、江戸時代において「ベストセラー」になったために、『唐詩選』に採られているような詩だけが中国の詩であるような偏向した印象、価値観を与え、それは現代まで揺曳しているともいえよう。そうであっても、詩を作るということを重視した点には注目しておきたい。それを国学者の歌作と重ね合わせることはいかにも粗いであろう。しかしまた、現代の日本と重ね合わせた時に、短歌を作っている人、俳句を作っている人、漢詩を含んで詩を作っている人がどれだけいるか、そして現代日本の小学校、中学校といった義務となっている教育、それ以上の高等教育においてそうした「詩的言語」がどのように扱われているか、と考えれば、そうした意味合いにおいて「江戸の知」の一つの特徴とあるいはいえるのではないだろうか。

野口武彦（一九九三）に東京大学教養学部図書館に蔵されている「学者角力勝負附評判」という見立て番付風の画像が載せられているが、東の関脇が「徂徠荻生惣右衛門」で、西の関脇が「仁斎伊藤源佐」である。ちなみにいえば東の大関は熊沢蕃山で、西の大関は新井白石、東の小結が細井広沢で、西の小結が服部南郭である。

ここでは反朱子学という観点から伊藤仁斎、荻生徂徠について、本書の採る「方法」であるテキストをよむという「方法」に沿って述べた。「テキストをよむ」とは改めていうまでもなくテキストをかたちづくっている言語をよむ、ということである。情報を入れる「器」としての言語という稿者の「みかた」は徂徠の「みかた」とは一致しない面があるかもしれない。しかし、精密に言語をよむこと、そのことによって「古」を知り、「聖人の道」を知る、そうすることによってしか「古」を知ることはできない、という「みかた」は吉川幸次郎（一九七五）が繰返し主張するように、仁斎、徂徠、そして宣長に共通の「みかた」であろう。そうした「みかた」は中国と日本との空間的な隔たり、中国語と日本語との言語としての異なり、過去の言語と当代の言語との時間的な隔たり、が明白に意識されたことによって成り立ったと推測する。「異なり」を意識することによって「同じ」が意識される。具体的な精緻な対照を行なうことによって、「普遍」がみえる。言語をめぐる、「同じ」と「異なり」、「具体」と「抽象」を（形而上ではなく）、具体相を通した形而下においてとらえることは重要であろう。形而上的な朱子学に対する反発は、具体の尊重というかたちで、仁斎、徂徠にみられる。

言語には「ことがら情報」と「感情情報」が構造的にかつ濃密に載せられている。その載せられている情報を具体的によみとくことがテキストをよむということで、そのことによって「古」がありありと浮かび上がる。そうした瞬間を経験することがテキストをよむ楽しさ、悦楽であろう。

註

（1）中江藤樹（一六〇八～一六四八）は『林氏剃髪受位弁《りんしていはつじゆいべん》』という書物をあらわし、羅山が剃髪して僧形になったことを厳しく批判している。

（2）江戸時代には、「道理・道徳を重んじるあまり世事や人情に暗い学者を軽蔑したり、からかったりして呼ぶ語」（『日本国語大辞典』見出し「道学先生」の説明）として「道学先生」という語が使われることがあった。

（3）荻生徂徠は『徂徠集』に収められている、熊本藩士の藪震菴《やぶしんあん》に与えた書簡において、「但為㆓気質人欲所㆒㆑害。則有㆓知愚賢不肖之差㆒」（但だ気質と人欲の害する所と為りて、則ち知愚賢不肖の差有り）」と述べ、徂徠の宋儒解釈を示している。人間の「本然の性」は斉一であるとする宋儒に対して、徂徠は『春秋左氏伝』襄公三十一年の条において、鄭の子産が「人心之不㆑同、如㆓其面㆒焉（人心の同じからざるは、其の面の如し）」と述べていることをふまえ、『徂徠集』に収められている「屈景山に答うる書」において、堀景山の考えと自身の考えとが合致しないことを述べている。

（4）印刷された『十三経注疏』のうちでもっとも広く流布しているのは、清の阮元が江西省南昌で嘉慶二十（一八一五）年に出版した本（阮元本、阮刻本、南昌府学本などと呼ばれることがある）で、この阮元本の影印本が現在でもひろく使われている。阮元本の「本文」はいろいろなテキストを使って校勘（＝正確な本文をつくるために、幾つかのテキストを対照すること）されており、その校勘の記録として「校勘記」が附録されている。阮元、盧文弨（一七一七～一七九五）は日本から輸入された、『七経孟子考文』を読んで刺戟を受け、『十三経注疏』の校勘を行ない、盧文弨の没後に阮元が「校勘記」を作成した。『七経孟子考文』は荻生徂徠の門人であった山井鼎《やまのい》（崑崙）（一六九〇～一七二八）が編纂した、経書とその注疏の校勘記で、補遺を併せて一九九巻に及ぶ。一七三一年に刊行されるが、中国に伝えられ、乾隆帝の『四庫全書』に収められた。日本で行なった、中国の経書の校勘記が中国に伝えられるという「知のループ」が興味深い。

（5）『蘐園随筆』は徂徠が四十九歳、正徳四（一七一四）年一月に、京都の植村文華堂、沢田麗沢堂から上中下三冊仕立てで刊行されている。湯浅常山の『文会雑記』上には「徂徠ハ初名ハ世上ニサノミ聞ズ。蘐園随筆刊行已後、世上ニ名ヲ広ク称セラレタリト也」とあって、『蘐園随筆』刊行によって徂徠の名声が世に広まった。しかしまた、徂徠の弟子である服部南郭の「物夫子著述書目記」には「蘐園随筆五巻、右夫子中歳の作、晩歳に至りて、また毀廃して用ひず」と記され、『徂徠先生答問書』下には「蘐園随筆は不佞未熟之時の書に候、御用被成間敷候」とある。徂徠が宋学を脱しきれていない時期の著作であったために、徂徠自身にも内容について躊躇があった可能性がある。そして、本章の冒頭に述べたように、徂徠と仁斎との間には書簡の返信がなかったことに関しての確執があったと推測されている。『蘐園随筆』は仁斎説に対しての批判に力が注がれたために、仁斎が批判した宋学を擁護するような立場にたっているとみえる言説が多い。人の世の複雑さを思わせることといえるだろう。

（6）大坂懐徳堂の教授であった五井蘭洲《ごいらんしゅう》（一六九七～一七六二）は「物氏（＝荻生徂徠）を非る《そし》」を書名とする『非物篇』をあらわし、それが天明四（一七八四）年に刊行されている。題箋や表紙見返しに「正編非物篇」と記されているが、同時に刊行された、中井竹山があらわした『非徴《ひちょう》』が続編にあたる。『非物篇』は朱子学の立場から徂徠の『論語徴』と『弁道』を逐条的に論難した書。五井蘭洲は伊藤仁斎を難じる『非伊篇』もあらわしている。中井竹山の『非徴』は徂徠の『論語徴』を非る《そし》を書名とし、徂徠の言説を異端邪説とする。竹山は『非徴』の冒頭に「総非」と題した章を置くが、その中で徂徠が「世儒を睥睨し、与に言ふに足らずと為す」（世俗的な儒者を見下げ、話をするに足りないとみなす）という。しかしながら「仁斎の業」を慕い、書簡を送り、「その許可を得、以て己が名を成さんと欲」した。しかし仁斎は徂徠の「倨傲を悪《にく》み、答へずして没」してしまった。徂徠は怒ったが、自身の名を成すのに、仁斎と近づきになる必要はないと考え、「数年の功を積み」『蘐園随筆』をあらわし、「宋儒を護り、以て古学を攻」めた、と述べ、徂徠の書簡に仁斎が返事をしなかったことがきっかけとなって『蘐園随筆』がつくられたとみている。竹山が、『蘐園随筆』は宋儒を護っているとみていることには注目しておきたい。竹山には、反朱子学の仁斎を批判する徂徠が、朱子学的であるとみえていた。

(7)『徂徠先生学則』は「東海不出聖人。西海不出聖人。是唯詩書礼楽之為教也」(東海、聖人を出さず、西海、聖人を出さず。これただ詩書礼楽の、教へたるなり＝中国の東方の諸国からは聖人があらわれない、中国の西方の諸国からは聖人はあらわれない。してみるとつまり詩書礼楽だけが教えの役目を果たすことになるのだ)と始まる。聖人があらわれた中国と、聖人があらわれない東海、日本という空間的な異なりが鮮明に意識され言語化されている。そして、「彼謂之侏離鴃舌者。吾眎猶彼」(彼これを侏離鴃舌と謂ひし者、吾眎ることなほ彼のごとし＝彼、中国人は日本語を侏離鴃舌といっていたのは、日本人から中国語についていっても同じように侏離鴃舌だ)と述べる。「侏離鴃舌」は野蛮人のことばとモズの鳴き声、異国語を蔑視しての表現。そして、中国語母語話者からすれば日本語が「侏離鴃舌」に聞こえるだろうが、日本語母語話者からすれば、中国語が「侏離鴃舌」であるという相対化がみられることにも注目しておきたい。中国語と日本語という空間的な異なり、一つの言語における「古」と「今」との時間的な異なり、そうした、言語における非連続の意識が漢文を訓読することへの疑いをうみだしたと思われる。『徂徠先生学則』の第二則は「宇猶宙也。宙猶宇也。故以今言眎古言。以古言眎今言。均之朱離鴃舌哉。科斗貝多何択也。世載言以遷。言載道以遷。道之不明。職是之由」(宇はなほ宙のごときなり。宙はなほ宇のごときなり。故に今言を以て古言を視、古言を以て今言を視れば、これを均しくするに朱離鴃舌なるかな。科斗・貝多何ぞ択ばんや。世は言を載せて以て遷り、言は道を載せて遷る。道の明らかならざるは、職として是に由る)と始まる。科斗は〈オタマジャクシ〉で中国の古代文字を意味し、貝多はインドの古代文字のこと。「宇」は空間的な広がり、「宙」は時間的な連続で、ここでも空間的、時間的な観点がはっきりと表明されている。そして時代の変遷とともに言語が変化し、言語の変化とともに先王の道が変化すると述べる。

参考文献

石崎又造　一九四〇『近世日本に於ける支那俗語文学史』(弘文堂書房)
伊東多三郎　一九七五　羅山と物読み坊主（日本思想体系第二十八巻『藤原惺窩　林羅山』月報49）
垣内景子　二〇一五『朱子学入門』(ミネルヴァ書房)
子安宣邦　一九九〇「「事件」としての徂徠学」(青土社)
二〇一七『仁斎論語　上『論語古義』現代語訳と評釈』(ぺりかん社)
田尻祐一郎　二〇一一『江戸の思想史　人物・方法・連環』(中公新書)
野口武彦　一九九三『荻生徂徠　江戸のドン・キホーテ』(中公新書)
吉川幸次郎　一九七五『仁斎・徂徠・宣長』(岩波書店)

第二章

古典中国語を離れて——白話小説の流行

本章では、日本語と漢字、中国語とのかかわりについて整理し、ついで、江戸時代になって、古典中国語文＝漢文とは異なる、「はなしことば」にちかい中国語＝白話の学習が盛んになり、併せて、白話によって書かれた小説が読まれるようになったことに焦点を絞って具体的に述べることにする。

漢字と日本語

その言語を文字化することができる文字を有している言語には「かきことば」と「はなしことば」とがある。文字を有していない言語は「無文字言語」と呼ばれるが、「無文字言語」には当然のことながら「かきことば」がない。

日本列島上で、日本語がいつから使われていたかについて推測することは難しいが、集団生活を営んでいた縄文時代には日本語につながるような言語が使われていたと考えるのが自然であろう。ただし、「日本語につながるような言語」が具体的に推測されているわけではない。また、縄文時代がいつから始まるかということについてもさまざまな「みかた」が提示されている。撚糸文系土器《よりいともん》の時期を始まりとみると約一万一五〇〇年前に縄文時代が始まったことになる。

日本語は日本語を文字化するための文字を有していなかった。そして、日本列島上で暮らしていた人々がいつ漢字に出会ったかもはっきりとはわかっていない。

鹿児島県熊毛郡南種子町にある、三世紀(弥生時代後期)から七世紀にかけての墓地遺跡である広田遺蹟から、四万四〇〇〇個に及ぶ腕輪、首飾り、貝札《かいさつ》などの貝製の装身具が出土している。出土した貝札の中に、隷書体で書かれた「山」のようにみえる文様を陰刻したものがあり、これが「日本最古の文字」と呼ばれることがある。しかし、貝を素材とした装飾品は、中国や南洋などの影響を受けていることが推測されている。そうであれば、この貝札に陰刻された文様が日本において刻まれたかどうかも不分明ということになる。また、それを文字とみるのであれば、それは語をあらわしていることになる。別な表現をするならば、語をあらわしていることが、おおよそにしても推測できるから、それを文字とみなすということであるので、貝製の装身具に刻まれている文様が漢字「山」であるならば、なぜ装身具に「山」と刻まれていたのかということになる。そして、中国語の「山」、あるいは何らかの日本語をあらわしていることがたしかであって初めてそれが文字であることになる。したがって、この貝札の陰刻を「日本最古の文字」とみることには慎重でありたいと考える。

一九六八年に、埼玉県行田市にある稲荷山古墳の後円部の発掘調査をした時に、古墳頂上部の礫郭から銘文を刻んだ鉄剣が出土した。鉄剣には金象嵌で、表に五十七字、裏に五十八字の漢字が刻まれていたが、「ヲワケ」「オホヒコ」「タカリ」「テヨカリワケ」「タカヒシワケ」「タサキワケ」「ハテヒ」といった、日本人の名と思われる語が漢字によって「乎獲居」「意富比垝」「多加利」「弖已加利獲居」「多加披次獲居」「多沙鬼獲居」「半弖比」と文字化されていた。銘文には「辛亥年七月中」とあり、この「辛亥年」は西暦四七一年であると推測されている。今後、さらに古い時期の、日本語を文字化したと思われるものが出土する可能性はあるが、本書では、ひとまずこの西暦四七一年を、漢字が日本語の文字化に使われた始まりと前提することにしたい。

日本語につながるような言語の始まりを、縄文時代の始まり、すなわち約一万一五〇〇年前とみて、西暦四七一年が、漢字による日本語の文字化の始まりだとすると、日本語は少なくとも一万二〇〇〇年ぐらい「無文字」であったことになる。

仮名の発生はおよそ九世紀の末と考えられている。そうみると、漢字のみを使って日本語を文字化していたのが四三〇年間ぐらいで、二〇二二年を「現在」とすると、漢字と仮名とを使って日本語を文字化しているのが現在までの一一二三年間、文字を使うようになってから、一五五一年間ほどということになる。

仮名は日本語を文字化するための文字として、漢字からうまれた文字体系といってよい。片仮名は漢字の部分からつくられ、平仮名は漢字の全体からうまれ、視覚的に漢字とは異なる形状を有している。仮名は日本語の音節と対応関係をもっており、仮名を使えば、基本的にどのような日本語でも文字化できる。しかし、そうした仮名がうまれてからも、日本語の文字化には漢字が使われ続けた。のみならず、漢字は「公性《オフイシヤリティ》」と結びついていたと思われる。

平安時代後期に成ったと目されている『大鏡』に「三船のほまれ」と呼ばれるくだりがある。藤原道長（九六六〜一〇二八）が「作文《さくもん》の船」「管絃の船」「和歌の船」を分けて大堰川で川逍遥をした時に、藤原公任（九六六〜一〇四一）について「どの船にお乗りになるおつもりか」と言った時に、公任は「和歌の船に乗りましょう」と言って、和歌の船に乗り、「小倉山嵐の風の寒ければもみぢの錦きぬ人ぞなき」という和歌をつくった。評判もよく、自身でも満足して「「作文の船」に乗ればよかった。このぐらいの詩をつくったら、名声がいっそうあがっただろう。残念なことをした」と述べたということになっている。

このくだりによって、平安時代後期において、道長や公任のような人々が和歌と作文（＝漢詩文）とをどのようにとらえていたかを窺うことができる。ここには、作文＝漢詩文を上位に置く価値観が示されている。つけくわえるならば、道長の日記、「御堂関白記」は「漢文」で記されており、道長以外の公卿、藤原実資の「小右記《しょうゆうき》」や藤原行成の「権記」なども「漢文」で記されている。「漢文」、漢語を多く使う「漢文訓読系」の文章、文字としての漢字はずっと「公性」と結びついていたと考えることができる。

中国語を母語としない日本語母語話者がつくる「漢文」には、「和習（和臭）」と呼ばれることがある、日本語からの「干渉」がみられることが少なくない。中国語母語話者すなわち中国語 native speaker がつくる「中国語文」を一方に置けば、和習のある中国語文には「誤り」が含まれているということになる。「和習」は正則な「中国語文」からすれば、避けなければならないが、いかに「和習」があったとしても、「漢文」は「漢文」としての「公性」を担っていたと思われる。

古典中国語文と白話（＝唐話）

司馬遷のあらわした『史記』は征和年間（紀元前九十二〜紀元前八十九年）頃に成ったと考えられている。『史記』の成立を起点にするならば、中国語の「かきことば＝古典中国語文」としての漢文は二千年以上使われ続けていることになる。「かきことば」であっても、変化はするので、少しの変化はあることになるが、文法や使用語彙はほぼ一定していると考えられている。(1) また、古典中国語文は、先行する文献＝古典で使われている語句や故事＝「典故」を積極的に使うことを前提としている。新しさやオリジナリティは求められていないといってよい。自身の表現に「典故」を適切に採りいれるためには、語句や故事の意味はもちろんのこと、使われている「文脈」を理解する必要がある。「文脈」とはひろくは「価値観」や「もののみかた・とらえかた」と結びついている。そう考えると、古典中国語文としての漢文は、単なる「かきことば」であることを超えていることになり、書き手は自身を「古典中国語の世界」と重ね合わせる必要があることになる。

中国語の「はなしことば」を「白話（＝唐話）」、「かきことば」を「文言」と呼ぶことがある。古典中国語文としての漢文は「かきことば」であるので、そこに「はなしことば」的な表現が混じることはあっても、漢文は基本的には「かきことば」であった。

中国においては、唐代の語録『祖道集』、北宋の『景徳伝灯録』などの禅語録や、北宋の程顥《ていこう》、程頤《ていい》兄弟、すなわち「二程子」の語録を朱熹（朱子）が編集した『程氏遺書』、さらに朱子のことばを弟子が書きとめたノートを編集した『朱子語類』などが「はなしことば」によって記されている。また、王実甫の『西廂記』、馬致遠の『漢宮秋』、白樸の『梧桐雨』などに代表される元曲（元代の戯曲）、明代の語り物に「はなしことば＝白話」が使われるようになっていった。明代の末には、馮夢竜《ふうぼうりゅう》（一五七四〜一六四六）が通俗小説集、『喩世明言』四十巻、『警世通言』四十巻、『醒世恒言』四十巻（三言）を編纂し、凌濛初（一五八〇〜一六四四）は『初刻拍案驚奇』四十巻、『二刻拍案驚奇』四十巻（二拍）を編纂し刊行した。三言と二拍とをあわせて「三言二拍」と呼ぶことがある。

明代には四大奇書と呼ばれることがある、白話長篇小説、羅貫中の『三国志演義』、施耐庵の『水滸伝』、呉承恩の『西遊記』、笑笑生の『金瓶梅』もつくられた[2]。また、清代には呉敬梓の『儒林外史』と曹雪芹の『紅楼夢』がつくられた。伊藤仁斎の日記の天和三（一六八三）年の条に、『醒世恒言』「借覧の記事が見える」（『日本古典文学大辞典』第三巻、三五四頁）ことが指摘されている。

宝暦年間（一七五一〜一七六四）前後には、多くの白話文学テキストが日本に持ち込まれ、それは幕末まで続いた。『水滸伝』は中国の明の嘉靖年間から万暦年間にかけての頃、十六世紀半ばから十七世紀の半ば頃にさかんに出版されるようになっていたと推測されている。

徳川家康に仕えた天海僧正（一五三六〜一六四三）の蔵書中から、明の万暦二十二（一五九四）年に出版された『京本《けいほん》増補校正全像《ぜんしょう》 忠義水滸志伝評林《しでんひょうりん》』（水滸志伝評林）が見つかっている。また、江戸城内にあった徳川家の文庫「紅葉山文庫」の目録である「御文庫目録」には、寛永十六（一六三九）年に『水滸全伝』が、正保三（一六四六）年には『二刻英雄譜』（『三国水滸全伝』）が文庫に入ったことが記されていることが高島俊男（一九九二）によって指摘されている。『二刻英雄譜』は明の崇禎年間（一六二八〜一六四四）に出版されており、毎ページの上半分に『水滸伝』、下半分に『三国志演義』が印刷されている、変わった本である。この本は国立公文書館の内閣文庫に現存している。筑波大学にはこの『二刻英雄譜』と似た『精鐫合刻三国水滸全伝』という本が蔵されている。

「白話（唐話）」で書かれた『水滸伝』を読むためには、「白話（＝唐話）」を理解する必要がある。第二章で述べた、荻生徂徠（一六六六〜一七二八）の学塾、蘐園と、京都、伊藤仁斎（一六二七〜一七〇五）、伊藤東涯（一六七〇〜一七三六）の学塾、古義堂とにおいて、白話（唐話）がさかんに研究されていた。「白話（唐話）」で書かれた『水滸伝』のようなものを「俗語小説」と呼ぶことがある。この呼称からすれば、「白話」「唐話」「俗語」「はなしことば」は同一の概念をあらわしていることになる。本書においては、先に述べたように、中国語の「はなしことば」を「白話（＝唐話）」と呼ぶことにする。「かきことば」を「雅やかなことば」ととらえるとその「雅」に対して、「はなしことば」を「俗」ととらえることになる。このとらえかたは、「かきことば＝雅」「はなしことば＝俗」というとらえかたであるが、「はなしことば」すべてが「俗」とはみなしにくい。なぜならば、「はなしことば」と「かきことば」とが共通の語を使うことがあるからだ。「かきことば」は基本的に時空を超えて言語情報を残すためのものであるから、「俗」かそうでないかといえば、もちろん「そうでない」語によってかたちづくられている。「俗語」はいろいろな意味合いで文字化されにくい。つまり「かきことば」として残されにくい。「俗語」はおおむね「はなしことば」であろう。しかし、「はなしことば」がおおむね「俗語」とはいいにくいのではないか。そう考えると、「俗語」と「白話（＝唐話）」を同一概念とはみなしにくい。本書においては、右で述べたような中国語の「はなしことば」を「白話（＝唐話）」と呼び、「俗語」とは同一の概念とみなさないことにしたい。

日本の三言――『小説精言』『小説奇言』『小説粋言』――をよむ

中国において、『喩世明言』『警世通言』『醒世恒言』を「三言」、『初刻拍案驚奇』『二刻拍案驚奇』を「二拍」と呼ぶことについてはすでに述べた。「三言」には一二〇編ほど、「二拍」には八十編ほどの短篇小説が収められている。この「三言」、『初刻拍案驚奇』などに収められた短篇小説を収めたものが、日本の「三言」すなわち岡白駒《おかはつく》訳『小説精言』『小説奇言』『小説粋言』である。『小説精言』は寛保四（一七四四）年刊で全四巻、『小説奇言』は宝暦三（一七五三）年刊で全五巻、『小説粋言』は宝暦七（一七五七）年刊で全五巻。

岡白駒（一六九二〜一七六七）の「前半生の事蹟はほとんど不明で、青年時に徂徠学に接したことだけが推定され」（一九八三年、岩波書店『日本古典文学大辞典』第一巻：四六六頁）ている。『水滸伝』は江戸中期以降、読み物であることと同時に中国語（白話）の上級用教科書という扱いを受けるようになり、岡島冠山や岡白駒によって講説された。その講説を聞いた人のノートのようなテキストが残されている。そうしたものの中に、「水滸伝譯解」と題されたものがある。『唐話辞書類集』第十三集（一九七三年、汲古書院）に影印（写真版）で収められているテキストの末尾には「昉于享保丁未歳三月下旬訖于七月廿／四日　岡龍洲口授　艮斎校正」と記されている。「昉」の字義は〈はじめ〉で「訖」の字義は〈終わり〉であるので、「享保丁未」すなわち享保十二（一七二七）年三月下旬に始めて、七月二十四日に訖《おわ》ったということであるが、高島俊男（一九九一）が述べるように、四ヶ月で、『水滸伝』百二十回の講義が終わるとは考えにくいので、岡白駒の講義ノートの整理が終わったとみるのが自然であろう。いずれにしても、享保十二年の時点で、『水滸伝』の講説が行なわれ、そのノートがまとめられたということには注目しておきたい。

　岡白駒は『助辞訳通』（宝暦十二：一七六二年刊）もあらわしている。岡白駒は、『助辞訳通』巻之上の冒頭において、「凡文章ノ助辞ハ此方ノテニヲハノ如シ。故ニ矣焉／ノ類ニ、ツクベキ和訓ナシ。亦此方ノテニヲハニ擬《ギ》／スベキ文字ナシ」と述べている。中国語の文法においては、名詞、動詞、形容詞を「実詞」、副詞、介詞（前置詞）、連詞（接続詞）、助詞などを「虚詞」と呼ぶ。江戸時代の漢学者は「助辞・助字」という用語を使うことが多かった。「実詞」は単独で文の要素となることができるが、「虚詞」は単独では文の要素となることができない。その点では、日本語における付属語（助詞・助動詞）と同じで、岡白駒が日本の「テニヲハノ如シ」「テニヲハニ擬《ギ》スベキ文字ナシ」と表現したのは、そういう意味合いであったと思われる。しかしながら、日本語における「てにをは」と中国語における「虚詞」とに実際的な重なり合いを見出すことは難しい。したがって、語義をてがかりにして「虚詞」に日本語との重なり合いを探ることができない。そうした意味合いにおいては、「虚詞」は理解が難しく、しかも中国語を正確に理解するためには、「虚詞」を正しく理解する必要があることになる。皆川淇園《きえん》（一七三四～一八〇七）は『助字詳解』を、伊藤仁斎の息、伊藤東涯は『操觚字訣』をあらわしており、古典中国語の理解のためには「虚詞（助字）」の理解は必須であった。

　図3は『小説奇言』巻二に収められている「劉小官雌雄兄弟」（結婚した兄弟）の一部である。この話

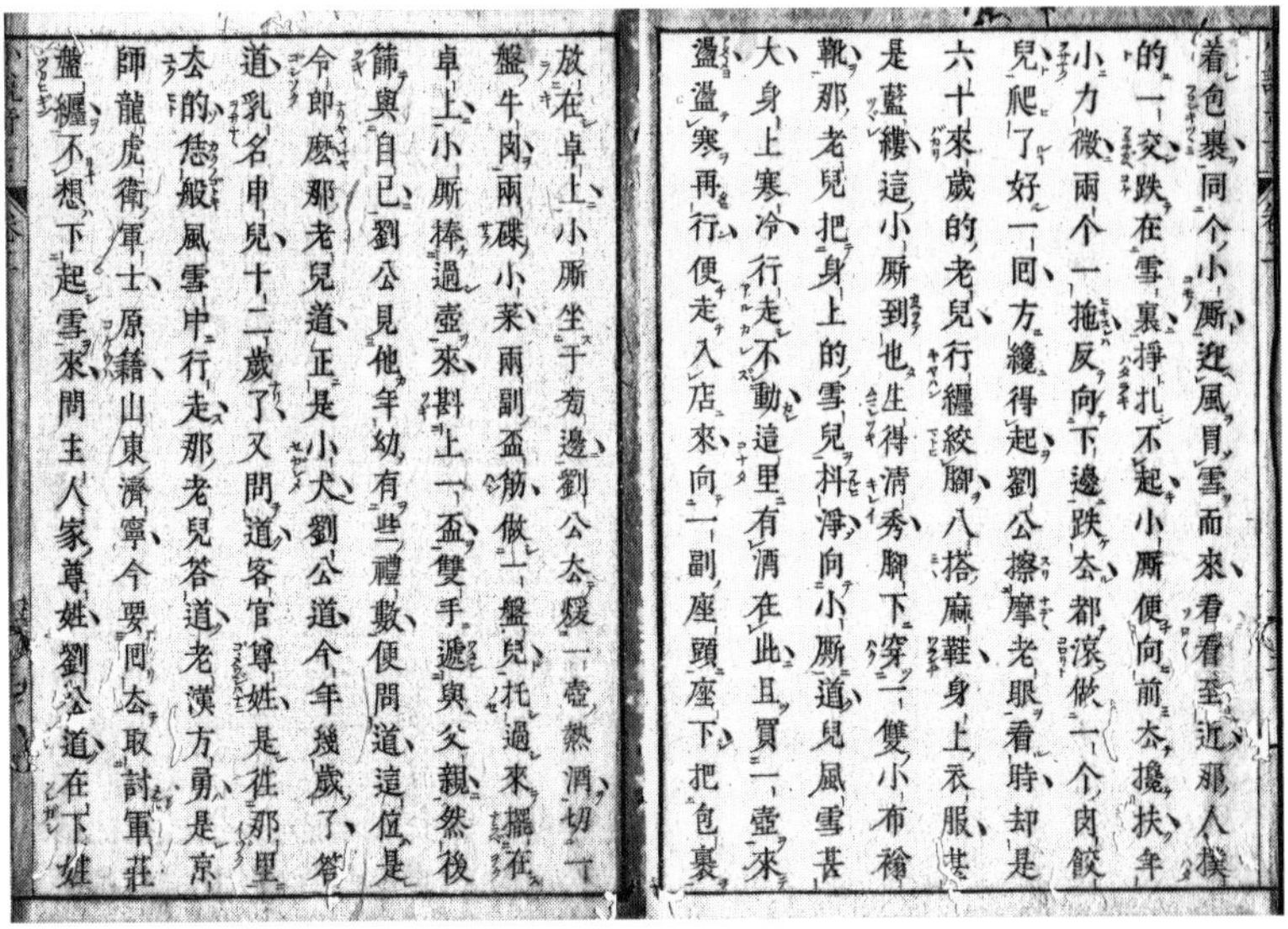
着色裏同个小厮迎風冒雪而來看看至近那人撲
的一交跌在雪裏掙扎不起小厮便向前去攙扶争
小力微兩个一拖反向下邊跌去都滚做一个肉餃
兒爬了好一回方纔得起劉公撩摩老眼看時却是
六十來歳的老兒行纏絞脚八搭麻鞋身上衣服甚
是藍縷這小厮到也生得清秀脚下穿一雙小布襪
靴那老兒把身上的雪兒抖淨向小厮道兒風雪甚
大身上寒冷行走不動這里有酒在此且買一壺來
盪盪寒再行便走入店來向一副座頭座下把包裹
放在卓上小厮坐于旁邊劉公去煖一壺熱酒切一
盤牛肉兩碟小菜兩副盃筯做一盤兒托過來擺在
卓上小厮棒過壺來斟上一盃雙手遞與父親然後
篩與自己劉公見他年幼有些禮數便問道這位是
令郎麼那老兒道正是小犬劉公道今年幾歳了答
道乳名申兒十二歳了又問道客官尊姓是往那里
去的恁般風雪中行走那老兒答道老漢方勇是京
師龍虎衛軍士原籍山東濟寧今要回去取討軍莊
盤纏不想下起雪來問主人家尊姓劉公道在下姓

図3　『小説奇言』（巻二）より

は『醒世恒言』の巻十に収められている。

「かきことば」である古典中国語を日本語として「よむ」ための「翻訳システム」としてうみだされた漢文訓読は、「はなしことば」にはあてはまりにくい。それでも、図でわかるように、「本文」には訓点が施されている。合符を使ってなんとか漢文訓読の形にもっていこうとしていることが窺われる。漢字の右側にも振仮名が施されているが、左側にも施されている箇所が少なくない。左振仮名は、語義の補助的説明のために施されていると思われるが、〈つまづく・倒れる〉という字義をもつ「跌」（二行四字目）に「コケ」（ル）とあるように、口語的な日本語が施されることが少なくない。

例えば、右側一行目の「小厮」の左側には「コモノ」とある。今野真二（二〇〇五）において、この語について述べたが、「小厮」は〈小者・走り使い・召使い〉という語義をもつ語で、下に接尾語「児」がついた「小厮児」は〈こせがれ〉という語義になる。右側七行目、左側一行目にも使われており、『水滸伝』『金瓶梅』などをはじめとする白話小説においてよく使われる語といってよいだろう。「小断」は先に紹介した『福恵全書』巻十三、八丁裏九行目においても使われており、和刻本ではやはり「コモノ」という左振仮名が施されている。

伊藤東涯が編んだ分類語彙辞書『名物六帖《めいぶつりくじょう》』は全体を十三の「箋」に分け、その「箋」をさらに「門」に分けて、語彙を収める。見出しとした漢字列のおおむねは右に振仮名を施し、下に中国文献を出典として示している。出典には、古典中国語で記されている、「経史子集」があげられているが、明の璩崑玉が編んだ『古今類書纂用』などの類書、『康熙字典』などの字書に加えて、『水滸伝』や『拍案驚奇』などの白話小説なども含まれている。

「人品箋」は五冊に分けて出版されているが、その五は「漁獵屠割」「戸丁傭賤」「僕隷奴婢」「訟訴囚徒」など九つの門にさらに分かれている。その「僕隷奴婢」門に「小断《コモノ》」とある。見出し「小断《コモノ》」の前には、明の徐謂の「青藤山人路史」を出典として、見出し「頂老《コモノ》」が置かれている。「青藤山人路史」をインターネットで検索しても、すぐには有効そうな情報をキャッチすることができない。そういうことからすれば、例えば、ということであるが、「青藤山人路史」という書物は「現代日本語圏」から「遠い」ところにある、といってもよいことになる。

伊藤仁斎の家塾である古義堂が蔵していた書籍約一万冊は現在天理大学附属天理図書館に蔵されており、『古義堂文庫目録』（一九五六年、天理大学出版部）がつくられている。その目録には「青藤山人路史」二冊が載せられている。目録によれば、東涯が、享保十一（一七二六）年に「藝州」（現在の広島県）の「井上」というおそらく門人に「謄寫」すなわち書写させていることがわかる。東涯の書き入れが少しあることも目録に記されている。『名物六帖』の「器財箋」が刊行されたのが、享保十二年、「人品箋」が出版されたのが宝暦五（一七五五）年であるので、東涯が『名物六帖』のために、手元に参照で

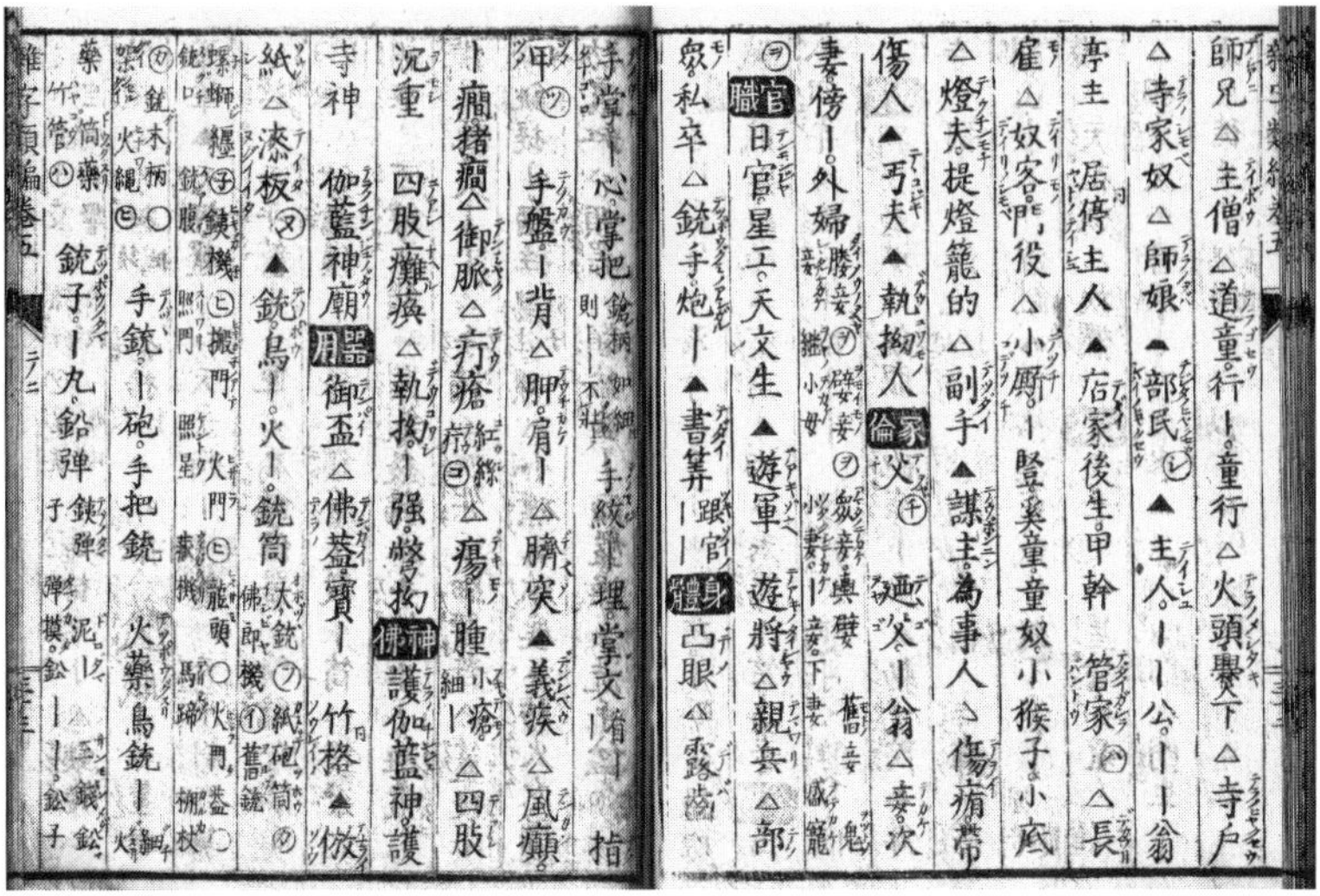

図4　『雑字類編』（巻五・三十二丁裏）

きるテキストを集めていたことが窺われる。「江戸の知」が時間とエネルギーを使って形成されていっていることがわかる。東涯時代の古義堂には『忠義水滸伝解』をあらわした唐話学者、陶山南濤（一七〇〇～一七六六）がいた。

図4は、天明六（一七八六）年に出版されている、柴野栗山編『雑字類編』（七巻二冊）の巻五、三十二丁裏であるが、四行目の「小厮」の右に「デッチ」、左に「コデッチ」と振仮名が施されている。その下には、「小豎・奚童・童奴・小猴子・小底」とあるが、これはこれらの語がいずれも「小厮」と同じような語義の語であることを示している。『雑字類編』が出版された頃には、和語「デッチ・コデッチ」と重なる語義をもつ中国語として、どういう語があるかということが「情報」として整理されていたことになるが、そうした密度のたかい「情報」が『雑字類編』という一つのテキストに蓄蔵されていることがわかる。

伊藤若冲の支援者として知られる大典顕常《だいてんけんじょう》（一七一九～一八〇二）は、漢詩人として多くのすぐれた作品を残し、禅僧として相国寺第一一三世住持となっている。その大典禅師があらわした辞書『学語編』巻上の「人品類」の「職役」には「奚童（左振仮名コモノ）奚奴　頂老　小厮　小二　小底　餘胥　餘須」と記されている。漢字列「奚童」の左振仮名は、左振仮名が施されていない「奚奴」以下の漢字列にもかかっているとみるのが自然で、そうであれば、『雑字類編』にみられない漢字列も示されていることになる。大典顕常には『詩語解』『文語解』『唐詩解頤』などの著作もある。

「小厮」の一行前には見出し「店家《テダイ》」・「管家《テダイガシラ》（左振仮名バントウ）」がみえているが、これらの語も白話小説でよくみかける語といってよい。『福恵全書』においては「長班管家」（巻一、十四丁表二行目）に「ケライガシラ」と左振仮名が施されている。

「小厮」は滝沢馬琴の『松浦佐用媛石魂録』十二や『南総里見八犬伝』二十一においても「こもの」という振仮名を施されて使われている。柴野栗山（一七三六～一八〇七）は古賀精里、尾藤二洲とともに「寛政の三博士」と呼ばれるが、松平定信のもとで、「寛政異学の禁」を指導している。

現在、日本で出版されているもっとも規模の大きな漢和辞典といってよい『大漢和辞典』は「小厮」を見出しにして、「めしつかひ。こもの。小使。厮はこもの。賤役者」と説明し、明代中期の文人、王世貞（一五二六～一五九〇）撰「觚不觚録《こふころく》」を出典として示している。現代日本語母語話者は『大漢和辞典』が見出しにしていれば、当該語の語義を知ることができる。しかし、『大漢和辞典』が見出しにしていない「白話（唐話）」は少なからずある。これは『大漢和辞典』が古典中国語寄りに編集されているからといってよい。ずっと「かきことば」である古典中国語で記された「漢文」を読み、書いてきた人々は、白話小説をよもうとして、「この語の語義は？」と思う箇所が少なくなかったであろうし、文法的にもわからない箇所があったことが推測される。それは江戸時代も現代も変わらないといってよいだろう。[3] ちなみにいえば、陸澹安編著『小説詞語匯釋』（一九六四年、中華書局上海編輯所編輯）は「小断」を「供使喚的小僮」（使い走り）、「男孩子」（男の子）と説明している。

図3の左側七行目から九行目にかけて「老漢方勇是京師龍虎衛軍士、原籍山東濟寧、今要回去取討軍荘盤纏、不想下起雪来」というくだりがある。『全訳中国文学大系』第一集第十巻（一九五八年、東洋文化協会）はこのくだりを「わたしは方勇《ほうゆう》という者で、都の竜虎衛《りゅうこえい》（近衛）の兵士です。山東の済寧《さいねい》の生れで、駐屯地の旅費を受取りに帰るところですが、雪が降って来ようとは思いませんでした」（四四三頁）と訳している。

図3でわかるように「盤纏」には左振仮名「ツカヒギン」が施されている。『日本国語大辞典』第二版は見出し「つかいぎん【使銀・遣銀】」においては語義（1）を「「つかいがね（使金）（1）」に同じ」、語義（2）を「「つかいがね（使金）（2）」に同じ」と記し、語義（1）には「好色五人女」「世間胸算用」などの使用例を示している。

見出し「つかいがね【使金・遣金・遣銀】」の語義（1）には「ある目的のためにあてる金銭。その事に費やす金銭。つかいぎん」と、語義（2）には「こづかい銭。つかいぎん」と記されている。

『日本国語大辞典』第二版で「ばんてん」を調べてみると、次のように記されている。

ばんてん【盤纏】〔名〕日ごろ使う金。こづかいや路用の金。また、金を使うこと。俗語。＊江戸繁昌記〔1832–36〕四・仮宅「腰下些かの盤纏（〈注〉タクワヘ）、嚢に和して之を献ぜん。伏して望む、姐々大恩、生が一命を救へ」＊音訓新聞字引〔1876〕〈萩原乙彦〉「盤纏　バンテン　ロヨウ、コヅカヒ」＊北条霞亭〔1917–20〕〈森鷗外〉一〇「盤纏（ハンテン）足らざるがために、金を父に請うたのではなからうか」＊五代会要－倉「人戸送納之時如㆑有㆓使官布袋㆒者毎一布袋使㆔百姓納㆓錢八文㆒、内五文与㆘擎㆓布袋㆒人㆖、与三文即与㆓倉司㆒充㆓吃食、鋪襯、紙筆盤纏㆒」

『大漢和辞典』は「盤纏」の語義を「旅費。路用」と説明し、「西廂記」「剪燈余話」「桃花扇」などの使用例を示している。「盤纏」も『水滸伝』『西遊記』『金瓶梅』などで使われる語で、『名物六帖』人事箋三、『雑字類編』も見出しとしている。この語は寺門静軒があらわした、江戸後期の漢文戯作である『江戸繁昌記』や中国において「地方官吏の治政のための参考書」（荒尾禎秀　二〇一二：二頁）であった、清の黄六鴻のあらわした『福恵全書』（康熙三十三：一六九四年）においても使われ、森鷗外『即興詩人』『北条霞亭』『小倉日記』にも使われている。

　碩学、小島憲之は『ことばの重み』において、鷗外の『小倉日記』に使われている「盤纏」について、「有り体《てい》にいえば、漢語「盤纏《ばんてん》」がすぐにはよくわからなかったのである」（一七七頁）と述べ、さらに次のように述べている。

> 四書五経など中国の古代語を多少なりとも聞きかじっているわたしが、なぜこれまで「盤纏」の語にお目にかかることがなかったのだろう。『小倉日記』には、わたしにとって辞書を必要としない「庠序《しやうじよ》」―学校（『孟子』梁恵王）、「沮洳《しよじよ》」―ぬかるみ（『毛詩』魏風）、「邂逅」―思いがけず会うこと（同、鄭風）などのような熟知の語と、「盤纏」、「牙婆《がば》」―女周旋屋、のように即座には理解することの出来なかった語との共存がみられる。なぜわたしにとってそれらの語が未知であったのか。理由は簡単である、わたしの少しばかり読んできた唐代以前の文献にほとんど出現しない語、それを裏返せば宋代以後の文献に多くみえる語といえよう。わたしの不勉強のせいで、これらの宋・明・清の「近世語」は、いわば処女地、全く触れたことがなかったのである。
>
> 鷗外、ひろくいえば幕末明治の文人たちは、唐代以前の漢籍と同じく、宋代以後のものをもよく

読んでいたのである。「盤纏」については、鷗外たちのよく読んだ『水滸伝《すいこでん》』などに例が多くみえる。（略）

そこで、幕末から明治にかけて日本人に愛読されたこの書の注解書の類を片端から当ってみる。舶載された漢籍に返り点などを付した和刻本、あるいは日本人の手になる漢文には、傍訓をつけ、注解をほどこした形で刊行されたものが多い。ひとつには漢語漢文の知識の十分でない読者への読解の便宜のためでもあるが、その注解のもっとも簡略なかたちは該当語の左側に付せられる、いわゆる左傍訓である。このすがたは明治初期まで大いに行われた。（一七八〜一七九頁）

碩学の「不勉強」は謙辞以外のなにものでもないが、「幕末明治の文人たちは、唐代以前の漢籍と同じく、宋代以後のものをもよく読んでいた」という言説には注目しておきたい。『名物六帖』が刊行された時期にはすでにそうした状況にあったとみることはできるだろう。「唐代以前の漢籍」を古典中国語テキストとみるならば、「そうした状況」とは「古典中国語離れ」ということになる。

江戸・京都における白話学習の流行

柳沢吉保から話を始めることにしたい。

もともとは将軍に近侍して、日常の雑務をとりおこなう「小納戸」役であった柳沢吉保（一六五九〜一七一四）は、五代将軍徳川綱吉の寵愛を受け、ついには十五万石余の大名、さらには老中の上座にまでなる。綱吉自身、林鳳岡信篤と経書について討論をし、湯島聖堂を建立するなど、学問好きで、いわゆる「文治政治」を行なった。湯島聖堂が竣工された元禄四（一六九一）年に林鳳岡は大学頭に任じられる。以後大学頭は林家によって世襲されることになる。

柳沢吉保は、北村季吟から古今伝授を受けており、和歌にも通じていた。柳沢吉保の公用日記というべき「楽只《らくし》堂年録《どうねんろく》」[4](全二九九巻)の元禄十三年八月二十七日の条に「今日、再昌院法印季吟より、古今の秘訣を伝授す」とある。柳沢吉保の側室が町子であるが、その父は正親町公通《おおぎまちきんみち》(一六五三〜一七三三)と考えられていて、その正親町公通のなかだちによって、吉保は霊元上皇の和歌の添削をうけるようになる。正親町公通は垂加神道の布教につとめたことが知られている。吉保は、霊元上皇と交流があった中院通茂や通茂の息で、野宮家の養子になった野宮定基などの堂上歌人たちとの交流もあった。定基の娘、幾子は吉保の養女となっている。吉保は家庭内で和歌の会を催しており、町子は歌集、『如葉集』『如葉集千首』を残している。町子はまた、吉保の生涯を『栄花物語』に倣って記した『松蔭日記』(四冊)もあらわしている。

吉保は、江戸城における漢籍の講釈には積極的に関わり、綱吉を自邸に迎えた際には、漢籍だけではなく、『源氏物語』や『徒然草』『新古今和歌集』などの講釈も行なわせていることが「楽只堂年録」によってわかる。例えば、元禄四年十二月五日に将軍綱吉が柳沢邸に御成になった際には、吉保の「家臣渡邊惣左衛門幹」が『詩経』を講じ、それについで「柏木藤之丞全故」が『源氏物語』紅葉賀の一節を講じている。「柏木藤之丞全故」は松尾芭蕉の「おくのほそ道」や「炭俵」を浄書している。

また、荻生徂徠は元禄九年に、服部南郭・田中省吾は同十二年に、安藤東野は宝永元年に柳沢家の儒臣となっている。綱吉は在職中の二十八年間に吉保の邸を五十回以上訪れていることが指摘されている。こうしたことについて、石崎又造(一九四〇)は次のように述べている。

臨駕の度毎に殆んど講書の席を缺かさず開いて、自らも講じ吉保にも講ぜしめた。それは大抵大学・中庸及び論語であつた。而も儒臣等をして唐音を以て大学を講じたり問答したりさせてゐる。元禄十六年正月五日綱吉、吉保邸に臨み、唐音の問答をなさしめ、同年二月にも次の様に見えてをる。（引用略）

此の日将軍綱吉の前で吉保の儒臣鞍岡元昌（蘇山）が大学の小序を唐音で進講し、徂徠が通弁の役を勤めた、それが畢つて唐音の問答数返に及んだ。宝永二年二月五日臨駕の時は、志村楨幹・徂徠等十三人が、「中」の字を唐音で議論した。同五年三月廿四日には悦峯が登城して、唐音を以て問答し、日本僧が通弁した。此の通弁を俟たずして、問答の大意の分るものは、吉保一人であつたといふことである。(5)

吉保が参禅問答して幾らかの支那俗語（引用者補：唐話＝白話のこと）を必要としたのは、既に弱冠の時であつた。元禄になつて黄檗の高泉・千呆・悦山・悦峯等、支那僧が頻々として来つて筆談問答するやうになつてから、次第に支那語（引用者補：前の支那俗語と同義で使っていると思われる）が必要になつた。その儒臣中で師匠株には鞍岡元昌と岡島冠山が居り、此の二人の外に幕府の儒官である深見玄岱及び関宿侯牧野成貞の儒臣中野謙が蘐園唐話の師匠であった。（四十九〜五十頁）

右について少し説明を補う。「悦峯が登城して、唐音を以て問答し」とある「悦峯」は、黄檗宗総本山萬福寺の八代住持となった悦峯道章《えっぽうどうしょう》（一六五五〜一七三四）のこと。悦峯は浙江省杭州府銭塘県の生まれで、貞享三（一六八六）年に来日し、長崎興福寺の住職となっているが、柳沢吉保の帰依を受けている。「高泉」は萬福寺の五代住持となった、福建省福州府福清県東閣出身の高泉性潡《こうせんしょうとん》（一六三三〜一六九五）、「千呆」は六代住持となった福建省福州府長楽県生まれの千呆性侒《せんがいしょうあん》（一六三六〜一七〇五）、「悦山」

は七代住持となった、福建省泉州生まれの悦山道宗《えつさんどうしゅう》（一六二九〜一七〇九）のこと。

このように、福建省や浙江省から来日した黄檗僧が、京都の萬福寺の住持となっていた。これらの来日黄檗僧は、（当然のことながら）それぞれの出身地である、中国南方地域の中国語を母語とする。したがって、「唐音を以て問答」の「唐音」を具体的に説明するならば、十七世紀から十八世紀にかけて、中国南方地域で使われていた中国語ということになる。「かきことば」としての古典中国語、日本でいうところの「漢文」をかたちづくっている中国語を一方において、中国語の「はなしことば」を考えた場合に、それが「白話＝唐話」ということになる。黄檗山萬福寺には、江戸時代後期の俳人、田上菊舎（一七五三〜一八二六）の「山門を出れば日本ぞ茶摘うた」を刻んだ句碑がある。この句には「見聞に耳目をおどろかしつゝ、黄檗山のうちを拝しめぐり、誠に唐土の心地し侍れば」という詞書きが附されている。この句がよまれたのは寛政二（一七九〇）年三月と考えられているので、その時点で、萬福寺の寺域には唐音が満ちていたことになる。

日本から中国に行った人物は、行った時期の行った地域の中国語と接することになる。例えば、鎌倉時代、明庵栄西《みようあんえいさい》（一一四一〜一二一五）は仁安三（一一六八）年四月に宋に渡ることを志して、明州（現在の中国浙江省寧波市あたり）に着き、たまたま出会った重源とともに天台山万年寺（現在の浙江省天台県）に登る。栄西は文治三（一一八七）年にも天台山万年寺に登っているが、そこで栄西が耳にした中国語は、十二世紀の中国浙江省で使われていた中国語の「はなしことば」ということになる。それは大枠としてみれば、中国語の「はなしことば」すなわち「白話＝唐話」であるが、十七世紀に浙江省で生まれた悦峯道章の使う「はなしことば」とは時期が異なることになるので、まったく同じ「白話＝唐話」とはいえない。

柳沢吉保に話を戻す。将軍自らが唐話を使い、また吉保も吉保の儒臣も唐話を使い、ネイティブスピーカーである黄檗僧を交えて議論をしていたことには注目しておきたい。石崎又造（一九四〇）は先に引いたように、柳沢吉保の儒臣中の「師匠株」として鞍岡元昌と岡島冠山の名前をあげている。ここでは岡島冠山に注目してみよう。

荻生徂徠は正徳元（一七一一）年十月に岡島冠山を蘐園の「訳士」として迎え、「訳社」と称する中国語白話講習会を始める。この年に、冠山は林鳳岡に入門し、しかも鳳岡の住まいに寓居していたことがわかっている。石崎又造（一九四〇）はこの講習会で、「水滸・西廂・等戯曲小説」が教科書として使われていたことを推測しているが、「其の入門初歩のものとしては、「唐話類纂」二巻・「唐話纂要」六巻・「唐話便用」六巻・「唐音雅俗五類」五巻及び「字海便覧」七巻・「唐訳便覧」五巻等を挙げることが出来る。即ち冠山著作の支那語学書は殆んど凡て、此の訳社の為めに製作せられたものであらうと推定してゐる」（九十六頁）と述べている。本章では、まず荻生徂徠の『訳文筌蹄』『訓訳示蒙』をよみ、次に岡島冠山の『唐話纂要』『忠義水滸伝』をよむことにしたい。

荻生徂徠『訳文筌蹄』『訓訳示蒙』をよむ

吉川幸次郎（一九七五）は荻生徂徠の「伝記は、三つの時期に分けることが可能である」（八十六頁）と述べている。「三つの時期」の第一の時期は、「幼時から四十歳ごろまで」（元禄〜宝永年間）の「私塾の教師から、柳沢吉保の家臣となり、五代将軍徳川綱吉」の「侍講」でもあった時期で、この時期の徂徠は「一般の儒者と同じく、儒学説としては朱子学、文学説としては宋の文学の尊重」をしていて「それらから脱却」しておらず、「活動の中心は語学者たるにある」（八十七頁）。第二の時期は四十歳から五十歳頃まで（宝永〜正徳年間）の時期で、「綱吉の死、吉保の失脚によって」「柳沢の家臣という身分と俸禄を受けつつも、町住みの儒者として、将軍家宣家継の輔佐者であった新井白石と対立しつつ、文学説は宋から脱却して、李攀竜王世貞の「古文辞」を高唱し、文壇の勢力舎となる」が「儒学説はなお朱子学を守」り「活動の中心は、文学の実作者たるにあ」った。第三の時期は五十歳から六十三歳の死に至るまでの時期（享保年間）で、「儒学説、文学説、ともに従来の伝統を脱却」する。「古文辞」の文学は「盛況を呈」し、自身の学説を完成させ、「将軍吉宗の厚遇をうける」。「活動の中心は、哲学者たるにある」（同前）。

「三つの時期」は、まずは徂徠の年齢と、どういう立場であったかということと対応する。吉川幸次郎（一九七五）が「儒学説」と「文学説」特に宋の文学をどのようにとらえるかということを時期を分ける要素としていることに注目したい。後者は吉川幸次郎らしい観点といってよい。

徂徠を「古文辞学」「反朱子学」と結びつける言説は少なくない。荻生徂徠が一生を終えた時点から抽象的にみかえすならば、そういう「みかた」もあるいはできるかもしれない。しかし、徂徠の「生」を具体的に考えるならば、「古文辞学」は第一の時期、「反朱子学」は第三の時期ということになる。

徂徠の一生が三枚の写真に映し出されていると考えてみることにしよう。三枚の写真をそれぞれ独立した写真としてとらえることができる。それぞれの写真に何がうつされているかを丁寧によみとることがまずは重要であることになる。枚数が少なすぎるけれども、徂徠の一生を三枚の写真を並べた「動画」のようにとらえることはできなくはない。そして、第一の時期に古文辞学にふれたから、第二の時期を経て第三の時期に反朱子学に至ったととらえることもできなくはない。しかしそれは、三枚の写真のそれぞれを「歴史的事実」[6]としてとらえ、人間の一生をその「歴史的事実」に基づいた「物語」のようにとらえる「みかた」といえるだろう。ここでは、そうした物語的な「みかた」を離れて、第一の時期につくられた『訳文筌蹄』及び『訓訳示蒙』を虚心坦懐によんでみることにしたい。

『訳文筌蹄』（六巻六冊）は正徳四（一七一四）年から翌年にかけて刊行されている。巻首に置かれた「題言十則」の冒頭には徂徠が「二十五六時」に僧天教と吉有鄰臣哉（吉田孤山）が「口説」したものを「筆受」したことが述べられている。徂徠は寛文六（一六六六）年の生まれであるので、二十五、六歳の時といえば、元禄三（一六九〇）、四年頃にあたる。徂徠の父荻生景明は徳川綱吉の侍医であったが、延宝七（一六七九）年に、館林藩主であった綱吉の怒りにふれ、江戸から追放される。それにともなって、徂徠は十四歳の時に、母の故郷である上総国長柄郡本納村（現・千葉県茂原市）に移り住むことになるが、「題言十則」にはそのことが「予十四流落南総二十五値赦還」（予、十四にして南総に流落し、二十五にして赦に値《あい》て還る）と述べられている。徂徠は芝増上寺の近くに塾を開き、近隣の豆腐屋が貧乏な徂徠を援助したことが『蘐園雑話』に「彼翁赦に逢て上総より帰られしとき、芝三島町豆腐屋の裏に居られ、其の頃殊の外貧しかりしが、豆腐屋の主より世話やきたりし故、後郡山侯に仕へられしより三人扶持の米を一生右の豆腐屋に与へられし由、松崎子允語られし」と記されている。現在の講談、落語には「徂徠豆腐」という演目がある。松崎子允（一六八二〜一七五三）（松崎白圭尭臣、観瀾）は丹波篠山藩の家老で、中野撝《ぎ》謙《けん》、伊藤東涯、太宰春台と交流があった。

また『蘐園雑話』には「山井彝は本仁斎門人にて、洛に在し時、訳文筌蹄を見て、夫より千里独歩して徂徠に謁しとかや」と記されている。また「二弁」すなわち「弁名」「弁道」と『論語徴』が「そらにて書れし文」「暗記のまゝかゝれし書」であるので、校正「出処突合」を「山井善六に頼」んだことも記されている。

山井崑崙《やまのいこんろん》（山井善六）（?〜一七二八）は、「洛」すなわち京都で伊藤東涯に学び、その後西条藩の江戸詰藩士としてめしかかえられ、江戸では荻生徂徠に学んだ。徂徠門下の根本武夷とともに、足利学校の蔵書の校勘を行ない、『七経孟子考文』としてまとめた。この本は西条藩主、松平頼渡に献上され、さらに頼渡から幕府に献上される。崑崙の死後に幕府は、徂徠の実弟荻生北渓に『七経孟子考文』に校訂を加えることを命じ、『七経孟子考文補遺』が成る。この本は清に伝わり、高い評価を受け、日本人の著作として唯一、乾隆帝が編纂させた叢書『四庫全書』に収められた。

『訳文筌蹄』の冒頭に掲げられている「題言十則」には「此方学者以方言読書」(この方の学者、方言を以て書を読む)とある。「方言」とは何かといえば、それは「和訓」と呼ばれているもので、その「和訓」を「訓詁」すなわち経書の字句の解釈だと思っているけれども、その実体は「訳」であり、しかもそのことに気づいていないのだという。徂徠はテキストを「本来の面目」として「よむ」こと、すなわち中国語として「よむ」ことをよしとしているが、それは誰にでもできることではない。中国語として「よむ」ことができないのであれば、「和訓廻還之読」すなわち、「和訓」に還元する、「和訓」を媒介にしてテキストを「よむ」のではなく、平易な「訳」によって理解することをすすめる。それは、徂徠が「中国の古典にいう事がらも、中国語で表現されてはいるけれども、同じく人間の事がらである。そうむつかしく特別なものである筈はない。われわれが日本語で気やすくいっているのと同じ事がらを、むこうは中国語で、同じく気やすくいっているにすぎぬ。中国語がその伝達する事実に対してもつ気やすさを、そのまま同じ比率で日本語にうつすのが、私の「訳」である」と考えているからだというのが吉川幸次郎(一九七五:九十九頁)の「みかた」である。徂徠には、江戸時代に使われていた「はなしことば」と日本における漢文訓読で使われてきた、気やすくない「かきことば」との「距離」がはっきりとみえていたということが前提になるだろう。

日本語を文字化するにあたって、漢字を使う。その漢字を、漢字字義にできるだけ沿って使うのであれば、そのことによって日本語が(何ほどかにしても)中国語側に引き寄せられることになる。「漢字とかたく結びついている和語」=「定訓としての和訓」に沿って漢字を使うのであれば、それは漢字を日本語側に引きつけて使うことになる。文字化に使う文字＝漢字を真ん中にして、中国語寄りにその漢字を使ったり、日本語寄りにその漢字を使ったりすることができ、それによって文字化されている言語は、幾分なりとも中国語寄りになったり、日本語寄りになったりする。徂徠は「定訓としての static な和訓」を使うのでは、中国語文のいわんとするところに迫れないと思っていたのだろう。

『訓訳示蒙』には「今学者訳文ノ学ヲセント思ハヽ、悉ク古ヨリ日本ニ習来ル和訓ト云フモノト字ノ反リト云モノトヲ破除スベシ。子細ハ字ノ反リトイフコトハ和訓ト云モノヲ付ルカラ起リタルナリ」「今時ノ和人、和訓ヲ常格ニ守リテ和訓ニテ字義ヲ知ントスルユへ、一重ノ皮膜ヲ隔ツルナリ。ソノ上古ノ先輩ノ和訓ヲ付ラレタル以前ハ直ニソノ時ノ詞ヲ付ラレタル処ニ、今時代移リカワリテ日本ノ詞昔トハ違ヒタルコト多シ。今倭訓ヲ立置ク時ハ倭訓ト云一物ニナルナリ。ヤハリ和語へ移シテ字義ヲ合点スベキコトユへ倭訓ヲ破除スルナリ。又倭訓ハ一ツニシテ字意ハ違ヒタル文字多シ。和訓ハアラキモノナリ。和訓ヲ守ル時ハ字義粗クナル間、和訓ヲ破除スルナリ。字義サへ合点スレバ元来唐ノ語ニ反ルト云コトハナク、反ルト云コトハ日本人ノ付タル物ユへ我意ニテ如何様ニモ反リテヨムホドニ反ルト云コトヲ破除スルナリ」とある。『訓訳示蒙』は徂徠の没後にまとめられたもので、徂徠の著述には入れないという「みかた」もある。（句読点、濁点を適宜補って引用した）今便宜的に『訳文筌蹄』と併せて参照しているが、右に引いた言説などは繰返しが多く、文意も明瞭ではない箇所を含んでいるが、ひとまずは徂徠の言説とみなすことにする。右では「字ノ反リ」と「和訓」とが結び付けられているが、三つのことに注目しておきたい。

注目点の一つ目は、「日本ノ詞昔トハ違ヒタルコト多シ」という言説である。この言説は、かつての「かきことば」と徂徠の生きた時期の「かきことば」及び「はなしことば」との対照から導き出されたものと推測するが、時間軸に沿って言語が変化することがはっきりと徂徠には意識されていたことがわかる。右ではそのようには述べられていないけれども、徂徠がより意識したのは、かつての「かきことば」と徂徠の生きた時期の「はなしことば」との違いであったと推測する。徂徠の生きた時期の「はなしことば」を使えば、日本の「人情」はもちろんのこと、中国の「人情」も言語化できる。しかし日本の「人情」を漢文訓読のことばによって表現することはできない。それと同じように、漢文訓読のことばによって中国の「人情」を表現することはできない。言語によって表現できないということはすなわち理解することができないということになる。徂徠は「俚俗者平易而近於人情」(俚俗なるものは平易にして人情に近し)と述べ、「人情」という語を使う。「人情」は徂徠のキーワードであると同時に「江戸の知」をとらえるキーワードの一つといえるだろう。

注目点の二つ目は、「和語へ移シテ字義ヲ合点」するという言説がみえることである。これは先に述べたように、和訓を媒介にして漢字、漢字によってあらわされている語、文、文章をとらえることは、やはり和訓の側すなわち日本語の側に寄せての理解であるということが認識されている点である。

そして注目点の三つ目は、「和訓ハアラキモノ」という認識で、具体的に語彙をはりめぐらせている中国語に対した場合、日本語の語彙は抽象的であるということがはっきりと認識されていた。そのことを具体的に、かつ精緻に述べたテキストが『訳文筌蹄』であり、『訓訳示蒙』といってよい。しかしながら、伊藤東涯に『操觚字訣』があり、大典顕常に『文語解』『詩語解』『詩家推敲』があることを思えば、このことはひとり徂徠が到達した認識ではなく、江戸時代の漢学者が共通してもっていた認識とみるのが自然であろう。それでも、多くのテキストが助字に注目していることを思えば、「実字」について整理を行なったことには留意しておきたい。

図5は『訳文筌蹄』巻一の六丁裏から七丁表にかけての箇所であるが、「躁・噪・譟・騒」の四字を採りあげて、それぞれの字義について説明をしている。「常用漢字表」には「騒」字のみが載せられて

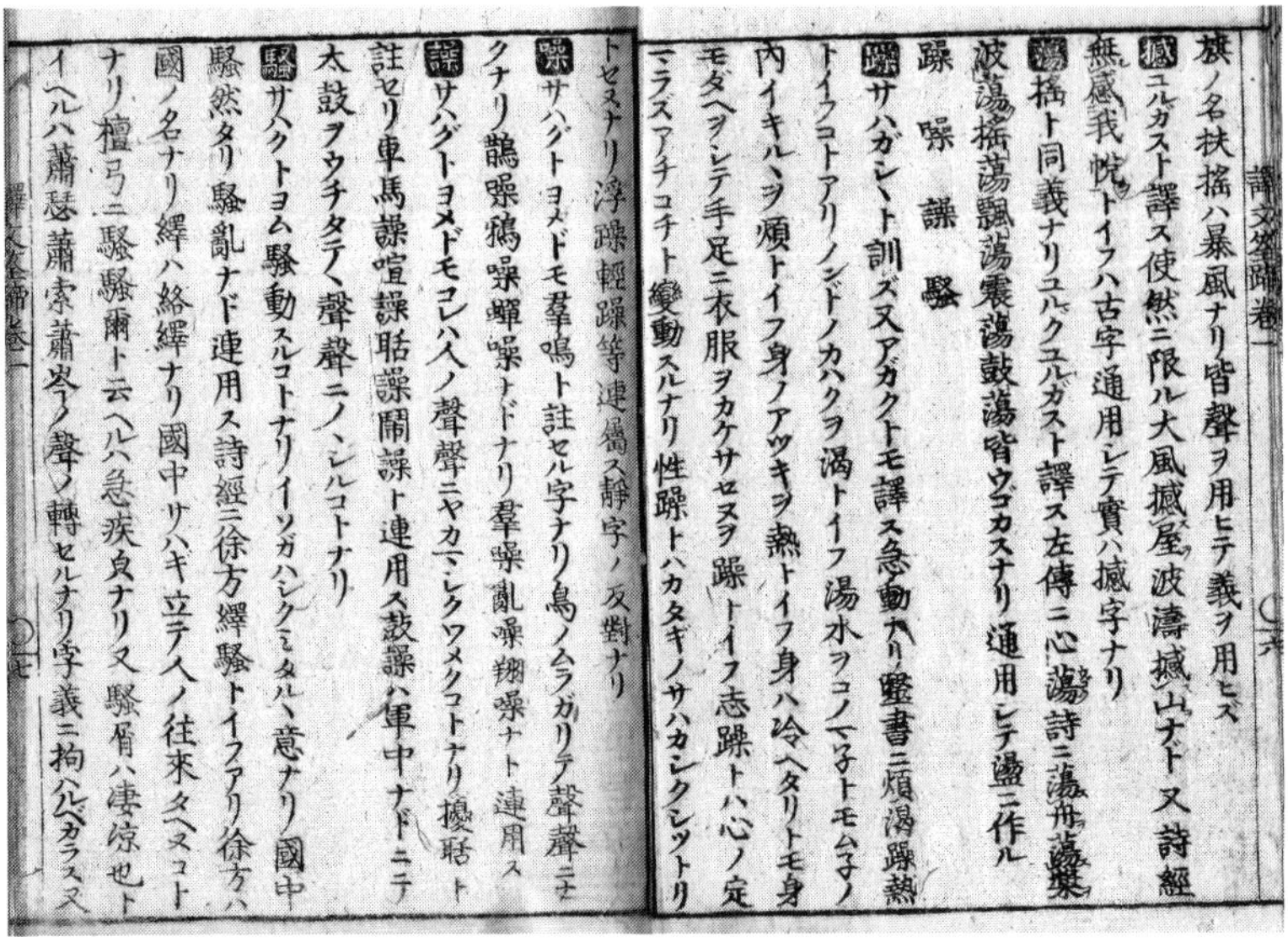
譯文筌蹄卷一 六
旗ノ名扶揺ハ暴風ナリ皆聲ヲ用ヒテ義ヲ用ヒズ
撼 ユルガスト譯ス使然ニ限ル大風撼屋波濤撼山ナド又詩經
無感我帨トイフハ古字通用シテ實ハ撼字ナリ
盪 揺ト同義ナリユルクユルガスト譯ス左傳ニ心盪詩ニ盪舟盪漿
波盪揺盪飄盪震盪鼓盪皆ウゴカスナリ通用シテ蕩ニ作ル
躁 噪 譟 騷
躁 サハガシトハト訓ズ又アガクトモ譯ス急動ナリ醫書ニ煩渴躁熱
トイフコトアリノンドノカハクヲ渴トイフ湯水ヲコノマヌ子トモムマノ
内イキルヲ煩トイフ身ノアツキヲ熱トイフ身ハ冷ヘタリトモ身
モダヘヲシテ手足ニ衣服ヲカケサセヌヲ躁トイフ志躁トハ心ノ定
マラズアチコチト變動スルナリ性躁トハカタギノサハカシクシツトリ
トセヌナリ浮躁輕躁等連用ス靜字ノ反對ナリ
噪 サハグトヨメドモ羣鳴ト註セル字ナリ鳥ノムラガリテ聲聲ニナ
クナリ鵲噪鴉噪蟬噪ナドナリ羣噪亂噪翔噪ナト連用ス
譟 サハグトヨメドモコレハ人ノ聲聲ニヤカマシクワメクコトナリ擾譟ト
註セリ車馬譟喧譟聒譟鬨譟ト連用ス鼓譟ハ軍中ナドニテ
太鼓ヲウチタテヽ聲聲ニノヽシルコトナリ
騷 サハクトヨム騷動スルコトナリイソガハシクミタルヽ意ナリ國中
騷然タリ騷亂ナド連用ス詩經ニ徐方繹騷トイフアリ徐ハ
國ノ名ナリ繹ハ絡繹ナリ國中サハギ立テ人ノ往來タヘヌコト
ナリ檀弓ニ騷騷爾ト云ヘルハ急疾良ナリ又騷骨ハ淒涼也ト
イヘルハ蕭瑟蕭索蕭然ノ聲ノ轉セルナリ字義ニ拘ハルベカラズ又
譯文筌蹄卷一 七

図5　『訳文筌蹄』（巻一・六丁裏／七丁表）

おり、「さわぐ」という訓が認められている。「躁」は現代日本語では、「ソウウツビョウ（躁鬱病）」という語、「噪」は「ケンソウ（喧噪）」という語などで使う漢字である。「噪」と「譟」とは同じであるという「みかた」が中国においてもある。徂徠は四つの字の字義の違いを具体的に説明していく。

まず「躁」には「サハガシシ」という和訓があり、「アガク」と訳すことがあることを述べる。〈急に動く〉ことで、「シソウ（志躁）」は心が定まらずにあちらこちらと変動することをいい、「セイソウ（性躁）」は性質がさわがしくて、しっとりとしないことをいい、「浮躁」「軽躁」などの語があり、「静」字の「反対」であるという。

「噪」は『説文解字』が（とは述べられていないが）「羣（群）鳴」すなわち〈群がり鳴く〉と説明している字であることをまず述べている。鳥が群がって声声に鳴くということで、「鵲噪」「鴉噪」「蟬噪」などの語をあげている。これらの語の語義はカササギが鳴く、カラスが鳴く、セミが鳴くということになる。『大漢和辞典』は「躁」の条に「ソウア（噪鴉）」「ソウセン（噪蟬）」さらには「ソウア（噪蛙）」という語をあげるが、これらの語の語義は〈さわがしく鳴くカラス〉〈さわがしく鳴くセミ〉〈さわがしく鳴くカエル〉である。さらに「羣（群）躁」「躁乱」「翔躁」などの語をあげ、漢語語義を使って漢字字義を説明するという「方法」を採っている。

「譟」については「人ノ声声ニヤカマシクワメクコト」と説明する。「擾聒ト註セリ」と述べているが、『説文解字』には「譟　擾也」とあるのみで、「擾聒」とは記されていない。『増韻』に「聒也」とあり、『玉篇』に「羣呼煩擾也」とあるが、あるいはこうした「情報」を組み合わせたのだろうか。「喧譟」「聒譟」「閙譟」「鼓譟」をあげている。

「騒」は騒動すること、いそがはしく乱るる意であるという。「騒然」「騒乱」をあげる。

このように、和訓としてみれば、同じような和訓をもっている漢字をグループとして採りあげ、それぞれの中国語としての字義を、熟語をあげながらわかりやすく説いている。日本語の動詞「サワグ」には幾つかの語義がある。例えば『広辞苑』第七版は「サワグ」の語義を①やかましく声を立てる。ざわざわと音をたてる。騒々しく動く。②忙しく立ち働く。③ただならぬ動きを見せる。騒動がおこる。④不平をいう。苦情をいう。やかましく抗議する。⑤心が動揺する。思い乱れる。⑥あわてふためく。うろたえる。⑦あれこれと取沙汰する。また、もてはやす。評判にする。⑧酒宴などでにぎわしく歌舞音曲をする。遊興する、のように、八つに分けて記述している。この日本語の語義の分かれ方と、中国語の語義の分かれ方、すなわち漢字が四つあることとはきれいには対応していない。

「サワグ」「サワガシイ」という日本語の文字化に使われる漢字は複数あるが、それぞれの漢字の中国語としての字義には違いがある。その違いを丁寧に説明している。しかしそれは、漢字の字義、言い換えれば、当該漢字があらわしている中国語の語義の違いということになる。日本語と中国語とは言語が異なるので、ある意味分野にどのように語を配置するかという、その配置のしかたが異なる。中国語が三つ語を配置している意味分野に日本語は語を一つしか配置していないということがある。多くの場合がそうであれば、中国語と比べると日本語は抽象的であるということになる。「カラスがさわがしく鳴いている」であれば、「噪がしい」、「人々がわめきたてていてさわがしい」であれば、「譟がしい」、「国内が政治的にさわがしい」であれば、「騒がしい」と漢字を使う。

同じ和訓をもっている（異なる）漢字をグループ化するとらえかたを「同訓異字」と呼ぶことがある。「同じ和訓をもっている一つの漢字」ということはどういうことかわからないような、いわばあり得ないこと、意味不明なことであるので、「同じ和訓をもっている」ととらえた瞬間に、「異なる漢字」についてのとらえかたであることはわかっているようなもので、「同訓異字」とわざわざ呼ぶ必要はないともいえるが、ひろく使われている呼称といってよい。この「同訓異字」というとらえかたには、（一般的にはほとんど意識されていないと思われるが）とらえかたの「方向」がある。

それは、同じ和訓をもっている漢字をグループ化しよう、集めてみようという「方向」である。和訓はすなわち和語であるので、その「方向」は、一つの和語に対応しそうな漢字を集めるという「方向」であることになる。つまり、一つの和語を文字化するにあたって、どの漢字を使うかという「問い」を潜在的に内包したとらえかたが「同訓異字」というとらえかたであることになる。「同訓異字」とともに「漢字の使い分け」「漢字の書き分け」という表現が使われることが少なくないが、「使い分け」という表現を使うにあたっては、ほんとうにそうした表現を使うことができるのかどうかを考える必要がある。[7]

徂徠の『訳文筌蹄』、伊藤仁斎の息、伊藤東涯の『操觚字訣』は「同訓異字」についての書物ととらえられることがある。小泉秀之助校訂『同訓異義辞典』（明治四十一：一九〇八年、須原屋書店）は『訳文筌蹄』と『操觚字訣』を合わせ、東涯の『用字格』を付録にした一冊である。

岡島冠山『唐話纂要』をよむ

「近世唐話入門書として最も広く愛読せられたものの一つで」「長崎・薩州等の通事」（石崎又造（一九四〇：一〇三頁））が教科書にしたといわれている『唐話纂要』を採りあげることにしたい。図6は『唐話纂要』巻一の三丁裏〜四丁表にかけてである。第一行の五番目の見出しは「尊敬《ツヲンキン》　ウヤマフ」である。漢字列「尊敬」の右側の振仮名「ツヲンキン」は唐話の発音を示し、「ウヤマフ」は当該唐話の語義を示している。語義はごく簡略に示されている。漢語「ソンケイ（尊敬）」の語義も、〈尊び敬う〉であろうから、漢語と唐話とで語義が著しく異なる語ばかりが採りあげられているわけではない。そもそも、古典中国語＝「かきことば」と唐話（白話）＝「はなしことば」という関係にあるのだから、両者の語義がまったく異なることはそれほど多くないことが推測される。

しかし、その一方で、やはり唐話の教科書であるので、語義に違いがあるものが採りあげられていることが多い。例えば「主意《チユイイ》　フンベツ／主張《チユイチヤン》　同上」の「同上」は「フンベツ」を承けているとみるのが自然であろう。そうであれば、唐話「主張」の語義は、「フンベツ」であることになる。現代日本語の「シュチョウ（主張）」の語義は「自分の説を強く言いはること」あるいは、その「自分の説」であるが、唐話「主張」の語義が漢語「フンベツ（分別）」によって説明されているので、唐話「主張」の語義は「物事をわきまえること。物事の道理、善悪、損得などを考えること」（『日本国語大辞典』見出し「ふんべつ」の語義（2））であることになる。

古典中国語で使われていて、語義が少し、あるいはかなり異なる語は注意する必要があることはいうまでもない。語義の説明がふさわしいかどうか、ということはあるが、古典中国語あるいは、現代日本語で使っている語義と異なる語義が示されていると思われる語をあげてみよう。発音を示していると思われる右振仮名は丸括弧内に入れて示した。

穏當（ウヲンタン）　タシカナルコト（確かなること）
怠慢（ダイマン）　ブチヤウハフ（不調法）
児戯（ルウヒイ）　アザトヒ（あざとい）
看破（カンポウ）　ミカギル（見限る）
和睦（ホウモ）　ムツマシヒ（睦ましい）
親戚（ツインツヱ）　シタシヒ（親しい）
用心（ヨンスイン）　セイヲイダス（せいを出す）
冷静（レンヅイン）　サビシヒ（淋しい）
唐突（ダンテ）　リヨグハイ（慮外）
温存（ウヲンヅヲン）　ニウハモノ（柔和者）
傲慢（ガウマン）　ジマンスル（自慢する）
慚愧（ヅワングイ）　ハヅカシヒ（恥ずかしい）
回復（ヲイホ）　ヘンジ（返事）
糊塗（ウ、トウ）　ハキトセヌ（はっきりとしない）
沈吟（ヂンニン）　シアンスル（思案する）
思想（スウスヤン）　オモフ（思う）

利害（リイハイ）　キツイコト
出身（チユシン）　立身ヲスル

さらには、そもそも古典中国語すなわち「かきことば」においては使われてこなかった語があると思われる。古典中国語において使われなかったことを証明することは難しいし、証明ができないまでもおそらく使われなかった、ということをある程度の確かさでいうこともたやすくはない。今ここでは、便宜的に次の条件を満たすものを、古典中国語では（積極的には）使われてこなかった語とみなすことにしてみよう。

条件：『大漢和辞典』が見出しにしていない、もしくは見出しにしていても、中国文献の使用例をあげていない、あるいはピンインを示している。

そうすると、例えば「興旺《ヒンワン》　サカユル　興頭《ヒンデ○ウ》　同上／興昌《ヒンチャン》　同上」とある「興旺」「興頭」「興昌」三語は条件を満たしている。「興旺」にはピンインが示されており、他二語は見出しになっていない。ピンインが示されている「興旺」は〈盛んである・隆盛をきわめる〉という語義の現代中国語として使われている。「起行《キイヒン》　ホツソクスル」も『大漢和辞典』が見出しにしていない。「起行」には「起程《キイヂン》　同上　動身《ドンシン》　同上　起身《キイシン》　同上」という見出しが続く。「同上」は「起行　ホツソクスル」の「ホツソクスル」を承けていると思われるので、「起程」「動身」「起身」の三語が「起行」と類義であることになる。「起程」「起身」は『大漢和辞典』が見出しにしているが、前者の使用例として、『剪灯余話』と『福恵全書』があげられ、後者の使用例として『琵琶記』『清国行政法汎論、官吏法』があげられている。『剪灯

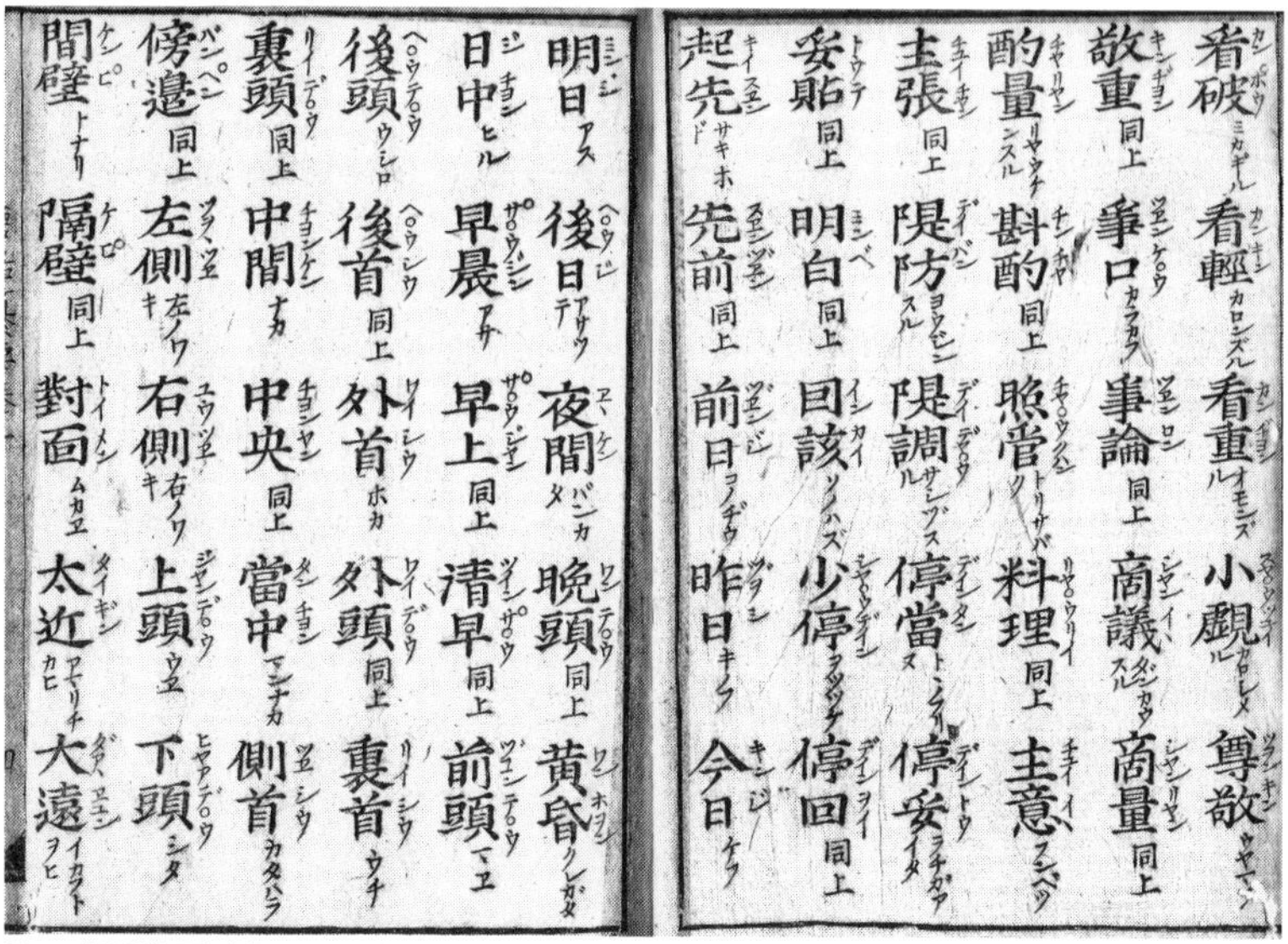

図6　『唐話纂要』（巻一・三丁裏／四丁表）

余話』は中国の明代につくられた短篇小説集、『福恵全書』はすでに述べたように、清の黄六鴻があらわして康熙三十三（一六九四）年になった、官吏の政治的心得を説いた指導書、官箴《かんしん》の代表的なもので、『琵琶記』は元末明初の戯文であるので、これらの語も古典中国語ではない可能性がきわめてたかい。

図6でわかるように、『唐話纂要』は単語の発音と語義の修得をむねとした教科書といったおもむきがあるが、上級クラスになると、まとまった内容をもつテキストを使ったと思われる。そうしたものの筆頭が『水滸伝』であった。ただし、江戸の蘐園においては、古典中国語を正確に理解するために唐話を学習していたので、『水滸伝』をテキストにすることはなかったと考えられている。

享保十三（一七二八）年一月十五日に『水滸伝』第十回までのテキストである、和刻本『忠義水滸伝』初集五冊が、京都の書肆「文会堂林九兵衛」によって刊行される。「忠義」は日本

亂始
驛站而來纔得到此仁宗准奏賞賜洪信復還舊職亦不
在話下後来仁宗天子在位共四十二年晏駕無有太子
傳位濮安懿王允讓之子太祖皇帝的孫立帝號曰英宗
在位四年傳位與太子神宗神宗在位一十八年傳位與
太子哲宗那時天下盡皆太平四方無事且說東京開封
府汴梁宣武軍一箇浮浪破落戸子弟姓高排行第二自
小不成家業只好刺鎗使棒最是踢得好脚氣毬京師人
口順不叫高二却都叫他做高毬後來發跡便將氣毬那
字去了毛傍添作立人便改作姓高名俅這人吹彈歌舞
刺鎗使棒相撲頑耍頗能詩書詞賦若論仁義禮智信行
忠義水滸傳　第二回　二

図7　『忠義水滸伝』（二丁表）

的な感じがするかもしれないが、『水滸伝』に登場する百八人の英雄たちが、宋の帝室に忠義を誓って、内外の敵と戦う話なので、中国において「忠義水滸伝」と呼ばれている。初集につぐ二集（第二十回まで）五冊は宝暦九（一七五九）年になって刊行される。刊記には第二十一回以降を出版することが予告されているが、刊行されていない。冠山は初集が刊行された一月十五日にさきだって一月二日に没している。

岡島冠山『忠義水滸伝』をよむ

図7は『忠義水滸伝』の第二回のくだり（二丁表）である。第二回は「王教頭私走延安府　九紋龍大鬧史家村」（王教頭私《ひそか》に延安府に走り、九紋龍大《おお》いに史家村を鬧《さわ》がす）という章題が付されている。

六行目に「一箇浮浪破落戸子弟、姓高、排行第二、自小不成家業、只好刺鎗使棒、最是踢得好脚気毬、京師人口順不叫高二、却都叫他做高毬、後来発跡便将気毬那字去了毛傍添作立人便改作姓高名俅」（一箇の浮浪破落戸子弟、姓は高、排行は第二、小より家業を成さず、只、鎗を刺し棒を使うことを好む。最も是、脚気毬を踢得《けりえ》、京師人、口順に高二と叫《よ》ばず、却って都《すべ》て他《かれ》を叫《よ》んで高毬と做《な》す。後来、発跡し、便《すなわ》ち気毬の那字を将《と》りて、毛傍を去了し、立人を添作して、便ち改めて姓を高、名は俅と改作す）というくだりがある。「毛傍」は毛偏、「立人」は人偏。姓が高で排行すなわち兄弟の順番が「第二」であれば、「高二」と呼ばれるはずであったが、この人物は「脚気毬」（蹴鞠）が得意だったので、「高毬《こうきゅう》」と呼びならわされ、後に出世すると、「毬」の毛偏を人偏に変えて「高俅」と改名した。この「高俅」が『水滸伝』全篇を通してのいわば敵役であるので、このくだりはその敵役登場の場面ということになる。

図ではわかりにくいと思われるが、上部欄外や「本行」の傍らには、ある時期にこのテキストを所持していた人物が行なったものと推測される朱筆による書き込みが施されている。上部欄外には「站ノ字義ハ片足アゲテ立ノ意也　驛ハ馬ツギ　驛ト驛トノ間ニ站有ル　十五里ツヽノ間ニ有　御傳馬ノ御用ヲ待受居ル」「浮浪ハウハキナ風流モノ」「破落戸ハナラズモノ」「発跡ハ俗語ニテハナシ　立身也」とある。『大漢和辞典』の見出し「站」においては、字義を①たつ②たたずむ③とどまって動かぬさま④うまつぎ。たてば。宿駅。停車場⑤さかづきをのせる器⑥堪える。持つ、と説明していて、「片足アゲテ立」に対応する説明がみられない。『康熙字典』にもやはりそうした記述はみられない。「站」は「片足アゲテ立」という字義をもっていないという可能性も考えておく必要があるが、そうした字義があるのだとしたら、現在はそうした字義がキャッチしにくくなっているということになる。いうまでもないこととともいえようが、「現在の知」が「江戸の知」をつねに凌駕しているわけではないことを知ることも、「江戸の知」を探っていく意義の一つと考える。

江戸時代に『水滸伝』をよむということ

高島俊男（一九九一）は「日本に入ってきた白話小説は、通常四つの段階を通って日本人に享受され影響を与える。いずれも本の形をとるから、言いかえれば日本人は四種類の本に接するということになる」（四十三頁）と述べている。「原書」「和刻」「翻訳」「翻案」がその「四種類の本」にあたる。「原書」は中国でつくられた本のことである。中国の万暦年間（一五七三～一六二〇）に、杭州の書肆、容与堂が刊行した本、及び同じ版木によって他の書店が印刷した本、さらにはそうした本をもとにして覆刻した本（これらには版木の「柱」の部分＝版心に「容與堂蔵版」と刻されている）が「容与堂本」と呼ばれ、もっとも古くてよいテキストとされているが、日本にもこの「容与堂本」が伝存している。徳川家が蔵していたものが、国立公文書館の内閣文庫にあり、吉川幸次郎が蔵していたものが天理図書館にある。[8]「容与堂本」以外に、中国でつくられた本は多数ある。それが「原書」で、そうした「原書」によって『水滸伝』を読んだ人もいたと思われる。ただしそうするためには（漢文がよめれば、おおむねは理解できるだろうが、細部まで味わうためには）中国語白話がよめなければならない。

「和刻」は、日本＝和で版木に刻して印刷出版することで、そのようにして成ったテキストを和刻本と呼ぶ。中国でつくられた本は、日本側からすれば、「白文《はくぶん》」（＝句読、訓点を施していない漢文）ということになる。その「白文」に句読や訓点（返り点・振仮名・送り仮名）を施して、日本語母語話者でもなんとか読めるようにしたものが和刻本で、句読や訓点の「密度」は、出版側のいわば「サービス」であるので、テキストによって異なる。ただし句読や訓点は実際にそれを施した人にとっては、「研究の成果」ということになる。したがって、誰がつくった和刻本か、ということはテキストの「質」にかかわることになる。

「翻訳」は中国語を日本語にしたものであるが、原文に使われている漢字をできるだけそのまま使おうとすることが多いので、「漢文書き下し文」にちかいかたちになることがある。また、原文を一文ずつ訳さず、翻訳しにくい箇所や、読者にはおもしろくないことが予想される箇所を省いたり、簡略化してまとめたりすることもあった。図8は『通俗忠義水滸伝』巻之十四「母夜叉孟州道売人肉」（母夜叉、孟州道にて人肉を売る）の冒頭箇所。六行目の「変売《ヘンバイ》」には左振仮名「ウリシロカユル」が施されている。

「翻案」は中国の話を日本の話に仕立て直したものをいう。ストーリーはおおむねそのままで、空間を日本、登場人物を日本人に変え、それにともなって、ストーリーにも調整を加える。変更点が多くなれば原文から遠ざかり、しまいには、タイトルに「水滸伝」が含まれているだけ、にちかくなることもある。山東京伝『忠臣水滸伝』（全十冊）（前編は寛政十一：一七九九年刊、後編は享和元：一八〇一年刊）は『仮名手本忠臣蔵』に『水滸伝』中の話柄を付会した作品で、黄表紙的なテイストをもつ読本として、評価されている。曲亭馬琴には『水滸伝』の豪傑を日本の賢妻烈婦に置き換えた合巻本『傾城水滸伝』（全十三編、文政八：一八二五年～天保六：一八三五年刊）がある。

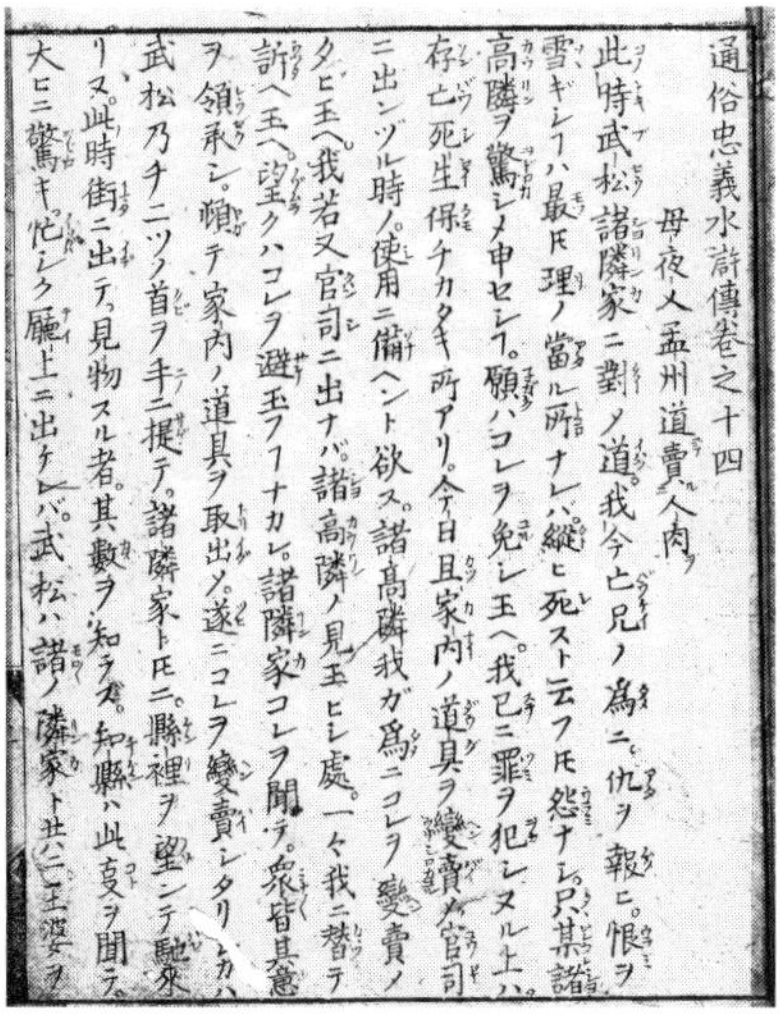
通俗忠義水滸傳巻之十四
母夜叉孟州道賣人肉
此時武松諸隣家ニ對ノ道。我今亡兄ノ爲ニ仇ヲ報ヒ。恨ヲ
雪ギレフハ最モ理ノ當ル所ナレバ縦ヒ死ストモ云フモ怨ナシ。只某諸
高隣ヲ驚シメ申セシ。願ハコレヲ免シ玉ヘ。我已ニ罪ヲ犯シヌル上ハ
存亡死生保チカタキ所アリ。今日且家内ノ道具ヲ變賣メ官司
ニ出ンヅル時ノ使用ニ備ヘント欲ス。諸高隣我ガ爲ニコレヲ變賣ノ
タヒ玉ヘ。我若又官司ニ出ナバ。諸高隣ノ見玉ヒシ處。一々我ニ替テ
訴ヘ玉ヘ。望クハコレヲ避玉フヿナカレ。諸隣家コレヲ聞テ。衆皆其意
ヲ領承シ。頓テ家内ノ道具ヲ取出ノ。遂ニコレヲ變賣シタリ。カハ
武松乃チ二ツノ首ヲ手ニ提テ。諸隣家トモニ。縣裡ヲ望ンテ馳來
リヌ。此時街ニ出テ見物スル者。其數ヲ知ラズ。知縣ハ此事ヲ聞テ。
大ヒニ驚キ。忙シク廳上ニ出ケレバ。武松ハ諸ノ隣家トトモニ王婆ヲ

図8　『通俗忠義水滸伝』（巻之十四）より

ここでは江戸時代に『水滸伝』をよむということを追体験《トレース》するようなかたちを採ってみよう。「原書」と「翻案」は措いて、「和刻」テキストと「翻訳」テキストとをよむことにしよう。和刻本として、『忠義水滸伝』を採りあげることにする。

「原書」の『水滸伝』が日本に入って来た時から、ほぼ百年ぐらい後の享保十三（一七二八）年に『水滸伝』第十回までのテキストである、和刻本『忠義水滸伝』初集五冊が、京都の書肆「文会堂林九兵衛」によって刊行されている。

中国で出版された『水滸伝』には当然のことなが

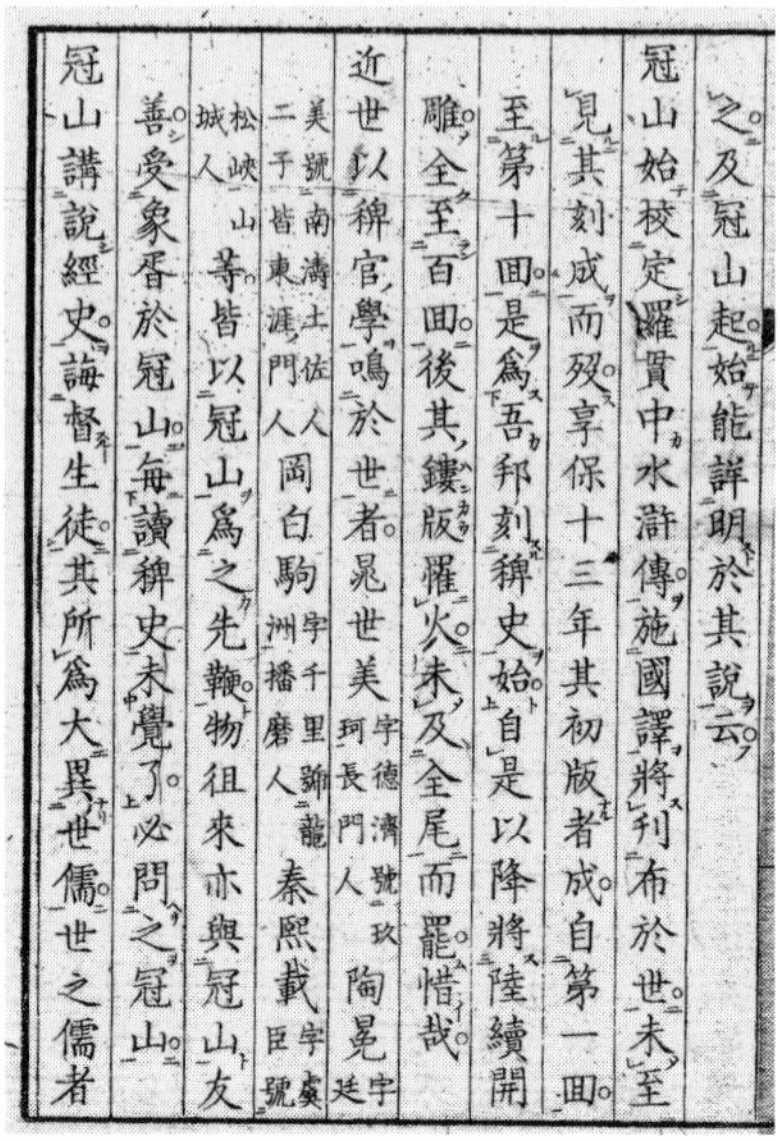
之及冠山起始能詳明於其説云
冠山始校定羅貫中水滸傳施國譯將刊布於世未至
見其刻成而歿享保十三年其初版者成自第一回
至第十回是爲吾邦刻稗史始自是以降將陸續開
雕全至百回後其鏤版罹火未及全尾而罷惜哉
近世以稗官學鳴於世者冕世美字徳濟號玖珂長門人陶冕字延
美號南濤土佐人二子皆東涯門人岡白駒字千里號龍洲播磨人秦熙載字虞臣號
松峡山城人等皆以冠山爲之先鞭物徂來亦與冠山友
善受象胥於冠山毎讀稗史未覺了必問之冠山
冠山講説經史誨督生徒其所爲大異世儒世之儒者

図9　『先哲叢談』（後編）より

ら訓点（返り点と送り仮名）が付されていない。この訓点を付したのが岡島冠山といわれているが、『忠義水滸伝』初集、二集には岡島冠山の名前がどこにも記されていない。冠山没後百年以上経った文政十一（一八二八）年に出版された東条琴台（一七九五〜一八七八）の『先哲叢談《せんてつそうだん》』後編の岡島冠山の条に「冠山、始めて羅貫中が水滸伝を校定し、国訳を施して、将に世に刊布せんとす、未だ其刻成るを見るに至らずして没す、享保十三年、其初版なるもの成る、第一回より第十回に至る、之を吾邦稗史を刻する始めと為す、是より以降、陸続開雕して、全く百回に至らんとす、後、其鏤板火に罹りて、未だ全尾に及ばずして罷む、惜しいかな」（引用は『先哲叢談』後編1、一九一六年、国史研究会：一〇五頁〜一〇六頁の書き下し文による。図9は該当箇所）とあるので、その記事を受けて、ここではひとまず『忠義水滸伝』初集は岡島冠山が訓訳したとみることにする。

『先哲叢談』は原念斎があらわした、江戸時代初期から中期までの儒学者を採りあげた漢文による伝記集で、正編が文化十三（一八一六）年に出版されている。原念斎の死去によって、残り六巻分の遺稿が念斎の子である徳斎の手に渡る。東条琴台が、その遺稿を整理して出版したものが『先哲叢談後編』である。『先哲叢談』には、巻之一では林鳳岡、巻之二では堀杏庵、中江藤樹、巻之三では山崎闇斎、巻之四では伊藤仁斎、伊藤東涯、貝原益軒、宇都宮遯庵、中村惕斎、巻之五では深見玄岱、新井白石、巻

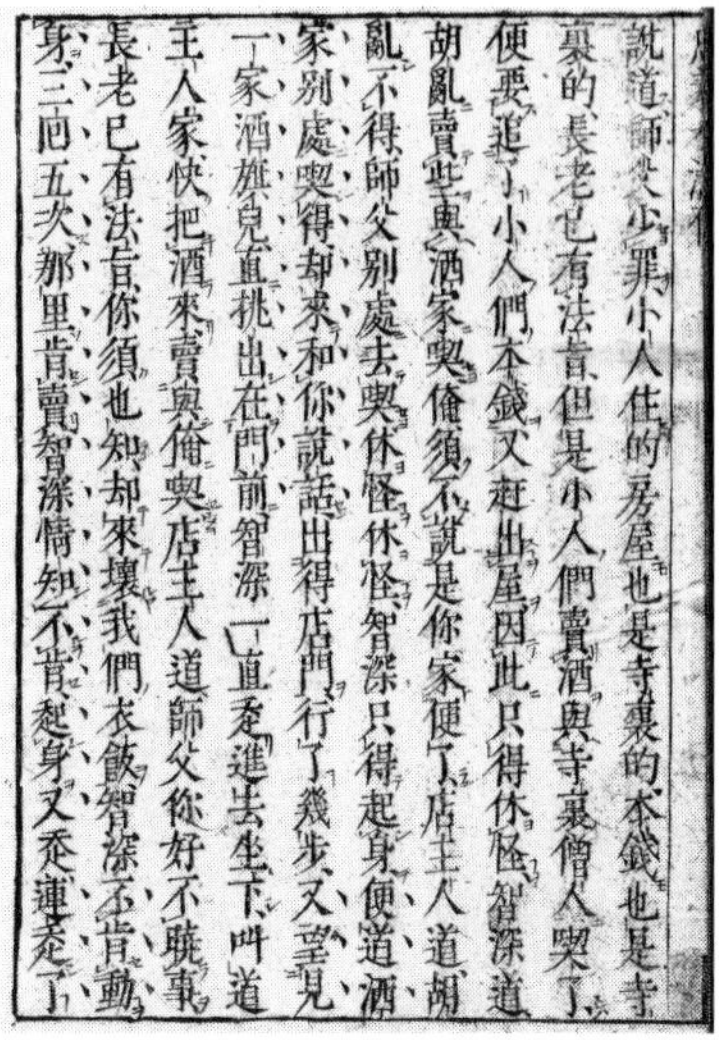
說道師父少罪小人住的房屋也是寺裏的本錢也是寺
裏的長老已有法旨但是小人們賣酒與寺裏僧人喫了
便要追了小人們本錢又趕出屋因此只得休怪智深道
胡亂賣些與洒家喫俺須不說是你家便了店主人道胡
亂不得師父別處去喫休怪休怪智深只得起身便道洒
家別處喫得却來和你說話出得店門行了幾步又望見
一家酒旗兒直挑出在門前智深一直走進去坐下叫道
主人家快把酒來賣與俺喫店主人道師父你好不曉事
長老已有法旨你須也知却來壞我們衣飯智深不肯動
身三回五次那里肯賣智深情知不肯起身又走連走了

図10　『忠義水滸伝』（十六丁裏）

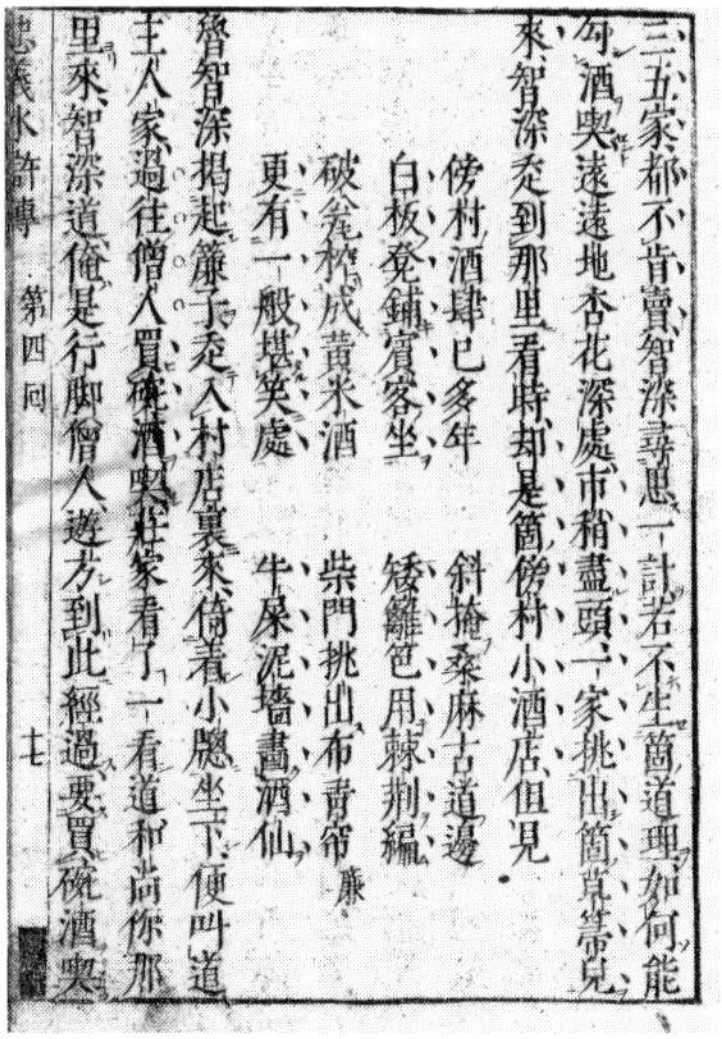
三五家都不肯賣智深尋思一計若不生箇道理如何能
勾酒喫遠遠地杏花深處市稍盡頭一家挑出箇草帚兒
來智深走到那里看時却是箇傍村小酒店但見
傍村酒肆已多年　斜插桑麻古道邊
白板凳鋪賓客坐　矮籬笆用棘荊編
破甕榨成黄米酒　柴門挑出布青帘
更有一般堪笑處　牛屎泥墻畫酒仙
魯智深揭起簾子走入村店裏來倚着小窻坐下便叫道
主人家過往僧人買碗酒喫莊家看了一看道和尚你那
里來智深道俺是行脚僧人遊方到此經過要買碗酒喫
忠義水滸傳　第四回　七

図11　『忠義水滸伝』（十七丁表）

之六では荻生徂徠、太宰春台、服部南郭、巻之七では宇野明霞、岡白駒というように、本書でも話題にしている人物が採りあげられている。そのことからすると、「先哲」という語について整理しておくことには意義があるといえよう[9]。

図10・11は第四回「趙員外重修文殊院　魯智深大閙五臺山」（趙員外、重ねて文殊院を修め、魯智深、大《おおい》に五臺山を閙《さわ》がす）の一節（十六丁裏・十七丁表）である。渭州《いしゅう》（現在の中国甘粛省平涼市付近）の提《てい》轄《かつ》（小隊長ぐらいの地位の武官）であった魯達は酒楼で出会った父娘に悪さをしている「鎮関西鄭屠」（鎮関西は渾名で、鄭屠は鄭という姓の肉屋）と往来で争い、素手で鄭屠を撲り殺してしまう。魯達は下級ではあるが、軍人であったので、代州雁門県へ逃げ、そこで先に逃がしてやった父娘に偶然出会い、「趙員外」（員外は旦那なので、趙の旦那）を紹介してもらう。魯達は「趙員外」にかくまわれ、そのなかだちで五台山に入って僧となり、魯智深と名を改める。しかし粗暴で単純な暴れ者である魯智深は、結局酒を飲んであばれ、五台山

を追い出され、やがて盗賊となり、豪傑たちの仲間入りをすることになる。第四回は、『水滸伝』という物語全体からすれば、軍人であった魯達が魯智深となって、ついには豪傑たちの仲間入りをするようになるきっかけを描いた回ということになる。

『忠義水滸伝』は和刻本なので、句読、すなわち語句の切れ続きが示され、訓点も施されている。しかし振仮名はない。訓点が施されているのだから、まずは「漢文訓読」の要領で読めばいいことになるが、古典中国語文＝漢文そのものではないので、「書き下し文」にしにくい。

例えば、一行目から二行目にかけては次のようにある。句読はすべて「、」で表示されているが、便宜的に文末と思われる箇所では「。」を使うことにする。わかりにくい場合は図10・11を参照のこと。

師父少レ罪、小人住的房屋也是寺裏的、本銭也是寺裏的、長老已有法旨、但是小人們賣レ酒與二寺裏僧人一喫了、便要下追二了小人們本銭一又赶出上屋因レ此只レ得休レ怪。

例えば「小人住的房屋也」では「住」の右下に「スル」と送り仮名が施されているので、「小人住する房屋」と訓読したい。しかしそこに記されているのは「小人住的房屋也」で、「的」が訓読に入っておらず、訓読していない字が残っているような感じになってしまう。愛知大学中日大辞典編纂所編『中日大辞典』第三版（二〇一〇年、大修館）は現代中国語の助詞「的（de）」について「動詞（動詞句）の後につけて連体修飾句をつくる。…する（した）ところの…」と説明している。「小人住的房屋」の「的」はこの「的」と同じで、「小人住するところの房屋（＝小人の住む房屋）」と理解すればよいことになる。

また「小人住的房屋也是寺裏的、本銭也是寺裏的」の「也是」は、『中日大辞典』第三版が見出し「也」の説明②において、「（であると同時に）また」と説明している「也是」と同じで、井波律子訳『水滸伝』

（一）（二〇一七年、講談社学術文庫）は「てまえどもの住む家はお寺のものですし、元手もお寺のものです」（一七一頁）と訳している。ちなみにいえば、吉川幸次郎・清水茂訳『完訳 水滸伝』一（一九九八年、岩波文庫）には「わたくしの住んでる家もお寺のものなら、もとでもお寺のもの」（一六七頁）と訳しており、駒田信二訳『水滸伝』（一九七二年、平凡社）では「てまえどもでは、住んでいる家も、店のもとでも、みなお寺さまのものでございます」（上巻五十九頁下段）と訳している。

右では、現在出版されている『中日大辞典』の「情報」を使った。では江戸時代であればどうすればよいだろうか。江戸時代には『水滸伝』をはじめとした白話小説の「原書」が輸入され、その「原書」に基づいた「和刻本」が出版されていった。その背後には、白話のいわば研究の継続と発展とがあることになる。先に述べたように、句読と訓点を施した和刻本は、それ自体が研究の成果を反映したテキストといってよい。その他に、研究の成果をまとめたり、講義を書きとめて整理したノートなど、『水滸伝』辞典のように使えそうなテキストが写本で伝わり、出版もされている。高島俊男（一九九一）は、そうした『水滸伝』辞典の中では、写本で伝わっている、岡白駒の『水滸伝訳解』、出版された陶山南濤の『忠義水滸伝解』（宝暦七：一七五七年刊）が「出色のもの」（七十二頁）と述べているので、この二つをおもに参考にしながら「よみ」を進めていくことにしよう。

図12は架蔵する『水滸伝訳解』の、図10・11に対応するあたりの画像である。図でわかるように、『水滸伝』の「本文」でわかりにくいと思われる箇所を抜き出し、説明を加えている。六行目の末から七行目にかけての箇所に漢字列「又不白喫你的」があげられ、「銭ヤラズニハノマヌトナリ」と説明されている。図11が十七丁表（丁はこうした体裁の本のページを数える単位で、一丁は袋綴じされている一枚、現在いうところの二ページにあたるので、表、裏という表現を併せて使う）であるが、少し先の十八丁表に「智深睁起眼道、酒家又不白喫你的、管俺怎地」（智深、眼を睁起して道《いう》、酒家又你的に白喫せず、俺を管す

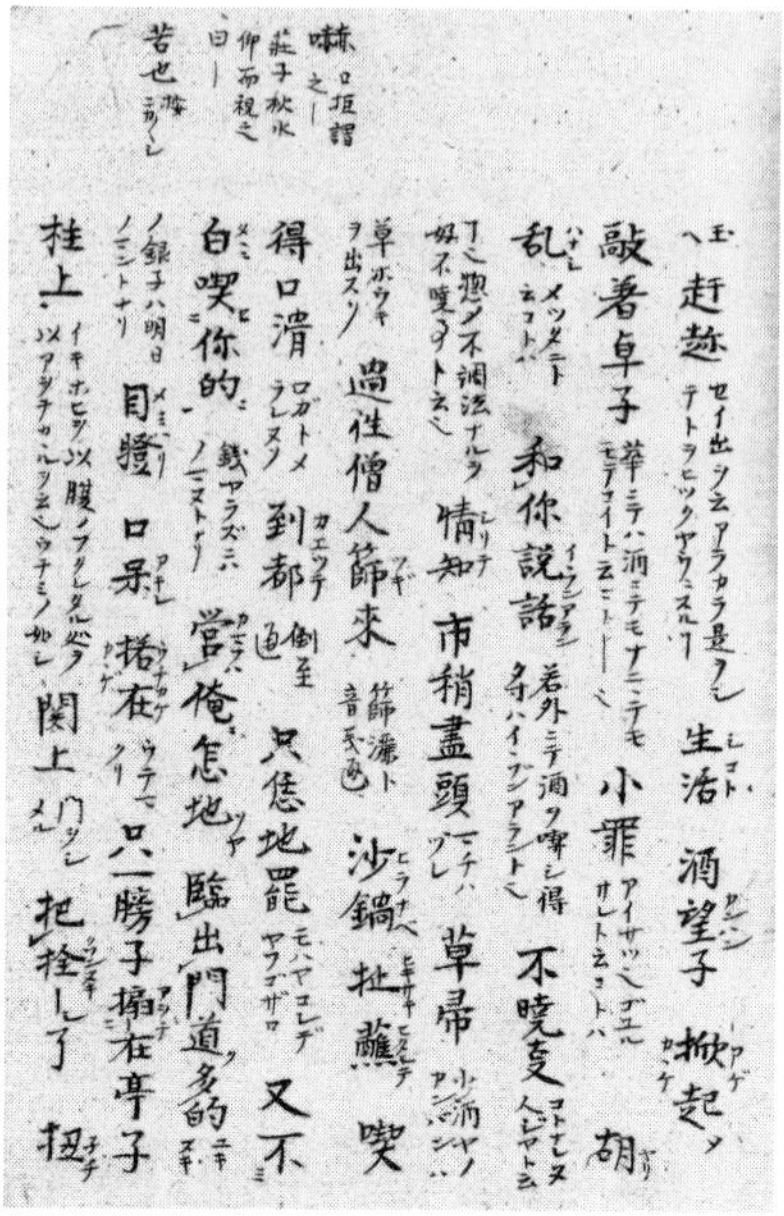

図12 『水滸伝訳解』より

ること怎地ぞ）というくだりがある。井波律子訳『水滸伝』（一）が「魯智深は目をむいて言った。「おまえのものをただ飲みしているわけではない。ぐだぐだぬかすな」と訳している箇所であるが、「又不白喫你的」という「的」を含む、比較的長い語句を抜きだして説明していることがわかる。その下には「啌レ俺怎地」とあって、「啌」には「カマフハ」と振仮名が施されている。和刻本『忠義水滸伝』の「本文」にははっきりと「管俺」とあるので、『水滸伝訳解』がもとにしている『水滸伝』の「本文」と和刻本の「本文」とは異なっていることがわかる。「啌レ俺怎地」の下には「臨レ出レ門道多的」があげられ「ユキスギノ銀子ハ明日ノマントナリ」（井波律子訳：「余った銀子は、明日また飲みに来るぞ」）、さらに少し先には「只一膀子搧二在亭子柱上一」をあげて「イキホヒヲ以腹ノフクレタル処ヲ以アヲキカ、ルヲ云也ウチミノ如シ」（井波律子訳：片方の肩が亭の柱にぶつかり）と、やはり長い漢字列が抜き出され、説明されている。

『水滸伝訳解』も、『忠義水滸伝』も、『水滸伝』の「本文」の展開にしたがって、説明を加える語句を抜き出して見出しにしているので、見出しにはある程度の長さがないと、「本文」との対照がしにくいという「事情」はあるだろうが、やはり、古典中国語文を日本語として「よむ」翻訳システムといってよい「漢文訓読文」には落とし込みにくい構文があり、構文ごと説明するしかない、ということがあ

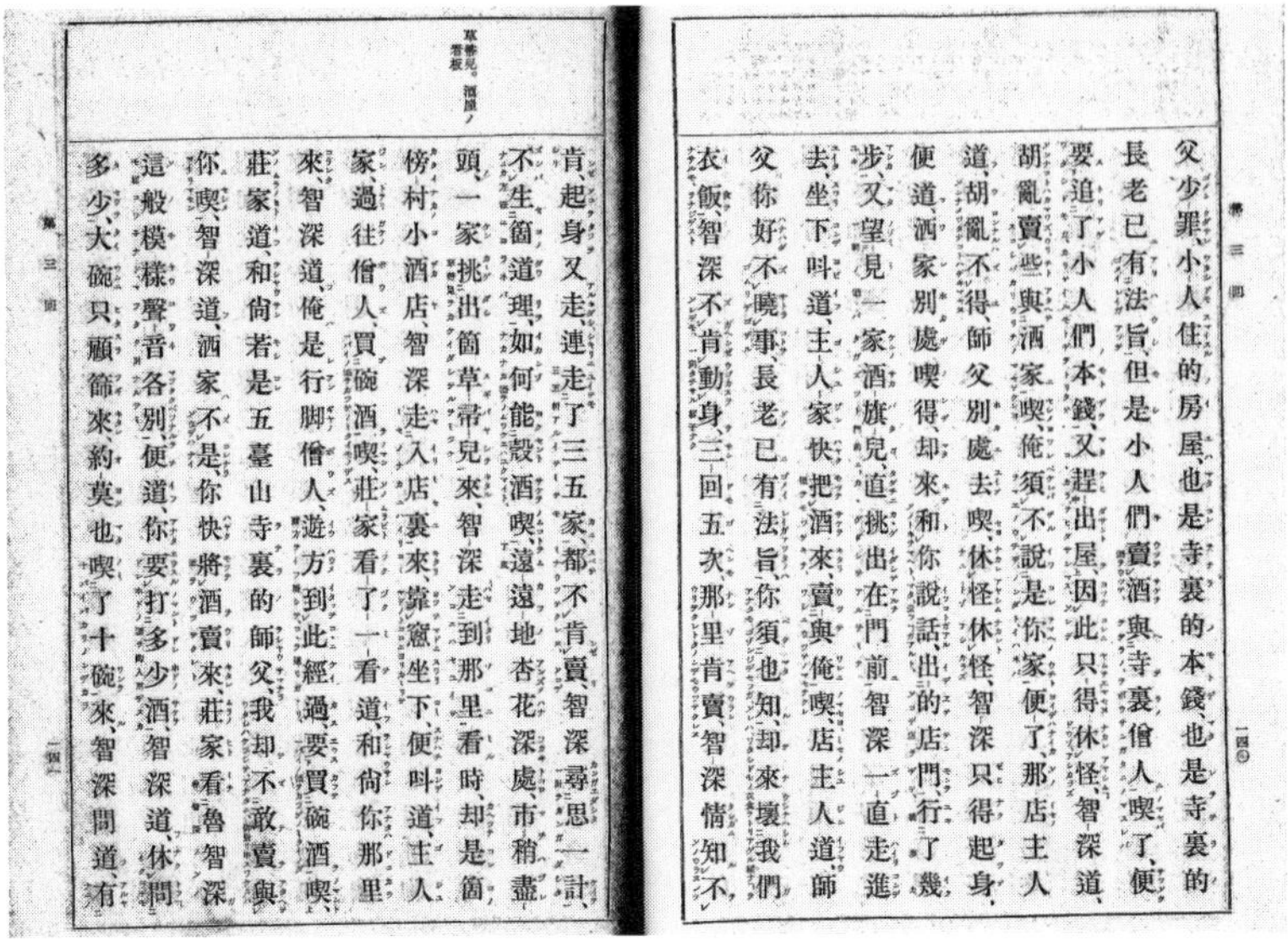

父少罪、小人住的房屋、也是寺裏的本錢、也是寺裏的
長老已有法旨、但是小人們賣酒與寺裏僧人喫了、便
要追了小人們本錢、又趕出屋、因此只得休怪、智深道、
胡亂賣些與洒家喫、俺須不說是你家便了、那店主人
道、胡亂不得、師父別處去喫、休怪休怪、智深只得起身、
便道、洒家別處喫得、却來和你說話、出的店門、行了幾
步、又望見一家酒旗兒、直挑出在門前、智深一直走進
去、坐下叫道、主人家快把酒來賣與俺喫、店主人道、師
父你好不曉事、長老已有法旨、你須也知、却來壞我們
衣飯、智深不肯動身、三回五次、那里肯賣、智深情知不

草帚兒、酒旗ノ看板

肯、起身又走、連走了三五家、都不肯賣、智深尋思一計、
不生箇道理、如何能殼酒喫、遠遠地杏花深處、市稍盡
頭一家挑出箇草帚兒來、智深走到那里看時、却是箇
傍村小酒店、智深走入店裏來、靠窗坐下、便叫道、主人
家、過往僧人買碗酒喫、莊家看了一看道、和尚你那里
來、智深道、俺是行脚僧人、遊方到此經過、要買碗酒喫、
莊家道、和尚若是五臺山寺裏的師父、我却不敢賣與
你喫、智深道、洒家不是、你快將酒賣來、莊家看魯智深
這般模樣、聲音各別、便道、你要打多少酒、智深道、休問
多少、大碗只顧篩來、約莫也喫了十碗、智深問道、有

図13　『標註訓訳水滸伝』（一・140頁／141頁）

ると思われる。

「漢文訓読文」に落とし込みにくいということは、「漢文訓読文」的アプローチによって古典中国語文＝漢文を読む習慣がついている人には何ほどかにしても、読みにくい箇所があるということになる。高島俊男（一九九一）は「日本人の手になる『水滸伝』の注解の主要なものは、この岡白駒のもの、つぎにのべる陶山南涛のもの、それにずっとくだって大正時代の平岡龍城のもの、幸田露伴のものと四種ある」（七十三頁）と述べ、平岡龍城『標註訓訳水滸伝』（大正三年〜五年：一九一四年〜一九一六年、近世漢文学会）と「国訳漢文大成」の文学部第十八巻として出版されている、幸田露伴『国訳忠義水滸全書』（上中下三冊）（大正十二年〜十三年：一九二三年〜一九二四年、国民文庫刊行会）を採りあげている。

図13は平岡龍城『標註訓訳水滸伝』一の一四〇頁、一四一頁。この「標註」は七十回本の『水滸伝』を底本としているので、「第三回」と

ある。一四〇頁の一行目「少罪、小人住的房屋、也是寺裏的本銭」の右側には「ゴメンクダサレ、ワタシドモスマイスルノイエハ、マタコレヲテラノモトデ」と振仮名が施されている。この箇所には左振仮名が施されていないが、例えば、五行目の「休怪休怪」の右側には「アヤシムナカレアヤシムナカレ」と、左側には「ナニトゾアシカラズ」と振仮名が施されている。右振仮名は、書き下し文に対応した振仮名で、左振仮名はそれをさらに「意訳」したものとみていいだろう。上部欄外には「草箒児」が「酒屋ノ看板」であることも註されている。

高島俊男（一九九二）は日本の『水滸伝』研究には「従来三度のピークがあった」と述べ、「一度目は十八世紀前半、享保から宝暦にかけてのころであり、二度目は大正時代であり、三度目は昭和の戦後である。そのいずれもが、『水滸伝』の正確精密な読解に力が注がれ、それが進歩した時期である。それらの時期に生まれた成果のうちで、最も詳細で、最も手間がかかり情熱がこもっているのが、平岡龍城『標註訓訳水滸伝』であった。わが国『水滸伝』研究史上、最大の業績であると言ってさしつかえない」（三一六〜三一七頁）と絶賛している。

図14は幸田露伴『国訳忠義水滸全書』上巻の一〇四頁である。『水滸伝』の「本文」を「漢文訓読文」的に、書き下し、右側に振仮名を施して、文章全体の理解を助けている。

九行目から十行目にかけて「少罪《しょうざい》、小人の住《す》む的《てき》の房屋《ぼうおく》も也是寺裡《またこれじり》の的《もの》なり、本銭《ほんせん》も也是寺裡《またこれじり》の的《もの》なり」とある。（「小人」には「せじん」と振仮名が施されているが、「せうじん」（しょうじん）とあるべきか）「小人の住《す》む的《てき》の房屋《ぼうおく》」は日本語としてはいかにもこなれていないが、こういう箇所が白話的な箇所ということになる。図10の範囲でいえば、語釈が施されているのは、図10一行目の「少罪」、四行目の「胡乱」、図11の範囲でいえば、二行目の「市稍尽頭」と「草箒児」、五行目の「矮籬笆」、六行目の「布青帘」、九行目の「過往僧人」で、それぞれ「ごめんなされ」「よいかげんに、ごまかして」「町はづれ」

「さかばやし」「ひくき籬」「布の青き旗」「とおりかかりの僧、旅の僧」と説明されている。

慶應三（一八六七）年生まれの幸田露伴は漢文学にも通じていた。それは、江戸時代の漢学につながるものであったことが推測され、露伴の『水滸伝』理解の方法は江戸時代のそれと重なるであろう。そうであれば、『水滸伝』の「本文」を漢文訓読文的に書き下し、その一方で、古典中国語とは異なる、白話的な語の語義をおさえていく、という『国訳忠義水滸全書』のような「やりかた」が江戸時代の『水滸伝』理解の一つの「やりかた」であったことになる。

さて、図15は陶山南濤『忠義水滸伝解』の四十九丁裏、五十丁表の箇所で、「白喫」を「銭ヤラズニタヾクヒニゲスル也」と説明している。その下には「管　カマフ」とあり、『忠義水滸伝解』の「本文」は和刻本『忠義水滸伝』の「本文」と同じである可能性がたかい。

國譯水滸傳上

ざる時《とき》小人《せうじん》を怪《あやし》む休《なか》れ。戒刀《かいたう》は已《すで》に説了《せつれう》す、分付《ぶんぷ》を用《もち》ひず、小人自《せうじんみづか》ら十分《ぶん》の好鐵《かうてつ》を用《もち》ひて、打造《だざう》して此《ここ》に在《あ》かん。智深道《ちしんい》ふ、兩件《りやうけん》の（二二六）家生《かせい》、幾兩《いくりやう》の銀子《ぎんす》を要《えう》する。待詔道《たいせうい》ふ、（二二七）價《あたひ》を討《もと》めず、實《じつ》に五兩《りやう》の銀子《ぎんす》を要《えう》す。智深道《ちしんい》ふ、俺便《われすなは》ち你《なんぢ》の五兩《りやう》の銀子《ぎんす》といふに依《よ》らん、你若打得《なんぢもしうちえ》て好《よ》き時《とき》、再《さら》に你《なんぢ》を賞《しやう》する有《あ》らん。那待詔銀兩《かのたいせうぎんりやう》を接了《せつれう》して道《い》ふ、小人便《せうじんすなは》ち打《う》つて此《ここ》に在《あ》かん。智深道《ちしんい》ふ、俺些《われさ》の碎銀子《さいぎんす》有《あ》り這《こ》裏《こ》に在《あ》り、你《なんぢ》と和《とも》に（一）碗酒《わんしゆ》を買《か》つて喫《きつ》せん。待詔道《たいせうい》ふ、師父《しふ》（二二八）穩便《をんびん》にせよ、小人《せうじん》は些《さ》の（二二九）生活《せいくわつ》を赶趁《かんしん》す、相陪《あひばい》するに及《およ》ばずと。智深鐵匠人家《ちしんてつしやうじんか》を離了《りれう》す、行《ゆ》く三二十歩《ぽ》に到《いた》らず、一箇《こ》の（二三〇）酒望子《しゆばうし》の挑《かか》げて（二三一）房簷上《ばうえんじやう》に在《あ》るを見《み》る。智深簾子《ちしんれんし》を掀起《けんき》し、入《い》つて裡面《りめん》に到《いた》り坐下《ざか》し、卓子《たくし》を敲着《かうちやく》して叫道ふ、酒《さけ》を將來《もちきた》れと。賣酒的《ばいしゆてき》の主人家說道《しゆじんかときい》ふ、師父《しふ》（二三二）少罪《せうざい》、小人《せうじん》の住《す》む的《てき》の房屋《ばうをく》も也是寺裡《またこれじり》の的《もの》なり、本錢《ほんせん》も也是寺裡《またこれじり》の的《もの》なり、長老已《ちやうらうすで》に法《はふ》旨有《しあ》り、但是小人們《ただこれせうじんら》酒《さけ》を賣《う》つて寺裡《じり》の僧人《そうじん》に與《あた》へて喫了《きつれう》せしむれば、便《すなは》ち小人們《せうじんら》の本錢《ほんせん》を追了《つゐれう》し、又屋《またをく》を赶出《おひいだ》すを要《えう》す、此《これ》に因《よ》つて只得《ただえ》たり怪《あやし》む休《なか》れ。智深道《ちしんい》ふ、（二三三）胡亂《うろん》に些《さ》を賣《う》つて酒家《われ》に與《あた》へて喫《きつ》せしめよ、俺是你家《われこれなんぢのいへ》と說《と》かず便了《べんれう》すべし。店主人道《てんしゆじんい》ふ、胡亂《うろん》し得《え》ず、師父別《しふべつ》處《しよ》に去《ゆ》いて喫《きつ》せよ、怪《あやし》む休《なか》れ怪《あやし》む休《なか》れ。智深只得《ちしんただえ》たり身《み》を起《おこ》すを。便《すなは》ち道《い》ふ、酒家別處《われべつしよ》に喫《きつ》し得《え》て、卻《かへつ》て來《きた》つて你《なんぢ》と說話《せつわ》せん。店門《てんもん》を出得《いでえ》て行了《かうれう》する幾歩《いくほ》、又一家《またいつか》の酒旗兒《しゆきじ》の直《ちよく》に挑出《てうしゆつ》して門前《もんぜん》に在《あ》るを

【二二六】だうぐ也。
【二二七】かけねせず。
【二二八】御ゆるしなされ。
【二二九】くらし仕事を骨折り居る也。
【二三〇】さかやの看板。
【二三一】のき、ひさし。
【二三二】ごめんなされ。
【二三三】よいかげんに、ごまかして。

（ 104 ）

図14　『国訳忠義水滸全書』（上巻・104頁）

図10の一行目の「少罪」は『忠義水滸伝解』も採りあげており、「ゴユルサレト云コト」と説明している。井波律子は「申しわけありません」（一七一頁）と訳している。漢字列「少罪」について調べるにあたっては、『大漢和辞典』の見出し「少」の条に「少罪」があげられていないかと考えるのがまずは「筋」であろう。稿者の授業を履修している大学生はまずそう考えるだろう。しかし残念なことに、『大漢和辞典』は「少罪」をあげ

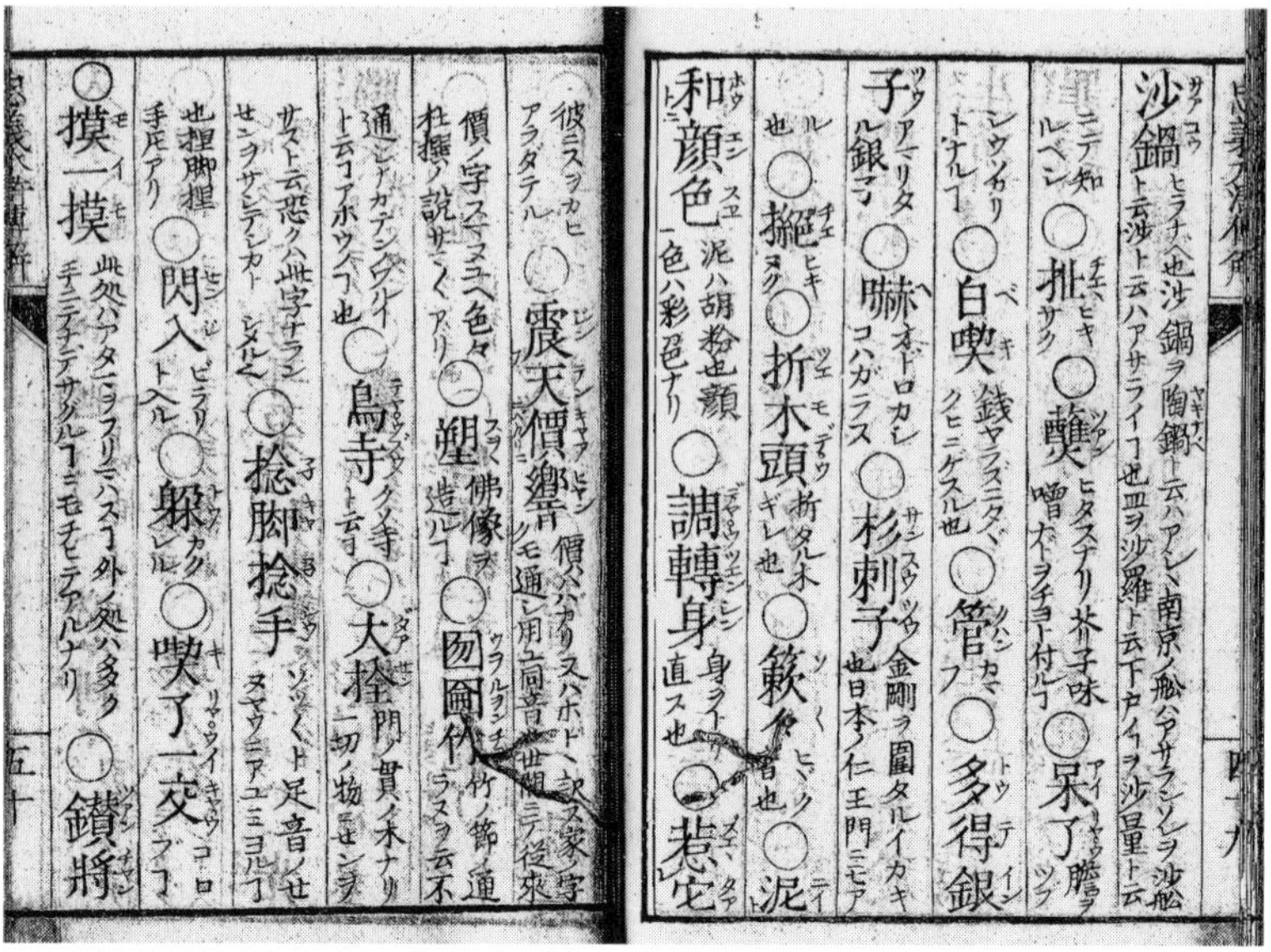

図15 『忠義水滸伝解』（四十九丁裏／五十丁表）

ていない。それでは、『日本国語大辞典』はどうだろうか。オンライン検索ができるのであれば、検索の範囲を「全文（見出し＋用例）」として漢字列「少罪」に検索をかけると、「ごうほう（業報）」という見出しの使用例として、「大宝積経《だいほうしゃくきょう》」という文献に使用があることがわかる。「大宝積経」は、中国の唐代に、北インド出身の僧侶、菩提流支《ぼだいるし》が漢訳した大乗仏典である。漢訳仏典に中国語の「はなしことば」が使われているという指摘はされており、「大宝積経」における使用もそのようにみるべきかもしれないが、今そのことにはふみこまないことにし、「少罪」は『日本国語大辞典』が見出しにしておらず、かつまた使用例としても一例があげられるのみであることを留意しておきたい。しかしその一方で、『金瓶梅』『三国演義』には少数ながら使用がみられることが確認できる。先に使用した『中国語大辞典』は辞典編集者が「古白話」と認めた語には略号〈白〉を付している。つまり、そうしたことにも留意して編集されているが、「少罪」は見出しになっていない。他にもいろいろなアプローチが考えられはするものの、白話小説に詳しく、中国語に通じていない、稿者のような者には、簡単にはたどり着くことができない、いわば「一筋縄ではいかない」語にみえる。

古典中国語と白話

図10は十六丁裏であるが、十六丁表に「小人赶趂些生活」（小人は些の生活を赶趂す）というくだりがある。岡白駒『水滸伝訳解』は漢字列「生活」を抜き出して、「シコト」と右振仮名を施している。平岡龍城『標註訓訳水滸伝』の「生活」に対応する左振仮名は「クラシムキ」、幸田露伴『国訳忠義水滸全書』は「くらし仕事」と解している。陶山南濤『忠義水滸伝解』には「做生活　スギハイスル者」（四十七丁裏二行目）、「生活　スギワイ　仕ヿナリ」（四十九丁表一行目）、「赶趂生活　仕事ヲカセグ」（四十九丁表三〜四行目）とあり、『俗語解』には「生理　スキワイ　生活　同又過活」とあって、いわば注が必要な語とおぼしい。それは、古典中国語「セイカツ（生活）」の語義といささか異なっているためであろう。

『日本国語大辞典』は「セイカツ（生活）」の語義を①「生きていること。また、生かすこと。生存して活動すること。この世に存在すること」と②「世の中に暮らしてゆくこと。また、その暮らし。生計。しょうかつ」と二つに分けて説明している。「生」「活」の字義はともに〈いきる〉であるので、「セイカツ（生活）」の語義はまずは〈いきる〉〈生きて活動する〉ということになる。これが語義①で、使用例の末尾に『孟子』における使用例と『漢書』王莽傳下における使用例とがあげられているので、語義①は古典中国語の語義とみてよい。しかし、①の使用例として『日本国語大辞典』があげるのは、十七世紀以降の使用例ばかりで、十七世紀以前の使用例があげられていない。『日本国語大辞典』は現在出版されている国語辞書の中で、唯一「大型国語辞典」と呼ぶことができる規模の辞書である。見出しになっている語の使用例もひろくあげている。そのことからすれば、『日本国語大辞典』が十七世紀以前の使用例をあげていないということは、まったく使われていなかったとはいえないだろうが、少なくともひろく使われていた語ではないという可能性はたかい。そこで一つの疑問がでてくる。『漢書』や『孟子』に使われている古典中国語なのに、なぜ日本語の語彙体系内に借用されなかったのか、ということだ。このことについては、後にもう一度ふれることにするが、語義②の使用例の末尾には『北史』胡叟伝における使用例があげられている。『北史』は李大師によって編纂が始められ、李大師（五七〇〜六二八）の息である李延寿によって完成した歴史書で、二十四史の一つであるので、まずは古典中国語で記されているとみてよいことになる。そうであれば、語義①も語義②も古典中国語の語義ということになるが、語義①が『漢書』『孟子』での使用ということからすれば、語義②が古典中国語の語義として後発した、すなわち転義ということになる。[10]

ここで、漢語「生活」が日本語の語彙体系内で、いつ頃からどのような語義で使われていたかということについて改めて考えてみたい。ただし、先に示したように、『日本国語大辞典』は「せいかつ（生活）」の語義①の十七世紀以前の使用例をあげていない。使用例があげられていないというところを起点としているので、こういう例があるからこう推測できるという説明ができない。したがって、「妄想的仮説」という傾きがあることを承知の上で述べることにしたい。註10に記したこととかかわるので、註10も参照してほしい。

註10にも記したが、稿者の「妄想的仮説」は次のようなものだ。

古典中国語すなわち中国語の「かきことば」として〈生きて活動する〉という語義をもつ「セイカツ

〈生活〉」があり、中国語の「はなしことば」として〈世の中に暮らしていくこと・暮らしむき〉という語義をもつ「ショウカツ〈生活〉」があった。「セイカツ」も「ショウカツ」もあてられる漢字列は「生活」で共通している。

日本語の語彙体系内では、鎌倉時代頃以降中国語の「はなしことば」「ショウカツ」が日本語の「はなしことば」内で使われることがあった。ただしそれは禅にかかわるような場面や人々の間というような限定があり、ひろく使われていたのではなかった。

古典中国語＝「中国語のかきことば」として使われていた「セイカツ」が十七世紀以前の文献に「足跡」を残していないか、ということが大きな「問題」にみえるが、稿者は、これは「足跡」を残していないだけ、と推測している。『漢書』や『孟子』で使われている語のすべてが、『日本国語大辞典』が出典としているような文献において使われるとは限らないので、このことについての説明はなくてもなんとか「妄想的仮説」は成り立つのではないかと考える。

中国語の「はなしことば」「ショウカツ」はそのまま使われて、『水滸伝』などの白話小説にはっきりと姿をあらわすことになる。稿者が注目しているのは、先にあげたように、『水滸伝』読解のための辞書の類の多くが「生活」に注を施しているという点だ。いずれも〈暮らしむき〉という注で、こうした注が必要だったのは、〈暮らしむき〉という語義をもつ「生活」という語に『水滸伝』をよむような人々がなじんでいなかったためと考えるのがもっとも自然であろう。

「なじんでいなかった」は語そのものがなかったという場合と、語はあったが、語義が異なるという場合とに分かれる。後者は、古典中国語では〈生きて活動する〉であるが、白話＝「はなしことば」では〈暮らしむき〉という語義であったという場合であるが、先に述べたように、『日本国語大辞典』は十七世紀以前の〈生きて活動する〉という語義での使用例をあげていないが、それでも〈生きて活動する〉

という語義をもつ「生活」は日本語の「かきことば」において使われていた、とみたい。先にも述べたが、そもそも漢語「生活」の語義は和訓を媒介にすれば、〈生きる〉ということであることは漢字字義がわかっていれば、いついかなる時期においても推測できることといってよい。また「はなしことば」「ショウカツ」にあてる漢字が「生活」であることがわかっていれば、転義によって原義が保たれるということも考えられなくはない。

稿者がそう考えることには理由がある。「生活」に「力」を下接させた「生活力」という語が明治十年以降に使われている。その「生活力」の語義は〈生きる力〉で、「生活力」における「生活」の語義は〈生きる〉である。こうした複合語がいわばすんなりとつくられていくことの背景には、〈生きる〉という語義をもつ漢語「生活」があったとみるのがこれも自然であろう。

白話辞書が「生活」に〈暮らしむき〉と注を施していること、明治期に使われ始めた複合語「生活力」の「生活」が〈生きる〉という語義であることに注目して、〈生きる〉という語義をもつ「生活」が（『日本国語大辞典』は使用例をあげていないが）十七世紀以前にも使われていたであろうことを推測するというのが稿者の「妄想的仮説」である。そして、現代日本語においては、どちらかといえば〈暮らしむき〉という語義の「セイカツ（生活）」すなわち白話につながる語義が使われていることにも注目しておきたい。

江戸時代になって、白話小説が流行したからといって、それまで使われていた古典中国語が急に白話に入れ替わるということではまったくない。古典中国語にはなかった白話語彙が加えられ、同じ語形で語義が異なる場合は、「生活」のように白話の語義のほうが使われるようになっていくというようなことであるが、漢語に関して、古典中国語一辺倒ではなくなっていくということには留意したい。つまり、白話小説が流行してそこで使われている白話に日本の人々がなじんでいく。「なじんでいく」ということは日本語の語彙体系の中にとりこまれていくということである。「セイカツ」「ショウカツ」のように、語を文字化する漢字列が同じである場合、それはすなわち中国語の「かきことば」と「はなしことば」で語義がかなり異なる場合ということになるが、そうした場合は、見かけは同じで語義が変化していくようにみえることになる。それは、いわば「気づかれない語義の入れ替わり」といってもいいかもしれない。日本語の語彙体系内の漢語だけを抽出して、「日本語語彙体系内の漢語語彙」という「かたまり」を考えた時、白話小説が流行するまでは「古典中国語＝かきことば」だけであった「かたまり」の中に「白話＝はなしことば中国語」が入り、「かたまり」は複雑かつ重層的になったのではないか。そしてその「かたまり」の中で、古典中国語と白話中国語とのせめぎ合いが起こり、そのせめぎ合いの結果が明治時代の日本語として承け継がれていくということが推測できる。

滝沢馬琴と『水滸伝』――『新編水滸画伝』と『南総里見八犬伝』をよむ

滝沢馬琴『南総里見八犬伝』と『水滸伝』とのかかわりについては、麻生磯次（一九五七）をはじめとして、水野稔（一九八九）、石川秀巳（二〇一〇）など、これまでに指摘されてきている。指摘は、『南総里見八犬伝』のあるくだりが、『水滸伝』をふまえているという具体的な指摘であることが多いが、それでもなお「みかた」が一致しているとは限らない。それはそれとして、『南総里見八犬伝』が『水滸伝』をいろいろな意味合いで「下敷き」にしていることはたしかなことといえよう。

そうであれば、馬琴は『水滸伝』を読んでいたことになる。その「読んでいた」ということをさらに具体的にとらえるならば、馬琴が読んだ具体的な『水滸伝』テキストがあったことになる。孫琳浄（二〇一二）は、その具体的な『水滸伝』テキストを丁寧に追究し、馬琴が読んだと思われるテキストを指摘している。

馬琴は『新編水滸画伝』（九編九十一冊：初編十一冊、二〜九編は各十冊で合計八十冊）という読本をあらわしている。初編が馬琴のもので、二編以降は高井蘭山が担当している。初編の前帙が文化二（一八〇五）年に刊行され、初編の後帙が文化四（一八〇七）年に刊行されている。二編は文政十一（一八二八）年刊、三編の前帙が天保四（一八三三）年刊、三編の後帙が天保六年刊で、六編が天保九年に刊行されたことがわかっているが、その他の編の刊年は不明。

この『新編水滸画伝』は「本文」が始まる前にいろいろなことがらをまとめて附録しているが、その中に「校定原本」がある。そこには次のように記されている。『新編水滸画伝』として、早稲田大学が公開している「古典籍画像データベース」の画像を使用させていただいた。

李卓吾評閲一百回　　和俗これを百回本といふ
金聖歎外書七十回　　二本あり　これを聖歎本といふ
卓吾評点一百一十五回　　これを李卓吾本といふ
水滸後伝四十回　　二本あり今四十回本これを取る
翻刻二十回

『新編水滸画伝』では、まず漢文による「水滸序」が置かれ、それに続いて「九紋龍史進」「豹子頭林冲」「神機軍師朱武」「跳澗虎陳達」「白花蛇楊春」「花和尚魯智深」「打虎将李忠」「小覇王周通」「小旋風柴進」の挿画が置かれている。「行者武松」や「青面獣楊志」「黒旋風李李逵」「浪子燕青」、女傑「一丈青扈三娘」「母大虫顧大嫂」の挿画もほしい気がするが、採りあげている豪傑は『水滸伝』ファンはほぼ納得できるだろう。この挿画に続いて「仮名序」のような「訳水滸弁《すいこをやくするべん》」が置かれている。「水滸序」には「以取全伝百回」（以て全伝百回を取る）とあり、「訳水滸弁」には後に示すように、「絶て冠山老人の筆に根ことなく」とある。「冠山老人の筆」は『通俗忠義水滸伝』を指すと思われ、馬琴は『通俗忠義水滸伝』は参考にしないということを（いわばわざわざ）述べている。「水滸序」において「全伝百回」と述べられ、『新編水滸画伝』のいわば「底本」となっている「李卓吾評閲一百回」以外のものは、これまでの研究によってかなり具体的につきとめられている。「翻刻二十回」は図7として示した和刻本『忠義水滸伝』のことを指すが、この本についてはより具体的に、現在昭和女子大学図書館桜山文庫に蔵されている『忠義水滸伝』が馬琴が使ったものであることが浜田啓介（一九九三）によって指摘されている。[11] そして、孫琳浄（二〇二二）は実際は、『新編水滸画伝』は「李卓吾評閲一百回」ではなく、「主に和刻本『忠義水滸傳』を元に作り上げられている」（一二一頁）ことを指摘している。ということは、馬琴が『新編水滸画伝』をつくるために使った本が現存しているということで、そのこと自体が驚くべきことであり、さらにいえば、そうしたことをつきとめていく「方法」があるということに注目しておきたい。孫琳浄（二〇二二）はさらに、馬琴がみた「李卓吾評閲一百回」テキストが、現在は、中国国家図書館と京都大学文学研究科図書館にそれぞれ一本ずつ蔵されている「石渠閣補刻本」を指し、かつ後者が馬琴が目にしたテキストそのものであろうと指摘している。このテキストは現在、ＷＥＢ上に公開されているので、誰でもみることができる。

『新編水滸画伝』をよむ

次に、具体的に『新編水滸画伝』を読んでみることにしよう。

初編の冒頭には「訳水滸弁《すいこをやくするべん》」という文章が置かれている。そこで馬琴は「水滸の一書は曩《さき》に冠山岡島老人翻訳の功なりしより以降《このかた》、我俗、始て世にこの奇編ある事をしる。（略）しかれども婦女童蒙なほ解しがたしとするものは、その書、漢文の口調に倣《なら》ひ、片仮名をもて記せばなるべし。これさへ纔《わづか》にその意を訳してその文の美を訳するに至らず。（略）難《かたい》かな、文をもて俗に説《とく》事、われいまだ其為《なす》ところをしらず。よりて今与が訳《とく》ところはいよ〳〵雅に遠しといへども、別に華本を編訳して絶て冠山老人の筆に根《もとづく》ことなく、只顧《ひたすら》、婦女童蒙の為に解《げ》しやすきを宗とす。（略）又その傍訓《つけがな》のごときに至ては音訓《よみこゑ》に管《かゝは》らざるものあり。譬ば詔書《せうしよ》を読て勅書《ちよくしよ》とし、僧人《そうにん》を読て法師《はふし》とし（日本紀に僧《そう》をホフシと訓ず）禅杖《ぜんぢやう》を読て鹿杖《かせづゑ》とし（和名鈔僧坊の具に鹿杖あり。和名加勢都恵《かせつゑ》その物、異なりといへとも姑《しばらく》これに因《よ》る）金剛《こんがう》を読て二王《にわう》とし、（略）商議《しやうぎ》を読て談合《だんかふ》とするの類、枚挙に遑なし。これ傍訓《つけがな》は字の注なり。しかせざれば、耳に聞ものに諭しがたし。且唐山《もろこし》の俗語を訳するに我俚語俗言をもてせざれば平等せず。又和名のなき物あり。又和訓の施しがたきものあり。その訳すべきものは本文の熟字を抄出し、その訳すべからざるものは、我私の筆に操る。この故に、一編の文章、古雅と今俗と混雑してさらに格体《かくてい》を定めず。これ予が情願にはあらず。実に已《やむ》ことを得ざればなり」（句読点を補い、一部を省略した。また振仮名も一部を残して省いた）と述べている。

岡島冠山（一六七四〜一七二八）は曲亭馬琴（一七六七〜一八四八）が生まれる四十年前に亡くなっており、同時代人とはいいにくい。そうした感覚が冠山に対して「老人」という語を使わせているのだろう。それはそれとして、右の馬琴の言説の注目点を整理しておこう。

馬琴は「意を訳してその文の美を訳するに至らず」という表現を使っている。現代日本語の「美」の語義にとらわれるとわかりにくいが、馬琴は「婦女童蒙が解しやすい＝わかりやすい」ということを重視している。それは要するに、内容を味わうことができるということであろう。「詔書《せうしよ》を読て勅書《ちよくしよ》とし、僧人《そうにん》を読て法師《はふし》とし」は「詔書《ちよくしよ》」「僧人《はふし》」というかたちを指す。馬琴は「唐山《もろこし》の俗語を訳するに我俚語俗言をもてせざれば平等せず」という。「平等」は〈差別がないこと・ひとしいこと〉であろうが、「唐山の俗語」をもってつくられている『水滸伝』を日本語に訳すためには、結局日本語の「俚語俗言」を使わなければ内容をうつしとることはできないと考えていた。馬琴が使おうとしていた江戸時代の「かきことば」はおもに「和語＋漢語」で構成されており、和語には「雅」な語と「俚語俗言」とがあった。漢語はおもに古典中国語であることになるが、そうしたさまざまな語彙をいわば「総動員」しなければ『水滸伝』のような作品を訳すことができない。したがって、『新編水滸画伝』の文章はそうなっているけれどもそれは馬琴の「情願」すなわち〈心から願うこと〉ではないという。

「情願（情愿）」は『水滸伝』や『醒世恒言』において使われている語で、岡白駒『水滸伝訳解』第四回では「願望ト云コトバテ勉強テナイト云辞」、第五回では「情願《ノソンテ》　情愿同」、『俗語解』では「トクシンテ　ネカイニテ」、『字海便覧』では「情願トハ。人モ。シイサルニ。此方《コノハウ》ヨリネカヒ。ノソムヿ也」、『訳通類略』では「情愿　コ、ロカラネガフ」のように、見出しとして採りあげられる語であった。馬琴自身も『南総里見八犬伝』二十四において、「信乃を女婿にすなるは、わが夫婦の情願《ねがひ》にあらず、又浜路が情願《ねがひ》にも候はず」、四十八において「とてもかくても某等、永くこの地に留りがたし。就て又情願《ねぎごと》あり。そは父が事になん」と使い、『近世説美少年録』や『椿説弓張月』においても漢字列「情願」を使っている。

「訳水滸弁《すいこをやくするべん》」は馬琴が『水滸伝』を「訳」すにあたって考えていることを述べる文章であるが、その文章はすでに「唐山の俗語」を「混雑」させた「実践例」となっている。「商議《しやうぎ》を読て談合《だんかふ》とするの類」は「商議《だんかふ》」というかたちを指していると思われるが、八十一頁に掲げた図6において「商議」「商量」が「ダンカウ」によって説明されている。また明治期においては、漢語「ショウギ（商議）」を、漢語

「ソウダン（相談）」で説明し、和語「ハナシ」を漢語「ソウダン（相談）」「ダンコウ（談合）」で説明するような状況になっていることについて今野真二（二〇〇八）で述べた。つまり漢語「ソウダン」「ダンコウ」は漢語を説明する漢語、すなわち「難易度」というみかたで仮に説明するならば、難易度のひくい漢語になっていたということで、そうした「漢語の層別化」は馬琴の頃にもすでに始まっていると思われる。中国語を「古代中国語」と「近代中国語」とに二つに分けるならば、ここまで古典中国語と呼んできた中国語は当然のことながら「古代中国語」で、白話と呼んできた中国語は、時期としてみれば「近代中国語」ということになる。

江戸時代の白話小説の流行という現象を日本語にひきつけてみるならば、おもに古典中国語を借用して使ってきた日本語の語彙体系内に、古典中国語とはいわば「系統が異なる」近代中国語が流入し、そのことによって、古典中国語が相対化されたという「みかた」は成り立つであろう。古典中国語の相対化は、近代中国語（白話）を古典中国語で説明する、といった具体的な「場」を契機として徐々に進んだのではないか。

では、実際に馬琴がどのような訳をつくったのかをみてみよう。図10・11として岡島冠山が訓点を施した『忠義水滸伝』の第四回「魯智深大鬧五台山」（魯智深大に五台山を鬧す）を掲げた。その少し前あたりから、馬琴の『新編水滸画伝』の「本文」を掲げてみよう。句読点を補う。早稲田大学が公開している「早稲田大学古典籍総合データベース」の画像に基づいて翻字した。

しからば六十二斤《きん》に打候《うち》へ。彼両件《かのふたしな》の家生《どうぐ》、價銀《あたひ》いかばかりぞと問《とふ》に、討價《かけね》なしに五両《ごりやう》の銀子《ぎんす》を給はらんといふ。魯智深《ろちしん》聞《きゝ》て、われは價銀《あたひ》の多少《たせう》を論《ろん》ぜず、只顧《ひたすら》よき鋼《はがね》を用《もつ》て打候《うち》へ。もしわが意《こゝろ》に稱《かな》ひなば、別《べつ》に賞《ほうび》を得《えさ》すべしといひつゝ、懐中《くわいちう》より銀子《ぎんす》を取《とり》出して、これを遞与《わた》し、心《こゝろ》 歓《よろこば》しきまゝにまた待詔《てまとり》に対《むかひ》ていふやう、われ今酒《さけ》を買《かふ》て汝《なんぢ》と喫《のむ》べく思ふはいかにといふに、待詔答《てまとりこたへ》て、見給ふごとくかく生活《よわたり》にいとまなく候へば、相陪《さうばん》いたしがたくこそと固辞《いなみ》しかば、魯智深《ろちしん》は強《しい》ても歓《すゝめ》ず、鉄匠《かぢ》が店《みせ》を立出ていまだ二三十歩《ほ》も到《いたら》ざるに只《と》見れば一箇《ひとつ》の酒望子《さかばやし》を挑出《かゝげいだ》して屋《いへ》の簷《のきば》上にあり。智深《ちしん》見て、簾子《すたれ》を掀起《かきあげ》つゝ、槍《つ》《アユヒ》と裏《うち》に入りて坐《ざ》しもやらず、卓子《しつほくだい》をうち敲《たゝき》て酒《さけ》を将来《もちきた》れと呼《よば》れば主人出迎《あるじいでむかへ》ていふやう、師父《ひじり》も五臺山《ごだいさん》の僧人《ほうし》と見まゐらせて候。わがこの房屋《いへ》も本銭《もとで》も彼寺《かのてら》より借受《かりうけ》て生活《よわたり》をいたすなるに、長老豫《ちやうらうかね》て法度《はつと》を出し給ひて寺内《じない》の僧人《ほうし》に酒《さけ》を賣《うり》て喫《のま》するときは、立地《たちどころ》に本銭《もとで》をも追了《とりかへし》、房屋《いへ》をも赶出《おひいだ》し給はんとなり。よりて師父《ひじり》には賣《うり》がたく候といへば、魯智深《ろちしん》聞《きゝ》て、それはそれにてもあるべけれど、まげて些《ちと》の酒《さけ》を喫《のま》せよ。われ人に對《むかひ》てこゝにて酒《さけ》を買《かふ》たりとはいふまじとて、再三乞求《さいさんこひもとむ》れども、主人一切《あるじつや々々》うけ引《ひか》ざれば、魯智深《ろちしん》、ぜひなく走《はし》り出《いで》つゝ、彼《かの》主人《あるじ》を見かへりて、さても頑《かたくな》なる漢子《をのこ》哉《かな》。われ、今彼處《かしこ》の酒肆《さかや》にて飽《あく》まで喫《のみ》、かへり来《きた》りて後《のち》にこそ説話《ものいひ》すべけれとつぶやきて、ゆく事《こと》いまだいく歩《あゆみ》ならずして、又一軒《いつけん》の酒旗《さかはた》児を望見《のぞみみ》て直《たゞ》にその家《いへ》に走《はし》り入り酒《さけ》を喫《のま》んといふに、この店《みせ》の主人《あるじ》も又長老《ちやうらう》の法度《はつと》あればとて賣与《うりあた》へず、魯智深《ろちしん》はせんすべなくて、こゝをも立出《たちいで》、すべて四五軒《けん》の酒肆《さかや》に到《いたり》しかど、みな悉《こと々々》く賣与《うりあた》へず、その時《とき》魯智深《ろちしん》はこゝろの中《うち》に謀《はかりごと》を設《まう》け、市稍盡頭《まちはづれ》にゆきて見れば、杏　花《からもゝのはな》《アンズノハナ》ふかく咲乱《さきみだ》れたる門《かど》に、草　箒児《すぎのさかはやし》を挑出《かゝげいだ》せし家《いへ》あれば、簾子《すだれ》を掲《かゝげ》て裡《うち》に入り、さゝやかなる窻《まど》の下《もと》の凳子《せうぎ》に尻《しり》うちかけ、これは行脚《あんぎや》の僧《そう》なるが、漫　行《そゞろあるき》していと饑《うへ》たり。とく々々酒《さけ》を喫《のま》せよといふ。こゝの主人《あるじ》は荘家《ひやくせう》とおぼしくてふつゝかなる漢子《をのこ》出《いで》むかへて、和尚《おせう》もし五臺山《ごだいさん》の師父《ひじり》ならば、酒《さけ》は賣《うり》がたく候といふを魯智深聞《ろちしんきゝ》もあへず、われは遠方《ゑんほう》より来《きた》れるものにして、彼山《かのやま》の僧人《ほうし》にはあらず、はやく酒《さけ》を将来《もちきた》れといふとき、主人《あるじ》つら々々魯智深《ろちしん》を見るにその模様声音《もやうこはね》に至《いた》るまで、常《つね》に見るところの五臺山《ごだいさん》の僧人《ほうし》とは各《かく》別《べつ》なりしかば、少《すこ》しも疑《うたがは》ず、和尚《おせう》いかばかりの酒《さけ》を喫《のみ》給ふぞと問《とふ》に、魯智深答《ろちしんこたへ》て、いかばかりといふことなく、只顧《ひたすら》篩《つぎ》て将来《もちきた》れと焦燥《いらだつ》にぞ、やがて十余碗《よわん》の酒《さけ》を篩来《つぎき》てそのほとりに放在《さしおけ》ば、魯智深《ろちしん》これを喫《のみ》つゝ主人《あるじ》に對《むかひ》て肉《にく》あらば、一盤《ひとさら》喫《くは》せよといふに、主人《あるじ》がいふやう、早来《さき》には些《ちと》の牛肉《うしのにく》ありしかど、みな賣没《うりなく》して些《ちと》の菜蔬《せうじんもの》あり。これを進《まゐ》らすべきかといふとき、智深《ちしん》猛《にはか》に一陣《ひとふき》の肉香《なまくさきか》を聽着《かぎつけ》て空地《どま》のほとりに走《はし》り出《いで》只見《とみ》れば、牆《ゐがき》の片陰《かたかげ》に一隻《いつひき》の狗肉《いぬのにく》を烹《に》て、沙鍋《ひらなべ》の裏《うち》にあり。魯智深《ろちしん》見をはりて、舊《もと》のところに立《たち》かへり、汝《なんぢ》かくまでよき殽《さかな》ありつるを、などてなしとはいふぞといへば、主人《あるじ》含笑《ほゝえみ》て御身《おんみ》出家《しゆつけ》の人《ひと》なれば狗《いぬ》をば啖《たべ》給はじと思ひ候ひき。苦《くる》しからずは進《まゐ》らせ候はんといふ。

先に引いたように「訳水滸弁」には「僧人《そうにん》を読て法師《はふし》とし」とあったが、その例が右にみられる。また、「禅杖《ぜんぢやう》を読て鹿杖《かせづゑ》とし」ともあったが、それも右にあげた箇所の少し前に、「禅杖《かせづゑ》《センヂヤウ》」とみえており、「金剛《こんがう》を読て二王《にわう》とし」も「金剛《にわう》」とみえている。馬琴はこのあたりの文章のことを想起しながら、「訳水滸弁」を記したのであろう。

「家生」は、「凡例」において、「小説書」を読む初心者のために「熟字虚字助字等」を画引で輯《あつ》め、「訳」を附した、秋水園主人編『小説字彙』（寛政三：一七九一年刊）の十画、「家」の条に「家生　道具」（四十九丁裏）と記されている。[12] あるいは十二画、「焦」の条には「焦燥　イラツ」（七十丁裏）とある。馬琴の理解は『小説字彙』の理解と一致している。

また、漢字列「待詔」に施されている振仮名「てまとり」は〈手間賃で雇われること・手間賃をとって働く事・手間賃をとって働く人〉のことで、漢語「タイショウ（待詔）」はそもそもは天子の勅命が下るのを待つ、という語義であったが、そこから官名になった。清、梁章鉅（一七七五～一八四九）の『称謂録』は親族、皇室をはじめとして、人や物に対する呼称を集めているが、「待詔」は巻二十八「百工」の條において「剃頭」すなわち理髪師の呼称とされている。伊藤東涯の『名物六帖』人品箋には

「待詔　カミユヒ」とあり、『称謂録』の記事と重なっている。もちろん『水滸伝』の「本文」に「待詔」が使われているが、馬琴は文脈にあわせて、「待詔」を和語「テマトリ」と結びつけている。『新編水滸画伝』には「新編水滸画伝初鐫十巻職役称呼俗解《しよくやくせうこのぞくかい》」という職業などについての「俗解」が附録されているが、その中に「待詔《たいせう》」があり、「鍛冶やの手間とりなり」と説明されている。

一般的には「焦燥《いらつ》」とあれば、和語「イラツ」を文字化するにあたって、漢語「ショウソウ（焦燥）」に使われる漢字列「焦燥」を使った、とみるのがいわば「筋」であるが、『新編水滸画伝』の場合は、先に『水滸伝』の「本文」があって、それを「訳」すのであるから、「本文の中国語」を訳すのにふさわしい語を振仮名にするということになる。訳として使う日本語（振仮名に使う日本語）は、「本文の中国語」の「はなしことば」度に（ある程度にしても）対応している必要があり、そうした必要のために、振仮名には一般的な「かきことば」よりも「はなしことば」的な語が使われることがあったことが推測できる。(13) それが馬琴がいうところの「古雅と今俗と混雑」ということと思われる。

『南総里見八犬伝』をよむ

図16は『南総里見八犬伝』第九輯巻之一（十三丁裏〜十四丁表）（第九十二回）の箇所である。先に述べたように、滝沢馬琴の『南総里見八犬伝』と『水滸伝』とのかかわりについてはこれまでにいろいろなかたちで指摘がある。ここでは文学作品としての対照ではなく、具体的な言語について、特に『南総里見八犬伝』に白話と思われる語・漢字列がどのように使われているかということに着目してみたい。

十三丁裏（右頁）四行目に「投《なげ》られながら托地《はた》と蹴《け》る」というくだりが、また十四丁表（左頁）六行目末尾には「觔斗《とんぼかへ》れる縁連《よりつら》が頭顱《かうべ》は撲地《はた》／と滾落《まろびおちて》て」というくだりがある。まずこの「托地《はた》と」「撲《は》

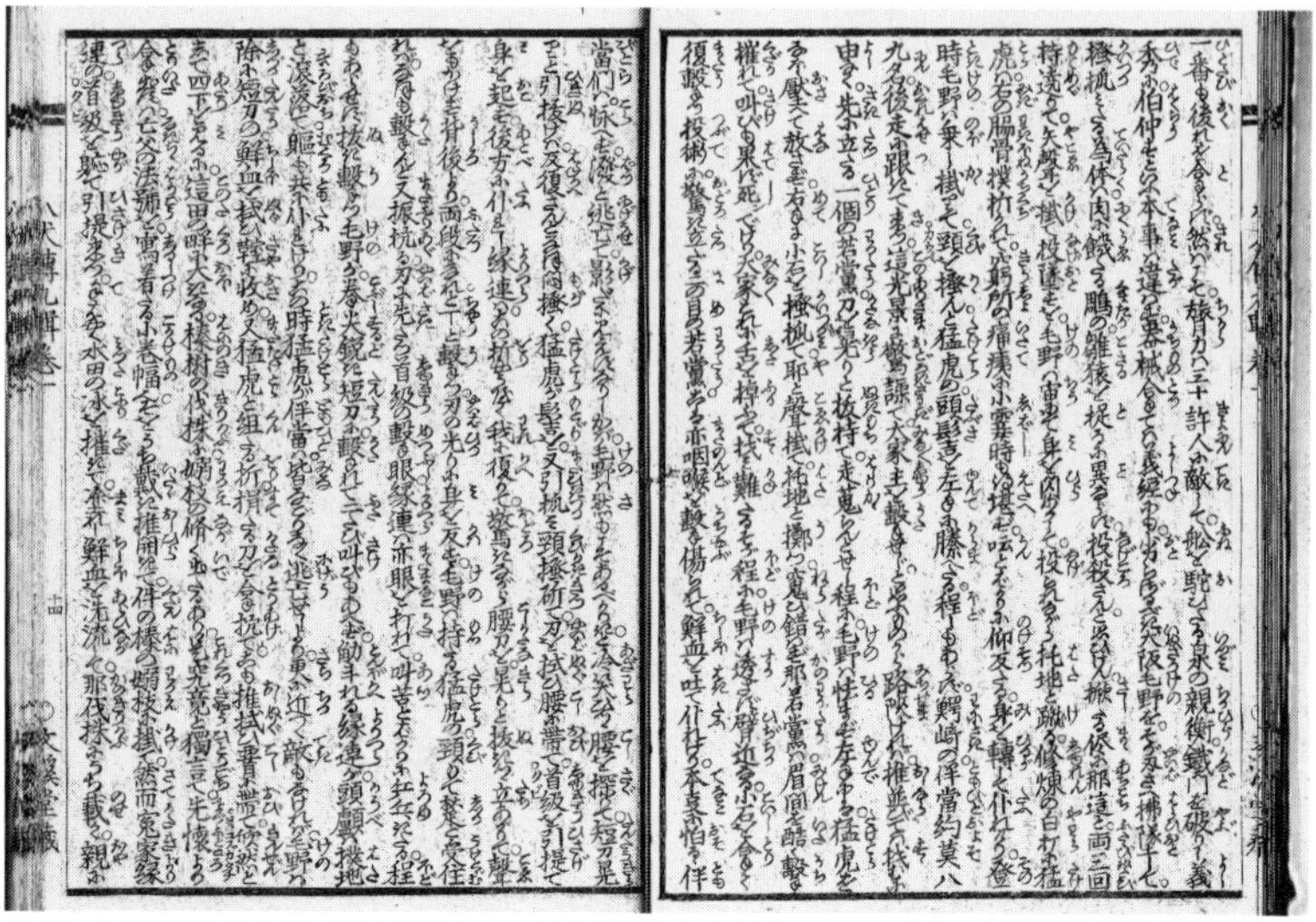

図16　『南総里見八犬伝』（第九輯巻之一・十三丁裏／十四丁表）

地《た》と」について考えてみたい。「ハタト」は〈人や物を勢いよく蹴ったりするさま〉あるいは〈突然物が落ちたりする音〉をあらわす語で、右の二つのくだりもそうした語義で「ハタト」が使われているとみることができる。『大漢和辞典』は「托地」を「どつと。ぱつと。すばやいさま」と説明し、『水滸伝』第五回の「樹上折枝柳條、托地跳在馬背上」（樹上に枝柳條を折り、托地に跳って馬背上に在り）を使用例として掲げている。また「撲地」を「にはかに。忽ち。忽然」と説明し、『水滸伝』「楔子」（第一回）の「撲地跳出一隻吊睛白額錦毛大虫来」（撲地に一隻の吊睛白額錦毛《ちょうせいはくがくきんもう》の大虫跳出し来る）を使用例としてあげている。香坂順一（一九八七）は『水滸伝』にみられる「A地」（漢字Aに地が下接している語）の例として、二十回の「托地跳将過来」、四回の「撲地便倒了」の例を挙げ、「擬音・擬態語＋地」という構造であることを説明している（四七三頁）。図12として示した『水滸伝訳解』は架蔵するテキストであるが、このテキストでは第一回のところに「托地《ハタト》《タチマチ》」

とある。また、陶山南濤『忠義水滸伝解』の第一回の條には「撲地　ポント、云ヿ地ハ付字也ヒヾキノ形容字ナリ撲《ウツ》レ地ナド、読ム人アリ抱腹ニタヘズ中華ノ語ハスヘテ語ノヒヾキニテ巧拙ヲ論スルヿナリ」（六丁表）「托地《トデリイ》　トイト、云ヿ地ハ付字ナリ響ノ形容字ナリ」（六丁裏）とあり、「撲地」「托地」がともに『水滸伝』から抜き出されて注解を加えられている。香坂順一（一九八七）が述べているように、「撲地」「托地」の「撲・托」は擬音語で、陶山南濤はそれを「ヒヾキ（ノ形容字）」と表現していると思われる。そして、「中華ノ語」をしらずに、漢文訓読風に「地を撲《う》つ」と読むような人を笑い飛ばす。『小説字彙』には「托地　トイト」（二十二丁表）とある。「トイト」は現代日本語では使わない語であるが、『日本国語大辞典』はこの語を見出しにしている。

　といと〔副〕一気に。さっと。ついと。＊雑俳・軽口頓作〔1709〕「どうよくに・津波でといと一在所」＊咄本・軽口機嫌嚢〔1728〕四・しりも結ばぬ糸「あたへをはらひ、かたなをわすれて、といと出てゆかれた」

あげられている使用例は雑俳と咄本で、「はなしことば」として江戸時代に使用されていたことが窺われる。そうであれば、白話＝中国語の「はなしことば」を日本語の「はなしことば」で説明していることになる。そして、「撲地」「托地」は唐話辞書が採りあげたくなるような語、すなわち非古典中国語であった。

　十三丁裏の十行目に「大家《みな々々》これに舌《した》を掉《ふる》ふて挦《すゝ》み難《かね》たる」とある。「大家」は『水滸伝』に使われ、さまざまな唐話辞書が採りあげ、注解を加えている。『水滸伝訳解』第十九回には「大家《ミナ々々》」とあり、岡崎鵠亭『中夏俗語藪《ちゅうかぞくごそう》』巻之五には「大家　ミナ々々イヅレモ」とある。また『諸録俗語解』「正宗賛」

巻之三に「大家　ソウ々々ト訳ス」とある。『日本国語大辞典』は見出し「そうぞう【総総・惣惣】」を「その場にいる者すべて。ある物すべて。みな。全部。また、一団にまとまること。そうぞ」と説明している。「ソウゾウ（総総）」は改めていうまでもなく漢語であるが、『日本国語大辞典』は「ソウゾウ」の変化語形「そうぞ」も見出しにしており、そこには雑俳「軽口頓作」の句が使用例としてあげられている。「ソウゾウ」が短呼形「ソウゾ」をうみだしたのは、「はなしことば」で使用されていたからであろう。ここにも、非古典中国語である「大家」の説明に、日本語の「はなしことば」が使われている。

十四丁表五行目に「叫苦《あつと》とばかりに乒乓《よろめ》きたる」とある。「乒乓」は『水滸伝』以外の白話小説、例えば『醒世恒言』などでも使われており、ひろい意味合いで「奇字」すなわち変わった字、ふだんあまり見かけない字を集めた『奇字抄録』には「（以上略）在家乒乓ト云ハ僧ノ経ヲ読声ナリ且後ニ兵々的トアレバ、乒乓ノ音ハ兵ナルヿ明ナリ（以下略）」と記されている。現代中国語で「乒乓球（pingpangqiu）」は「ピンポン」で卓球のことを指す語となっている。「ピンポン」が卓球のボールがいききする音をあらわしていると思われるが、「乒乓」はそれに音として対応していると思われる。そのことからすれば、「ヨロヨロ」とした状態をあらわす漢字列として「乒乓」がふさわしいかどうか、ということはありそうに思われる。

本章においては、江戸時代に流行した「白話小説」を「入口」として、古典中国語を離れて存在した非古典中国語を軸とした「江戸の知」を『水滸伝』にかかわるテキストを具体的に採りあげながら追ってみた。「白話小説」は「はなしことば」による小説ということになるが、その翻訳や理解には日本語の「はなしことば」また「はなしことば」の中でも「俗」に傾く語彙が使われやすかったことが推測できる。「言文一致」は明治二十年頃に始まるというのが、「常識」であろうが、それよりもずっと早く、「言＝はなしことば」は「文＝かきことば」の中に入り始めていた。

註

（1）「変化しない」という側からみれば「ほぼ一定」ということになるが、「変化する」という側からみれば、「かきことば」としての古典中国語と「はなしことば」としての白話には、当然のことながら文法にも語彙にも違いがある。例えば、滝沢馬琴は、『南総里見八犬伝』第九輯下帙中巻第十九の「簡端贅言《かんたんぜいげん》」において、「正文」＝古典中国語の「慚愧」は「恥る義」であるが、「俗語」では「忝し」という義に用いるといった、古典中国語と白話との違いにふれながら、「水滸《すいこ》・西遊《せいゆう》などに、在《ざい》を於《よ》の如く、像《ぞう》を如《じよ》のごとく似《じ》のごとく、則《そく》を唯《ゐ》のごとく読《よま》するは、其文《そのぶん》に法則あり、叨《みだり》に用《もちふ》るにあらず」と述べている。このことについて、丸井貴史（二〇一四）は馬琴が「『水滸伝』『西遊記』などの白話小説において、文言文（引用者補：本書いうところの古典中国語）ならば「於」が置かれるべき場所に「在」が置かれる場合があることを理解していたようである。周知のとおり、「於」は〈於＋名詞〉のかたちで前置詞構造を構成し、漢文訓読においては、〈動詞＋於＋名詞〉のように直前に動詞がある場合は置き字として扱われ、「おイテ」と訓まれる」（七十八頁）と述べている。香坂順一（一九八三）は「文言の〝於〟が〝在〟〝到〟などに用いられる」（二九六頁）と述べている。「簡端贅言」には「儒書方書仏教《じゆしよはうしよぶつきやう》は、正文《せいぶん》なるべき者なれども、そが中《なか》に俗語あるは、二《に》程全書《ていぜんしよ》、朱子《しゆし》語《ご》類《るい》。俗語をもて綴りしは、奇《き》功新事《こうしんじ》、傷寒条弁《しようかんでふべん》、虚堂録《きよだうろく》、光明蔵《くわうみやうざう》の類《たぐひ》、なほあるべし」とあって、『二程全書』『朱子語類』の名前があげられている。「方書」は医書のことを指す。

（2）大木康（二〇一八）は明末に「突然のように大量の白話小説が出現した」（四一一頁）理由の一つに「江南地方を中心とする明末における出版文化の状況」をあげるが、それを「物質的背景に過ぎない」（同前）と述べる。日本の江戸時代も整版印刷が文字化の手段として定着した時期といってよく、中国と日本とに、

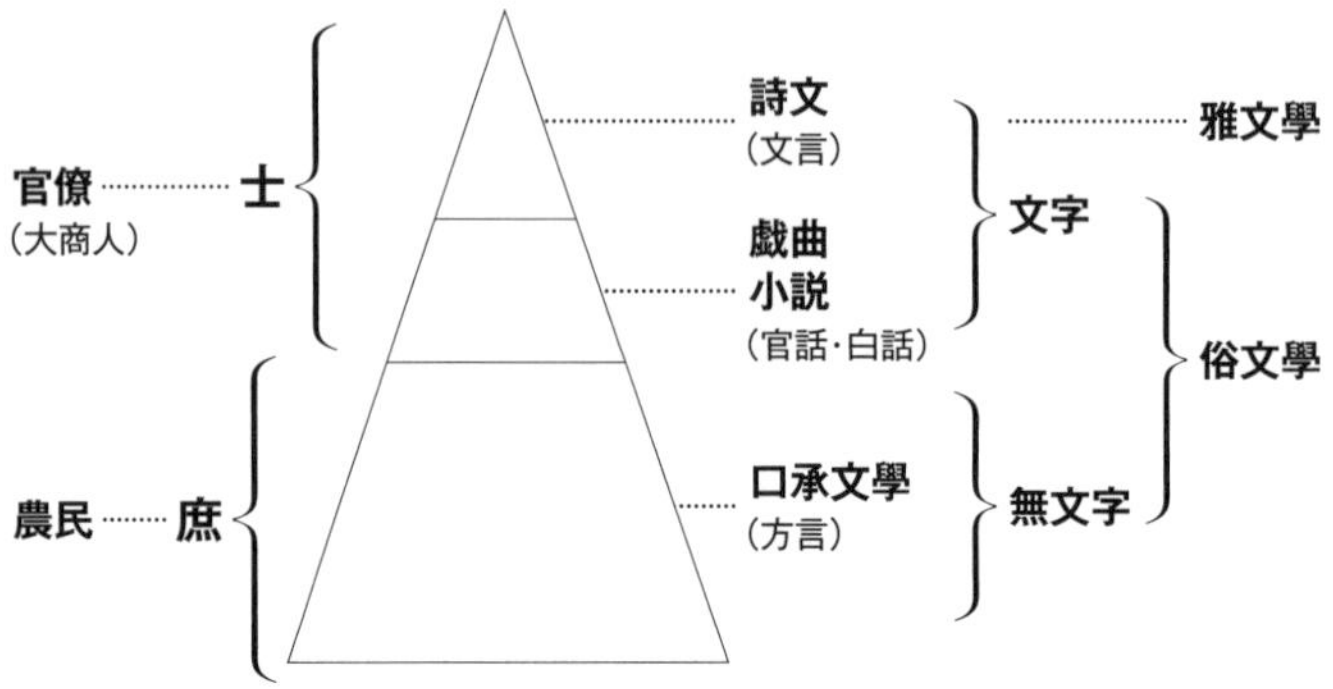

図17　白話のピラミッド図［大木康『馮夢龍と明末俗文學』汲古書院、2018年、413頁をもとに作成］

「出版」によって文化、言語が転換していくという共通点があることには注目しておきたい。また大木康（二〇一八）は、図17を示し、「文言・白話は文字言語であるが、方言・官話は基本的には口頭言語である。官僚たちの共通の話言葉が官話であり、それを文字に記したのが白話である。そして、ここでピラミッド状に描いたのは、それぞれの言葉を用る人の数、つまり方言を話す人が、基層にあって最も多く、その中から少数の官話・白話・文言を身につけた人が出てくることを表している。そして同時に、中国人にとっての言語習得過程をも表している。人は誰でも、生まれて最初に習うのは、方言である。そして、そこから先、一生方言しか話さない、つまり文字言語の段階に至らない人もいれば、教育によって文字を学び、白話・文言を獲得して行く人もいる。ただ注意を要するのは、文言・白話を身につけることが、ただちに方言を捨てることを意味しないという点である。文言によって詩文を書く能力を持っている人でも、少なくとも同郷人との会話は方言で行なっていたのであって、その意味で足下は方言の世界にどっぷりとつかっていたのである。中国の知識人は、科挙受験のために、幼少の時から「四書五経」を読んだわけであるが、これも初めは各地の方言音で読んだのである」（四一二頁）と述べ、その上で「明末において、盛んに書かれ、出版されるようになった白話の文芸」が隆盛したのは、「一つは、士大夫が庶民を教化し、社会の秩序を回復させようとするために、誰にでもわかりやすい白話を用いた、という方向であり、もう一つは、士大夫たちが、庶民の中に、自分たちの失った価値を発見し、庶民的な文芸を積極的に取り上げた」(四二五~四二六頁)ためであると結論づけている。右の言説において「文言・白話は文字言語である」と述べられているのは、大木康(二〇一八)が、文字化された「はなしことば」を「白話」と位置づけているためで、本書においては、「かきことば=文言」「はなしことば=白話」と定義している。官話が口頭言語すなわちはなしことばであるという指摘には留意しておきたい。荒尾禎秀(二〇二二)は「中国では地方官吏の治政のための参考書」とされている『福恵全書』の和刻本について「相当数が全国の図書館等に現存」(二頁)していることを指摘している。そうであれば、『福恵全書』は、(地方ということであったとしても)官話を文字化したもの、すなわち大木康(二〇一八)いうところの白話で記されたテキストという位置づけができる。「はなしことば」の俗的な面につながるのが、中国の笑話で、口頭語としての官話という面につながるのが『福恵全書』で、俗を含んだ文学、すなわち俗文学としての面につながるのが「三言二拍」などの白話小説ととらえると、こうしたテキストはそれぞれのありかたにおいて、それぞれの程度として非古典中国語的であり、それを振仮名によって、日本語として翻訳していたというみかたができるのではないだろうか。「全国の図書館」に蔵されているテキストを実見してまわるという作業はテキストの書誌的調査という意味合いにおいて必須のものであるが、現在のようにいながらにしてインターネットによってテキストの画像が確認できるようになると必ずしも「必須」とは思われなくなっていくかもしれない。『福恵全書』というテキストが現時点で日本列島上のどこにどのように存在しているかという確認は、テキストの伝播、拡散、ひろい意味合いでの享受を空間上で把握するという意味合いがあると考える。また、当然のことながら、画像ではなく、テキストを実見することによって、手書きによる修訂があることもはっきりとする。こうした具体的な作業、アプローチによってわかることは少なくないはずで、荒尾禎秀(二〇二二)はそうしたことの実践として示唆に富む。今後の近代日本語研究における必読書となると考える。

（3）『水滸伝』の第十六回から第一二〇回までを対象として、使われている語に説明を加えた、鳥山輔昌『忠義水滸伝抄訳』が天明四（一七八四）年に刊行されている。このテキストについて、高島俊男（一九九一）は「『抄訳』は、授業に出なかった人がノートを手に入れて、それに多少おのれの見解を加えたものであるが、そのおのれの見解がたいていつまらない。ちょっと見には南涛の『忠義水滸伝解』とよく似ているが、値打は月とスッポンである。鳥山輔昌という人は、これはダメの人である。冠山（引用者補：岡島冠山のこと）なきあと、ズバ抜けてえらいのはなんといっても白駒と南涛である。この両人が明和年間にあいついで死ぬと、水滸の学はにわかにおとろえたようである」（七十九頁）と述べている。また小林祥浩（一九七八）は、上田秋成『雨月物語』の第二話「菊花の約」の原拠である「范巨卿鶏黍死生交」（『古今小説』第十六）を「訓読した評釈の書」の「奔放な訓法」「独創的にして珍なる訓」を「従来の訓読に倣わないもの」「恣意的な句読によるもの」「白話の語義・語法を無視したもの」の「三類に大別」して具体的な指摘を行なっている。「従来の訓読に倣わない」訓読は、別の意味合いでの「古典中国語離れ」といえようが、当該「評釈の書」（『雨月物語評釈』）が昭和四十四（一九六九）年に出版されていることを思えば、二〇二二年の時点で日本列島という言語空間をみわたすならば、そうした意味合いでの「古典中国語離れ＝漢文離れ」はさらに進んでいると思われる。小林祥浩（一九七八）は「范巨卿鶏黍死生交」の「（張劭与計算房銭、）還了店家」を当該評釈書が「（張と房銭を計算す）店家に還らんとして」と訓読していることについて、「「店家」は「番頭」のこと」と述べた上で、「読み得て珍」と述べている。また、丸井貴史（二〇一四）も、当該書の、訓読の「試み自体は評価されるべきであろう」と述べる一方で、「誤りが多く、いずれ訂正の必要はあろう」と述べている。

（4）「楽只堂年録」は先代のことを記した「先祖書」から始まり、吉保の誕生、綱吉の薨去によって吉保が隠退し、下屋敷である六義園に移り住む宝永六（一七〇九）年六月までのことが記されている。柳沢家には

「静寿堂家譜」と名づけられた公用日記があったが、吉保が所持していた藤原定家筆、天福本『伊勢物語』が失われた、元禄十五年四月六日の火災によってこの公用日記も焼失した。天福本『伊勢物語』について、再編された「楽只堂年録」には「今日、家蔵の重宝、あまた焼失す、京極黄門定家卿の筆の伊勢物語、元禄十三年庚辰九月六日拝領したる也」と記されている。焼失後に、残されている史料をもとに、元禄十五（一七〇二）年十二月十八日に新たに再編されたものが「楽只堂年録」で、再編には荻生徂徠があたっている。現在は『楽只堂年録』（八木書店）として翻刻されたテキストが公刊されている。その『楽只堂年録』第三（二〇一四年、八木書店）には、柳沢文庫に蔵されている、「古今集并歌書品々御伝授受御書付」と記されている朱塗りの箱と「伝授血脈」とがカラー口絵として示されている。「血脈」は藤原定家から始まり、頓阿、東常縁、宗祇、西三條実隆、宗長、牡丹花肖柏、細川幽斎玄旨、松永貞徳、北村季吟を経て「源少将保明朝臣」（柳沢吉保）に続いている。古今伝授とともに伝授された書籍も焼失したために、元禄十五年七月十二日には「再ひ古今和歌集の口訣を伝授」されていることも『楽只堂年録』に記されている。

（5）『徳川実紀』第四編に収められている「常憲院殿御実記」の巻五十一、宝永二（一七〇五）年二月五日の条、巻四十七、元禄十六（一七〇三）年二月十三日の条に、それぞれ「五日松平美濃守吉保が邸に臨駕あり（略）吉保が家臣十六人歌の道にたえたる輩をして、和歌の会式をなし御覧に備ふ。一座の奉行、講師、発声等の役を定め披講あり。この仮六位衣冠を着す。次に月桂寺碩秀はじめ禅僧問答聞召し、また猿楽あり」「十三日松平美濃守吉保がもとに臨駕あり（略）家臣等詩経を講じ、あるは唐音にて大学を講じ、あるいは唐音をもて問答す」と記されている。なお、『徳川実紀』は国立国会図書館デジタルコレクションによって、明治三十七年から明治四十年にかけて出版されている『徳川実紀』（経済雑誌社）の活字翻刻を確認することができる。

（6）Edward Hallett Carr は『*What is History?*』（引用には近藤和彦訳『歴史とは何か』（二〇二二年、岩波書店）を使用する）において「過去のすべての事実が歴史的事実というわけではないし、言いかえますと、歴史家は過去のすべての事実を取りあつかうわけではないのです」（十頁）、「事実が語るのは、歴史家が声をかけたときのみです。どんな事実に発言権を与えるのか、どんな順序で、どんな文脈で発言させるのかを決めるのは歴史家です」（十二頁）と述べている。「PENGUIN MODERN CLASSICS」によって確認すると「過去のすべての事実」は「all facts about the past」、「歴史的事実」は「historical facts」と表現されている。地球上の、あるいは日本列島上の、というように地域を限定したとしても、その空間で過去に起こった、あるいは現在起こっている「すべての事実」を把握することはできない。そう考えた場合は、右に引いた言説は「歴史家」に限ったことではなく、むしろ一般的に認められる言説ということになる。その一方で、時間軸に沿って把握される「事態」を時間軸を離れて綜合的に（あるいは結果として）とらえれば、そのとらえかたは、時間軸に沿ってことがらが継起するという具体的な事態のありかたからは、かなり離れた「抽象的なとらえかた」ということになる。吉川幸次郎（一九七五）は徂徠の最終的に至った「学説は、さいしょから抱かれていたものではない。生涯のさいごの時期である五十以後、六十三歳の死に至るまで、年号は享保である時期、安藤東野、山県周南、服部南郭、平野金華、太宰春台など、俊秀にとりまかれつつ、「古文辞」体の詩文と、雅楽の音と、中国語会話と、酒と、タバコとが、「蘐園」と号する彼の居に満ちたころに、提示された。そうして漢文の著では「学則」「弁道」「弁名」「論語徴」、和文の著では「徂徠先生答問書」、それらに述べるものである」（八十六頁）と述べている。

（7）雨の日にはく靴を一足用意してあって、雨の日にそれをはき、晴れの日にはたくさん持っている靴の中のどれかをはく、という場合は、「晴天用の靴／雨天用の靴」という対立軸を設定すれば、その対立軸に応じて靴を使い分けているということにはなる。しかし晴天の時にはたくさん持っている靴の中のどれかをはいているのであって、晴天の場合には靴を使い分けているとはいえない。その時の気分によって靴を選んでいるだけということになる。つまり「カテゴリー」がはっきりと分かれていなければ「使い分け」という概念が成立しない。右の例では「カテゴリー」が「晴天／雨天」と二つであった。雨天用の靴を長靴のような靴として、もう一つ晴雨兼用すなわち、雨が降っていない時にはいていてもおかしくないけれども、雨にも対応できるような靴を買って、天気予報が午前中は晴れ、午後からはかなりの確率で雨が降るというような時にはくことにすると、「カテゴリー」が「晴天／晴れのち雨／雨天」と三つになる。三つの「カテゴリー」に対して三種類の靴が用意されているので、「使い分け」といえることになる。「使い分け」にはもう一つ条件があると考える。それは、晴天用の靴も、雨天用の靴も、同じ「靴」であるということで、一つのシューズボックスに全部入れることができる。スキーの時にはスキー靴をはく。しかし、「日常的に使う靴／スキー靴」というカテゴリー化はそもそも自然ではない。だから、「僕はこの靴とスキー靴とを使い分けている」と言われると「?」となる。スキー靴と日常的に使う靴は「同じカテゴリーに入る靴」ではない。ある程度抽象的なとらえかたであっても、「同じ」とくくることができるものが、「カテゴリー」に合わせて使われる。当然「同じ」とくくったものの数と「カテゴリー」の数は一致していなければならない。このように考えるのが妥当だとすれば、「使い分け」と呼べるようなケースは案外と少ないことになる。そう考えると、同じ和訓をもっている漢字を漢字字義に従って使うことが「使い分け」といえるかどうか、ということになる。漢字を漢字字義に従って、つまり中国語規範にしたがって使うということであって、同じ和訓をもっている、ということはそうとらえている側の何らかの「心性」を反映しているだけのようにみえる。「同訓異字」は「異字同訓」と同じようで異なるのではないだろうか。「異字同訓」は異なる漢字が同じ和訓をもっているという「気づき」のようなことを表明しているだけで、それはすなわち、中国語が細かく語彙を配置し、その語彙に対応する漢字を用意しているのに対して、そのエリアには日本語が一つしか配置されていない、すなわち具体的な中国語に対して抽象的な日本語、という「気づき」であろう。「同訓異字」については今野真二（二〇一四）で詳しく述べた。

（8）「容与堂本」は北京図書館にも二種類蔵されている。一つは天理図書館に蔵されているものと同じもの（ただし、巻十一から巻二十までを缺く）で、もう一つはもと倉石武四郎が蔵していたものといわれているもので、この本を影印したテキストが『明容与堂刻水滸伝』（一九六六年、中華書局上海編輯所）として出版されている。高島俊男（一九八七）はこれらの他に、北京大学図書館、中国社会科学院文学研究所にそれぞれ一本ずつ蔵されていて、「現存する容与堂本は計六部である」（二四三頁）と述べている。そうであるならば、六部しか現存していない容与堂本のうちの二部が日本にあることになり、そうした「いいテキスト」が輸入されていること、それがきちんと保管されて今日に至っていること、には注目しておきたい。「知」は同時代における空間的、共時的なひろがり、後の時代への時間的な継続という二つの観点からとらえる必要がある。江戸時代に容与堂本を輸入した人物はわかっていないが、あるいは売れるからという理由であったかもしれない。そうであっても、日本に持ち込まれたテキストを大事に保管していたから、それを使って、現在における『水滸伝』テキストの研究を行なうことができる。江戸時代に容与堂本にふれ、容与堂本によって『水滸伝』をよんだ人がどのくらいいたかはもちろんわからない。徳川家が所持していたことからすれば、多くはないのだろう。その人々は、五百年後の『水滸伝』研究のためにテキストを大事にしていたわけではないことはいうまでもない。しかし、結果としてそれが現在の「知」の形成にかかわっていることになる。「容与堂本」については、氏岡真士（二〇一六）、大内田三郎（一九八二）が詳しく述べている。

（9）『日本国語大辞典』の見出し「せんてつ（先哲）」には次のように記されている。

せんてつ【先哲】〔名〕前代の哲人。昔の賢人。昔のすぐれた思想家。前哲。＊家伝〔760頃〕下（寧楽遺文）「先哲有言曰、徳無レ不レ報、言無レ不レ酬。宜給田十町以報二忠効一」＊続日本紀－霊亀二年〔716〕五月庚寅「臣等商量、人能弘レ道、先哲格言、闡二揚仏法一、聖朝上願、方今人情稍薄、釈教陵遅」＊ささめごと〔1463–64頃〕下「先哲語り侍る」＊日葡辞書〔1603–04〕「Xentet（センテツ）。ムカシノガクシャウ。または、サキニ　スグレタ　ヒト」＊洒落本・交代盤栄記〔1754〕序「其能知れる斗を評して三つの巻となすといへども先哲の評にはおよぶ事かたし」＊今年竹〔1919–27〕〈里見弴〉本性・六

「先哲の遺訓は『行って則を越えず』といふ境地に到達した天才人の言行として学ぶべきだが」＊潘岳―西征賦「豈時王之無レ僻、頼二先哲一以長懋」

右の記事から、「先哲」は、藩岳の「西征賦」に使われている語であることがわかる。『文選』に収められている「西征賦」には「平失道而来遷、繄二国而是祐。豈時王之無僻、頼先哲以長懋。」（平、道を失いて来《きた》り遷《うつ》り、繄《ああ》二国にして是《こ》れ祐《たす》く。豈時王《あにじおう》の僻無《へきな》からんや、先哲に頼りて以て長く懋《さか》んなり）とある。周の幽王が、「烽火之沙汰《ほうかのさた》」として『平家物語』に引かれるような、寵姫褒姒《ほうじ》をめぐる失政のために申侯に滅ぼされ、幽王の子の平王が東の洛邑に遷都をして東周をたてる。その時に、晋と鄭の「二国」が平王の東遷をたすける。「時王」は〈時の王・その時に位にある王〉のことで、ここではその当時の周の王のことを指す。「僻」は〈欠点〉で、欠点がなかったとはいえないが、「先哲」に頼って、東周も長く繁栄した。この「先哲」について、高橋忠彦著、新釈漢文大系『文選（賦篇）中』（一九九四年、明治書院）は「先祖の聖王のこと」（一七七頁）と説明し、「通釈」においては「過去の聖王の徳」と釈している。『大漢和辞典』は「哲」の字義を①「さとい。智慧が秀れてゐる」②「知る。明かに知る」③道理に明かな人。賢人」（以下略）と説明し、③の使用例として『春秋左氏伝』の「成八」すなわち成公八年の条の「頼前哲」があげられている。この前後には「三代之令王、皆数百年保天之禄、夫豈無辟王、頼前哲以免也」とある。小倉芳彦訳『春秋左氏伝』（中）（一九八九年、岩波文庫）はこの箇所を「〔夏・殷・周〕三代の王者が、いずれも天禄を数百年間保ち得たのは、中に邪僻の君がいても、先代の明王のおかげで亡国を免れ得たのです」（六十三～六十四頁）と訳している。『春秋左氏伝』で使われているのは「前哲」という語であるが、「前」と「先」とはいずれも広くは〈前〉、より限定的には「先祖・先代」をあらわすので、「先哲」「前哲」はほぼ同義語とみてよいと考える。そして「哲」は〈道理に明らかな人・賢人〉という語義である。『日本国語大辞典』があげている『続日本紀』の例は、霊亀二（七一六）年五月の条で、そこには「臣等商量。人能弘道。先哲格言。闡揚仏法。聖朝上願。方今、人情稍薄。釈教陵遅。非独近江」（臣ら商量するに、人能《よ》く道を弘《ひろ》むることは、先哲の格言なり。仏法を闡揚《せんよう》するは、聖朝の上願《じょうがん》なり。方《まさ》に今、人情稍《やや》薄くして、釈教、陵遅《りょうじ》すること、独り近江《ちかつおうみ》のみに非ず）とある。「商量」は〈あれこれ考えること〉。「人能弘道」は『論語』衛霊公にみえることばで、そこでは「人能弘道、非道弘人」（人能く道を弘む、道、人を弘むるにあらざるなり）という表現構成を採る。それが「先哲」の「格言」すなわち聖人、賢人の残したことば、であるという。「人能弘道」が『論語』にみえることばであるのだから、ここでの「先哲」は孔子を指していることになる。「格」は〈のり〉。「闡揚」の「闡」は〈開いて明らかにすること〉であるので、仏法を明らかに興隆させることは「聖朝」すなわち天子の「上願」（＝すぐれた願い）であるという。「先哲格言」と「聖朝上願」とは対をなし、「先哲」と「聖朝」とが対になっていることがわかる。古典中国語において、そしてそれをふまえている『続日本紀』のようなテキストにおいて、「先哲」は〈先祖・先代の聖人・賢人〉という語義で使われていることがわかる。ここまで確認したうえで、改めて『日本国語大辞典』の「せんてつ」の説明をみると、「前代の哲人。昔の賢人。昔のすぐれた思想家。前哲」とある。『日本国語大辞典』は「てつじん（哲人）」を「識見高く道理に通じた人。知徳のすぐれた人。また、哲学者。哲士。哲者。哲儒」と説明している。西周が『百学連環』（二・上）において、「哲学《ヒロソヒー》を理学、或は窮理学と名つけ称するあり」と述べ、「philosophy」に「哲学」「理学」「窮理学」を対応させたことがわかっている。そのことからすれば、『日本国語大辞典』の「また」はいわば効いていて、「また」の前の「識見高く道理に通じた人。知徳のすぐれた人」は「哲」を原義で使った場合の「テツジン（哲人）」、「また」の後は、「philosophy」に対応する「哲学」という語がうまれてからの「テツジン（哲人）」を説明していると思われるが、明確にそのように記されているわけではない。同じ「テツジン（哲人）」という語の語義が時期によってかなり異なるということは、『日本国語大辞典』の編者にはわかっていると推測するが、それを辞書の記述形式として、明示しないことが、すでに現代日本語母語話者の無意識裡の「心性」を反映したものか、そうではなくて、単に辞書の記述形式のためなのか、それについては不分明としかいいようがないが、結果として、大事なことがらを曖昧にしていると稿者にはみえる。何を言いたいのかといえば、江戸時代に編まれた「先哲叢談」の「先哲」は「昔のすぐれた哲学者」という語義ではない、ということを述べたい。先に述べたように、「philosophy」に対応する「哲学」が明治以降の語であるのだから、「philosopher」に対応する「哲学者」という語及び語義が江戸時代にはないことは自明のことといってよい。しかし、「哲学者」という語を使っていない「昔のすぐれた思想家」という表現中の「思想家」は「哲学者」と同義ではないことはわかってはいても、現代日本語母語話者は、脳裡で、「思想家」を「哲学者」にきわめてちかい語として置き換えをしていないだろうか。

江戸時代に原念斎があらわした『先哲叢談』、東条琴台があらわした『先哲叢談後編』の「先哲」は〈先代・前代の賢人〉という語義であり、江戸時代にそうとらえられていた人物が収められている。しかし、明治以降になって、「先哲」の「哲」と〈賢人〉という意味が結びつきにくくなり、「哲学（者）」が結びつきやすくなると、『先哲叢談』に収められている人物を「哲学者・思想家」と自然にとらえるようになっていくのではないだろうか。そうした感覚は自然なものといえるが、自然なものであるために、当事者には気づきにくい。本書の序章において、「本書のすべては「思想・思想家」という語の語義に疑問をもったところから始まった」と述べたが、右で述べたことはそうしたことと重なる。言語によって考えていることに形が与えられ、言語によって、自身や自身以外の人が考えていることをとらえたり、とらえようとしたりするということからすれば、まずは言語を確実にとらえることからすべてが始まるといってよい。言語理解のslideは言語が宿命的に変化していくことを思えば、現象としてはごく自然なことといってよいであろうが、過去の文献を精読することによって、そうしたことに気づくことがある。上空から鳥瞰し、おおづかみにつかみとる「知」もあるだろう。その一方で、虫が地面を這うようにして、文献＝テキストに沈潜することによって実感できる「知」もあるはずだ。

（10）ただし語義②の「セイカツ」の使用例として、「尾張国百姓等解文」があげられている。『日本国語大辞典』には「せいかつ（生活）」の他に「しょうかつ（生活）」という見出しがある。

しょうかつ【生活】〔名〕①（「しょう」は「生」の呉音）生業を営んで暮らしていくこと。生計。せいかつ。＊徒然草〔1331頃〕七五「生活（しゃうくゎつ）・人事・伎能・学問等の諸縁を止（や）めよとこそ、摩訶止観にも侍れ」＊摩訶止観－四下「息㆓諸縁務㆒者、縁務妨㆑禅由来甚矣。〈略〉縁務有㆑四。一生活、二人事、三技能、四学問」②生きかえること。蘇生。＊私聚百因縁集〔1257〕五・一六「立ち所に生活（シャウクヮツ）す。即ち出家す」＊地蔵菩薩霊験記〔16C後〕四・五「三日を経て忽（たちまち）に生活（シャウクハツ）す。心地常の如く本復して人に向て語て曰く」

今語義②については措くことにするが、「しょうかつ（生活）」の語義①は「せいかつ（生活）」の語義②の説明の末尾に「しょうかつ」とあるように、重なる。『徒然草』は『摩訶止観』を引くかたちで「ショウカツ（生活）」を使っている。『摩訶止観』は、一つの対象に心を集中し落ち着かせるパーリ語サマタの漢訳「止」と「止」の状態で対象を正しく観察するヴィパッサナーの漢訳「観」（合わせて「止観」）についての解説書で、五九四年に中国荊州（現在の湖北省）の玉泉寺において、天台宗の開祖である天台智顗《ちぎ》（五三八～五九七）（天台大師）によって講義され、智顗の弟子で後に天台宗の第四祖となる章安灌頂《しょうあんかんじょう》（五六一～六三二）によってまとめられた仏教の論書で、『法華玄義』『法華文句』とともに「天台三大部（法華三大部）」の一つとされている。『摩訶止観』について、岩波文庫『摩訶止観』の内容説明には「座禅にはじまる禅修行の作法と心得とを述べつつ、禅の思想原理を体系的に説いたもので、仏教史上にあらわれたもっとも懇切な坐禅の指導書また禅の指南書」とある。仏典や禅の語録に中国語の「はなしことば」が使われていることはすでに指摘されており、呉音による語形「ショウカツ」が「はなしことば」すなわち白話である可能性がある。「ショウカツ」も「セイカツ」も漢字によって文字化すれば「生活」であり、文献に記されている漢字列「生活」がどちらの語形をあらわしているかは、漢字列のみからは判断できない。先に「セイカツ」の語義②を語義①からの転義とみたが、そもそも「かきことば」としての「セイカツ（生活）」語義①と「はなしことば」としての「ショウカツ」（『日本国語大辞典』が見出し「せいかつ」の語義②としている語義をもつ語）とがあったという可能性は否定できないのではないだろうか。

（11）昭和女子大学の桜山文庫に蔵されている、馬琴が使った『忠義水滸伝』には「馬琴に先立つ所蔵者によると思われる大量の書き入れが認められ」（孫琳浄　二〇二一：一二二頁）、孫琳浄（二〇二一）は、その書き入れを行なった人物が「白話知識に強い関心を持つ人物で、おそらく岡白駒・沢田一斎・五井蘭洲に関連する者と想定される。その人物は手沢本（引用者補・桜山文庫蔵『忠義水滸伝』のこと）を学習テキストとして用い、関連する語釈を『伝解』（引用者補：『忠義水滸伝解』のこと）『俗語解』『小説精言』『名物六帖』などの唐話辞書、『雲林別墅絵像妥註第六才子書』『言鯖』などの漢籍から探し出し、三度にわたって手沢本に加筆したと思われる。第二集の語釈書き入れは少ないが、その筆蹟及び「養菴」と読める蔵書印から、第二集の馬琴に先立つ所蔵者は萩の藩医栗山孝庵であった可能性が窺われる」（一四一頁）と述べている。孫琳浄（二〇二一）はさらに、馬琴がこの「書き入れの正誤を確認せずにそのまま利用している。これは執筆当時の馬琴の白話知識に疑問を抱かせるもので、彼は手沢本の書き入れを参照して『水滸伝』を翻訳し、白話語彙を学習していたことが推測される」（一四一～一四二頁）と述べる。首肯できる指摘であり、嘉永元（一八四八）年に馬琴が没してから一七三年後の二〇二一年に、「書き入れの正誤を確認」していなかったことが指摘されるという、その厳しさを思いながら、日々研鑽を積むしかないのかもしれないが、その一方で、現在のように、さまざまなテキストの画像をインターネットを経由して確認し、さまざまな研究が書物として蓄積されているわけではない江戸時代をおもえば、『水滸伝』にかかわるテキストを入手し、そこにすでに書き込まれている言説を参考にしながら、『新編水滸画伝』をつくったということは自然なことといえるのではないか。当該テキストの書き入れをした人物は孫琳浄（二〇二一）によって、具体的に絞られているが、むしろそれは稀なことで、書き入れをした人物が具体的にはつかめないテキストがほとんどといってよい。しかしそれは、「知の累積・集積」という観点からすれば、テキストに凝結した「知」そのものであり、そこに過誤があるとしても、それを受け入れ、尊重することが次の知的な営為に繋がるといってよい。現代は、こういう感覚、「心性」を失っているように思われる。具体的なテキストに集約されている「知」をいかすということは大事であろう。「書き込み分析学」という「学」があってもよいと思うが、しかしまた、テキストに書き込まれた言説を入口にして、知を追究する作業は相当に高度な作業といってよく、成果が簡単には得られないことも予想される。

（12）天龍寺の桂洲道倫《けいしゅうどうりん》（一七一四～一七九四）、湛堂令椿《たんどうれいちん》（一七二三～一八〇八）及び明石の南禅寺派大蔵院の複数の住僧によって編輯された、『禅関策進』『博山警語』『大慧書』『圜悟心要』『五家正宗賛』『臨済録』『碧巌集』『虚堂録』などで使われている、理解が難しい俗語を集め注解を附した『諸録俗語解』という一書がある。江戸時代中期から後期にかけて成立し、禅林に写本として伝えられた。この『諸録俗語解』は、『禅学俗語解』というタイトルで、明治二十四（一八九一）年に春陽堂から出版され、明治四十一（一九〇八）年には浅草の海雲寺によって再刊されている。また、昭和五十五（一九八〇）年には『禅録慣用語俗語要典』というタイトルで思文閣出版から刊行されている。さらには、『横浜市立大学紀要』第一二三号（一九六一年）に波多野太郎蔵本が影印されているが、写真が小さいために判読が難しい箇所が少なからずある。今ここでは、平成十一（一九九九）年に禅文化研究所が刊行した芳澤勝弘編注『諸録俗語解』を使うが、「家生」が『五家正宗賛』巻之一で採りあげられ、「道具」と説明されていることがわかる。波多野太郎蔵本の影印では「家生　道具也会元作家事即家具ナリ」とある。「会元」は中国の南宋時代（一二五二年）に成った、禅宗の燈史＝禅宗の史書で、大川普済撰、『五燈会元』を指すと思われる。芳澤勝弘は「解説」において、〈最初〉という語義をもつ「末上」という語について、蔣礼鴻『敦煌変文字義通釈』は当初、字義不明として扱っていたが、「四次増訂版」では「日本波多野太郎説」を引いて「先、最初」という語義を示していることを指摘している。稿者は「第四次増訂本」（上海古籍出版社出版、一九八八年）によって確認した。また、一九九七年には同じ出版社から「増補定本」が出版されているが、記述は同じである。

中国において、布教や教化のために、講唱形式で行なわれる説法＝俗講《ぞくこう》が盛んになり、その講唱文が「変文」と呼ばれた。二十世紀初頭に敦煌から発見された文書の中に、この「変文」が多数含まれており、「敦煌変文」と呼ばれている。「変文」は次第に世俗的な民間伝承などをとりこんで、俗文学として発展し、宋代の説話文学につながっていったと考えられている。民衆に対しての講唱形式であるので、当然使われているのは「はなしことば」を軸にしていると推測される。古典中国語＝漢文があまりにも強固な「かきことば」であったために、「はなしことば」が文献に足跡を残すことが少なかったと思われる。「敦煌変文」は比較的はっきりと「はなしことば」があらわれている文献と思われるが、本書で採りあげている明末清初に成立した白話小説も「はなしことば」があらわれている文献といえよう。時々の中国の仏教寺院で使われていた中国語＝「はなしことば」はその時々にそこで学んだ僧侶によって日本に伝えられ、日本の禅林などにその「難語句解」のようなかたちで残されたものが『諸録俗語解』であると思われる。非古典中国語が使われているテキストは中国にも、日本にもあり、それらを「非古典中国語」という観点からとらえ、評価することは今後いっそう重要になると考える。

（13）　荒尾禎秀（二〇二二）は和刻本『福恵全書』の左振仮名に「俗語や俚言の類が用いられている」（一〇四九頁）例を具体的にあげ、また「『日本国語大辞典』にない語」（一〇四〇頁）をあげている。また荒尾禎秀（二〇二二）は「明治期以降の資料により日本語例を『福恵全書』の例とともに挙げている」『日本国語大辞典』の見出しを話題として、「このグループの見出し語には現代でも使う語が多いのが特徴である。そのような語の日本語例に添えられた『福恵全書』の用例がもつ意味は大きい」と述べた上で、「『福恵全書』が日本近代漢語と関連を持つ資料だということも言えるであろう」と述べる。この言説は、『福恵全書』という特定のテキストが「日本近代漢語と関連を持つ」と読むべきであろうが、ひいて考えれば、「『福恵全書』をかたちづくっているような語でかたちづくられているテキスト」が、とみることができる。そしてそのようなテキストがこれまでの日本語研究においては見過ごされている可能性がたかいことが荒尾禎秀（二〇二一・二〇二二）の指摘によってわかる。

参考文献

麻生磯次　一九五五『江戸文学と中国文学』（三省堂）
荒尾禎秀　二〇二一『日本国語大辞典』と『福恵全書』（清泉女子大学言語教育研究所『言語教育研究』第十三号）
　　　　　二〇二二『日本語学から見た和刻本『福恵全書』』（汲古書院）
石川秀巳　二〇一〇〈江戸の水滸伝〉としての『南総里見八犬伝』（アジア遊学一三一『『水滸伝』の衝撃―東アジアにおける言語の接触と文化受容：水滸伝と日本人―』勉誠出版、所収）
石崎又造　一九四〇『近世日本に於ける支那俗語文学史』（弘文堂書房）
氏岡真士　二〇一六　容与堂本『水滸伝』3種について（『中国古典小説研究』第十九号）
大内田三郎　一九八二「水滸伝」版本考―「容与堂本」について―（天理圖書館報『ビブリア』第七十九号）
大木康　二〇一八『馮夢龍と明末俗文學』（汲古書院）
小田切文洋　二〇〇八『江戸明治唐話用例辞典』（笠間書院）
川島優子　二〇一〇　白話小説はどう読まれたか―江戸時代の音読、和訳、訓読をめぐって―（勉誠出版『続「訓読」論』所収）
香坂順一　一九八三『白話語彙の研究』（光生館）
　　　　　一九八七『《水滸》語彙の研究』（光生館）
小島憲之　一九八四『ことばの重み―鷗外の謎を解く漢語』（新潮選書）

小林祥浩　一九七八　白話小説の珍訓―『范巨卿鶏黍死生交』―（『樟蔭国文学』第十六号）
　　　　　一九八七　白話文を訓読するなら―『白娘子永鎮雷峰塔』を例として―（『和漢比較文学』第三号）
今野真二　二〇〇五　「こもの」攷（『清泉女子大学人文科学研究所紀要』第二十六号）
　　　　　二〇〇八　連合関係からみた明治期の漢字列と振仮名との結びつき（和泉書院刊『国語語彙史の研究』二十七所収）
　　　　　二〇一四　同訓異字（和泉書院刊『国語文字史の研究』十四所収）
齋藤希史　二〇一二　『名物六帖』について（WEB連載記事「来たるべき辞書のために」特別篇）
　　　　　二〇〇五　『漢文脈の近代』（名古屋大学出版会）
　　　　　二〇〇七　『漢文脈と近代日本　もう一つのことばの世界』（NHKブックス）
孫琳浄　　二〇二一　『日本近世における白話小説の受容　曲亭馬琴と『水滸傳』』（汲古書院）
高島俊男　一九八七　『水滸伝の世界』（大修館書店）
浜田啓介　一九九三　『近世小説・営為と様式に関する私見』（京都大学学術出版会）
丸井貴史　二〇一四　白話小説訓読考―「和刻三言」の場合―（『読本研究新集』六号）
水野稔　　一九八九　日本の古典19『曲亭馬琴』（集英社）
吉川幸次郎　一九七五　『仁斎・徂徠・宣長』（岩波書店）

第三章　名物学・本草学の発展と博物学への展開

中国における名物学

『論語』の「太貨」に「子曰、小子何莫学夫詩。詩可以興。可以観。可以羣。可以怨。邇之事父。遠之事君。多識於鳥獣草木之名」（子曰く、小子、何ぞ夫の詩を学ぶこと莫きや。詩は以て興す可く、以て観る可く、以て羣す可く、以て怨む可し。之を邇くしては父に事え、之を遠くしては君に事う。多く鳥獣草木の名を識る）というくだりがある。「詩」すなわち『詩経』を学ぶ七つの意義を挙げるにあたって、その最後に「鳥獣草木の名を多く識る（ことができること）」を挙げている。『詩経』は「多識之学」とみなされていた。

なぜ『詩経』のような古典を学ばなければならないのか。中国の人は古代の記録を尊重して、それを生活や思索の規範とした。しかし、古代の記録に使われた文字の形、発音、語義は、時間の経過とともに変化し次第にわからなくなっていく。いかなる言語も時間が経過すると変化をする。当然のことながら中国語も例外ではない。したがって、そのこと自体はしかたがないことと言わざるをえないが、古代の人の考えや生活を知るためにはどうしても古代の文字＝漢字について正確に理解することが必要になる[1]。

孔子（前五五一〜前四七九）は春秋時代の人であるが、その孔子が門人たちと交わした問答や孔子の言行を記しとどめたものが『論語』である。『論語』は前漢の時代にテキストとしてまとまっていたと考えられているが、そうであれば孔子の没後二百年を経過した頃にテキストが成ったということになる。前漢の孔安国、後漢の鄭玄は『論語』の注釈をつくり、三国時代の何晏はそうした注釈を集めて『論語《ろんご》集解《しっかい》』を編纂した。『論語集解』は朱熹による『論語集注』＝新注に対して「古注」と呼ばれる。日本では、この古注『論語集解』に基づいて『論語』が読まれた。テキストとしてまとまった前漢に孔安国による注釈が行なわれていたということは、『論語』は、テキストとしてまとまった時点ですでに注釈なしでは読めなくなっていたということになる。

聖人の教えを記した経書＝儒教経典を正確に理解するためには注釈＝「注」が必要になる。「注」も次第に正確に読み解くことが難しくなり、注釈書の注釈書＝「疏」が作られる。『十三経注疏』は儒教における十三の基本的なテキスト（周易・尚書・詩・周礼・儀礼・礼記・春秋左氏伝・春秋公羊伝・春秋穀梁伝・論語・孝経・爾雅・孟子）の注と疏とを合わせた注疏で、中国の宋の時代に印刷された。このように、中国においては、原テキスト、それに対する「注」、「注」に対する注である「疏」が一体化したテキストが作られ、それによって原テキストが読まれていた。

春秋戦国時代（紀元前八世紀から紀元前三世紀）から漢代初期（紀元前二世紀）にかけての頃に成立したと考えられている『爾雅《じが》』という撰者不明の書物がある。先に述べたように、『爾雅』は厳密な意味合いでは経書ではないが、重んじられ、後に十三経に加えられている。

さて「先人が伝える典籍の字句の意味を当代のことばによって解釈すること」を「訓詁」と呼ぶが、漢の時代には「訓詁」が一つの学を形成しつつあったと考えられている。孔子が経書を編纂してからその経書をどうよむか、ということ＝訓詁がさまざまに模索され、そうした「訓詁」を類聚したものが

『爾雅』であると考えられている。「爾」は〈近い〉、「雅」は〈正しい〉という字義をもっており、「爾雅」とは「近正」（正しいことに近い）という意味の書名であることになる。

現在残っている『爾雅』は十九篇（二二〇〇条）から成っている。十九篇は「釈詁」「釈言」「釈訓」「釈親」「釈宮」「釈器」「釈楽」「釈天」「釈地」「釈丘」「釈山」「釈水」「釈草」「釈木」「釈虫」「釈魚」「釈鳥」「釈獣」「釈畜」である。

「釈詁」は古人が使った同義語を、「釈言」は日常使われる語彙を並べて解釈したもので、「釈訓」は同じ漢字を重ねた「畳語」などを解釈したものでこの三篇は他の十六篇よりも内容が複雑になっている。「釈親」以下の十六篇はわかりやすい。

「釈親」は親族関係の名称、「釈宮」は家屋や建築に関しての名称や、道路、橋梁などの名称、「釈器」は器物、農具、漁具、兵器など、「釈楽」は音楽用語、楽器、音楽を伴った舞の名称など、「釈天」は天体の運行や災害、暦など、「釈地」は地理や土地土地の特産など、「釈丘」は、釈地に含まれていてもいいようなものであるがなぜか独立しており、丘に関する名称、「釈山」は山岳に関する名称、「釈水」は河川などの名称を収めている。「釈草」「釈木」「釈虫」「釈魚」「釈鳥」「釈獣」「釈畜」はそれぞれ、草、木、虫、魚類、鳥類、獣類、家畜に関する名称を収めている。

例えば「釈獣」には「羆如熊黄白文」とあり注には「似熊而長頭高脚猛憨多力／能抜樹木関西呼曰貑羆」（羆は熊のようで、黄白の文がある。熊に似て長い頭と高い脚で、猛憨で力が強く、樹木を抜くことができる。関西すなわち函谷関以西の地（現在の陝西省、甘粛省）では、「貑羆」と呼ぶ）と記されている。「羆」という獣の特徴を熊をひきあいに出しながら説明し、地域による呼び名の違い、すなわち言語の空間差についてもふれている。

『爾雅』の注釈書は九三四年頃に成ったと考えられている源順（九一一〜九八三）編『和名類聚抄』に

も引用されている。先にあげた「羆」は古活字版『和名類聚抄』においては「毛群類」という条に見出しとして置かれており、そこには「羆　爾雅集注云　羆〔音碑和名／之久萬〕似熊而黄白又猛烈多力能抜樹木者也」と記されている。先に引用した『爾雅』の記事とは小異があるが、ほぼ同じ「本文」で、中国における「言語情報」が日本に伝えられてきていることを確認することができる。

江戸時代のこととしていえば、貝原益軒の甥にあたる貝原好古《よしふる》（一六六四～一七〇〇）が編んだ『和爾雅』（一六九四年刊）は「和＝日本の爾雅」を書名とし、天文、地理、歳時など八巻二十四部門に分けて、漢語の語義について述べる。新井白石（一六五七～一七二五）の『東雅《とうが》』は「日東の爾雅」という命名であるという説がある。(2)

『詩経』の中で話題となっている草木鳥獣虫魚がどのようなものであるかを考究したテキストは江戸時代においても出版されている。江村如圭『詩経名物弁解』（一七三一年）、茅原定『詩経名物集成』（一七五八年）、淵在寛『陸氏草木鳥獣虫魚疏図解』（一七七九年）、岡元鳳『毛詩品物図攷』（一七八五年）などがそうしたテキストにあたる。

例えば、『詩経』に出てくる草が、日本においてはどの草にあたるか、という問いは「名」と「物」とがどのように一致するかということなので、「名物学」的な枠組み内での問いであることになる。その一方で、中国においては秦、漢から六朝にかけて神仙思想が発達し、医薬についての関心がたかまった。どのような草木鉱物がどのような薬になるかという関心は「本草学」という学を形成していく。この名前の草木鉱物にこういう薬効があるということなので、その名前の草木鉱物が具体的にどんな草木鉱物であるかということは「本草学」の要諦といってもよい。そして、その記述はまずは言語によって行なわれる。「名」と「物」との一致は「本草学」においても重要事であり、ここに「名物学」と「本草学」との重なり合いがある。そして「名」と「物」との一致はまずは言語による記述によって確認することになるが、次第に「図」すなわち視覚的な情報によって、さらに精密に確認するようになっていく。[3] 図入りのテキストにおいては、言語と図とが重なり合いながら、情報を分担していることになる。本草テキスト以外についてもいえることであるが、図入りのテキストが、言語と図とで、どのように情報を分担しているか、あるいはしていないか、ということは当該テキストについて考えるにあたっての一つの指標になると考える。

梁の陶弘景（四五六〜五三六）は『神農本草経』に注を加え、本草学の基礎をつくったと考えられている。中国の明代には日本の本草学に大きな影響を与えた、李時珍の『本草綱目』が成る。『本草綱目』には図版一一〇九枚が「附図」として添えられている。『本草綱目』の成立は中国の本草学にとっても、日本の本草学にとっても文字どおり画期的なできごとといってよいが、特に日本の「名物学＋本草学」にとっては、画期といってよい。[4] 白話小説がうまれた明代に、『本草綱目』が成立していることは興味深い。

博く、動物界、植物界、鉱物界などの自然界に存在する物を集め、分類し研究する学である「Natural history」（自然史）は、明治期になると「博物学」と呼ばれるようになる。例えば、片山淳吉編纂『改正増補物理階梯』（明治九：一八七六年刊）（全三冊）の巻之上の冒頭に置かれている「総論」は「凡テ覆載間ニ在ル所ノ萬物ノ外面形状ヲ記載シ以テ其類別ヲ詳論スルハ博物學ノ要ナリ」と述べている。この『改正増補物理階梯』の手引き書ともいうべき『改正増補物理階梯字引』は、右で使われている「覆載間」について「覆ハ蓋也オホフト訓ジ、載ハ乗也ノスルト訓ズオモフ者ハ天ナリ、ノスル者ハ地ナリ、故ニ天地ノアヒダト云フ義ニナル、中庸ニアリ。英語ユニヴァルサルト云フ」と説明している。『中庸』で使われている「覆載間」という語を使いながら「博物学」について述べる。そして「覆載間」は英語では「ユニヴァルサル」にあたると説明する。これが「江戸の知」の先にある「明治の知」であるといってもいいだろう。

　現在は、人間をとりまく世界の内部を、人間にかかわる世界と人間がかかわらない世界とに二つに分け、前者を人文科学が扱い、後者を自然科学が扱っているが、そのようにとらえると、人間以外の世界への関心が博物学の中心にあるとみることができる。人間について何でも知りたいという好奇心・欲望、人間以外について何でも知りたいという好奇心・欲望のうち、後者の好奇心・欲望ということになる。「本草学」の根底には薬になるかどうかということがあるが、医薬ということを離れて、特定の動物、植物、鉱物などの「物」への好奇心ということになると「名物学」「本草学」は「博物学」にちかづいていくことになる。草木鳥獣虫魚はそもそも「博物学」の対象に含まれている。「名物学」「本草学」「博物学」は異なりをもちながらも時に接近し、時に離れて展開していったとみることができる。

源順『和名類聚抄』をよむ

　先に述べたように、源順『和名類聚抄』は九三四年頃に編まれているので、江戸時代の辞書ではない。しかし、『和名類聚抄』は江戸時代にも出版されている。なにより、『和名類聚抄』ができてからつくられた日本の辞書の多くが『和名類聚抄』を引用しており、大げさにいえば「日本の辞書」に影響を与え続けた辞書といってもよい。したがって、ここではまず『和名類聚抄』がどのような辞書かを概観しておくことにしたい。

　『和名類聚抄』は、漢語を見出しにして、その漢語についての「情報」を掲げ、その漢語と対応する「和名」がある場合は、それを示すという形式を基本的な枠組みとしている。「和名」はひとまず和語＝日本語と考えておくことにする。そうすると、『和名類聚抄』は「中国語日本語対訳辞書」ということになる。実はこの「中国語日本語対訳辞書」という枠組みが、江戸時代までに日本で編まれたほとんどの辞書の枠組みといってよい。「中国語」は具体的には「単漢字」であったり「漢字列」であったりするが、基本的に「中国語＝漢語」あるいは「漢字」が見出しで、それについて配置する「情報」の中に日本語が含まれるというかたちを採る。例えば平安時代初期の昌泰年間（八九八〜九〇一）に、昌住という僧侶によって編まれたと考えられている『新撰字鏡』は単漢字または漢字列とを見出しとして、その見出しについての情報を漢文で記している。江戸時代に編まれた『書言字考節用集』も同様に、単漢字または漢字列を見出しとしており、単漢字または漢字列すなわち粗くいえば「中国語」を見出しとした辞書がずっと編まれていることには注目しておく必要がある。

つまり、現在出版されている「国語辞書」のように、「国語＝日本語」を見出しにして、それを日本語で説明するというかたちではない、ということだ。それは、現代日本語母語話者が思うような「国語＝日本語」という枠組みがそもそもなかったことを意味している。「枠組みがなかった」と表現すると、思考が未熟であったととらえられそうであるが、そうではなく、枠組みが異なるということととらえたい。

江戸時代においては、日本語を見出しにしているといえる辞書は、谷川士清の『和訓栞』、『俚言集覧』『雅言集覧』ぐらいであろう。それだけ、中国、中国語、漢字についての「情報」が重要であったということになる。辞書の見出しが中国、中国語、漢字から離れた時に初めて日本、日本語の辞書が成立したとみることができる。

『和名類聚抄』には十巻仕立てのテキストと二十巻仕立てのテキストとがあるが、後者においては、全体を「天部」「地部」「水部」「歳時部」「鬼神部」「人倫部」「親戚部」「形体部」「術芸部」「音楽部」「職官部」「国郡部」「居処部」「舟部」「車部」「牛馬部」「宝貨部」「香薬部」「布帛部」「装束部」「調度部

(上中下三部)」「器皿部」「飲食部」と植物に関わる「稲穀部」「菓蓏部」「菜蔬部」「草木部」の四部、動物に関わる「羽族部」「毛群部」「鱗介部」の三部、合計三十二部二四九門に見出しを分類している。言語の分類は「言語がとらえている世界」の分類であり、当該時期の認知を窺うてがかりでもある。

「国郡部」は異色の部といってよく、日本列島上の地名が集められている。「天部」「地部」など前半の部は物との対照ではないが、後半の部は名と物との対照で、「名物学」的な趣をもっているとみることもできる。また三部、四部をあてた植物、動物は「本草学」「博物学」の対象となる分野でもある。『和名類聚抄』をこのようにとらえると、中国語を見出しとした「中国語日本語対訳辞書」という枠組みの中に、「名物学」「本草学」「博物学」的な要素を内包し、加えて、日本にかかわる固有名詞、具体的には地名を集めているテキストといえよう。日本の地名は、「中国語日本語対訳辞書」という埒外のもの、「逸脱」といってもよいが、その「逸脱」を『和名類聚抄』のユニークさとみることもできるし、その「逸脱」が『和名類聚抄』全体を(その点において)日本側に引き寄せているとみることもできる。また言語の類聚という観点からは、その類聚に固有名詞を含んでいる点については注目しておきたい。そのように考えてみると、『和名類聚抄』はバランスのとれた総合的な辞書といってもよく、日本で編まれた辞書体資料に長く影響を与え続けたことも首肯できる。

少し具体的に『和名類聚抄』について述べておくことにしたい。「虫豸類《ちゆうち》」(虫は足の有る虫、豸は足の無い虫のこと)という条において、見出しになっている中国語=漢語とそれに配されている「和名」とをあげてみよう。『和名類聚抄』が成ったのは九三四年頃であるので、その頃にはすでに仮名はあった。にもかかわらず、『和名類聚抄』は仮名を使って「和名」を示さず、漢字を使って「和名」を示している。それは、『和名類聚抄』が中国、中国語、漢字側に強く引っ張られているからだと思われる。『和名類聚抄』があげる漢字によって文字化された「和名」を示してから、その後に当該漢字列があらわしていると思われる語を片仮名で示す。

螳螂　以保無之利　イボムシリ
赤卒　阿加恵無波　アカエムバ
促織　波太於里　ハタオリ
蟋蟀　木里木里須　キリギリス
蛐蜒　奈女久知　ナメクヂ
馬蜩　無末世美　ムマセミ
蛾　比々流　ヒヒル

「イボムシリ」はカマキリのことで、現在では漢字列として「蟷螂」が使われることが多いが、『和名類聚抄』は「螳螂」を掲げている。「エンバ」はトンボのことで、福岡県北部、佐賀県、長崎県島嶼部などでは「エンバ」を使っていた。「エンバ」がトンボであるので、「アカエムバ」は「赤トンボ」のこと。

『日本国語大辞典』は見出し「はたおり」を「昆虫「きりぎりす（螽蟖）」の古名」と説明し、また「昆虫「しょうりょうばった（精霊飛蝗）」の異名」とも説明している。稿者は、子供の頃から昆虫が好きで、「虫とり」をしていたので、キリギリスはあれで、ショウリョウバッタはあれだ、とわかる。それは名前と実際の昆虫＝実物が経験として結びついているということだ。しかし、実物を見たことがない場合はどうするかといえば、名前があらわしている物をメタ言語によって説明するしかない。さて、キリギリスは「バッタ目キリギリス科キリギリス属」に分類される昆虫で、ショウリョウバッタは「バッタ目バッタ科ショウリョウバッタ属」に分類される昆虫であるので、目までは同じで科が異なることになる。(5)これはまさしくメタ言語による説明で、キリギリスとショウリョウバッタの違いは説明できている。しかし、具体的、つまり実際にどう違うかは実物を見るという具体的な経験をしなければわからない。それはそれとすれば、つまり、現在日本でキリギリスと呼ばれている昆虫と、ショウリョウバッタと呼ばれている昆虫とはまったく異なる昆虫である。そのまったく異なる昆虫が同じ「はたおり」という名前で呼ばれることがあった。このことを厳密に考えるならば、同じ時期に同じ地域で、一種類の昆虫を異なる名前で呼ぶということは一般的には考えにくい。ただし、標準的な語形と、いわゆる俗語のような非標準的な語形ということであれば、あり得ないことではない。時期が異なったり、ほんの少しであっても地域が異なったりすれば、おおいにあり得ることになる。

漢字列「蟋蟀」は現在は「コオロギ」をあらわす漢字列であろうが、『和名類聚抄』では「キリギリス」ということになっている。このあたりがまさしく「名物学」的ということになる。中国の「蟋蟀」は日本では何か？　それは「蚰蜒」もそうで、漢字列「蚰蜒」は現在は「ゲジゲジ」に使われることがある。ナメクジもゲジゲジも嫌われ者だから、どっちでもいい、では「名物学」にならない。そこを追求するのが「名物学」ということになる。(6)あるいは「ムマセミ」は現在のセミと対応するのだろうか。クマゼミなのかどうか。それをどうやってつかめばいいか、など「名物学」には難しさが伴う。

「ガ」は「蛾」の音《おん》なので、現代日本語においては、漢語形をそのまま使っていることになる。『和名類聚抄』は「ヒヒル」という和語を対置させている。現代日本語の方言においては「ヒヒル」「ヒイル」及びこれらにつながるであろう語形が使われている。

中国と日本というように空間を異にして言語を異にしている場合はもちろん難しいし、中国であっても日本であっても、言語の空間差＝方言はあるので、どの地域での名称かということにもなる。スマートフォンで写真を撮影して、画像を示すことができれば、難しさはだいぶ解消されるが、そういう具体的な対照、突き合わせができない場合は難しい。次に江戸時代に目を移してみたい。

江戸時代の名物学・本草学・博物学を概観する

年表の形式で、まず、江戸時代の名物学・本草学・博物学を概観しておきたい。平成十七（二〇〇五）年十月十四日から十一月二十八日まで、国立国会図書館の東京本館及び関西館において開催された特別展示会「描かれた動物・植物／江戸時代の博物誌」の目録に掲載されている「ときの流れから見る─年表」を参照させていただき、整理をした。


慶長元（一五九六）年　明の李時珍の『本草綱目』の初版（金陵本）刊行。

慶長十二（一六〇七）年　徳川家康『本草綱目』を入手する。

寛永十四（一六三七）年　『本草綱目』の和刻本刊行。以後三系統十四種類の和刻本が刊行される。

寛永十五（一六三八）年　幕府、江戸に北薬園、南薬園を設立。後に前者は廃されるが、後者は小石川に移転して存続する。

寛文六（一六六六）年　中村惕斎『訓蒙図彙』刊行。

寛文八（一六六八）年　幕府、長崎に薬園を設立。オランダ船、清船持ち渡りの薬草を受け入れる中継地にする。

天和元（一六八一）年　水野元勝、最初の総合的な園芸書である『花壇綱目』を刊行。

元禄三（一六九〇）年　ケンペル来日。『廻国奇観』『日本誌』で日本の動植物を紹介。

元禄四（一六九一）年　日本で最初に刊行された園芸植物図譜、潤甫画『画菊』刊行。

元禄八（一六九五）年　伊藤伊兵衛『花壇地錦抄』刊行。図はない。

元禄十（一六九七）年　人見必大、食物本草書の最高峰といわれる『本朝食鑑』刊行。

元禄十二（一六九九）年　伊藤伊兵衛・政武、最初の総合的園芸図譜『草花絵前集』刊行。オシロイバナ、ヒマワリが収められている。

宝永六（一七〇九）年　貝原益軒『大和本草』刊。

享保元（一七一六）年　徳川吉宗、八代将軍となり、和産薬剤の開発に取り組む。

享保二（一七一七）年　鳥類飼育書『諸禽万益集』成る。

享保四（一七一九）年　神田玄泉『日東魚譜』成る。最初の魚介図譜。後に三回改訂。

享保六（一七二一）年　幕府、小石川薬園を拡張する。

享保十三（一七二八）年　幕府の注文により、清船が雌雄のインドゾウを持ち渡る。雌は長崎で死ぬが、雄は陸路で江戸まで送られ、寛保二（一七四二）年まで江戸で生きる。

享保二十（一七三五）年　青木昆陽、小石川薬園などでサツマイモを試作。幕府は、諸藩に対して藩内に産する動植物の報告を求める（享保元文産物調査）。ナデシコ、カキツバタ、オモトなどの変異品をあげる『草木弄葩抄』刊。和産の草類の園芸品化が進んでいることが窺われる。

元文三（一七三八）年　稲生若水『庶物類纂』一〇〇〇巻が完成。

延享三（一七四六）年　稲生若水門下で小野蘭山の師、松岡玄達（怡顔斎）没。

寛延元（一七四八）年　田村藍水『人参耕作記』刊行。田村藍水は元文二年に幕府から朝鮮人参の種を与えられて朝鮮人参の栽培を試みていた。

宝暦三（一七五三）年　小野蘭山、京都河原町の私塾「衆芳軒」で『本草綱目』の講義。後藤梨春、和産動植物の網羅をめざした図譜『随観写真』の序文を記す。

宝暦七（一七五七）年　平賀源内の提唱、田村藍水の主催で、江戸、湯島で日本最初の動植鉱物展示会、薬品会《やくひんえ》が開かれる。

宝暦十（一七六〇）年　戸田旭山、大坂初の薬品会を浄安寺で開く。出品目録「文会録」を刊行。[7]

宝暦十一（一七六一）年　豊田養慶が京都発の薬品会を東山双林寺で開く。出品目録「赭鞭余録」を刊行。

宝暦十二（一七六二）年　高松藩主松平頼恭、『衆鱗手鑑』を将軍家治に献上。

明和七（一七七〇）年　田村藍水、『琉球産物志』をあらわす。薩南諸島産の植物図説で、この頃から南方や蝦夷地を対象とする地方動植物誌がつくられるようになる。好奇心の空間的な拡大。

安永二（一七七三）年　『唐鳥秘伝百千鳥』刊。海外産の鳥類の飼育法が記されている。この頃すでに、クジャクやシチメンチョウ、ブンチョウなど、多くの外来種鳥類が飼育されていたことがわかる。

安永四（一七七五）年　日本全国の方言約四〇〇〇語あまりを収めた越谷吾山『物類称呼』（全五巻）が出版される。

安永十（一七八一）年　谷素朴編・北尾重政画『誹諧名知《はいかいなのし》折《おり》』刊。一六二品の図と句とをあわせた図鑑。

天明六（一七八六）年　勝川春草・北尾重政画『画本宝能縷《たからのいと》』刊。蚕の飼育を描いた錦絵。この頃から歌麿『画本虫撰』など、動植物を描いた色刷り木版画の刊行が盛んになる。

寛政三（一七九一）年
幕府は、奥医師であった多紀氏の医学教育機関、躋寿館を幕府の医学館とし、ほぼ毎年薬品会を開く。

寛政四（一七九二）年
幕府の蝦夷地探査に参加した小林源之助が『蝦夷草木図』をつくる。

寛政五（一七九三）年
薩摩藩主島津重豪、農業百科事典『成形図説』の編纂を命じる。この本は文化年間に三部三十巻が出版された。品名にはオランダ語が附されている。

寛政九（一七九七）年
『橘品類考』刊行。カラタチバナの斑入り変種が流行する。

寛政十（一七九八）年
近藤重蔵、択捉島に「大日本恵登呂府」の標柱をたてる。

寛政十一（一七九九）年
七十一歳の小野蘭山、幕府に招かれて江戸に出る。幕府の医学館で『本草綱目』などを講義する。この頃小野蘭山は関東各地で採薬を行なう。

寛政十二（一八〇〇）年
江戸渋谷の名主、亀井協従が『北越物産写真』をつくる。この年伊能忠敬が蝦夷地を測量する。

享和二（一八〇二）年
木村蒹葭堂没。

享和三（一八〇三）年
小野蘭山『本草綱目啓蒙』刊行開始。文化二（一八〇五）年に刊行を終える。再版、三版、四版と版を重ねた。

文化四（一八〇七）年
幕府、全蝦夷地を直轄地とする。

文化五（一八〇八）年
京都で第一回、山本読書室物産会が開かれる。以後、ほぼ毎年開かれて、慶応三（一八六七）年には第五十回になる。

文化六（一八〇九）年
間宮林蔵、間宮海峡を発見する。

文化八（一八一一）年
栗本丹洲、虫類図譜の嚆矢とされる『千虫譜』の序を記す。

文化十二（一八一五）年　この頃から文政初年頃まで第一次朝顔ブーム。

文政六（一八二三）年　文政四年持ち渡りのラクダが民間に引き取られ、見世物として全国をまわる。この年にシーボルトが来日し、日本に六年間滞在する。

文政八（一八二五）年　毛利梅園、『梅園百花画譜』の序を記す。梅園には『梅園禽譜』『梅園魚譜』もある。

文政九（一八二六）年　シーボルト、江戸に一ヶ月ほど滞在。

文政十（一八二七）年　金太編『草木奇品家雅見』刊行。斑入りなど変異種を所収。この年から翌年まで伊藤圭介が長崎に滞在してシーボルトに師事する。

文政十一（一八二八）年　シーボルトの所持品から禁制品がみつかる。

文政十二（一八二九）年　伊藤圭介編『泰西本草名疏』刊行。リンネの分類を紹介する。この頃、オモト、セッコク、マツバランなどの変異種の栽培が流行する。

天保元（一八三〇）年　岩崎灌園、『本草図譜』の配布を開始。

天保五（一八三四）年　宇田川榕菴『植学啓原』刊行。近代的な植物学入門書。滝沢馬琴編『禽鏡』成る。全六軸で内外の鳥類三一一図の図譜。画は馬琴の養子であった渥美赫洲《あつみかくしゅう》に描かせている。東洋文庫に蔵されている。

天保九（一八三八）年　山本亡羊『百品考』初編刊行。二編は嘉永元（一八四八）年刊、三編は嘉永六年刊。

弘化元（一八四四）年　『重修本草綱目啓蒙』が木活字で刊行される。

弘化二（一八四五）年　武蔵石寿『目八譜《もくはちふ》』成る。江戸時代最高の貝類図説。

弘化四（一八四七）年　『重訂本草綱目啓蒙』刊行。この頃から第二次朝顔ブーム。

安政元（一八五四）年　日米和親条約の締結。

安政三（一八五六）年　飯沼慾斎『草木図説前編』（草部）刊行開始。文久二（一八六二）年に刊行終了。初めてリンネ式分類を採用した図説。

安政四（一八五七）年　幕府、洋学の研究教育機関として蕃書調所を開設。

安政五（一八五八）年　日米修好通商条約締結。

文久元（一八六一）年　伊藤圭介、蕃書調所物産学出仕を命じられ、江戸に出る。

文久三（一八六三）年　江戸でフタコブラクダとインドゾウの見世物。

慶応元（一八六五）年　ライオンが渡来。翌年には江戸で見世物となる。


右の年表の範囲は、徳川家康が、中国で出版された『本草綱目』を入手した十六世紀末から、幕末の十九世紀までとなっているが、注目したいことがらについて述べておくことにする。

年表の天和元（一六八一）年に最初の総合園芸書『花壇綱目』が刊行されている。図録「描かれた動物・植物／江戸時代の博物誌」（以下図録と呼ぶことにする）の第二章は「独自の園芸の展開」にあてられているが、その冒頭には「江戸時代の園芸は、当時世界一のレベルだった。それも、中国や欧米がまったく注目しなかった斑入《ふいり》草木や、変化朝顔も珍重するという独自の園芸であった。一方では、異国の草木も数多く渡来し、国内に広まった」と記されている。

「園芸」は〈草木を育てること〉で、現代日本語でいうならば「ガーデニング」ということになる。野生の植物を採集してきて庭に植えて育てるのも「園芸」といってよいだろうが、そのうちに少し変異したものが珍重されるようになっていく。花であれば、大きい花、色が鮮やかな花、珍しい色、葉であれば、斑入り、縮れているなどであるが、変わったものが継続できれば園芸品種化したことになる。そうなれば、売買の対象にもなる。売買の対象になるのだったら、どういう変異品種があるかというカタログ的なテキストがほしくなる、せっかくだから、綺麗な伊万里焼の植木鉢に入れたい、など、いろいろな要求がうまれてくる。園芸は経済と深く結びついている。

図録は「江戸時代前半の園芸は椿・桜・梅・ツツジ・カエデなどの樹木が中心で」、時代が下って一八世紀中頃からは「草類が主役になり、オモト・アサガオ・マツバラン・ハナショウブ・フクジュソウなどが」栽培されるようになることを指摘している。同様の指摘が『江戸の動植物図譜』（二〇一五年、河出書房新社）にもみられる。右以外にセッコクやニシキランの栽培も盛んだった。

現在、根津美術館に、松平忠国（一五九七～一六五九）の注文により狩野山楽が描いたと考えられている「百椿図」と題された巻物（本之巻・末之巻）二巻が蔵されている。両巻あわせると長さは二十四メートルに及ぶ。百種類以上のツバキが描かれているが、単にツバキのみを描くのではなく、花瓶にさしたり、三方や籠、台などの器、変わった物としてはちり取りや羽箒を器としたり、風呂敷に包んだりし、いろいろなアレンジをされた椿が図として描かれている。また、図には、皇族や門跡、烏丸光広のような公家、松平忠国、徳川光圀のような大名、北村季吟や西山宗因のような歌人、林羅山のような儒者など四十九名が漢詩や和歌などの賛を寄せている。「百椿図」はトータルとしての「江戸の知」が凝縮したテキストといってもよいだろう。具体的に存在する一つの巻物がその時代の知のありかたを示唆することがある。そして、具体的な形、具体的なテキストとしてあらわれ、残されている知を読み解くためには「読み解きのスキル」が必要になることもある。

宝暦十（一七六〇）年には松岡玄達の『梅品』が出版される。上下二冊の仕立てで、上巻はおもに白色のものを二十九種、下巻には紅色と雑色のもの三十一種を収めている。

西尾市岩瀬文庫には江戸時代前期に写されたと目されている『躑躅花譜』が蔵されているが、このテキストには百品種が採りあげられ、掲げられている図には丹念に彩色が施されている。岩瀬文庫には江戸の園芸家、染井伊兵衛が宝永七（一七一〇）年にあらわした『古歌仙紅葉集』も蔵されているが、このテキストには伊兵衛がスケッチした三十六種のカエデが一ページに一種ずつ採りあげられている。名前、特徴とともに葉の彩色した写生図が示され、その傍らに『古今和歌集』などの和歌が配されている。あるいは、出版されたのは宝暦八（一七五八）年で、十八世紀中頃であるが、松岡恕庵撰・芦田純氷補の『怡顔斎桜品』は桜の品種六十九種を採りあげ、花や葉の形、色や開花時期を図とともに示している。これらは江戸時代前半に盛んになった、樹木の園芸にかかわるテキストにあたる。

　歌川国貞に「与話情浮名横櫛」と題され、嘉永六（一八五三）年三月に出版された浮世絵がある。この年の三月十五日に江戸、中村座で上演された「花覣宿初役《はなとみますやよいのはつやく》　与話情浮名横櫛《よわなさけうきなのよこぐし》　島廻色為朝《しまめぐりいろのためとも》」を題材にした役者絵で、お富を四代尾上梅幸、与三郎を八代市川團十郎が演じている。今ここでは、東京都立図書館が「ＴＯＫＹＯアーカイブ」として公開している画像を参照させていただいているが、三枚続きの右側、「囲女横ぐしのお富」の後ろに、オモト、マツバラン、サクラの鉢植えが置かれている。

　嘉永三（一八五〇）年九月に初演された、「播州皿屋敷」を歌舞伎化した「宝成金菊月」の「寺島村植木屋の場」を題材にした歌川国貞（三代歌川豊国：一七八六～一八六四）の錦絵では、背景が菊花壇となっており、左側の棚には瑠璃釉や染め付けの植木鉢に植えられた五葉松、オモト、マツバランが描かれている。天保七（一八三六）年には、長生舎主人『松葉蘭譜』が出版されている。長生舎主人は、幕臣の栗原信充で、『松葉蘭譜』には六十品種の図が載せられている。その六十品種の中には、雲龍獅子や折鶴など、現存する品種も含まれている。また図の中には鉢植えの図もあり、植物としてのマツバランのみが採りあげられているのではない点にも注目しておく必要がある。和歌を添えることによって「植物＋文学」、鉢植えのかたちで図示することによって「植物＋植木鉢」という文化的な背景をもつ複合体として提示されているともいえるだろう。

たばこと塩の博物館で二〇一九年一月三十一日から三月十日にかけて開催された「江戸の園芸熱　浮世絵に見る庶民の草花愛」では、さまざまな園芸植物が描き込まれた浮世絵が展示されたことを図録(たばこと塩の博物館編〔二〇一九〕)によって確認することができる。例えば、吉原京町にあった岡本楼の遊女、重り枝の座敷を描いた「十二ケ月之内如月岡本楼重り枝座敷之図」では部屋の外の廊下に張り出したところがあって、そこにサボテンや松などの鉢植えが置かれている。「ベランダ園芸」といってよいだろう。

あるいは、店を持たずに商品を持ち歩いて売る「振り売り」の中に鉢植えを売る者があったこと、縁日や盛り場で露天の植木売りが鉢植えを売っている様子が描かれている浮世絵がある。鉢植えは文字通り、鉢に植物を植えるわけであるが、鉢が生産されていなければ鉢植えは成立しない。鉢の生産が安定することによって、鉢植えの振り売りが可能になり、露天の植木売りも可能になる。市川寛明〔二〇一五〕は植木鉢の需要が一七〇〇年代前半から高まり始めたことを指摘している。

文久元(一八六一)年には、当時栽培されていた「変化朝顔」二十四種を紹介する、東雪亭著・葛通斎文岱画『朝かがみ』が出版されているが、『朝かがみ』は国立国会図書館デジタルコレクションで画像が公開されている。また、三十三のセッコクの図を掲げている、秋尾亭主人著・画『長生蘭譜』(天保六：一八三五年跋刊)や原始的なシダ、マツバラン九十種を採りあげている玉清堂編・貫河堂画『松蘭譜』(天保八：一八三七年刊)、天保九年から翌年にかけて流行したニシキラン(ミヤマウズラ)三十四品を採りあげた『にしきかゞみ』(天保九年頃刊)、嘉永元(一八四八)年に成った、群芳園弥三郎、長太郎、帆分亭六三郎著『七福神草』はフクジュソウを採りあげている。著者三名はいずれも江戸時代の植木屋としてよく知られた人物である。

長生蘭はセッコクの東洋蘭としての名前で、学名は「*Dendrobium moniliforme*」。ここからわかるようにセッコクはデンドロビウムの一種で、樹木につく、着生蘭であるので、庭木につけたりシノブ玉、苔玉につけたりして栽培する。白または少し赤みのある花をつけ花にも変異があるが、花よりも「矢＝茎」や葉の変異を楽しむことが多い。

松平定信の遠縁にあたる旗本、松平定朝（一七七三～一八五六）は晩年には「菖翁」と号するほど、ハナショウブの品種改良、栽培に注力し、弘化二（一八四五）年に「華鏡」をあらわした。この本は嘉永になって『花菖培養録』と改題された。国立国会図書館に嘉永二年に成った原本、その写本などが蔵されている他、京都大学、千葉大学、東京国立博物館などに写本が蔵されている。これらはインターネットで画像が公開されている。この本に採りあげられている品種、例えば「五湖の遊」「虎嘯」「仙女の洞」「昇り龍」などは現在でも栽培されており、江戸時代の園芸熱によって作出された品種は現代に継承されている。ところで、品種にどのような名前を与えるかということは、命名者、ひいては当該時期の価値観を窺わせることがある。

江戸時代には、中国ではかならずしも評価がたかくない『唐詩選』という唐詩のアンソロジーが流行する。流行のきっかけは荻生徂徠が『唐詩選』の編者と目されている李攀龍を高く評価したからであり、徂徠の弟子の服部南郭（一六八三～一七五九）が『唐詩選』に訓点を附して出版し、詩を教える教科書としたためであった。『唐詩選』の流行も、非古典中国的といってよいだろう。その『唐詩選』第六巻に、薛瑩《せつえい》の五言絶句「秋日湖上」が収められている。『唐詩選』に収められた薛瑩の作品はこの一首のみで、『全唐詩』にも薛瑩の作品は十一首が収められているだけで、この詩人について詳しいことは現在もわかっていない。「秋日湖上」は「落日五湖遊／煙波処処愁／浮沈千古事／誰與問東流」（落日五湖の遊、煙波処処に愁えしむ、浮沈千古の事、誰《なん》ぞ與《とも》に東流に問わん）（＝落日の頃、洞庭湖に舟を浮かべて遊べば、夕霧のおりた波間は、いたるところ、私の心を愁えさせる。人の世の浮き沈みは、千年の昔から変わらない。その浮き沈みをよそにして絶えず東へと流れる水に、浮き沈みのことをたずねても何としよう）という作品で、初句に「五湖遊」とある。薛瑩は洞庭湖のほとりに住んでいたと考えられているので、右では「五湖」を洞庭湖とみたが、松平定朝はここから品種名をとったのではないだろうか。

このような、園芸の流行は、先に示したような園芸テキストの製作、出版を促し、それにともなって、植物の図譜も精密になっていく。「本草」を離れた、植物への関心の高まりといってよい。大名をはじめとする武士から庶民まで身分を問わず、園芸は流行した。庶民にも園芸を楽しむ余裕と経済力があったことには注目しておきたい。

歌川豊国に「花鳥茶屋」と題された浮世絵がある。寛政年間（一七八九～一八〇一）から文化年間（一八〇四～一八一八）にかけて、浅草、両国や上野山下などで、クジャクなどの珍しい鳥獣を見せる見世物小屋ができ、名鳥茶屋、孔雀茶屋、花鳥茶屋と呼ばれた。年表にも記したように、すでに安永（一七七二～一七八一）頃には多くの外来種の鳥類が飼育されており、そうした鳥類の飼育法を記したテキストが出版されている。鳥類は動物に比して、持ち渡りが比較的容易であったと思われる。明治以前にどのような鳥獣が日本に持ち込まれていたかについては、磯野直秀（二〇〇七）[8]に詳しく述べられているが、珍しいものとしては、ヒクイドリやダチョウ、水牛、西洋馬などが挙げられるだろう。

享保十三（一七二八）年六月十三日には幕府が注文していたインドゾウ雌雄二頭が長崎に着く。雌は長崎で死んでしまったが、雄は陸路で江戸まで運ばれていく。インドゾウの陸送は、当然のことながら人目につく。国立国会図書館には「享保十四年渡来象之図」と題された、持明院基敦の子である河鰭実利（一八〇〇～一八五〇）が描いたゾウの図が蔵されている。図には「享保十四年廣南國象貢／四月二十八日召于内裏／叡覧次召于院」と記されていて、このゾウが「廣南國」すなわちベトナムの産であったことがわかる。また、江戸に行く途中の四月二十八日に内裏で叡覧されていることがわかるが、叡覧したのは、中御門天皇や霊元天皇であった。また長崎歴史文化博物館には歌川芳豊が描いた「船来大象図」が蔵されているが、この図には「于文久癸亥三月上旬より西両國廣小路に於て奉入御覧に候」と記されていて、文久三（一八六三）年に奉納の見世物が行なわれていることがわかる。図には仮名垣魯文の「象潟やむかしを今の穐月」という句も記されている。

はやく、正保三（一六四六）年に、阿蘭陀商船長から二頭のフタコブラクダが将軍へ献上されている。文政四（一八二一）年六月にはオランダ船によって雌雄二頭のヒトコブラクダが船載された。当時のオランダ商館長ブルムホフはこのラクダを手に入れ、時の将軍徳川家斉に献上を申し出るが断られ、しばらくの間、長崎の出島で飼育されていたが、文政六年には民間に売却される。このラクダが、その年のうちに大坂と京都で、翌年には江戸の両国で見世物となって人気を博した。狩野派の絵師と思われる岡勝谷が文久三年に描いた「象及駱駝之図」もある。

文政七（一八二四）年には、歌川国安の「駱駝之圖」が江戸の森屋治兵衛によって出版されている。この図は早稲田大学に蔵され、早稲田大学古典籍総合データベースで画像が公開されているが、早稲田大学に蔵されているものには「文政七甲申年初秋江戸に来り壬八月より両国に於てみせもの」という朱書きがある。また「文政四年辛巳六月阿蘭陀人持渡／蛮名カメエル／又トロメテリス」とある「六」がやはり朱で「七」に訂正されている。図には「身の丈高さ九尺、首より尾迄一丈二尺、其形図のごとく頭は羊に似て、項長く耳たれて、脚に三つの節あり。背に肉峯出て、鞍をおきたるがごとし。一日に百里の路を行て労する色なし。千五百斤の重きを負ふてよく水脈をしれは渇することなく、異国にて田家にかひ置耕作のたすけとす。足を三つに折膝をひく、すれは荷を附、乗るに自由をなす。人世の重法希有の福獣なり。」（振仮名は省いた）とあり、最後に江南亭唐立の「世の中は楽た駱駝と皆人の口にと

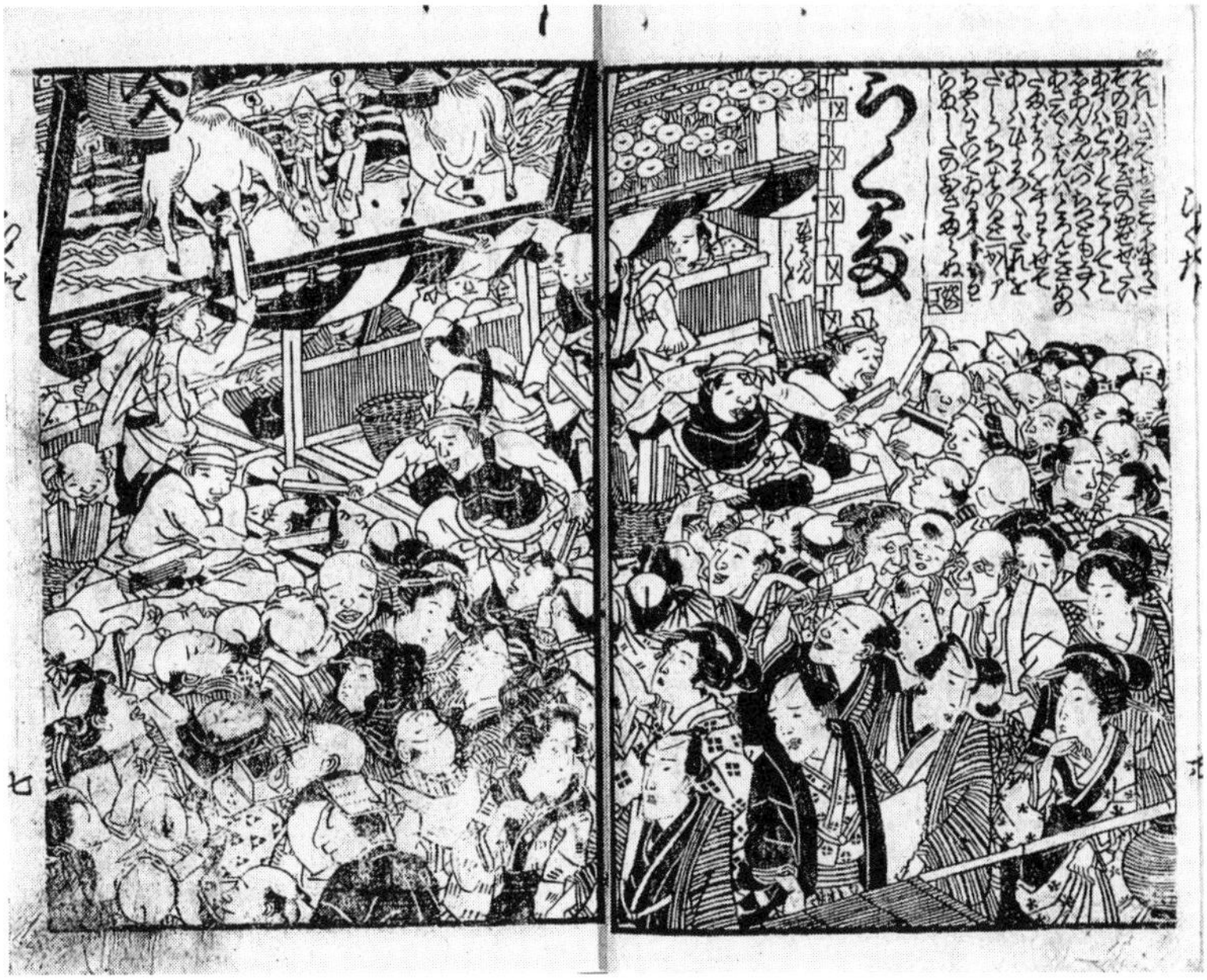

図18　『和合駱駝之世界』（2巻・六丁裏／七丁表）［国立国会図書館デジタルコレクション https://dl.ndl.go.jp/pid/3508072］

さゝぬみよぞめてたき」という句が記されている。ヒトコブラクダの学名は「*camelus dromedarius*」であるので、それ（にちかいもの）が片仮名で記されていることがわかる。「肉峯」には「にくはう」、「福獣」には「ふくじう」と振仮名が施されている。「にくほう」「ふくじゅう」いずれも『日本国語大辞典』が見出しにしていない。

江南亭唐立と歌川国安は文政八（一八二五）年には森屋治兵衛を版元として、『和合駱駝之世界』という絵双紙を出版している。これも国立国会図書館デジタルコレクションによってすべてみることができる（図18）。

江戸時代には他に、ヤマアラシ、オランウータン、ジャコウネコ、ハクビシンなどが日本に到来している。例えば、木村蒹葭堂の随筆集である『蒹葭堂雑録』五巻（安政六：一八五九年刊）

（挿画は松川半山）には、安永元（一七七二）年に薩摩藩が購入した二匹のヤマアラシのうちの一匹が描かれている。このヤマアラシは安永二（一七七三）年に大坂で見世物になっていたものを蒹葭堂が見物して、そのときの見聞を記したもので、もう一匹は薩摩藩から田沼意次（一七一九〜一七八八）に献上され、後には幕府から田村藍水に下賜されたことがわかっている。

あるいは、大槻磐水訳定、大槻玄幹、山村才輔校、吉川良祐他筆録『蘭畹摘芳《らんえんてきほう》』三巻（文化十四：一八一七年刊）の「阿郎亞烏當《オランオウタン》」の條（巻三・二十六丁裏〜二十九丁表）には寛政四（一七九二）年、同十二年持ち渡りのオランウータンについての記述があり、寛政十二年に長崎にきたオランウータンを長崎の画家、荒木如元（一七六五〜一八二四）が描いた「阿郎烏烏當《オランウウタン》冩眞図」もある。『蘭畹摘芳』は早稲田大学総合古典籍データベースなどで全巻の画像が公開されている。また、ヨンストン著『動物図譜』（Johannes Jonstonus, Historiae naturalis）やドドネウス著『草木譜』（Rembert Dodoens, Cruydt-boeck）などの書籍も舶載され、図が転写された。

年表の享保二十（一七三五）年には「幕府は、諸藩に対して藩内に産する動植物の報告を求める」と記したが、その報告は、享保七（一七二二）年に幕府医師となった丹羽正伯（一六九一〜一七五六）が「諸国産物帳」としてとりまとめた。丹羽正伯は、稲生若水に本草学を学び、下総国にあった幕府薬草園、下総滝台薬園の運営管理も命じられていた。この滝台薬園が現在の千葉県船橋市薬円台の地名の由来となっている。享保十二年には小石川養生所の幕府医師であった林良適との共同編集で、狩野派の絵師による絵が附された『普救類方』を刊行している。正伯は稲生若水の『庶物類纂』を元文三（一七三八）年に完成させ、同年五月には吉宗から銀百枚を与えられている。

江戸時代になると、薬物や砂糖などが輸入され、その代金として日本の金銀が海外に流出するようになった。吉宗は国内に産している薬草などの探索と採集のために、日本各地に採薬使を派遣し、その一方で、各藩に対して藩内に産している動植物について報告することを求めた。そうなると、海外産の薬用となる動植物のどれが日本産の動植物にあたるか、代替が可能かということになり、「名物学＋本草学」的な知識が必要となってくる。そして、こうしたことが全国的に、動植物への関心を呼び起こしていったと思われる。日本各地で、ということになれば、当然「方言」についての関心も高まる。知の背後にはすでに経済があった。

「諸国産物帳」の原本は現在は残されておらず、各藩の控えが残るだけとなっている。例えば、「筑前国産物帳」「筑前国産物絵図帳」「筑前国産物並絵図取調覚書」（合計六冊）が福岡県立図書館に蔵され、インターネット上に画像が公開されている。この諸国産物帳の製作は、各藩が自藩の産物を意識するきっかけになったと思われるが、それと同時に、日本列島上の、少なくとも大名、武士の間に本草的な関心を行き渡らせたとみることもできるだろう。

「オキュウト」と呼ばれる、海藻のエゴノリを干したものを煮て固めた福岡県の郷土料理がある。筆者が九州大学に集中講義に行った時には、どうしてもこれは食べてもらわないということで、わざわざ「オキュウト」を食べに連れていっていただいた。「筑前国産物絵図帳」は三冊に分かれているが、上巻の「海菜」の條に「うけうと」が載せられており、「海中ニ生ズ。枝多ク節々連生ス。淡紫色。久シク煮レバ化シテ膠凍ト成ル。味佳ナラズ」（濁点、句読点を補った）と説明されている。「うけうと」は「ウキョート」という発音を文字化したものとみるのがもっとも自然であるが、おそらくこれが「オキュウト」だろう。

天保元（一八三〇）年には岩崎灌園（一七八六〜一八四二）の『本草図譜』（全九十二巻）の最初の六巻が木版本で配布され始める。灌園は小野蘭山に本草学を学び、若い頃から薬草採取を行なっており、佐野藩主であった堀田正敦に認められ、幕府に植物図を献上している。文化十一（一八一四）年には屋代弘賢編『古今要覧稿』の編集及び図版製作の手伝いを命じられている。文政三（一八二〇）年には小石川火除地の一部を幕府から貸与され、そこに薬種植場を設けた。『草木育種』『救荒本草通解』などの著書もある。『本草図譜』には外国産の植物も採りあげられているが、それらの図はドイツ、レーゲンスブルクの薬剤師であったヨハン・ヴィルヘルム・ヴァインマン（一六八三〜一七四一）の『薬用植物図譜』から転載していることが指摘されている。『薬用植物図譜』は一八二八年に本文編一冊、図版編二冊が出版された後に、一八三三年には追補版が出版されている。大阪府立中央図書館には一八二八年に出版された三冊が蔵されており、デジタル画像が公開されている。図版編には手彩色された四百枚を超える石版画が収められている。この植物図譜は（ヨハネス・ブルマンによるオランダ語訳版を通じてではあるが）宇田川榕庵や栗本丹州、山本亡羊、飯沼慾斎らにも多大な影響を与えたことがわかっている。

外国産の植物の図を外国の書物から模写することはむしろ当然といってよく、こうしたかたちで、自然に日本と日本の外の空間とが交差していくことに注目したい。江戸の知には海彼の知が自然なかたちで流れ込んでいる。

『草木育種』には「そうもくそだてぐさ」と振仮名が施されている。巻之上は「序」「凡例」から始まり、肥料の与え方、土の作り方、接ぎ木の仕方、植え替えの仕方、防虫法など、草木の栽培について概説し、巻之下において「穀菜果薬品花木類百八十五品手入の法」について述べている。例えば、巻之下の「ばら」の條には「月季花《ちようしゆん》は四季花《しき》あり。ちようしゆんの絞《しぼり》を右京《うけう》ばらと云。又薔薇《のいばら》は花単《はなひとへ》にて小《ちいさ》く、香気《にほひ》あり、薬《くすり》に用。又重弁《やゑ》にして紅花《あかきはな》なるものあり。黄薔薇《わうごんばら》は花黄《き》ばみを帯《をぶ》るもの也。酴醾《シヤをぎ》は形状《かたち》は玫《はま》瑰《なす》に似《に》て長大《てうたい》なり。花白《しろく》して千葉《やゑ》なり。又富士山《ふじさん》に産《さん》ずるたかねばらは、形玫瑰《まいくわい》に似《に》て、甚《はなはだ》細《ほそ》く刺《とげ》多し。花小《ちいさ》く淡紅《うすこう》なり。其外ばら類《るい》多し。何《いづれ》も十二月正月或《あるひ》は梅雨《つゆ》中に勢《いきほひ》よき枝《ゑだ》を三四寸に切《きり》て挿《させ》ば能活《よくつく》なり。真土《まつち》又赤土《あかつち》もよし。暑寒《しよかん》に人糞《ふん》を澆《そゝぐ》べし」（句読点を適宜補った）とある。引用部に続いて『花鏡』

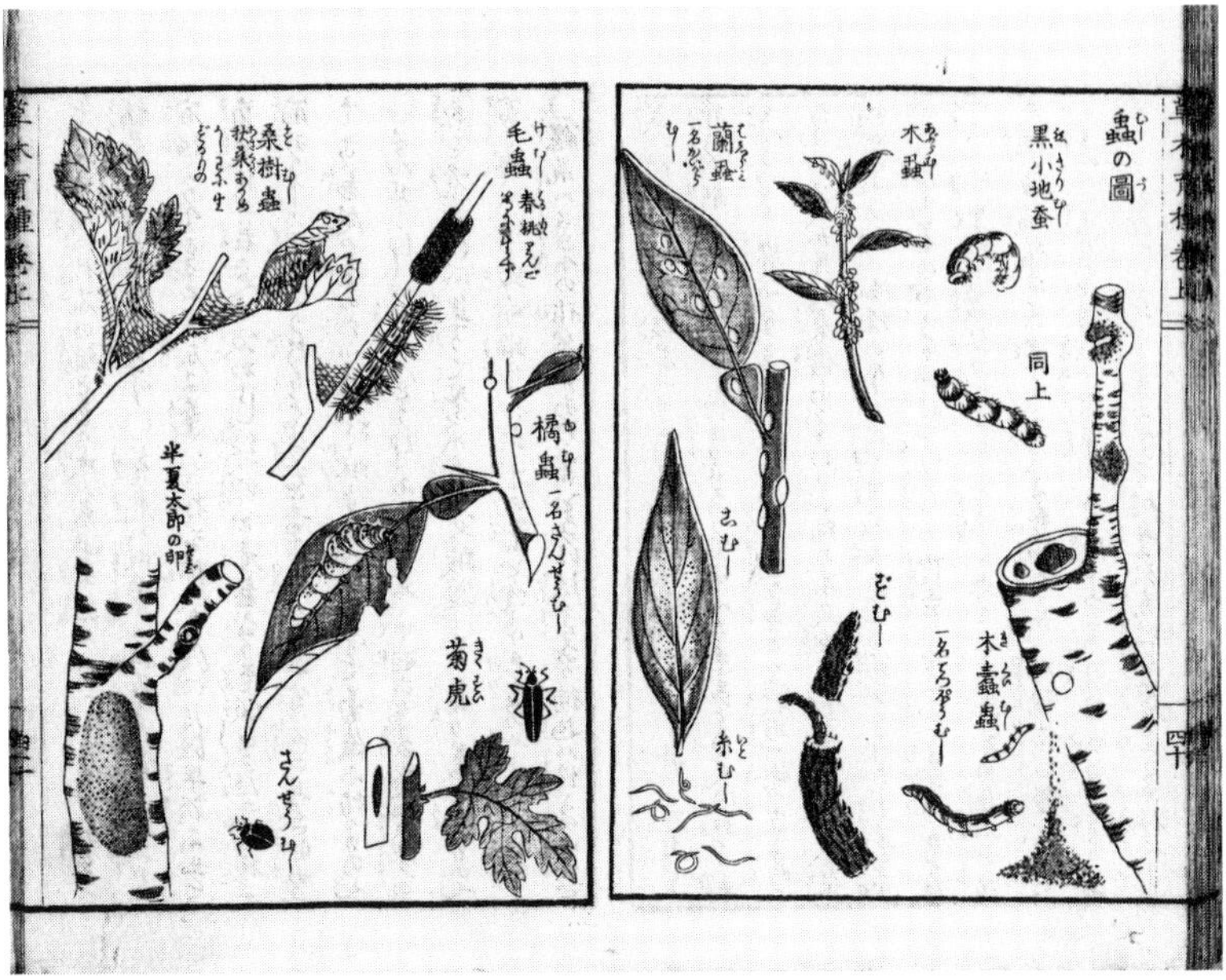

図19　蟲の圖（『草木育種』２編４巻より）［国立国会図書館デジタルコレクション https://dl.ndl.go.jp/pid/2569455］

が引用されている。ここではまさしく育て方が述べられている。また、漢字平仮名交じりで文字化されていることにも注目しておきたい。漢字平仮名交じりは非学術的なテキストに使われる表記体であり、この部分は一般向けの栽培指南書とみてよい。しかし、末尾には中国の『花鏡』が当然のことながら漢文で引用されている。本草的なテキストの淵源に、つねに『本草綱目』や『花鏡』があることを思わせる。江戸の知にはこうした複合性や重層性があり、そこに具体的に迫ることによって、江戸の知の味わいは深くなる。

『草木育種』は、「攓《さしき》」や「壓條《とりき》」といった園芸技術を丁寧に説明しているが、その外、「蟲の圖」（図19）ではアブラムシやネキリムシなどの植物栽培における害虫についても図で示し、温室「唐《とう》むろ」を図（図20）で示し寸法を入れるな

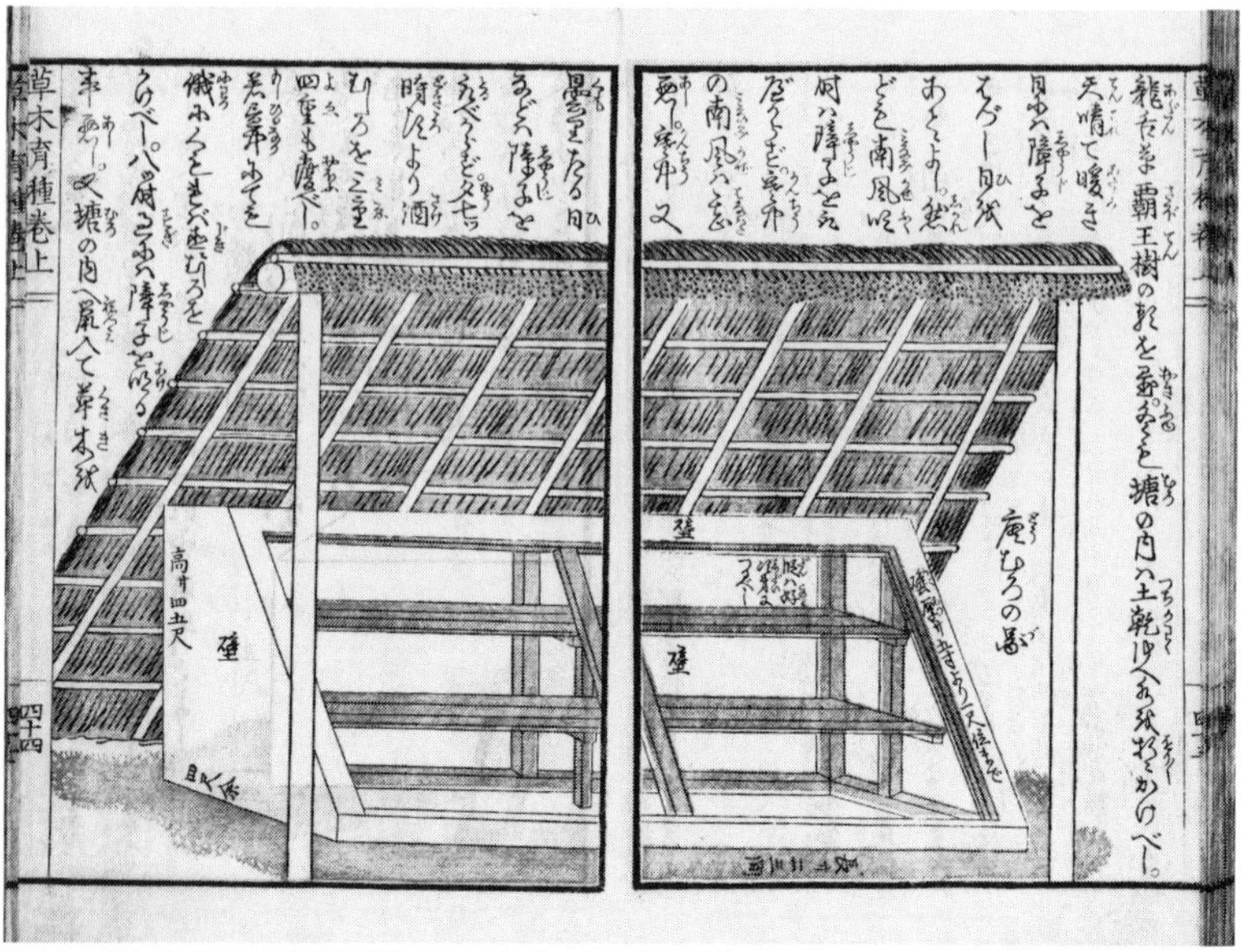

図20　唐むろ（『草木育種』前編上より）［国立国会図書館デジタルコレクション https://dl.ndl.go.jp/pid/2556327］

ど、総合的な園芸指南書といってよい。「本文」には「立冬の頃十月中旬より嶺南琉球等の暖国より来る草木は皆入べし。其内日陰を好物は奥へ入、前には龍舌草《あだん》覇王樹《さぼてん》の類を置、冬も塘の内は土乾くゆへ水を折々かけべし」とあって、アダンやサボテンが栽培されていたことが窺われる。江戸時代には薩摩藩を通して琉球や薩南諸島の物産が本土に入っていた。文久二（一八六二）年に刊行されている三代歌川豊国の大型錦絵「二十四好今様美人　植木好」（図21）では瑠璃色の釉がかけられ、竹の模様が描かれた大型な植木鉢に植えられた梅の花が描かれ、上部には「としのゆかないわたしをだましむろでさかせる梅のはな」と記されており、この梅が「むろ」すなわち温室栽培であったことがわかる。ちなみにいえば、「二十四好」は中国の「二十四孝」にかけたもの、「十」は実際は「五×五」（五を左右に並べた字）が書かれており、かつ、文字は藤原定家の筆致を模した「定家様《ていかよう》」で書かれている。

明和三（一七六六）年、清の乾隆三十一年に冊封副使として琉球王国に赴いた徐葆光が、琉球滞在中に収集した資料や見聞をまとめ、康熙帝に提出した復命書の副本に加筆した、琉球地誌『中山伝信録』全六巻が刊行される。六巻のうちの第四巻が琉球各地の地理、地名、産物にあてられ、第六巻が風俗、産物、言語などの記述にあてられている。『中山伝信録』は日本に輸入されて、和刻本『重刻中山伝信録』として刊行された。

田村藍水は、明和六（一七六九）年に『中山伝信録物産考』三冊をあらわし、さらに明和七（一七七〇）年には、日本人による琉球植物誌の嚆矢である『琉球産物志』十五巻と附録とを完成させる。宝暦七（一七五七）年には弟子である平賀源内らとともに湯島で薬品会を開く。宝暦十三（一七六三）年には人参栽培などの功績が評価されて幕府医官に任じられ禄二百石を与えられる。

図21　「二十四好今様美人　植木好」［国立国会図書館デジタルコレクション https://dl.ndl.go.jp/pid/1306129］

寛政四（一七九二）年にはロシア使節ラクスマンが根室に来航する。この頃から蝦夷地の探査が行なわれるようになっていく。

オランダ領東インド陸軍病院の外科少佐で東インド自然科学調査官も兼任していたフィリップ・フランツ・バルタザール・フォン・シーボルト（一七九六～一八六六）は文政六（一八二三）年八月に

来日し、翌文政七年には出島外に鳴滝塾を開き、西洋医学・蘭学の教育を行なう。高野長英、二宮敬作、伊東玄朴、小関三英、伊藤圭介らが鳴滝塾で学んでいる。シーボルトは文政八（一八二五）年には出島に植物園を作っている。翌文政九年四月には、オランダ商館長の江戸参府に随行し、将軍家斉に謁見した。江戸滞在中に、将軍御典医であった桂川甫賢、蘭学者の宇田川榕庵、元の薩摩藩主島津重豪、最上徳内、幕府の天文方であった高橋景保らと交流した。最上徳内からは北方の地図を、高橋景保からは最新の日本地図を受け取る。幕臣であった岩崎灌園も数回シーボルトをたずね、二十四歳であったシーボルトの肖像を描いた。肖像画の右端には「文政九戌歳三月下旬来朝阿蘭陀人醫師シイボルト之圖廿四歳／能《よく》醫術ニ長シ傍本草ヲ学ブビルヘルハ石薬ヲ好ミ笘根ニテ磁石ヲ掘得タリ」と記されている。この肖像画は国立国会図書館に蔵されている。

文政十一年にはいわゆる「シーボルト事件」が起こるが、天保元（一八三〇）年にはオランダに帰国する。安政五（一八五八）年に日蘭修好通商条約が締結されて、シーボルトに対する追放令が解除され、翌年にはオランダ貿易会社顧問としてシーボルトは再来日する。文久二（一八六二）年には日本での収集品を持って長崎から帰国する。シーボルトが持ち帰った植物の押し葉標本（腊葉）は一万二千点あまりで、それをもとにシーボルトはヨーゼフ・ゲアハルト・ツッカリーニと共著で『日本植物誌』を刊行する。[2] 動物の標本は『日本動物誌』として刊行される。シーボルトは多くの動植物に名前をつけているが、命名したシーボルトに対する献名として、学名に「sieboldi」「sieboldii」が附されている動植物がすくなからずある。サクラソウは「*Primula sieboldii*」であるし、正月にお目にかかるチョロギは「*Stachys sieboldii*」、秋にドングリをつけるスダジイは「*Castanopsis sieboldii*」である。また日本最大のトンボであるオニヤンマの学名は「*Anotogaster sieboldii*」であるし、大型のミミズであるシーボルトミミズの学名は「*Pheretima sieboldi*」とつけられている。

シーボルトは自身に先だって、一六九〇年に来日して商館医をつとめたケンペル、一七七五年に来日したツュンベリーの功績をたたえた記念碑を、文政九（一八二六）年に出島花畑に建てる。この記念碑は現在は長崎市出島町六の出島和蘭商館跡にある。ラテン語の碑文には「ケンペルよ、ツュンベリーよ、見られよ！　ここに君らの植物、年ごとに緑添い、花咲き出て、植えたる主をしのびつつ愛の花輪をさぐるを」と記されている。ケンペル、ツュンベリー、シーボルトは「出島三学者」と呼ばれることがある。

ドイツ北部のレムゴーに牧師の子として生まれたエンゲルベルト・ケンペル（一六五一～一七一六）はオランダ領東インドのバタヴィアからタイ（シャム）を経由して日本に渡り、元禄三（一六九〇）年にはオランダ商館付の医師として二年間出島に滞在する。元禄四年、元禄五年には江戸に行き、将軍徳川綱吉にも謁見しているが、この年の十月三十一日にケンペルは離日し、バタヴィアから喜望峰を回って、翌一六九三年の十月にアムステルダムに到着し、オランダに九ヶ月滞在してから、故郷のレムゴーに戻る。一七一二年にはケンペル生前唯一の著作である『廻国奇観』が刊行される。「廻国奇観」は日本における通称で、原題は「政治学的・自然科学的・医学的主題に関する異国の魅力ある事柄五巻：著者エンゲルベルト・ケンペル博士が東方世界の旅行において注意深く収集したペルシャとアジア極地に関する様々な報告、観察、描写を含む」という長いもので、日本に関わる論文六編が収められ、第五巻はすべて日本の植物について記されている。この本の第二巻第十四章は「最良の見識によって自国民の出国及び外国人の入国、交易を禁じ、国をとざしている日本王国」というような長いタイトルが与えられている。

ケンペルの没後、ケンペルの遺稿を英語に翻訳した『*The History of Japan*』（日本誌）が一七二七年に出版される。この本はフランス語、オランダ語にも翻訳され、ディドロの『百科全書』の日本関連項目の記述はほぼすべてフランス語版『日本誌』をもとにしていることが指摘されている。ゲーテ、カント、ヴォルテールなども『日本誌』を読み、十九世紀のジャポニズムにつながっていったと考えられている。ペリーが日本に来航する際にも『日本誌』を持参していることもわかっている。ヨーロッパ、アメリカにおける「日本」に関わる知識は『日本誌』によって醸成されたといってもいいだろう。

オランダ語版は十八世紀末には日本にもたらされており、国立国会図書館には江戸幕府旧蔵のオランダ語版が五本蔵されている。五本の中に、見返しに「ケンフル著／ベシケレイヒング、ファン、ヤツパン／千七百三十三年」と墨書され、下部に「右筆」と記されている本があるが、「ケンフル」はもちろんケンペルのことで、「ベシケレイヒング、ファン、ヤッパン」はオランダ語版のタイトル「*De Beschryving van Japan*」を片仮名書きしたものと思われる。オランダ語「Beschryving」は英語の「description」にあたる語で、英語版のタイトルが「日本の歴史」で、オランダ語版は「日本についての記述」というようなタイトルになっている。

国立国会図書館には三河田原藩主の子である三宅友信（一八〇六～一八八六）が『日本誌』の最初の部分を翻訳した「西洋人検夫児日本誌」というテキストが蔵されている。表紙見返しには「天保三年壬辰歳八月日譯稿」とあるので、天保三（一八三二）年に訳されたことがわかる。「検夫児」はもちろんケンペルのことを指す。

三宅友信は渡辺崋山のすすめで蘭学を学んでおり、この国立国会図書館蔵本は渡辺崋山没収本とともに伝えられた本で、崋山の旧蔵本と推測されている。そうであれば、来日経験のあるケンペルが日本についてあらわした（と言っておくが）『日本誌』を日本語に翻訳したテキストを通して、渡辺崋山は、西洋人が日本をどうみているかを知ったことになる。日本に向けられた視線を逆にたどることによって日本を知る、まさに双方向的《インタラクティブ》かつ動的な学び《アクティブラーニング》といってよい。知が動き、動きの中で知が形成されていく。

それが「江戸の知」であろう。そしてそのことがテキストに入っていくことでわかる。

まだ興味深いことがある。ケンペルは中村惕斎の『訓蒙図彙』を持ち帰り、『日本誌』の挿絵に使っていることが北村四郎（一九七五）に指摘されている。

スウェーデン南部のイェンチェーピンクに生まれたツュンベリーは、ウプサラ大学で医学を学ぶ。当時の医学部教授二名のうちの一人がリンネで、ツュンベリーはリンネについて植物学を学び、リンネに認められる。ツュンベリーは安永四（一七七五）年八月十四日に長崎出島に到着してオランダ商館に入る。翌年には商館長の江戸参府に随行して江戸に出る。江戸では、杉田玄白、幕府奥医師であった桂川家第四代桂川甫周（国瑞《くにあきら》）、中川淳庵らと交流する。安永五年十一月に日本を離れ、イギリスを経由して帰国し、ウプサラ大学でリンネ父子のあとを継ぎ、さらには学長もつとめる。帰国後の一七八四年には『*Flora Japonica*（日本植物誌）』を出版する。『日本植物誌』には種子植物七三五種、隠花植物三十三種が記されている。序文には桂川甫周（*Kasragawa FOSIU*）や中川淳庵（*Nakagawa SUNNAN*）の名がみえる。『日本植物誌』に記載されている植物の約半数はヨーロッパでは初めて紹介されるもので、海外における日本の植物の本格的な研究はツュンベリーを嚆矢とするといってよい。ツュンベリーは日本の植物に学名をつけている。アオキの学名は「*Aucuba japonica*」、サザンカの学名は「*Camelia sasanqua*」、ゼンマイの学名は「*Osmunda japonica*」であるが、これらはいずれもツュンベリーがつけたものである。「*Aucuba*」は「アオキバ」、「*sasanqua*」は「ササンカ」に基づいていると思われるが、「*sasanqua*」からすると、「サザンカ」ではなく「ササンカ」という語形もあるいはあったか。そもそも「山茶花」は「サンサカ」であったが、「シタツヅミ」が「シタヅツミ」になるような、音の転倒現象が起こって「サザンカ」になったと考えられている。「ササンカ」の二番目の「サ」が「ザ」になるのは連濁という現象であるが、連濁が起こって濁音化する前に清音形「ササンカ」があったと考えることはそれほど無理ではない。

現在国立国会図書館に蔵されている『日本植物誌』は木製の箱に入れられているが、その箱に「獨逸人シーボルト餞別所恵／紀元一千七百八十四年刷布／春別爾孤日本本艸／伊藤圭介秘玩」「此書ハ篤太郎へ附與ス秘玩スベシ」と記されており、この本はシーボルトが伊藤圭介に贈ったもので、さらに伊藤圭介から孫の篤太郎に伝えられた本であることがわかる。伊藤圭介はこの本を参考にして『泰西本草名疏』をあらわした。ツュンベリーの著書をシーボルトが伊藤圭介に贈るという「知の連鎖」は興味深い。そして、ツュンベリーを通してリンネの分類が日本にもたらされていることにも注目しておきたい。安政三（一八五六）年に刊行が始まった飯沼慾斎の『草木図説』はリンネの分類に基づいた図説として知られている。

国立国会図書館（二〇〇五）にはシーボルトが書き入れをした『泰西本草名疏』の草稿本が図版60として掲げられているが、この草稿本ではシーボルトの見解が㋛として示されている。しかし、文政十一（一八二八）年にいわゆる「シーボルト事件」が起こったため、文政十二（一八二九）年に出版されたものでは、草稿本の㋛をただの○に換え、「凡例」においては「和名ノ下○ノ符ヲ載スルモノ多シ是本ト稚膽《ワカキ》八郎ノ説ナリソノ説間《マ、》春《チユン》氏ノ説ト同ジカラザルモノアリ今併テ是ヲ擧載シ傍ニ□ヲ作テ春氏ノ舊ヲ存ス」と述べられている。上部欄外にはわざわざ「稚膽八郎ハ伊豆ノ産今死スト云」と記されている。「稚」の音《おん》は「チ」、「膽（胆）」の訓は「ゐ」で、日本人の名としてはありふれた「八郎」を添えて全体で「チイバルト」ぐらいの発音を考えたのだろう。「春《チユン》氏」はツュンベリーのことであろう。東京国立博物館に蔵されている『泰西本草名疏』においては、「是本ト稚膽《ワカキ》八郎ノ説ナリ」の箇所が「是本来舶西醫ノ説ナリ」となっている。そして、おそらく日蘭修好通商条約が結ばれてから文久三（一八六三）年に出版されたテキストでは「来舶西醫」を「西醫椎氏」に修正している。「椎氏」はシーボルト氏ということで、例えば「ガリグェー」であれば、「牙氏」（『牙氏初学須知』）、「ハルツホールン」であても、「華氏」（『華氏病理摘要』）、「ホユチソン」なら「弗氏」（『弗氏生理書』）のように、漢字一字を使って訳すことはひろく行なわれていた。国立国会図書館（二〇〇五）は「稚膽《わかい》」という珍しい姓を用いたのは、深慮遠謀だったらしい」（四十三頁）と述べているが、振仮名「ワカヰ」はカモフラージュで、先に述べたように、「稚膽」は「チヰ」をあらわしているとみるべきであろう。

伊藤圭介とシーボルトとの濃密な研究交流を窺わせるテキストがやはり国立国会図書館に蔵されている。水谷豊文編『物品識名』（文化六：一八〇九年刊）はいろは順に動植鉱物の和名、約四千種を列記したものであるが、国立国会図書館に蔵されているテキストには伊藤圭介とシーボルトの書き込みが随所にあることが指摘されている。この書き込みも国立国会図書館デジタルコレクションで確認することができる。いうまでもないが、こうした書き込みがあるテキストはこの一冊であるはずで、具体的に存在しているテキストが「知の連鎖」をいわば物語っている。それは現代人が机上で想像することをはるかに超えるといってもよい。「具体」を抽象化し、抽象化したその果てにのみ「思想」があるのだろうか。「具体」の中に顕現してくる「思想」もあるのではないだろうか。

水谷豊文（一七七九～一八三三）通称助六は尾張藩士水谷覚夢の子で、父の覚夢に本草学を学ぶ。後に小野蘭山に師事して本草学を学び、蘭学を初代野村立栄に学ぶ。文化二（一八〇五）年には尾張藩の御薬園御用となる。自身でも伊勢、美濃などで採薬を行なう一方で、浅野春道、大河内存真（一七九六～一八八三）らと本草会を開く。この本草会は後に、尾張の博物家の会である「嘗百社《しょうひゃくしゃ》」となる。文政九（一八二六）年四月二十九日には参府のために江戸に向かうシーボルトが熱田宿に投宿するが、その時に弟子の伊藤圭介、大河内存真らとともにシーボルトに会う。シーボルトの『日本植物誌』にも「植物学者である水谷助六」と記されており、豊文の植物図譜はオランダに現存していることがわかっている。

安永四（一七七五）年には俳人である越谷吾山（一七一七～一七八八）が『物類称呼』（全五巻）を出版する。『物類称呼』は、寛政十二（一八〇〇）年には「和歌連俳諸国方言」と改題されて出版されているが、そのことからわかるように、江戸時代に出版された全国方言辞書といってよいだろう。巻二には「動物」一三八項目、巻三には「生植」一五七項目を収めており、総項目五五〇のうち半数以上が動植物名にあてられている。「序」には二条良基の編んだ『菟玖波集』に「草の名も所によりてかはるなり／なにはの芦もいせの浜荻」（難波で芦と呼んでいる植物は伊勢では浜荻と呼んでいる）とあることにふれて、「諸国の方言の物ひとつにして名の数々なるたぐひを採り選」んだことが述べられている。例えば、巻之二「動物」の見出し「鼺鼠（むさゝび）」には「畿内にて○野衾《のぶすま》といふ東国にてはもゝぐはと呼ふ西国にて○そばをしきといふ薩摩にて○もまといふもまとは和名もみの転したるなるへし古哥に大和国春日山高圓《たかまと》津国三国《みくに》山などよみあはせたり東国にては日光山にすめり其鳴声人の呼がことし常に梢に穴居《けつきよ》して夜高きより飛んて人の面をおほふひきゝより高きに上ることあたはず夫木　春日山夜ふかき杁のこすえよりあまた落くるむさゝひのこゑ」と記されていて、畿内、東国、西国、薩摩での呼称を並べ、『夫木和歌集』の和歌をあげている。

現在もそういう傾向があるかどうかであるが、ある時期までの俳句は動植物を対象とすることが少なくなかったといってよいだろう。句作者に「共通語」という意識がはっきりしていなければ、あるいは当該時期に「共通語」という枠組みが確立していなければ、当然、句作者が日常的に使用している言語によって句作を行なう。そう考えると、俳句は（無意識裡に、と言っておくが）個人的に使用している言語がそのまま文字化される「器」となりやすかった。そのようにして作られた俳句作品がある程度類聚されるようになると、同じ植物でありそうなのに、呼び名が異なるということが気づかれる。安永十（一七八一）年には谷素外編・北尾重政画『誹諧名知折《はいかいなのしおり》』が出版され、嘉永六（一八五三）年には加藤正得『［誹諧／季寄］これ々々草』が出版されている。誹諧が方言への興味を喚起したこともおもしろい。連歌、誹諧において方言を含む「異名」についての興味が喚起されることは自然な「流れ」といってよく、ここに「連歌・誹諧→名物学へのルート」があったとみることができるだろう。

寛政五（一七九三）年に出版された入江昌喜（一七二二～一八〇〇）『異名分類抄』（全四巻）はさまざまな異名を集め、異名に証となる和歌、文章を添えているが、タイトルには「和歌連俳」の角書きがある。巻之一に「天部」「時節」、巻之二に「地部」「神祇」「人倫」、巻之三に「居所」「器財・衣食」「魚貝」「鳥」「獣」「蟲」、巻之四に「草部」「木部」を設けている。例えば「蟲」の部に収められている見出し「蛇脱《ヘビノヌケガラ》」には「むしのたれきぬ」という「異名」が示され、「夏ふかきむしのたれきぬ結ひあけて通りわつらふ野への旅人」という『夫木和歌集』巻九に収められている和歌が添えられている。「ムシノタレギヌ」は平安時代から鎌倉時代にかけて用いられた、笠のまわりに垂らす、苧の繊維で織った布のことで、女性はこうして外出した時に顔を見られないようにした。ヘビの抜け殻を「ムシノタレギヌ」と呼んでいたのであろうが、『日本国語大辞典』の見出し「むしのたれぎぬ」にはそうした記述はみられない。この『異名分類抄』は寛政六年版、文政十年版、文政十一年版、刊年不明のものが知られており、版を重ねており、こうしたテキストに需要があったことが窺われる。

十八世紀、十九世紀になると、蝦夷地をはじめとする北方、琉球、薩南諸島などの南方への関心がたかまり、従来把握されていた日本を空間的に拡大し、それに伴って、それらの地域の物産への興味をかきたてていく。京都、大坂、江戸の三都では、薬品会や物産会が開かれ、珍奇な動植物鉱物への興味が具体的に喚起されていく。名物学的観点からは、非標準的な名前、すなわち方言を含んだ異名の類聚が行なわれるようになっていく。過去の日本のありかたの追究はもっぱら国学が担うようになり、時間・空間の拡大が知のひろがりをもたらすようになっていく。

林羅山『多識編』をよむ

李時珍の『本草綱目』は崇禎十年、日本の慶長元年に中国において出版されている。この『本草綱目』は、中国においても日本においても、本格的な「本草学」の起点といってよい。註4で述べたように、家康は慶長十二（一六〇七）年に『本草綱目』を手にするが、それは林羅山が長崎で購入したものであった。

末木文美士（二〇二〇）は次のように述べている。

家康は主として崇伝や天海を重用したが、他方で朱子学者林羅山もまた幕府に登用された。学問好きの家康は治世の学としての儒教にも関心を寄せ、羅山は二十三歳ではじめてお目見えして後、二十五歳の時（一六〇七）に正式に登用された。しかし、剃髪した僧侶としての待遇であった。そもそも新しい儒教は博士家の儒教ではなく、五山の禅寺で学ばれ、そこから独立することによって出発していた。江戸初期に儒者として活躍する藤原惺窩・林羅山・山崎闇斎は、いずれも京都の禅寺で学んでいる。禅寺を離れた儒者は幕府や諸藩に仕官するか、または市井で講学することによって身を立てることになる。（一一六〜一一七頁）

林羅山（一五八三〜一六五七）は江戸時代初期の儒者と位置づけられることが多いが、「儒者」と「儒官」との違いは見過ごされることが多いだろう。

「儒者」は儒教、特にその経典を学び教授する者のことで、日本の古代、中世においては、明経道を講学した清原氏、中原氏などの博士が「儒者」ということになる。江戸時代には、儒学が広まり、それに伴って、儒学の経典を学び教授する者も増え、そうした人が「儒者」と呼ばれるようになっていく。儒学の経典を学び、教授するのだから、漢文が読めるということが大前提になる。将軍や大名などに仕えて給与を受けている「儒者」は「御儒者《おじゆしや》」と呼ばれる。幕府に雇用された林羅山は「御儒者」といってよい。そして雇用先が幕府であるので「儒官」ということになる。「御儒者」は将軍や大名に仕えてはいるが、武士ではない。しかし、将軍や大名が儒学に傾倒すれば、影響力を持つことがある。政治についての相談がなされる場合は「政治顧問」にちかくなる。

例えば、新井白石（一六五七～一七二五）は、小大名といってよい上総久留里藩、土屋家に仕える武士の子として生まれている。つまり旗本の子ということになるが、藤原惺窩の弟子である松永尺五に学んだ儒者である木下順庵（一六二一～一六九八）に学び、順庵の推挙によって、元禄六（一六九三）年、白石三十七歳の時に、甲府潘主である徳川綱豊に儒者として四十人扶持[10]で仕えるようになる。白石は十七歳の時に中江藤樹の『翁問答』を読んで儒学に興味をもったと考えられている。白石は綱豊に、朱熹の『四書集注』や『資治通鑑綱目』などの経書、史書を進講する。この時点では白石は「御儒者」ということになる。息子を得られなかった五代将軍綱吉が綱豊を世継ぎと定め、綱豊は六代将軍徳川家宣となる。そのために、白石の石高は一千石に至り、旗本（将軍家直参で知行高が一万石未満の武士のうち、お目見え以上の者）となった。正徳元（一七一一）年には従五位下筑後守という官位を受ける。実質的には「儒官」といってよい身分となるが、立場としては、あくまでも家宣との個人的関係に基づく「影響力」ということになる。白石は木下順庵に師事しているが、自身で経書の注釈書をあらわしてはいない。綱豊に『四書集注』を講義しているところから推せば、白石の儒学は朱熹の解釈に沿ったものと思われる。その点は伊藤仁斎や荻生徂徠と異なっている。

民間では、学塾や医業などを営む「町儒者」が増えていくが、伊藤仁斎、中江藤樹はそうした「町儒者」にあたる。「儒官」は儒者がつとめることが原則となっている官で、江戸幕府でいえば、式部大輔、式部少輔、大学頭、紀伝・明経・明法・算の博士、音博士、書博士、助教、直講などで、一般的にいえば、儒学を教授する官ということになる。「官」であるので、幕府に仕えていることになる。[11]

末木文美士（二〇二〇）の「新しい儒教は博士家の儒教ではなく、五山の禅寺で学ばれ、そこから独立することによって出発していた。江戸初期に儒者として活躍する藤原惺窩・林羅山・山崎闇斎は、いずれも京都の禅寺で学んでいる」という言説には注目しておきたい。つまり「五山の禅寺」ということが儒教と結びついているということになる。[12]

林羅山は京都五山の建仁寺で仏教を学ぶが、出家を拒否する。独学で朱子学に傾倒し、慶長九（一六〇四）年に藤原惺窩と出会い、激しい論争をするが、藤原惺窩に師事する。藤原惺窩の門弟の中でも抜きん出ていた、林羅山、那波活所（道円）、松永尺五、堀杏庵の四人は「惺門四天王」と呼ばれることがある。那波活所は、先にふれた、『和名類聚抄』の古活字版を編集、出版している。この古活字版『和名類聚抄』には源順の世系について述べた、林羅山の「題倭名抄」という文章が巻頭に置かれている。

林羅山は慶長十年には二条城で徳川家康と謁した。日を経て二度目に謁した時に羅山は家康から三つの質問を受けたことが「羅山先生年譜」に記されている。その三つ目の質問が「屈原が愛した蘭の品種」であった。屈原（紀元前三四〇頃～紀元前二七八頃）は中国、戦国時代の楚の政治家、詩人で、実在が疑問視されることもあるが、中国北方の『詩経』に対して中国南方を代表する古典文学とみなされることもある『楚辞』には屈原の「離騒」が収められている。家康の質問は「詩経名物学」ではないものの、そうした傾きがあるといってよいだろう。羅山は、慶長十二年には家康の命によって僧形となり、道春と称して家康に仕えた。この年に長崎に赴き、『本草綱目』を買い求めて家康に献じている。『徳川実紀』慶長十二年四月の条には次のように記されている。

林道春信勝先に駿府より江戸に参り、日毎に侍講しけるが、ふたゝび駿府に参り、韓使江戸に参る道にて接遇し、筆語すべしと仰付られいとま給はり。又長崎に赴き京にかへる。このとき長崎にて本草綱目を購求し駿府に献じ奉る。（国史大系第三十八巻：四三二頁）

近藤重蔵（近藤正斎）（一七七一～一八二九）は蝦夷地の探検をした人物として知られているが、山本北山に儒学を師事し、文化五（一八〇八）年には江戸城紅葉山文庫の書物奉行となっている。重蔵はこの職に就いている間に『外蛮通書』（全二十七巻）などの著述を行なった。その近藤重蔵があらわした『右文故事』巻之四には、家康が晩年に身近に置いていた書物のことが記されているが、その中に『本草綱目』が入っており、近藤重蔵はその『本草綱目』について「神君御前本ト称ス則御手沢本ナリ」と記している。現在、国立公文書館（内閣文庫）に蔵されている「金陵本」『本草綱目』が家康の手沢本であるとするみかたがある一方で、それを否定する説もある。この本には「多紀氏蔵書印」「井口薬堂」「農商務省図書」の蔵書印がおされている。「多紀氏」は徳川家康から第十五代将軍徳川慶喜まで、奥医師として将軍に近習した。僧位をもち、法眼、法印の位を授けられている。幕府の医学校として設立された医学館の総裁も多紀氏がつとめた。

長崎での『本草綱目』の購入はそうした家康の興味、関心によるものと推測される。

羅山は寛永元年には三代将軍徳川家光の侍講となる。寛永六（一六二九）年には四十七歳で法印に叙せられ、翌七年には徳川家光に上野忍岡の土地を与えられ、羅山は九年には上野忍岡に、後の昌平黌のもととなる私塾、文庫、孔子廟を建てる。寛永十二年には『武家諸法度』『旗本諸法度』を起草し、寛永二十年には『寛永諸家系図伝』を完成させ、翌二十一年には『本朝通鑑』の編集を始める。林羅山には四人の息があったが、長男、次男は夭逝している。三男の春勝（春斎）は鵞峰、四男の守勝（春徳）は読耕斎と号し、鵞峰は羅山の後継者として幕府に仕え大学頭となった。春斎は「羅山先生年譜」、春徳は「羅山林先生行状」を編み、いずれもが『羅山林先生集』（前者は附録巻第一、後者は巻第三）に収められている。[13]「羅山先生年譜」の慶長九（一六〇四）年の項に、「今年記所既見之書目以自勵益求未見之書」（七丁裏）（＝今年既に見る所の書目を記し、以て自ら励まし、ますますいまだ見ざるの書を求む）とある。書目は『孝経』『小学』『大学』『論語』『孟子』『中庸』のような経書及びそれに準じるテキストから、『性理大全』『二程全書』『朱子文抄』など朱子学関連のテキスト、『通俗演義三国志』『剪燈新話』『剪燈餘話』のような白話小説、『太平廣記』や『事文類聚』のような類書、『無門關』『正宗贊』のような禅書など「四百四十餘」のテキストが掲げられているが、その中に『本草綱目』『本草蒙筌』『和劑方』などの本草関連テキストが含まれている。

中国、明の李時珍が『本草綱目』をまとめあげたのは万暦十八（一五九〇）年頃、最初の刊本である金陵本ができたのが万暦二十四（一五九六）年頃と考えられている。『本草綱目』の再版本である「江西本」は万暦三十一（一六〇三）年に刊行されているので、羅山が慶長九年に見た『本草綱目』は「金陵本」である可能性がたかい。ただし、羅山が自身で「金陵本」を所持していたかどうかはわからない。他から借覧した可能性はある。羅山の師である藤原惺窩は管得庵から『本草綱目』を借覧したことが『惺窩文集』四に記されているので、借覧の可能性もあろう。「既見之書目」の中には『本草綱目』以外の本草のテキストや医学のテキストの名もみえている。少し粗いとらえかたになるが、羅山はそうした、いわゆる「実学」にも興味をもっていたことが窺われる。

『羅山林先生集』の文集第五十五に「多識編跋」が収められている。「文集」は〈詩や文章を集めた書物〉のことであるので、序文、跋文も含まれる。その「多識編跋」には「壬子之歳抜写本草綱目而附以国訓鳥獣草木之名不在茲乎因以命名」(壬子の歳、本草綱目を写して抜き、附するに国訓を以てす。鳥獣草木の名茲にあらざるや。因て以て名を命す)とあり、壬子の歳、すなわち慶長十七(一六一二)年に『本草綱目』を抄写して、和訓を附したことが記されている。「鳥獣草木」はおそらく『論語』の「多識於鳥獣草木之名」をふまえているだろう。「羅山先生年譜」の慶長十七年の条には、「常侍□営中談古今倭漢事跡顧問若干或聞僧徒論議以取其要而啓稟之且告於江戸或陪御藥調和之席讀和劑方等解説之以諭醫者等」(□は「営中」に対して設けられた空格)と記されている。「和剤方」は、中国、宋代の大観年間(一一〇七〜一一一〇)に出版された漢方処方箋集ともいうべき『太平恵民和剤局方』のことと思われる。先にふれた「既見之書目」にも「和劑方」とあった。そうだとすると、羅山は、江戸において、薬を調剤する場にいあわせて、「和劑方」=「和剤局方」などを読み解き、医者に解説するような場面もあったことになる。右の『本草綱目』の抄写本はそうしたことに備えるために作成したとみるのが自然だろう。この抄写本は「羅浮渉猟抄多識編」と名付けられている。「多識編」という書名は先にふれたように、『論語』の文言から採ったものと思われるが、室町時代には『下学集』『温故知新書』と名付けられた辞書がつくられており、日本において編まれた辞書、それはいわば「知を集積した書物」であったと思われるが、そうした辞書に『論語』を淵源とする書名が与えられていることには注目しておきたい。

羅山が『本草綱目』の抜き書きを作ったのが慶長十七(一六一二)年で、その十八年後の寛永七(一六三〇)年には古活字版『多識編』が出版されている。翌寛永八年、慶安二(一六四九)年には製版本が出版され、さらに刊年が不明の製版本、改正増補本もあり、繰返し出版が行なわれている。テキストを出版するためには「コスト」がかかる。繰返し出版されているテキストは出版にかかった「コスト」

に見合う需要があったとみるのが自然であろう。では、どのような需要があったかといえば、江戸時代において「本草学」がひろがりをもっていたということであろう。『本草綱目』から項目を採り、それに和訓を対置させた『多識編』は、羅山の意図がそうであったかどうかは別として、李時珍の『本草綱目』を読むにあたっての広い意味合いでの参考書としての価値をもつ。実際に、そうしたことを思わせる書き込みがある『多識編』があることが報告されている(14)。江戸時代における『本草綱目』の広通については、「小野蘭山『重訂本草綱目啓蒙』をよむ」で改めて述べることにしたい。

本書においては、「情報」やテキストを「静態的」にとらえるのではなく、できるだけ知の広がり、つながり、ネットワークの中で、「動態的」にとらえたい。中国、明の時代に成ったテキスト『本草綱目』が日本の言語空間の中でどのようにとらえられ、それがどのような知の広がり、つながりを形成しているかという観点をできるだけ大事にしたいと考えている。ここでは、羅山が『本草綱目』を抄写した「羅浮渉猟抄多識編」を使ってそうしたことについて考えてみたい。

「禽部」から振仮名が施されている項目をあげる。振仮名は漢字列の右傍・左傍と漢字列直下と三箇所に施されていることがあるので、右傍の振仮名には右を、左傍の振仮名には左を添えて示し、漢字列直下の振仮名は、漢字列の下に示す。

◎鶴（右ツル）　タツ　ク、イタ

◎鸛（右コウノトリ）　オホトリ　ナヘセヲヒ

◎鸊鷉（右チリ々々／左ヘキテイ）　ニホ　カイツフリ

◎鵁鶄（右アホセキ）　メマセトリ

◎鷺（右サキ）　シラサキ　ツユノトリ

◎突厥雀（右アタトリ）　タトリ　ヱヒスス、メ
◎鸍鴿（右ヒヨトリ）　ニワタ、キ　カワアムトリ
◎鶚（右タカ）　ミサコ　ウヲタカ
◎鬼車鳥（右オニクルマ）　イヌクヒトリ

先に述べたように、古活字版『和名類聚抄』の巻頭には林羅山の「題倭名抄」という文章が置かれているので、羅山が『和名類聚抄』をみていたことは確実といってよい。国立公文書館（内閣文庫）には羅山の書き入れのある古活字版『和名類聚抄』が蔵されている。「羅浮渉猟抄多識編」（以下では単に多識編と呼ぶことにする）は右にあげたように、和訓を片仮名で文字化しているが、古活字版、製版本『多識編』は和訓を漢字で文字化している。これはあるいは『和名類聚抄』のかたちを模したものであろうか。そうであっても、羅山は『和名類聚抄』の和訓をそのまま引き写しているわけではない。『和名類聚抄』は十世紀に編まれているので、それは当然といえば当然ではあるが、『和名類聚抄』の影響力は大きいので、羅山が『和名類聚抄』が示していない和訓を示していることには注目しておきたい。

例えば、『和名類聚抄』は見出し「鶴」に和訓「豆流」（＝ツル）を対置させているので、『多識編』の右振仮名は『和名類聚抄』と共通している。しかし漢字列直下に置かれている「ク、イタ」は『和名類聚抄』にはみえない和訓である。『和名類聚抄』にはみえないどころか、現在出版されている最大規模の国語辞書といってよい『日本国語大辞典』も見出しにしていない。あるいはまた『和名類聚抄』は見出し「鸛」に和訓「於保止利」（＝オホトリ）を対置させている。「オホトリ」は『多識編』の漢字列直下に置かれている。『多識編』は「コウノトリ」を「鸛」の右振仮名として施している。「コウノトリ」は「鴻の鳥」であるので、厳密にいえば和訓とはいいにくいが、とにかく『和名類聚抄』と『多識

編』とはその点において異なる。そして「ナヘセヲヒ」は「鍋背負い」であろうが、この語も『日本国語大辞典』が見出しにしていない。鵁鶄の右振仮名となっている「アホセキ」、漢字列直下の「メマセトリ」（目交ぜ鳥）もやはり見出しになっていない。『日本国語大辞典』の見出しにみられないということをどのように考えればよいかということであるが、『日本国語大辞典』は文学作品を軸としながらもひろくさまざまな文献にあたって使用例を集めている。主な古典文学作品はほぼ網羅されているといってよいだろう。したがって、『日本国語大辞典』の見出しにみられない語としてまず考えられるのは、過去における方言、俗語などの非標準的な語である。非標準的な語は当然のことながら文献に「足跡」を残しにくい。「鷺」の漢字列直下に置かれている「ツユノトリ」、「鸜鵒」の漢字列直下に置かれている「カワアムトリ」、「鬼車鳥」の右振仮名「オニクルマ」、漢字列直下の「イヌクヒトリ」（狗食ひ鳥）、いずれもやはり『日本国語大辞典』が見出しにしていない語である。

鸊鷉あるいは鸊鵜、鸊鷈はカイツブリのことで、「ニホ」は『和名類聚抄』が鸊鷉の和名として「迩保」（=ニホ）を示している。しかしながら鸊鷉の右振仮名には「チリヽヽ」とある。「チリチリ」はチドリやヒバリなど、小さな鳥の鳴き声や動くさまをあらわす語で、カイツブリのことを「チリチリ」と呼ぶことがあったことを示していると思われる。「鶚」の漢字列直下の「ウヲタカ」は〈魚を捕獲する鷹〉ということであろう。『日本国語大辞典』は「うおたか」を見出しにしているが、使用例はあげていない。

『本草綱目』に和訓を附すという「作業」は、右でいえば、中国の鳥が日本のどの鳥にあたるかを比定することであり、それは中国語を日本語に訳すということでもある。これは二言語間の対訳辞書をつくるということであるが、日本語において、ある地域ではXと呼び、ある地域ではYと呼ぶということになって、それを類聚するとなれば、今度は日本語における「方言」（言語の空間差）を類聚するということとにつながっていく。X、Yと複数の呼称があるということはそのうちのどれが多く使われ、どれはそうでもないかという認識につながり、標準的な日本語への意識を高める。越谷吾山が編み、安永五（一七七六）年に五巻仕立てで刊行された『物類称呼』は方言を類聚したテキストで、安原貞室が編み、慶安三（一六五〇）年に刊行された『かたこと』は非標準的な語を類聚したテキストであるが、どちらも、日本語の、より具体的な姿に目を向けたテキストとみることができるだろう。江戸時代にはそうしたテキストが編まれるようになっていた。中国語と日本語との対照は二つの言語の対照であるが、その対照に、日本語内での非標準的な語＝方言が組み合わせられていることには注目しておきたい。

『本草綱目』においては、見出しとなっている薬物ごとに、名称についての考証である「釈名」、産地についての注解「集解」、文献における誤りなどにかかわる「正誤」、製造方法にあたる「修治」、「気味」「主治」「発明」「処方」などの項目をたてて記述されている。

例えば、見出し「突厥雀」であれば、「釋名」として「鵽鳩」「寇雉」とある。「A、B也」は訓詁の基本的なかたちで、AとBとが強く結びつくことを示している。この場合は、「也」が使われていないが、「突厥雀」の別名が「鵽鳩」であり「寇雉」であると理解することができる。

そして「蔵器曰」というかたちで、中国、唐の陳蔵器による『本草拾遺』が引用され、それに続いて「時珍曰」というかたちで李時珍の説が示されている。「集解」においてもまず「蔵器曰」とあり、それに続いて「時珍曰」とあり、陳蔵器の『本草拾遺』が重視されていることがわかる。肉の「気味」は「甘熱無毒」（甘し、熱にして毒なし）と記され、「主治」は「補虚暖中」（虚を補し、中を暖める）という「蔵器」の説が示されている。今ここでは、「人文学オープンデータ共同利用センター」が公開している画像（国文学研究資料館書誌ID200022040）を参照させていただいているが、当該テキストは奥付に「寛永十四［丁／丑］年初春吉日／魚治町通信濃町／野田弥次右衛門改板」とある、寛永十四（一六三七）

年に出版された「和刻本」である。林羅山が『本草綱目』の抄写を行なったのは慶長十七（一六一二）年であるので、羅山の抄写から二十五年後に出版されたテキストで、羅山がこのテキストを抄写したのではないが、このテキストにおいては、見出し「突厥雀」の漢字列直下に「ヱヒスス、メ」と振仮名が施されている。羅山が「突厥雀」の右側に施した振仮名「アタトリ」は『本草綱目』の「釋名」が「冠雉」を挙げること、『爾雅』に「鵽鳩寇雉也」とあることをふまえて、「アタトリ」という和訓を考え出したのではないか。『日本国語大辞典』は「アタトリ・アタドリ」を見出しにしていない。

中国、明の時代に編まれた『本草綱目』は医学・薬学書と位置づけることができる。その医学・薬学書を江戸時代に読み、その抄写をしながら、日本語、この場合は和訓を配していく。『本草綱目』においては「禽部」すなわち鳥類は第四十七巻（水禽類）、第四十八巻（原禽類）、第四十九巻（林禽類・山禽類）と三巻にわたって収められている。鳥類であっても、あくまでも医薬としての扱いであるので、例えば、鶩鳥の肉は五臓の熱を解すとか、肝は熱毒を解すとか、毛を灰にして酒で飲むと噎疾（「噎」の字義は〈むせぶ〉なので、喉の痛みもしくは喉がむせるような病気と思われる）を治すというような記述がある。しかし、動植物などの場合は、おそらくは医薬ということを超えて具体的な物そのもの、右でいえば「どのような鳥か」ということに関心は向かいやすいと推測する。そこに名物学、本草学が博物学へ展開していく契機があったと思われる。抽象ではなく、具体への関心といってもよい。

先に述べたように、李時珍『本草綱目』の初版と目されている金陵本は万暦二十四（一五九六）年頃と考えられている。日本においては、寛永十四（一六三七）年に最初の和刻本（京都野田弥次右衛門版）が出版されている。この寛永十四年版と同じ版木を使って印刷された版が多数あることがわかっている。正徳四（一七一四）年には本草家、稲生若水が校正をした「新校正本」四十五冊が出版され、万治二（一六五九）年には題簽が篆字になっている「篆字本」が出版されている。寛文十二（一六七二）年には附録に「貝原益軒傍訓」と記されていることから「貝原本」と呼ばれている三十八冊仕立てのものが出版されており、日本においても、『本草綱目』が繰返し出版されていることがわかる。繰返しの出版は少なからず需要があったことを窺わせる。

中村惕斎『頭書増補訓蒙図彙』をよむ

林羅山の『多識編』が出版される前年の寛文六（一六六六）年には中村惕斎《てきさい》『訓蒙図彙』（二十巻十四冊）が出版されている。寛文八年には挿絵を縮小したものが出版され、増補版として、元禄八（一六九五）年に『頭書増補訓蒙図彙《かしらがきぞうほきんもうずい》』（八冊）が、寛政元（一七八九）年に『増補頭書訓蒙図彙大成』（十冊）が出版されている。図22は元禄八年に刊行された『頭書増補訓蒙図彙』の巻十二「畜獣」の一丁裏と二丁表の箇所。絵の上の部分が「頭書」にあたる。

中村惕斎（一六二九〜一七〇二）は、京都室町二条に生まれ、十八歳の時に、『性理大全』を読んで朱子に傾倒し、四書五経に略注を加えた『四書示蒙句解』『詩経示蒙句解』などをあらわしている。したがって、儒学者といってよい。『性理大全』（全七十巻）は、明の永楽帝の命によって、宋・元の性理学者百二十人余りの説を収録して編まれている。

中村惕斎の『訓蒙図彙』が出版されてから、挿絵入りで百科事典的な項目を一般読者向けに解説したテキストの出版が増え、「訓蒙図彙」は江戸時代に出版された啓蒙的挿絵入り事典の総称としても使われるようになった。『武具訓蒙図彙』（天和四年刊）、『好色訓蒙図彙』（貞享三年刊）、『人倫訓蒙図彙』（元禄三年刊）、『立花訓蒙図彙』（元禄九年刊）、『難字訓蒙図彙』（貞享二年刊、『邇言便蒙抄』の改題本）、『戯場訓蒙図彙』（享和三年刊）などさまざまな分野の「訓蒙図彙」が出版されている。

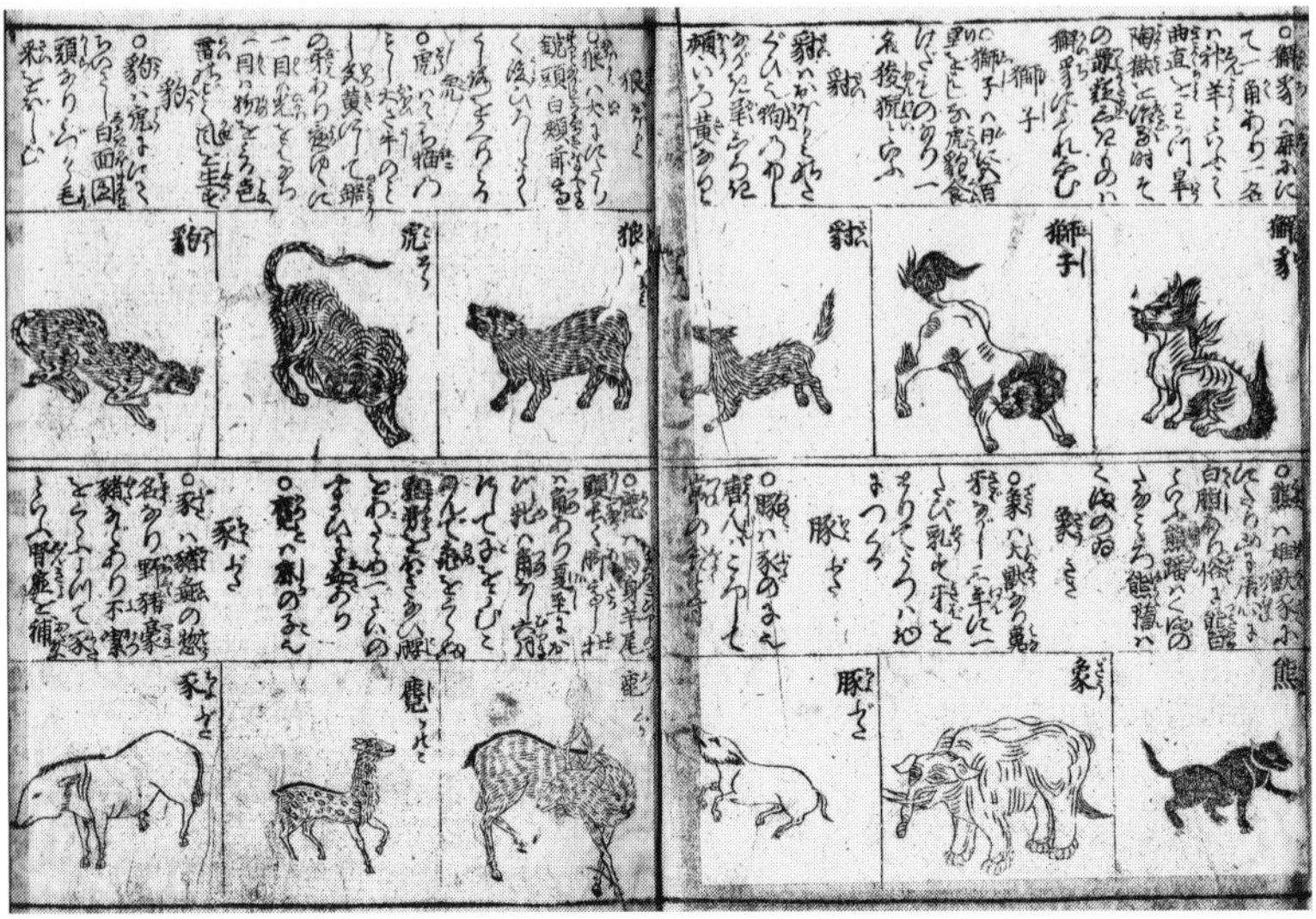

図22 『頭書増補訓蒙図彙』（巻十二・一丁裏／二丁表）

中村惕斎の『訓蒙図彙』は「天文」（三十六項目）、「地理」（六十項目）、「居処」（六十二項目）、「人物」（八十項目）、「身体」（三十六項目）、「衣服」（五十二項目）、「宝貨」（五十二項目）、「器用」（二九六項目）、「畜獣」（六十四項目）、「禽鳥」（七十六項目）、「龍魚」（六十四項目）、「虫介」（一〇八項目）、「米穀」（三十七項目）、「菜蔬」（五十六項目）、「果蓏」（五十二項目）、「樹木」（八十四項目）、「花草」（一二八項目）に分野を分け、事物の名称を記し、形状を示している。

『訓蒙図彙』には漢文の「訓蒙図彙凡例」が附されている。その凡例を参考にして『訓蒙図彙』がどのようなテキストであるかを整理してみることにしたい。まず惕斎は「一事」に「数名」すなわち幾つかの「名」がある場合があるという。そしてその幾つかの「名」には「正名」と「異名・異称」とがある。「異称」は「俗」にちかい。「俗呼」は必ずそれを採りあげて、「猥雑」を避けない。「目撃」したものはそれを模写するし、ある場合は画家が写したものに拠り、ある場合は「識者」にたずね、そのようにしてから、「工」に命じて図を作らせている。「引證之圖書」として、「漢字」すなわち中国文献としては『三才図会』『農政全書』及び「諸家本草之図説」を主としている。「国書」すなわち日本の文献としては、源順の『和名類聚抄』を本とし、林羅山の『多識編』をもってこれに次ぐものとする。『字鏡』や『壒嚢鈔』『下学集』『節用集』をも参照したという。『訓蒙図彙』というテキストにおいては、中国の知と日本の知とが混在していることになる。

『三才図会』（全一〇六巻）は、王圻《おうき》（一五三〇～一六一五）とその息の王思義によって編纂され、中国、明の万暦三十五（一六〇七）年に成り、一六〇九年に出版されている。「三才」は天・地・人のことで、万物のことを指す。世界の事物を「天文・地理・人物・時令・宮室・器用・身体・衣服・人事・儀制・珍宝・文史・鳥獣・草木」の十四の部門に分けて説明している。各項目は図入りとなっている。『農政全書』（全六十巻）は中国、明の徐光啓が編纂した農書で、徐光啓没後の崇禎十二（一六三九）年に刊行されている。

ここでは具体的には『頭書増補訓蒙図彙』をよむことにしたい。図22をみてみよう。一丁裏（右側）、二丁表（左側）ともに六つの図が載せられている。その図の上部が「頭書」にあたり、簡単な解説が記されている。（句読点を補って引用する）一丁裏ではまず「獬豸（振仮名かいち）」が採りあげられ、「頭書」には「獬豸は鹿ににて一角あり、一名は神羊といふ。よく曲直をわかつ。皋陶《こうよう》獄を治る時その罪疑しきものは獬豸にふれしむ」と記されている。『後漢書』の「輿服志下」に「獬豸神羊、能別曲直」という記事がみられるので、「頭書」はそれをふまえていると思われる。また、皋陶は、古代中国の伝説上の人物で、堯・舜の時代に公平な裁判をおこなった人物とされる。判決のために獬豸を使ったとの言い伝えがある。そもそも獬豸は実際の動物ではないので、頭書も文化誌的な記述になることはむしろ自然であろう。

以下、それぞれの「頭書」を翻字してみよう。

獅子　獅子《しし》は日《ひ》に五百里《り》をはしる。虎豹《こへう》を食《くふ》けだものなり。一名狻猊《しゆんけい》といふ

豺　豺《さい》あはおほかみのたぐひ也。狗《いぬ》のあしながき尾しろき頬《ほう》いろ黄《き》なり

熊　熊は雄獣豕ににたり。山に居。心に白脂あり。俗に熊白といふ。熊蹯はくまのたなごゝろ、熊肝はくまのゐ

象　象は大獣なり。鼻、牙ながし。三年に一たび乳す。牙をとりてうつは物につくる

豚　豚は豕の子也。唐人はころして常の食とす

狼　狼は犬ににたり。鋭頭、白頬、前高く後ひろし。よくうしろをかへりみる

虎　虎はかたち猫のごとし。大さ牛のことし。色黄にして鋸の牙あり。夜ゆくに一目は光をはなち、一目は物をみる。声、雷のごとく、風を生ず。

豹　豹は虎ににてちいさし。白面、円頭なり。みづから毛采をおしむ

鹿　鹿は馬身、羊尾、頭長く脚高し。牡は角あり。夏至におつ。牝は角なし。六月にして子をうむ。このんで亀をくらふ。虚労をおぎなひ腰をあたゝめ、一さいのやまひに益あり

麑　麑は鹿の子也

豕　豕は猪彘の惣名なり。野猪、豪豬などあり。不潔をくらふ。よつて豕といふ。腎虚を補ふ

熊が「豕《ぶた》ににたり」といわれると「?」となりそうではあるが、それはそれとして、見出しの「豚」には「ちよ」と振仮名があり、説明には「豚《ゐのこ》は豕《ぶた》の子也」とある。また見出し「豕」にも「ちよ」と振仮名があって、「ぶた」と説明があるなど、複雑な情報になっている。「不潔をくらふ」の「不潔」は

「不潔なもの」と理解すればよいだろう。見出し「熊」の説明中の「熊蹯はくまのたなごゝろ、熊肝はくまのゐ」や見出し「鹿」の「虚労をおぎなひ腰をあたゝめ、一さいのやまひに益あり」は「本草」的な情報といってよい。鹿角《ろつかく》や鹿茸《ろくじよう》（生え始めの柔らかい角＝幼角）は現在も漢方薬として使われている。「熊」は『本草綱目』の獣部第五十一巻上「獣類上」に見出しとして掲げられている。見出し「熊」の「集解」において李時珍は「冬月蟄時不食、飢則舐其掌、故其美在掌、謂之熊蹯」（＝冬期の蟄する時は物を食はず、饑ゑるときはその掌を舐める。故にその美、掌に在りといふのであつて、これを熊蹯といふ）[15]と述べている。『本草綱目』の見出し「熊」の「附録」として見出し「脂」が設けられているが、その「釈名」として「熊白」が挙げられ、「弘景曰、脂即熊白乃背上肪色白如玉味甚美寒月則有夏月則無其腹中肪及身中肪煎練過亦可作薬而不中噉」（＝弘景曰く、脂、即ち熊白なるものは背上の肪であつて、色は白くして玉のやう、味が甚だ美である。寒期にはあるが夏期には無い。その腹中の肪、及び身中の肪を煎練したものもよし。薬用にはなるが噉《く》ふわけには行かぬものだ）とある。「弘景」は中国、六朝時代の医学者で道教茅山派の開祖である陶弘景《とうこうけい》（四五六〜五三六）のこと。『頭書増補訓蒙図彙』の記事は『本草綱目』の記事とおそらく直接はつながらないのであろうが、李時珍の『本草綱目』を起点とした中国本草学の知が、日本に伝わり、日本の本草学も日本で展開し、そうした総合的な知が何らかのかたちで反映していることを窺わせる。

『頭書増補訓蒙図彙』であるので、「増補」した項目があることになるが、増補項目には「補」と記されている。例えば、この巻でいえば見出し「猼訑《はくし》」が増補されている。「頭書」には「もろこし基山に猼訑といふけた物有。羊のごとし。九の尾、四の耳あり。目はせなかにあり」とあって、そういう動物が画かれている。背中の目は少し不気味ではある。いうまでもなく、これは想像上の動物ということになる。

あるいはまた見出し「狰《そう》」が増補されている。「頭書」は「もろこし章莪《しやうか》といふ山に狰といふけだ物あり。豹のことし。五の尾、一の角あり。こゑ石をうつがごとし」と説明している。豹に似ていて、尾が五本あって角が一本ある。そういう動物の絵が掲げられているが、これもまた想像上の動物である。「禽鳥」の部には「竦斯《そし》」という鳥?が増補されている。「頭書」には「もろこし灌題といふ山に竦斯と云鳥あり。雉のごとし。人の面なり。人をみるときはおどる。みづから名をよぶ」とある。中国の戦国時代から秦、漢にかけて成ったと考えられている『山海経』というテキストがある。地理書ということになっており、各地域の動植物や鉱物などを記しているが、中に想像上のものや、神々、妖怪なども含まれており「奇書」ととらえられることもある。『頭書増補訓蒙図彙』の「竦斯」の記事は『山海経』の記事にちかく、あるいは『山海経』の情報なども（直接ではないにしても）何らかのかたちで『頭書増補訓蒙図彙』に流れ込んでいる可能性がある。

「増補」はわざわざする行為であるので、どうしても加えたい情報を加えるはずである。想像上の動物が「増補」されているということをどう考えればよいか、ということになるが、なるべくいろいろな動物を紹介したいということだろう。「なるべくいろいろ」は実在の、でなくてもいいし、「本草」にかかわらなくてもいい。『訓蒙図彙』が出版された寛文六（一六六六）年は荻生徂徠が生まれた年にあたる。寛文九年には荷田春満が生まれている。『頭書増補訓蒙図彙』は元禄八年に出版されているが、江戸の知はこれから成熟していくといってもよい時期で、『頭書増補訓蒙図彙』はやはり百科事典的読み物ととらえておくのがよさそうだ。稿者は『頭書増補訓蒙図彙』を二部所持しているが、いずれも本としてのコンディションがあまりよくない。各丁の左下は手擦れがあって、繰返しよく読まれたことを窺わせる。稿者は動植物、昆虫などが好きだったので、子供の頃は毎日図鑑をながめていた。それと同じようなものとみるのはあらっぽいだろうが、よく読まれていたことには留意しておきたい。

図22をみるとわかるが、それぞれの図に漢字で文字化された見出しが附され、その右傍に平仮名で振仮名が施され、その下に平仮名で日本での呼称が示されている。巻之廿「花草」から幾つかの見出しを抜き出してみよう。漢字の右傍の振仮名は漢字列直下に丸括弧に入れて示した。

蘭（らん）　ふしはかま
葵（き）　あふひ
蘇（そ）　のらゑ　しそ　桂荏（けいしん）同
蓼（れう）　たで　水蓼（いぬたて）
菰（こ）　まこも
藎（じん）　かりやす
芍薬（しやくやく）　かほよくさ
麗春（れいしゆん）　びじんさう
鴨跖（かうせき）　ついぐさ
薔薇（しやうび）　いばら　しやうび
菝葜（えびついばら）　えびついばら

右の中で、例えば「麗春」はあまり聞き慣れない植物であるが、図は鉢植えになっており、江戸時代の園芸植物であることを思わせる。「麗春」は現在では、「ヒメケシ」と呼ばれる園芸・薬用植物である。「鴨跖」の日本での呼称に「ついぐさ」とあるが、これは「ツユクサ」の変異語形と思われる。「薔薇」の日本での呼称に「いばら」とある。現在のバラはアジア原産の原種から品種改良して作り出されたもので花が美しいが、原種はノイバラであるので、日本での呼称が「いばら」ということになる。この場合などは、現在も「バラ」と呼ばれる植物は日本にあるけれども、それは品種改良されたもので、「バラ」を「薔薇」と文字化することもあるが、『頭書増補訓蒙図彙』が「薔薇」として掲げている植物とは「名は同じであるが物が異なる」ということになる。絵があると、それがわかりやすいが、絵がない場合、すなわち言語で説明する場合はわかりにくいことが予想される。薬用植物の「真偽」を判定する必要がある本草学において、絵が次第に重視されていくことは自然な流れといってよいだろう。菝葜はサルトリイバラの文字化に使われる漢字列であるので、「えびついばら」もサルトリイバラの異名と思われる。「バッカツ（菝葜）」は現在も使われる生薬の名で、根が利尿薬として使われる。葉は餅を包む時に使われることがあり、それを「サンキライ餅」と呼ぶ。十一月頃に赤い実をつけるので、目立つ植物でもある。

『頭書増補訓蒙図彙』は図22でわかるように、「漢字平仮名交じり」の表記体で文字化されている。基本的に、漢語をある程度使う漢文訓読系の文章は「漢字片仮名交じり」の表記体を選択することがほとんどで、「漢字平仮名交じり」は和文系の文章の延長線上にあるとみてよいだろう。『頭書増補訓蒙図彙』には漢語名が多く含まれている。それにもかかわらず、「漢字平仮名交じり」の表記体を選択しているのは、やはり学術的なテキストではなく、一般向けの読み物として出版されているからであろう。版を重ね、増補版が出版されていることも、「一般向けの読み物」の需要としてとらえるのがよいと考える。

右で、見出し「蘇」は「蘇《そ》」の下に「のらゑ／しそ」とあって、「のらゑ」の下に「桂荏《けいしん》　同」とある。これがわかりにくい。中国語日本語対訳の枠組みでいうならば、見出しは中国語「蘇《そ》」を示し、それに対しての日本語「のらゑ／しそ」を平仮名で示し、「頭書」は中国語日本語ということを離れて、見出しの説明を記せばよい。しかし、『頭書増補訓蒙図彙』はそのようになっていない。レイアウト、使用する文字種が、提示しようとしている情報ときれいに対応していない。ここから二つのことがわかる。まず、『頭書増補訓蒙図彙』はいかにも中国の知を背景にして編まれていそうに思われ、実際、そうした知も何らかのかたちで取りこまれていると思われるが、テキストの枠組みは中国語日本語対訳という枠組みではない。そして、レイアウト、使用する文字種に関しての意識は成熟していない。しかしながら、あまりリアルではない図も、愛嬌があるといえば愛嬌があり、「頭書」として記されていることも、たわいないといえばたわいないが、多くの現代日本語母語話者が常識として知っているようなことがらかといえば、そうではない。つまり読み物として読むテキストとしてはおもしろいものといってよいだろう。

貝原益軒『大和本草』をよむ

上野益三（一九八九）は貝原篤信益軒の『大和本草』について「わたくしが、『大和本草』を重く見る理由は、この書の編述の発想が『本草綱目』の読破と検討の結果によるとはいえ、篤信が自ら各地で実物について得た具体的知識で、全編を貫いていることである」（六十六頁）、「『大和本草』は表題こそ本草と称しているけれども、「大和」を冠した書名通り、日本の本草にふさわしく、その内容の大部分は見事な博物誌をなす。博物学としての性格をはっきり打ち出している点で、わたくしは、『大和本草』をもって、日本の博物学はその第一歩を踏み出したと見るのである。『大和本草』の出現からのち、約一世紀あまりの期間（後《ポスト》大和本草時代）は、わが博物学の成長時代といえよう」（六十七頁）と述べ、『大和本草』を高く評価している。

『大和本草』は本編十六巻、附録二巻、図譜三巻、合計二十一巻で、宝永六（一七〇九）年から正徳五年にかけて刊行されている。巻之一は「大和本草叙」「大倭本艸自序」に続いて「大倭本艸目録」が掲げられている。巻之一には「序」「凡例」「論本艸書」「論物理」が、巻之二には「論用薬」「節飲食」「数目類」が載せられ、巻之三は「水類」「火類」「金玉土石」、巻之四は「穀類」「造醸類」、巻之五は「菜蔬類」、巻之六は「薬類」というように、見出しが分類されている。目録に続いて「大和本草凡例」が十三箇条にわたって示されている。

凡例では「天下之品物」は窮りが無く、『本草綱目』が採りあげているものは「一千八百餘」だけであると述べる。益軒は『本草綱目』が採りあげていないものも採りあげようと思って、多年、「渉猟蒐索」してきたことを述べる。そして、『本草綱目』が採りあげていないものには「外字」を附し、「中華群書」（中国の多くの書）が載せず、日本に存在して、「漢名」が「未知」のものには「倭品」を附しているという。実際に「渉猟蒐索」をしていた益軒の自信といってもよいだろう。益軒は品物の呼び名が「郷土之方言」によって同じではないことを知っていた。『大和本草』が載せている「倭名」は「西土之方言」であることが少なくない。読者は、名称よりも「其形状」の真偽を「察識」してほしいという。これは、A地域でXと呼んでいる植物Aがあり、B地域でもXと読んでいる植物Bがあった時、名称がXで共通しているからといって植物Aと植物Bとが同じであるとは限らないということで、判断は「形状」の記述によってするように述べる。実際的な本草学においては、薬用になるかどうかが問題なので、「形状」の正確な記述は必須のことになる。まずは言語による正確な記述ができるようになり、その言語による記述に「図譜」が組み合わされることによって、本草書は十全なテキストとなるといってもよいだろう。

具体的に『大和本草』を読んでみよう。巻之七は「花草類」が収められている。見出しが「牡丹」

「芍薬」「菊」「瞿麦（右振仮名ナテシコ／左振仮名セキチク）」「金盞花」「玉簪花」と続いて、次の見出し「紫蕚」は欄外に「外」とあるので、「玉簪花」は『本草綱目』が採りあげているけれども、「紫蕚」は『本草綱目』においては採りあげられていない見出しであることになる。「玉簪花」と「紫蕚」とを次に示す。

玉簪花　六月開花葉濶有文條本草毒草類ニノス有毒一名白蕚ト云京都ニテ高麗ギボウシト云筑紫ニテギボウシト云
紫蕚　玉簪ヨリ花葉トモニ小ニ花ウス紫ナルヲ京都ニテギボウシト云筑紫ニテサギ草ト云此紫《シ》蕚《ガク》也玉簪ト一類別物也紫蕚ハ花未開時ハ鷺ノ不飛時ノ形ニ似テ頭長ク觜身足備ハレリ開テハ鷺ノ飛形ノ如シ花六出ナリ茎ノ末ニ花二十餘ツラナリサクシベ長シ玉簪花ハ葉大ニ紫蕚ハ葉小ナリ紫蕚ハ秋花サク又四五月ニ開クモアリ

「紫蕚」は「大和本草諸品図上」に採りあげられており、「紫蕚　キボウシ」「與玉簪花一類別物也」という説明とともに、葉と花の図が掲げられている。玉簪花は『本草綱目』が「毒草類」に載せており、玉簪花か紫蕚かという判断は重要になる。毒草である玉簪花は「筑紫」では「ギボウシ」と呼んでいるとのことであるが、京都では紫蕚を「ギボウシ」と呼んでいる。これが先に述べたことで、同じ語形、つまり同じ名前であっても、地域によって指示物が異なる。葉の形や花の色、形、花のつきかた、咲く時期などを正確に記述するしかない。

国語辞典である『日本国語大辞典』で見出し「ぎぼうし」を調べると、次のように記されている。

ぎぼうし【擬宝珠】〔名〕（「ぎぼうしゅ（擬宝珠）」の変化した語）①高欄や、橋などの親柱の上にかぶせた、ネギの花の形をした飾りの金物。如意宝珠の形に似せて作ったもの。ぎぼし。ぎぼしゅ。ぎぼうしゅ。＊太平記〔14C後〕三九・諸大名讒道朝事「高欄を金襴にて裹（つつ）みて、ぎぼうしに金薄を押し」＊虎明本狂言・通円（室町末〜近世初）「我も身をすてうかまんと、やうやういそぎゆく程に、うぢ橋の橋のはし柱の、ぎぼうしのもとに着にけり」＊信長公記（1598）九「高欄ぎぼうしほり物あり」＊日葡辞書（1603–04）「Guibôxi（ギボウシ）〈訳〉欄干や橋などの端に取り付けてある木または真鍮製の球形の飾り」＊都繁昌記（1837）乞食「桁脚石を斲り、大欄空に横り、各柱頭を抽んで蒙むらすに緑銅を以す。俗に之を義宝珠（ギボウシ）と謂ふ」②ネギの花。ねぎぼうず。ぎぼし。ぎぼうしゅ。③植物。（イ）ユリ科ギボウシ属の総称。いずれも多年草。本州各地および九州の深山に生え、観賞用として庭園に栽培されることもある。高さは六〇センチメートル以上になるものもある。葉は根ぎわに束生し、卵円形、心臓形または広線形などで、先端がとがり、多くは有柄。夏、葉間から花茎を抜き出し、上部が総状花序となって、漏斗状の花を横向きに開く。花冠は先端が六裂し、色は白、淡紫、紫色など。茎、葉は食用になり、またその液汁はれものにきくという。コバギボウシ、オオバギボウシ、スジギボウシ、イワギボウシ、ナガバギボウシなど。ぎぼうしゅ。ぎぼし。漢名として紫萼を用いる。属の学名はHosta《季・夏》＊堤中納言物語〔11C中〜13C頃〕はなだの女御「大君『下草の龍胆（りんだう）はさすがなんめり。一品の宮と聞えむ』、中の君『ぎぼうしはだいわうの宮にもなどか』」＊蔭凉軒日録‐寛正四年（1463）五月二二日「八古銅方盃種㆓きほふし㆒。九青磁小平盃紋者牡丹、種㆓とくさ㆒」＊饅頭屋本節用集（室町末）「秋法師　ギボウシ」＊俳諧・続猿蓑（1698）秋「ぎぼうしの傍に経よむいとどかな〈可南〉」＊大和本草（1709）七「玉簪花　六月開㆑花、葉濶有㆓文条㆒。〈略〉一名白萼と云。京都にて高麗ぎぼうしと云。筑紫にてぎぼうしと云」＊日本植物名彙（1884）〈松村任三〉「ギボ　ギバウシ　紫萼」（ロ）スジギボウシの一変種。観賞用として庭に栽培される。高さ約一メートル。葉は根ぎわに集まり、長さ約三〇センチメートルの太い柄があって斜立し、葉身は長さ約一五センチメートルの卵状楕円形で、先はとがる。初夏に、長さが時に二メートルにも及ぶ花茎を出して淡紫色の花を一〇〜二〇個ほどつける。花時には花茎は倒れる。花茎の途中に二〜三枚の葉状の苞をもつためオハツキギボウシとも呼ぶ。

語義③は「イ」「ロ」二つに分かれているが、「イ」には「漢名として紫萼を用いる」とあり、「ロ」には漢名が示されておらず、おそらくこちらは現在、庭などに植えられていてよくみかけるギボウシのことと思われる。しかしそうだとすると、「イ」の使用例の中に『大和本草』の「玉簪花」があげられていて、『大和本草』が別の見出しにしてはっきりと区別している「玉簪花」「紫萼」が『日本国語大辞典』では同じものとみなされているようにみえる。しかしまた、こういうことも起こるということだろう。動植物鉱物を言語情報だけで識別することは難しい。図の重要性が次第に高まっていくことは自然な「流れ」といってよいだろう。

小野蘭山『重訂本草綱目啓蒙』をよむ

小野蘭山（一七二九〜一八一〇）の『本草綱目』に関する講義を、蘭山の孫の職孝《もとたか》が筆記整理し出版した『重訂本草綱目啓蒙』は和漢の古書を引用し、蘭山自身の見解を加え、さらには日本各地の方言が記されており、本草学のテキストとしてだけではなく、日本語の観察にも重要なテキストとなっている。

方言が記されていることは、当該時期に日本国内における日本語の地域差に関心が向けられていたことを推測させる。また、本草学に名物学を併せたとみることもできる。次にはその『重訂本草綱目啓蒙』をよむことにする。

まず磯野直秀（二〇〇九）を参考にさせていただき、それに基づきながら、小野蘭山の人物について概観し整理しておきたい。

小野蘭山は享保十四（一七二九）年、京都桜木町に生まれる。寛保元（一七四一）年、十三歳の時に松岡玄達に入門する。寛保三（一七四三）年には、寛文十二年に出版された和刻本『本草綱目』に附録されている貝原益軒の「本草綱目品目」と思われる「本草綱目惣目和名」を書写する。宝暦三（一七五三）年、二十五歳の時に京都河原町通り蛭子川北入ルに借家し、学塾衆芳軒を開く。宝暦七（一七五七）年には『本草綱目』講義用の覚え書きを作り終わる。現在国会図書館に蔵されている「本草綱目草稿」四冊にはこの覚え書きとその後に作成した覚え書きが含まれている。明和二（一七六五）年に、小野蘭山、島田充房著『花彙』（全八巻）が刊行される。これが蘭山の最初の出版物となる。

明和八（一七七一）年には、中国広州地方を中心とした物産文物事典で、中国南方系の動植物を知るために江戸時代によく利用されていた『広東新語』を写す。この蘭山の写本は東洋文庫に蔵されている。安永八（一七七九）年四月二十五日には、木村蒹葭堂が上京して蘭山宅を訪問している。この九月三日から二十五日まで、木村蒹葭堂は京都に滞在して、蘭山の『本草綱目』『大和本草』の講義を受ける。翌安永九年には長崎通詞が編んだと考えられている中国語日本語対訳辞書『訳官雑字簿』を書写する。現在国立国会図書館に蔵されているものには「雑字簿」という題簽が貼られているが、その巻末には「安永庚子之冬十二月六日謄写終功／蘭山」とあり、さらにその左側の丁には津山藩医、井岡冽《いのおかきよし》の識語（＝写本や刊本などで、多くの場合巻末に、その本の来歴や書写年月などを記したもの）があるので、小野蘭山

が書写した本をさらに写した本であることがわかる。(16)

小野蘭山は幕命を受けて、享和元（一八〇一）年四月七日に、江戸から筑波山、日光など常陸（茨城）、下野（栃木）をまわる四十一日間の採薬旅行に出る。この採薬旅行には土佐出身の医師、宮地郁蔵、紀州藩の藩医小原源三郎、幕府の医官である広井宗悦、掛川藩の藩医加藤元貞らが同行しているが、井岡冽もこの採薬旅行に加わっている。このときの記録が『常野採薬記』として残されている。

『訳官雑字簿』は全体を「宮室」「船具」「花草樹木」「身体」「病症」「菜蔬菓実」「百工技芸」「禽鳥」「糸帛」「毛虫」「虫蛇」「兵門」「海味」「珍宝」「茶酒飲食」「衣冠」「商賈」「喪祭」「楽器玩器」「訟獄」「親族」「婚姻女工」「染色」「家器」「雑物」の二十五に分けて、「猪圏　ブタヤ」「法場　人キリバ」「羊桟ヤギゴヤ」（宮室）、「慎火艸　イワレンゲ」（花草樹木）、「眼　渣尿　マクジ」（身体）、「鷹嘴鼻　トビグチハナ」「噯気　ヲコボリ」（病症）、「豆豉　ナットヲ」（菜蔬菓実）、「泥匠　シヤクワン」「鋸匠　ヲガ」「象奴　サウツカイ」（百工技芸）、「鸛鳥　貫カウノトリ」「大蟲　トラ」「猪児　ブタ」（毛虫）、「百足　ヲサ　馬陸　同　蜈蚣　ムカデ」（虫蛇）、「貿易　シヤウバイ　生意　同　交易　同」「打袖豊　スアイスル」「現買　ゲンギンニカウ」（商賈）のように、「漢字列＋語釈」の形式で「雑字」を集めている。大枠は「中国語日本語対訳辞書」でその中に本草的な分野が含まれていることがわかる。ブタは飼い慣らされたイノシシ、すなわち家猪であるが、日本では猪はイノシシと結びついているので、猪が中国ではブタであることがわかりにくい。加えて、「ブタ」という語はなかなか文献に「足跡」を残さない類のことばといってよいだろう。室町時代の五山僧、季弘大叔《きこうだいしゆく》の、一四八四年から一四八六年までの日記である『蔗軒日録《しやけんにちろく》』の中に「鄞江、浙江、猪肉《ショシュ》之内、重其頭《カシラヲ》、日本人ブタト云也」とあることをもって「ブタ」の初見とするならば、十五世紀の末には「ブタ」という語があったことになる。また、一六〇三年に出版された『日葡辞書』は「Buta」を見出しにして、「Iyeno inoxixi」（家のイノシシ）と説明している。

安永九年頃までの間に蘭山の『本草綱目』の講述をまとめた『本草綱目訳説考正』が成立したと考えられている。天明四（一七八四）年一月、蘭山五十六歳の時に『本草綱目』の講義を開始し、翌年の四月に講義を終えている。この講義を門人である寺尾隆純が筆記した講義録が『本草綱目会識』で、これも国立国会図書館デジタルコレクションによって画像で閲覧することができる。

小野蘭山が講義をし、それを弟子が記録する。弟子の記録したものは、一つのテキストといってよい。複数の弟子が受講していれば複数の受講記録ができあがる。師の講義は一つであるが、弟子の受講記録には異なりが必ずある。それは音声言語を文字化して文字言語に移すにあたって、情報の取捨選択があり、自身の情報を加えることもあるからで、必然といってもよい。弟子の受講記録を並べれば、蘭山がどのような講義をしていたかはわかる。しかし、具体的にどのように話していたかはわからないことが少なくないはずだ。ソシュールの講義と弟子たちのノート、夏目漱石の講義と弟子たちのノート[17]、いろいろな場合があって、それぞれに興味深い。

寛政十（一七九八）年、蘭山七十歳の十月五日、幕府が蘭山を幕府医学館に招聘し、蘭山はこれを承諾する。招聘は幕府若年寄の堀田正敦[18]、医学館主多紀元徳の意向であったと考えられている。翌十一年三月十一日、京都を出立して江戸に向かう。門下の吉田立仙が同行する。三月二十八日に江戸に到着する。役名は他に類のない「物産者」であったことが指摘されている。この七月二十八日には、十一代将軍徳川家斉に拝謁している。寛政十二年二月十六日には、医学館内の薬園の管理を命じられている。幕府は享和三（一八〇三）年九月二十二日に六〇〇〇坪の湯島薬園と一八九〇坪の四谷薬園を医学館にわたし、十月九日には、蘭山がこの両薬園の管理を命じられている。

四代将軍徳川家綱（在位一六五一～一六八〇）から七代将軍徳川家継（在位一七一三～一七一六）までの

時期（慶安四年〜承応、明暦、万治、寛文、延宝、天和、貞享、元禄、宝永、正徳を経て享保元年まで）の政治をそれまでの「武断政治」に対して「文治政治」と呼ぶことがある。この時期に、先に採りあげた、中村惕斎の『訓蒙図彙』をはじめとして、遠藤元理の『本草弁疑』、宮崎安貞の『農業全書』、平野必大の『本草食鑑』、岡本一抱の『和語本草綱目』、貝原益軒の『大和本草』など、本草に関わる啓蒙書が陸続と出版されている。啓蒙書といっても概説書というよりは、実利性や真偽の鑑定のためのスキル、栽培方法を知るためのスキルが説かれており、「本草学」がより具体的、実際的な「ステージ」へと入った時期といってよい。それは「本草学」が抽象的な「名物学」から「博物学」へと展開する時期といえるだろう。幕府は江戸のあちこちに薬園を作り、各藩においても薬園が作られていった。現在の小石川植物園は小石川御薬園で、青木昆陽が甘蔗の研究を行なった場所であり、日光にも日光御薬園があった。また幕府の採薬調査に協力した功績によって、幕府から外国産の薬草の種苗を下賜され、それを自宅屋敷内の薬園で栽培するということもあった[19]。

享和元（一八〇一）年十二月頃に、動植物名の異名、方言をまとめた『博物名譜』（全三冊）が成ったと考えられている。この『博物名譜』の蘭山自筆本が東洋文庫に蔵されており、東洋文庫の「描かれた動物・植物　江戸時代の博物誌」というページの第一章「江戸博物誌の歩み」「Ⅱ自然へのあついまなざし―十八世紀」「4　小野蘭山関係資料」というところに、初版の見開き一枚分の画像が52として公開されている。

『本草綱目啓蒙』には四種の版があることが確認されている。

初版『本草綱目啓蒙』四十八巻二十七冊　小野職孝校、享和三年〜文化二年刊行
再版『本草綱目啓蒙』四十八巻二十七冊　小野職孝校、文化八年〜文政十二？年刊行

三版『重修本草綱目啓蒙』三十五巻三十六冊　梯《かけはし》南洋増訂、弘化元年刊行
四版『重訂本草綱目啓蒙』四十八巻二十冊　井口望之訂、弘化四年刊行

初版の見開きには「蘭山小野先生口授／本草綱目啓蒙／［板貯衆芳／軒之書蔵］」と記されている。「衆芳軒」は小野蘭山の学塾の名であるので、私家版として出版されていることがわかる。初版は文化二年に二十七冊四十八巻を配布し終わるが、その翌年の文化三年三月四日に芝車町（現在の港区高輪二丁目）の材木座付近で発生し、日本橋、京橋、神田、浅草方面まで延焼した大火によって版木が焼失する。蘭山の没後に、職孝が新たに版木をつくって再版を出版するが、この再版の版木も火事で焼失する。

三版にあたる『重修本草綱目啓蒙』の見返しには「梯南洋先生補正／重修本草綱目啓蒙／學古館藏版」と記されている。梯南洋は徳島藩士で、文政六（一八二三）年から同十年まで、徳島藩の学問所で、医経と本草を講じている。三版は木活字を使って印刷されている。おそらく二度にわたって版木が焼失したため、活字さえあれば（手間はかかっても）印刷はしやすい木活字印刷を選んだのであろう。四版『重訂本草綱目啓蒙』の見返しには「蘭山小野先生口授／蕙畝小野先生録／楽三井口先生重訂／関恒孝／南川謙同校／井口綵之」とある。

文化元（一八〇四）年には食べ物の気味や効能を簡潔に記した『飲膳適要』が出版される。この年に、蘭山は幕府紅葉山文庫所蔵の稲生若水『庶物類纂』を借りて抄写本六冊をつくっている。そして文化七（一八一〇）年一月二十七日、八十二歳で死去する。

図23・図24は『本草綱目啓蒙』巻之四十三、三丁表と三丁裏・四丁表の、見出し「鸛」の箇所である。「鸛」の記事は四丁裏の二行に続いて終わる。翻字を示す。

鸛

コウ　　　　　コウノトリ
コノトリ　秋田　　シリグロ　詩経名物辨解
ヘラハズシ　筑後久留米　クヾヒ　大和本草
コウヅル
一名　鸛雀　毛詩疏　負金　典籍便覧　早群
冠雀　背雲　共同上　皁群　名物法言
尾亭仙　清異録　背竈　事物異名　竈君　事物紺珠
胸釜　同上　鳥尾鸛　泉州府志　老鸛　盛京通志
皀帔　廣雅　大隠鳥　郷薬本草　鸛鶴　陸疏廣要
𨼆羿　雚經　鴟雞　老雚
鸞鳥　雚兒　鳥童雚
灰鶴　共同上

大サ丹頂ニ類ス全身白色頂ニ紅色ナシ觜青褐／色目黄色目ノメグリ黄赤色脚ハ淡紅色ニシテ褐／ヲ帯ソノ翼ノ本ノ方ホロノ所ヨリ黒羽ヲ生ス／翅ヲ歛レバ黒尾ノ如ク見ユレトモ尾ニハ非ス翼／ヲ開ク時ハ短白尾自ラ現ハル此鳥舌短小クシテ／聲ナク鳴クコトナシ只啄ヲ撃テ音ヲナス析《ヒヤウシギ》ノ音／ニ似タリ常ニ静ナル地ノ喬木上及ヒ寺院屋脊／上ニ巣フ晝ハ田澤ニ遊ビ稲蘆及ヒ小魚蝦ヲ食／ヒ又好テ蛇ヲ食フ故ニクヾヒト云クチナハク／ヒノ略ナリト太和本草ニ云ヘリ然レトモ古書ニ

／載ルトコロノクヾヒハ鵠ニシテ鸛ニ非スト云／フ此書ニ鸛肉ノ味ヲ言ハズ味亦佳ナラズ食フ／ベカラズ呉氏食物本草ニ肉味酸平無毒有風疾／者濕病者宜多食發瘡疥ト云ヘリ一種黒鸛／毒アリ食ヘバ人ヲ殺スト云フ

『本草綱目』には「時珍曰、鸛似鶴而頂不丹、長頸赤喙色灰白翅尾倶黒多巣于高木其飛也奮於層霄旋遶如陣仰天號鳴必主有雨抱卵以影或云以聲聒之禽経云鸛生三子一為鶴巽極成震陰變陽也震為鶴巽為鸛也」（鸛は鶴に似ているが頂が丹でなく、頸が長く、喙が赤く、色は灰白で翅、尾は倶《とも》に黒い。多く高木に巣《す》くい、その飛ぶ有様は、勢よく大空高く揚って旋回し、さながら陣形をなして飛ぶ。天を仰いで号鳴すれば必ず雨が降る。卵を抱く場合は影を以てする。或いは声で聒するものだともいう。『禽経』には「鶴は三子をうみ、その一が鶴になる。巽極って震となり、陰は陽に変ずる。震は鶴である。巽は鸛である」とある）とある。『本草綱目啓蒙』は『本草綱目』の「本文」を書き下し文にしているわけではまったくないことがわかる。むしろ、『本草綱目』の「本文」には記されていないことが記されている。『本草綱目』の「釈名」には「皀君　詩疏」「負釜　同」「黒尻」とあるが、これら以外の別名を中国文献から挙げていることがわ

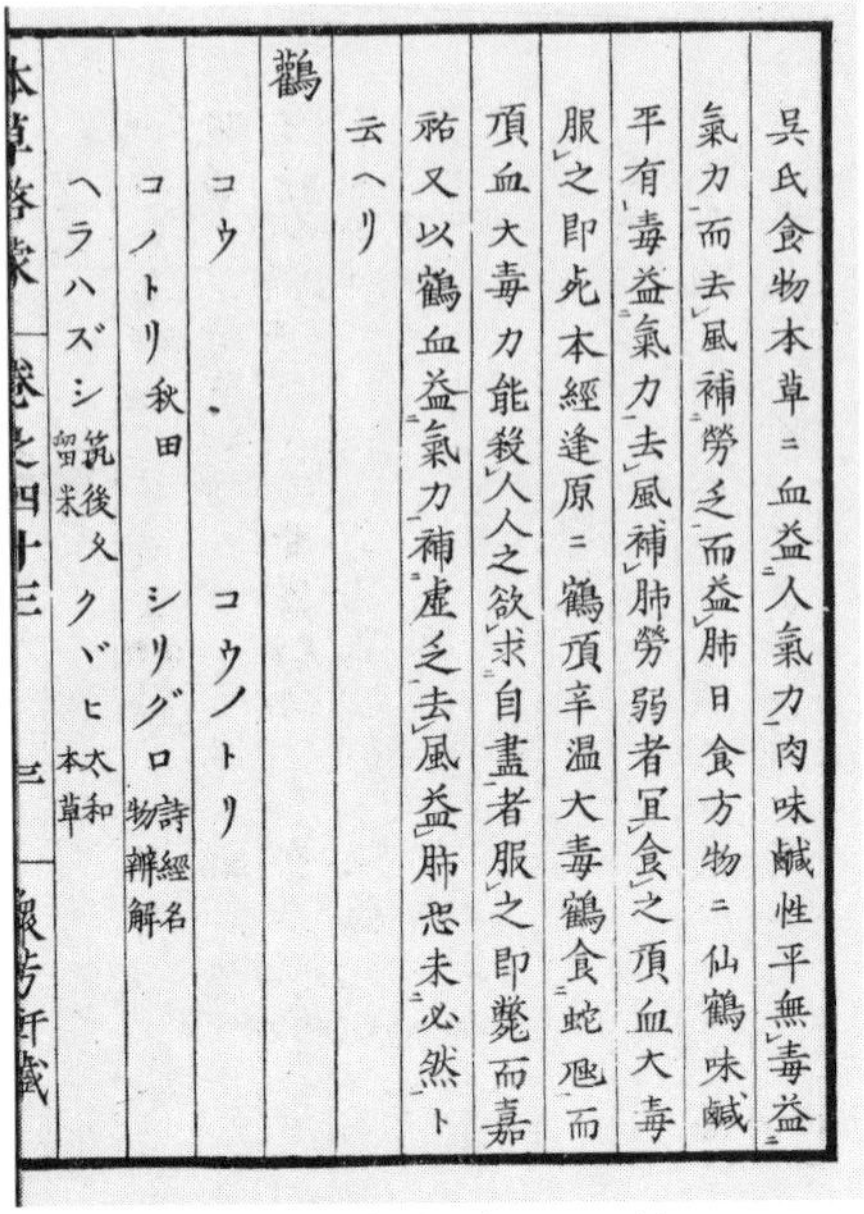
本草啓蒙　巻之四十三　三　衆芳軒蔵

呉氏食物本草ニ血益人氣力肉味鹹性平無毒益氣力而去風補勞乏而益肺日食方物ニ仙鶴味鹹平有毒益氣力去風補肺勞弱者宜食之頂血大毒服之即死本經逢原ニ鶴頂辛温大毒鶴食蛇虺而頂血大毒力能殺人人之欲求自盡者服之即斃而嘉祐又以鶴血益氣力補虚乏去風益肺恐未必然ト云ヘリ

鸛

コウ　コウノトリ

コノトリ秋田　シリグロ詩経名物辨解

ヘラハズシ筑後久留米　クヾヒ大和本草

図23　『本草綱目啓蒙』（巻之四十三・三丁表）

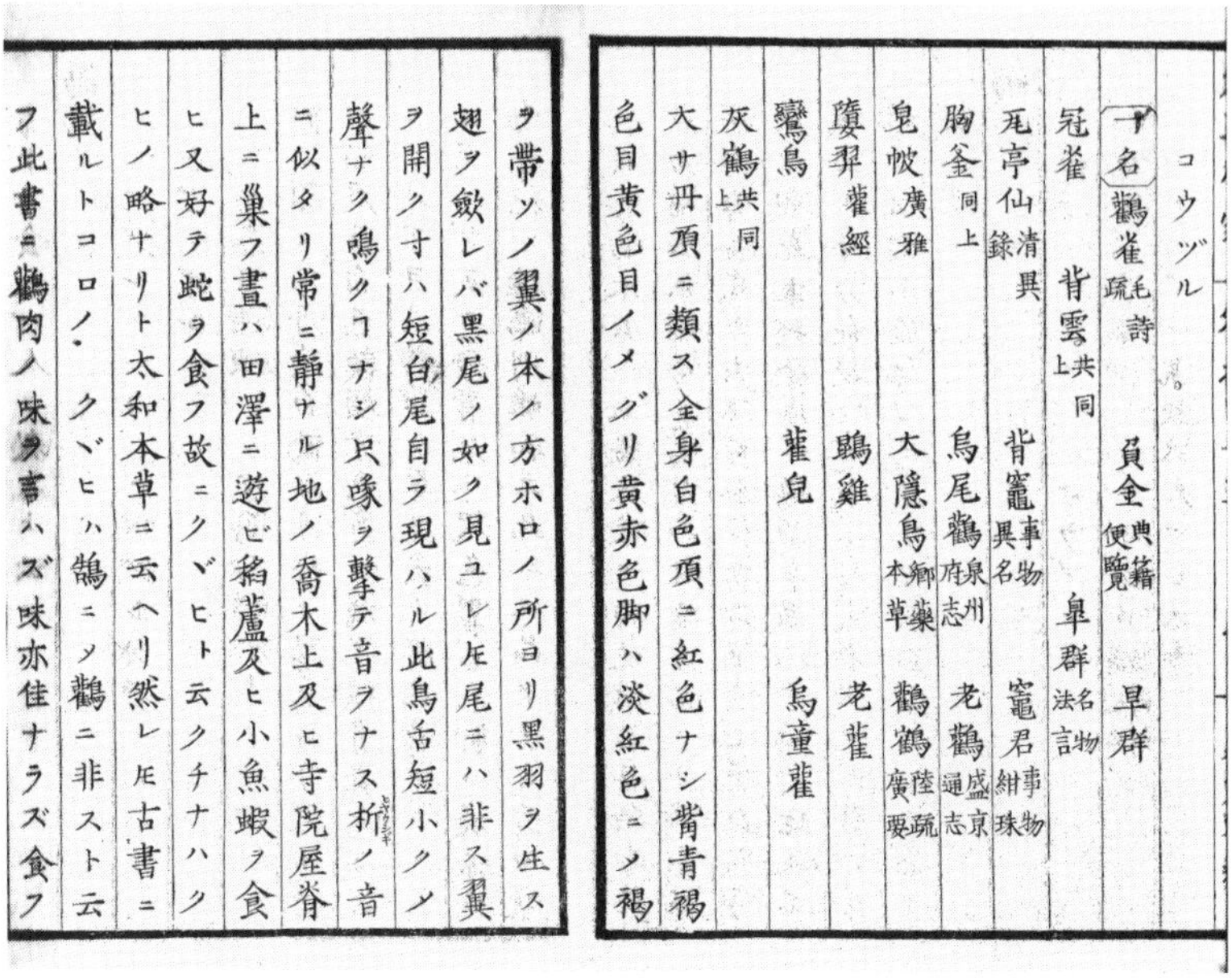
コウヅル。
一名 鸛雀毛詩疏　負金典籍便覧　早群
冠雀　背雲共同上　皁群名物法言
瓦亭仙清異録　背竈事物異名　竈君事物紺珠
胸釜同上　烏尾鸛泉州府志　老鸛盛京通志
皂帔廣雅　大隠鳥郷薬本草　鸛鶴陸疏廣要
隮羿禽經　鶪雞　老雚
鸏鳥　雚皃　烏童雚
灰鶴共同上
大サ丹頂ニ類ス全身白色頂ニ紅色ナシ背青褐
色目黄色目ノメグリ黄赤色脚ハ淡紅色ニメ褐
ヲ帯ツノ翼ノ本ノ方ホロノ所ヨリ黒羽ヲ生ス
翅ヲ斂レバ黒尾ノ如ク見ユレ𪜈尾ニハ非ス翼
ヲ開ク寸ハ短白尾自ラ現ハル此鳥舌短小クメ
聲ナク鳴クヿナシ只喙ヲ撃テ音ヲナス析《ヒヤウシギ》ノ音
ニ似タリ常ニ静ナル地ノ喬木上及ヒ寺院屋脊
上ニ巣フ晝ハ田澤ニ遊ビ稲蘆及ヒ小魚蝦ヲ食
ヒ又好テ蛇ヲ食フ故ニクヾヒトハ云クチナハク
ヒノ略ナリト太和本草ニ云ヘリ然レ𪜈古書ニ
載ルトコロノ・クヾヒハ鵠ニメ鸛ニ非スト云
フ此書ニ鸛肉ノ味ヲ言ハズ味亦佳ナラズ食フ

図 24　『本草綱目啓蒙』（巻之四十三・三丁裏／四丁表）

かる。ただし、中国の類書を使っての情報である可能性はたかい。「詩経名物辨解」は、江戸時代中期の本草学者である江村如圭編『詩経名物辨解』（享保十六年刊）を指す。『本草綱目啓蒙』が出版された時点ではすでに貝原益軒の『大和本草』が出版されていたので、小野蘭山は『大和本草』も参照していることがわかる。

　秋田で「コノトリ」、筑後久留米で「ヘラハズシ」と呼ぶということが記されていることがやはり興味深い。「コノトリ」は「コーノトリ」の短呼形であろう。どちらの語も『日本国語大辞典』は見出しにしていない。例えば「鸊鷉」には「ニホ〔和名鈔／長崎〕」「ミホ　上総」「ミヨ　濃州」「ムグッチヤウ　関東」「デッチヤウムグッチヤウ〔武州神／奈川〕」「カイツグリ　京」「ヅブリコ　備後」「イッチヤウツブリ　阿州」「イヨメ　土州」「イチツブリ　同上」「イッチヤウムグリ　仙臺」「カハキジ同上」「ミヤウナイ　信州」「ハンコ　備前」「ヒヤウタンゴ　駿州」「イジユツ、ブシ　越後」「カハグルマ　上野」「ミヤウチン　遠州」「ニツコベ　勢州」とあって多くの方言が掲げられている。『日本国語大辞典』が「なまり」として掲げているのは、「カイチブロ・カイツボ〔鳥取〕、カイツムリ〔埼玉方言〕、カイツブレ〔播磨〕、カイツブロ〔淡路〕、カエツボリ・カエツモリ〔島根〕、ケーツグラ・ケーツグリ・ケーツグロウ・ケーツブロウ・ケツ〔福岡〕、ケーツグロ〔佐賀・豊後〕、ケーツブロ・ケーツムロ・ケシツブロ〔豊後〕、ケツブ〔大隅〕」であるので、『本草綱目啓蒙』が掲げる方言との重なり合いはむしろ少ないといってよい。「ムグル」は現代日本語の「モグル」の母音交替形であるので、「ムグッチヤウ」や「デッチヤウムグッチヤウ」の「ムグッチヤウ」は突然水中に潜ることに由来する名称で、「ヅブリコ」もズブリと潜るということであろう。

磯野直秀（二〇〇九）「小野蘭山年譜」を読んでいくと、蘭山がいろいろなテキストを書写していることがわかる。「小野蘭山年譜」には、蘭山十一歳の時に「『秘伝花鏡』を愛読し、全巻を手写する」とある。中国の清代初期、康熙二十七（一六八八）年に、園芸植物の栽培方法を述べた『花鏡』というタイトルの園芸書が出版されている。この『花鏡』は日本においては、『秘伝花鏡』と呼ばれることが多かったことがわかっているので、蘭山が書写したテキストはこの『花鏡』であったと思われる。文政十二（一八二九）年には、平賀源内が校正した『秘伝花鏡』というタイトルの本が出版されるが、蘭山が書写したのは、元文四（一七三九）年であるので、出版の九十年前ということになる。文政十二年に出版された『秘伝花鏡』はやはりインターネット上に画像が公開されているので、インターネットに接続できれば誰でもそれを見ることができる。見ることができるが、（これも当然のことながら、ということになるが）漢文で書かれている。漢文が読めなければ「愛読」することはできない。現代日本語母語話者が「江戸の知」を探ってみたいということになると、こういうこともある。漢文で書かれていなかったとしても、いわゆる「くずし字」がある程度読めなければ、江戸時代に出版されたテキストを自分で読むことは難しいということになる。もちろん「くずし字」を解読するためのアプリもさまざまに開発されている。それでも「隔靴搔痒」感はあるだろう。「江戸の知」の広がりを知りたいと思った時に、現代日本語母語話者はそれが可能なのだろうかということも思っておく必要がありそうだ。延享二（一七四五）年十一月には『居家必備日用雑字』を書写している。『居家必備日用雑字』は居家すなわち家庭での教育に必要なことがらとして、「家儀・懿訓・治生・奉養・餌養・飲饌・芸学・清課」に分け、いろいろなテキストの言説を類聚した、「類書」で、こうしたテキストは中国に関しての貴重な情報源となる。その一方で、書写にはかなりの時間を必要とすることが予想される。現在、必要な本の電子コピーをとったり、写真を撮ったり、スキャンしたりするのとは、時間もエネルギーも格段に異なる。しかしまた、一字ずつ書写するのだから、書写し終わった時には、内容は自分のものとなっているであろうことも予想できる。一歩一歩、確実に知を自身に取り込んでいくのか、一気に情報として得るのか。取り込むプロセスには、そのことがらについて考える時間もあることが予想され、やはりそうやって一歩一歩獲得された知は揺るがないものとなると思われる。

もう一つ注目しておきたいことは、蘭山が図を書いていることだ。例えば、安永元（一七七二）年に松岡玄達の遺著『怡顔斎蘭譜』が刊行されるが、この図は蘭山が画いている。牧野富太郎（一八六二〜一九五七）は小野蘭山の『本草綱目啓蒙』に触発されて植物学者を志したといわれているが、牧野富太郎も自身で植物画を画いていた。本草学においては、図を画くスキルを持っていることは大事であろう。そして、蘭山はしばしば採薬旅行に出る。現在の表現でいえばフィールドワークということになる。未知の地域に行って、そこで薬草を採取する。土地の風俗や気候に順応しながら一定の成果をあげることはたやすくはないだろう。そして何より体力を必要とする。いろいろな分野についての旺盛な知的好奇心をもち、そこからいろいろなテキストをたどり、フィールドワークにもでる。そしてそこには人と人とのつながりもある。そうした中で、知のネットワークが形成されていく。小野蘭山の事跡をすべてたどることはできないけれども、蘭山が書写したテキストの幾つかはインターネットでみることができる。現在、国立国会図書館に蔵されている『本草綱目草稿』（四冊）は、蘭山の『本草綱目』講義用の覚え書きと目されている。この『本草綱目草稿』は国立国会図書館デジタルコレクションで公開されているが、例えば、その一冊目の四〜五頁は墨でいったん書かれた上から朱筆で一面に書き込みがされていて、そのありさまにいわば圧倒される。蘭山の知のエネルギーを感じるといってもよい。江戸時代の知はエネルギーを内包していると感じることが少なくない。

伊藤東涯『名物六帖』をよむ

第二章で採りあげた伊藤仁斎には五人の息、三人の娘がいたが、長男東涯（一六七〇〜一七三六）が仁斎の学塾である古義堂の二代目となった。東涯は、父仁斎の学を祖述することにつとめ、仁斎の『論語古義』『孟子古義』『童子問』『語孟字義』などを刊行した。東涯自身は、いわゆる「異字同訓」についてまとめた『操觚《そうこ》字訣《じけつ》』（明治期に入ってから刊行）、用字についてまとめた『新刊用字格』などをあらわしている。

『名物六帖』（三十冊、補遺一冊）は全体を「天文」「時運」「地理」「人品」「宮室」「器財」「飲饌」「服章」「人事」「身体」「動物」「植物」に分け、それぞれに属すると思われる語を類聚した分類体の辞書といってよいだろう。享保十二（一七二七）年には東涯の序、門人奥田三角の序と目録を附して、器財箋五冊が刊行された。東涯没後の宝暦五（一七五五）年に人品箋、安永六（一七七七）年に人事箋、安政六

（一八五九）年には天文、時運、地理、宮室、飲饌の各箋が刊行された。その他の箋は写本で伝わり、天理図書館の古義堂文庫には自筆稿本が蔵されている。

図25は器財箋一の一丁表にあたる箇所で、「京兆　伊藤長胤　纂輯／門人　奥田士亨　校訂」と記されている。長胤は伊藤東涯の名。「器財箋一　凡《（すべて）》十一門」とあることからわかるように、器財箋の内部がさらに十一の門に分けられている。「供御儀物」はその門の一つにあたる。図26は「文史巻帙」門の冒頭箇所。

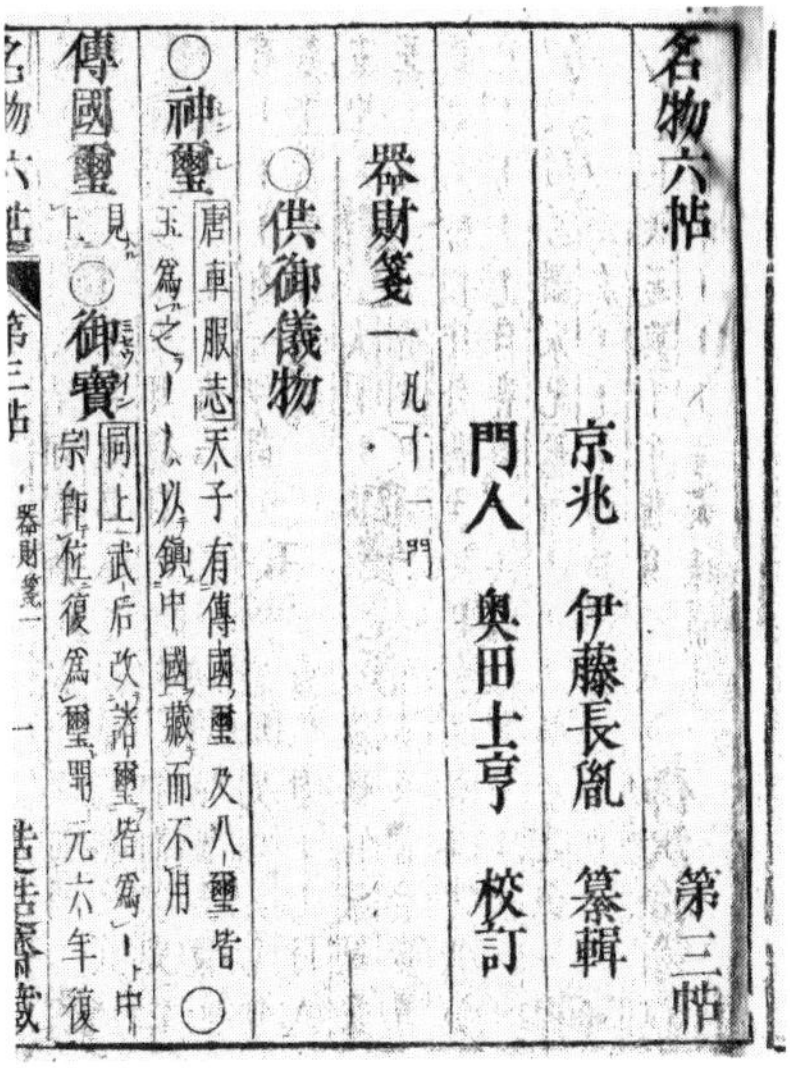
名物六帖　第三帖
京兆　伊藤長胤　纂輯
門人　奥田士亨　校訂
器財箋一　凡十一門
○供御儀物
○神璽　唐車服志　天子有傳國璽及八璽皆玉爲之ー以鎭中國藏而不用
○傳國璽　見上
○御寶　同上　武后改諸璽皆爲ーー中宗即位復爲璽開元六年復
名物六帖　第三帖・器財箋一　一

図25　『名物六帖』（器財箋一・一丁表）

図26を使って、『名物六帖』の辞書としての体裁＝体例について説明してみよう。「賜書《ハイレウノホン》」が見出しで、「前漢書叙伝　班彪家有――内足於財」の部分が、見出しについての情報を示している。今ここではこの見出しに対しての情報の部分をひろい意味合いで「語釈」と呼ぶことにする。『名物六帖』の語釈は主として、見出しになっている語が使われている文献の名＝出典と、使用されている文＝使用例をあげている。次の見出し「官書《コウギノホン》」には「太平御覧　唐陽城竊――読之」と記されている。『前漢書』『太平御覧』はいずれも中国の書物の名で、見出しとなっている語が、中国の文献において具体的にどのように使われたかを簡略に示していることになる。漢字列には振仮名が施されていて、この「漢字列＋振仮名」全体を『名物六帖』の見出しと考えることにする。図26にはさらに「禁書《ハツトノホン》」「策子《トヂホン》」「葉子《トヂホン》」「簿秩《トヂホン》」「汗青《ショモツ》」「殺青《ショモツ》」

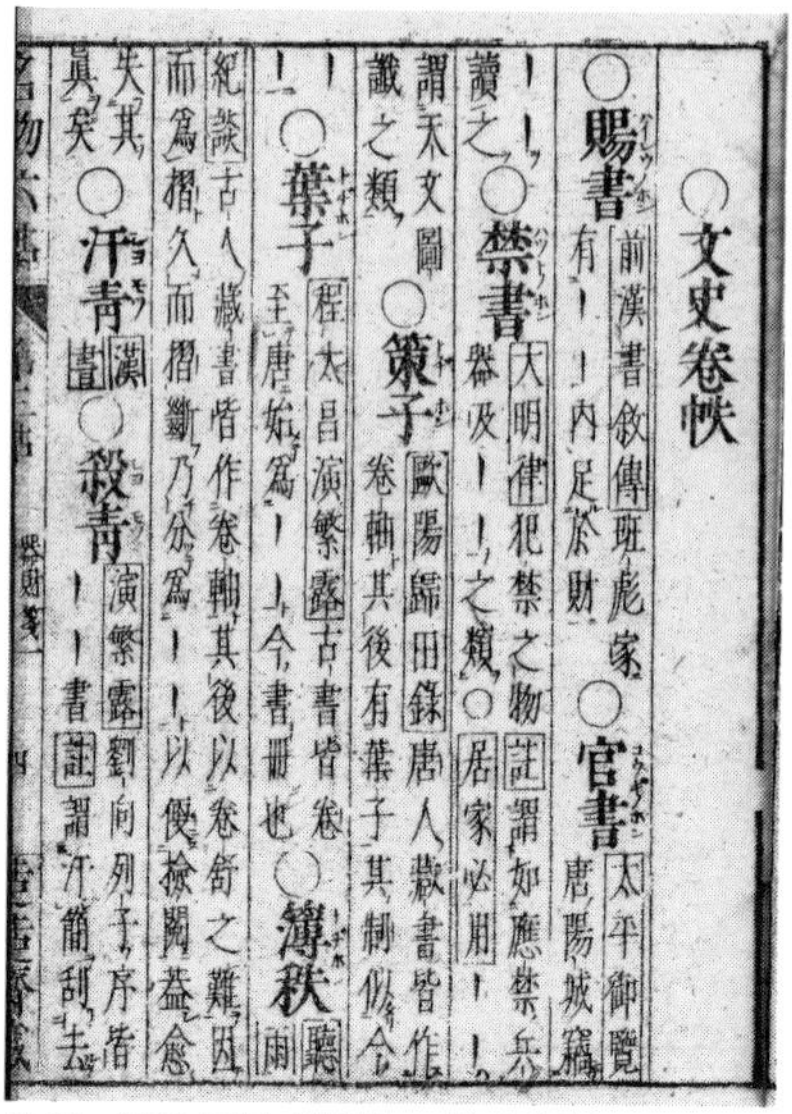

図26　『名物六帖』（器財箋一「文史巻帙」門より）

と六つの見出しがある。

『大漢和辞典』は見出し「汗簡（カンカン）」を「油を抜いた竹の札。昔、紙の無かつた時代、青竹を火に炙つて汗を出し、青みを去つて字を書くに用ひたもの。轉じて、書冊の意に用ひる。殺青。汗青」と説明し、『後漢書』呉祐伝の注に「殺青」「汗簡」が同義であることが記されていることを示す。また見出し「汗青」においては、李時珍『本草綱目』に「汗青」が使われていることを示す。『名物六帖』は見出し「殺青」では南宋の程大昌の『演繁露』をあげている。

見出しの漢字列、右でいえば「汗青」や「殺青」はそれぞれ「カンセイ」「サッセイ」という漢語の文字化に使われるもので、ひとまずは、漢字列は（そのまま）漢語をあらわしているとみることができる。一方、漢字列に施されている振仮名は、漢字列があらわしている漢語に対応する広義の日本語とみることができる。漢語の日本語訳とみてもよいだろう。「カンセイ（汗青）」「サッセイ（殺青）」の場合は振仮名になっている「ショモツ（書物）」も漢語であるが、この場合「ショモツ（書物）」は当時の日本語の語彙体系内に位置を占めている、つまりいわば「日本語」になっているとみることができる。ただし、「賜書」の振仮名「ハイレウノホン（拝領の本）」は「ハイリョウ・ノ・ホン」と三語に分かれる。つまり、一語ではない。見出しとして採りあげた漢語に対応する一語の日本語があれば、それを振仮名とすることが自然であるので、この場合は漢語「シショ（賜書）」に対応する一語の日本語がなかったために「拝領の本」という説明的な振仮名を施していると推測する。そうであれば、漢字列と振仮名とを観察することによって、当時の日本語の状況を探ることができる。

先に述べたように、『名物六帖』は「出典＋使用例」を語釈として置いていることが多いので、その出典に着目すれば、東涯がどのようなテキストから見出しを抽出していたかがわかる。それはつまり東涯の読書の範囲を知るということでもある。ただし、いろいろなテキストの情報を集めたテキスト＝類書を参照することはあるので、出典として名前があがっているテキストの中に東涯が実際には読んでいないテキストが含まれている可能性はあると思っておく必要がある。

出典に注目しながら天文箋・時運箋・地理箋・人品箋をみていくと、「詩経」「爾雅」「周礼」「孟子」「論語」「春秋左氏伝」「春秋公羊伝」「礼記」「書経」のような十三経、「史記」「漢書」「後漢書」「隋書」「宋書」「資治通鑑」「宋史」のような史書及びその注、「説文（解字）」「正字通」「諧声品字箋」「五車韻瑞」「郷談正音」「玉篇」「韻府群玉」「康熙字典」のような字書・辞書・韻書の類、「類書纂要」「淵鑑類函」「芸文類聚」「琅邪代酔編」「文苑英華」「法苑珠林」「三才図会」「事林広記」のような類書やそれに準じるようなテキスト、「大明律」「大明会典」「唐律」「経国大典」のような法律関係書、「花鏡」「本草綱目」のような本草書[20]、「杜詩」「王維詩」「三体詩」「山谷詩」「東坡詩」「聯珠詩格」「瀛奎律髄」「詩人玉屑」のような詩及び詩にかかわるテキスト、「伝燈録」「無冤録」「祖庭事苑」のような禅宗にかかわるテキスト、「玉燭宝典」「月令広義」のような年中行事にかかわる歳時記的なテキスト、「二程全書」「朱子語類」「性理大全」「近思録」のような朱子学のテキスト、「水滸伝[21]」「拍案驚奇」「古今小説」のような白話小説、「夷堅志」のような志怪小説が出典としてあげられている。その他、「東京夢華録」や裁判実話集である「棠陰比事」、「海防纂要」「日本奇語」「政刑大観」「輟耕録」のような随筆などさまざまなテキストがあげられており、東涯の読書の範囲の広さを窺うことができる。

中国では、書物を「経・史・子・集」の四つの部に分ける。経部は経書とその注釈、訓詁に関わる字書・辞書など、史部は歴史、地理、法律などの書物、子部は諸子百家、道教、農書、仏教、医学、数学、暦学などの科学技術、類書、本草書など、集部は詩、白話小説などの文学作品などが分類される。この経史子集の四分類においては類書は子部に属することになるが、そもそも類書は経史子集にわたって、情報を類聚することを特徴としているといってよい。日本においては、早くから中国の類書が読まれてきた。類書は経・史を重視する中国の古典的な価値観を超えるものであったともいえよう。経書に起点をもつ名物学は、日本において中国古典テキストをはるかに超えて展開していることがわかる。東涯は『天工開物』のような産業技術書も参照している。

『天工開物』は明の宋応星のあらわした産業技術に関する解説書で、明の崇禎十（一六三七）年に六分冊で刊行されたと考えられている。この「崇禎版」は北京の中国国家図書館、パリ国立図書館の所蔵が確認されており、日本では静嘉堂文庫のみに蔵されている。静嘉堂蔵本は、小野蘭山とかかわりのあった蔵書家、木村蒹葭堂の旧蔵本で、明和八（一七七一）年には、この蒹葭堂旧蔵本を使って大坂の書林管生堂から和刻本が出版され[22]、その和刻本が文政十三年にさらに重刻され、天保四（一八三三）年にも重版が出版されている。「天工開物序」で始まり序文の終わりが「宋應星題」となっていて、三分冊で出版されたものが、かつて水戸の彰考館文庫に蔵されていたが、現存しない。この流れを汲む写本が大阪の武田家杏雨書屋、京都の近衛家陽明文庫、東京大学附属図書館で確認されている。杏雨書屋に蔵されている写本は木村蒹葭堂の旧蔵書である。

『天工開物』は貝原益軒の『花譜』（一六九四年刊）、『大和本草』（一七〇八年刊）に引用され、新井白石の『本朝軍器考』（一七三六年刊）や平賀源内の『物類品隲』（一七六三年刊）などにも引かれており、日本では広くこの書が読まれていたと考えられている。中国においては、清代にはあまり読まれず、民国十五年に、日本で地質学を学んだ章鴻釗が管生堂本を中国に持ち帰り、それ以降、中国においても読まれるようになった。和田清(一九四二)は中国、明末の異色の著述として、李時珍の『本草綱目』、徐光啓の『農業全書』『崇禎暦書』、造園建築についての書である計成の『園冶』、鉄砲の構造を説く趙士楨の『神器譜』、宋応星の『天工開物』をあげている。これらのうちの、『本草綱目』が日本の江戸時代の知に大きな影響を与えたことについては述べたが、『農業全書』『天工開物』も同様に大きな影響を与えたと思われる。

『名物六帖』が『天工開物』を出典に掲げている見出しを地理箋、人品箋から抜き出してみよう。振仮名は漢字列の後に片仮名で示した。東涯は寛文十(一六七〇)年に生まれ、元文元(一七三六)年に没しているので、明和八(一七七一)年に出版された和刻本管生堂版を使うことはできない。三枝博音(一九四三)は「この本が日本に入つたのは少くとも元禄時代と考へられる。而もその後、科学・技術の諸部門の人に於てひろく読まれ、啓蒙の資となつた」(四十三頁)と述べている。そうであっても、舶載される中国テキストの数は限られているので、東涯が中国で出版された崇禎版をみた可能性はあるが、崇禎版の写本であった可能性もあるだろう。例えば、早稲田大学には「張府内庫図書」「要斎蔵書」「関氏文庫」「尾張徳川家」の蔵書印がおされた細野要斎旧蔵の崇禎版の写本が蔵されており、こうした写本も少なからずつくられていたことが予想される。[23] 細野要斎(一八一一~一八七八)は尾張名古屋藩士で、明治元年には藩校である明倫堂の教授となり、侍講もかねているので、儒者ということになる。『天工開物』は産業、技術書だから「科学・技術の諸部門の人」が読んだということはもちろんそうであろう。しかし、儒者も『天工開物』を読んでいたということは外側からものごとをとらえていると気づきにくい。このテキストは早稲田大学古典籍総合データベースで公開されている。このテキストは、先に示したように、複数の蔵書印がおされており、人々の間を動いていったテキストといってよい。そうであるので、テキストに書き込みがあった場合、書き込みをしたということをテキストに記さないかぎりは、誰の書き込みかはわからないが、このテキストには書き込みがある。

秧田	ナハシロタ	地理箋上・二十六丁裏
夾沙土	スナマジリツチ	地理箋下・七丁表
河濱洲土	カハベリノツチ	地理箋下・七丁表
三和土	アハセツチ	地理箋下・七丁表
粳米土	カタツチ	地理箋下・七丁表
糯米土	ネバツチ	地理箋下・七丁裏
試金石	ツケイシ	地理箋下・十一丁表
鐵工	カチ	人品箋三・七丁表
錘工	カネノツチ	人品箋三・七丁表
提花固斲	カラオリノモンヒキ	人品箋三・十七丁裏
紡工	ツムキテ	人品箋三・十七丁裏
織匠	オリヤ	人品箋三・十七丁裏
古董行	フルダウクヤ・左振仮名トリウウリ	人品箋三・二十九丁裏

今ここでは、明和八年版『天工開物』を使うが、その巻上の甘嗜第六巻の「蔗種」（七十四丁裏）に「凡栽蔗必用夾沙土河濱洲土為第一試験土色堀坑尺五許将沙土入口嘗味味苦者不可栽蔗」（糖蔗は必ず砂

まじりの土に栽培する。川沿いの堆積土が一番よい。土質を試すには、一尺五寸ばかりの坑を掘り、その堆積土を口に入れて味をみる。苦いばあいは、甘蔗を植えてはいけない[24]）とある。明和八年版はこの「蔗種」に「サタウタケヲウユ」（砂糖竹を植ゆ）という左振仮名を施している。

『名物六帖』の見出し「夾沙土」には右の「第一」までが引用されている。見出し「夾沙土」の引用部分に「河濱洲土」が含まれており、その「河濱洲土」が「夾沙土」に続く見出しとなっている。これは、そもそもは「夾沙土」のみが抜き出されていて、『名物六帖』をつくる時に、引用部分に含まれている「河濱洲土」も見出しにしたことを思わせる。見出し「河濱洲土」には引用がなく、「見上」とだけ記されていることも、右の推測を裏づけているだろう。こうしたことについては、近藤尚子（一九九三）に詳しい指摘がある。抜き書きを整理して印刷出版するテキストにしたてていくプロセスに、情報の成長、拡大があるということは、テキストを具体的に観察してはじめてわかることで、これもまた知の形成にかかわる観点といってよいだろう。

次の見出し「三和土」には「石灰下用以裏墓及貯水池則一分入河沙黄土二分用糯米粳羊桃藤汁和匀軽築堅固永不隳壊名曰ーーー」とあるが、これは『天工開物』巻中の「燔石」第十一巻の「石灰」の条の「用以襄墓及貯水池則灰一分入河沙、黄土二分用糯粳米羊桃藤汁、和匀軽築堅固永不隳壊、名曰三和土」（それで墓や貯水池をつくるには、石灰一に川砂と黄土を二の割合で入れ、糯米、粳米、羊桃藤の汁でよくまぜあわせて薄く塗ると、堅固で長く崩れない。これを三和土という）に対応していると思われる。『日本国語大辞典』は見出し「たたき」の表記欄に漢字列「三和土」を挙げていないが、『天工開物』に「三和土」がみられることがわかった。

図27は享保十四（一七二九）年に出版されている和刻本『古今類書纂要』の巻之二「地理部」三丁表の箇所である。東涯が使った『古今類書纂要』はおそらくこのテキストではないと思われるが、今便宜

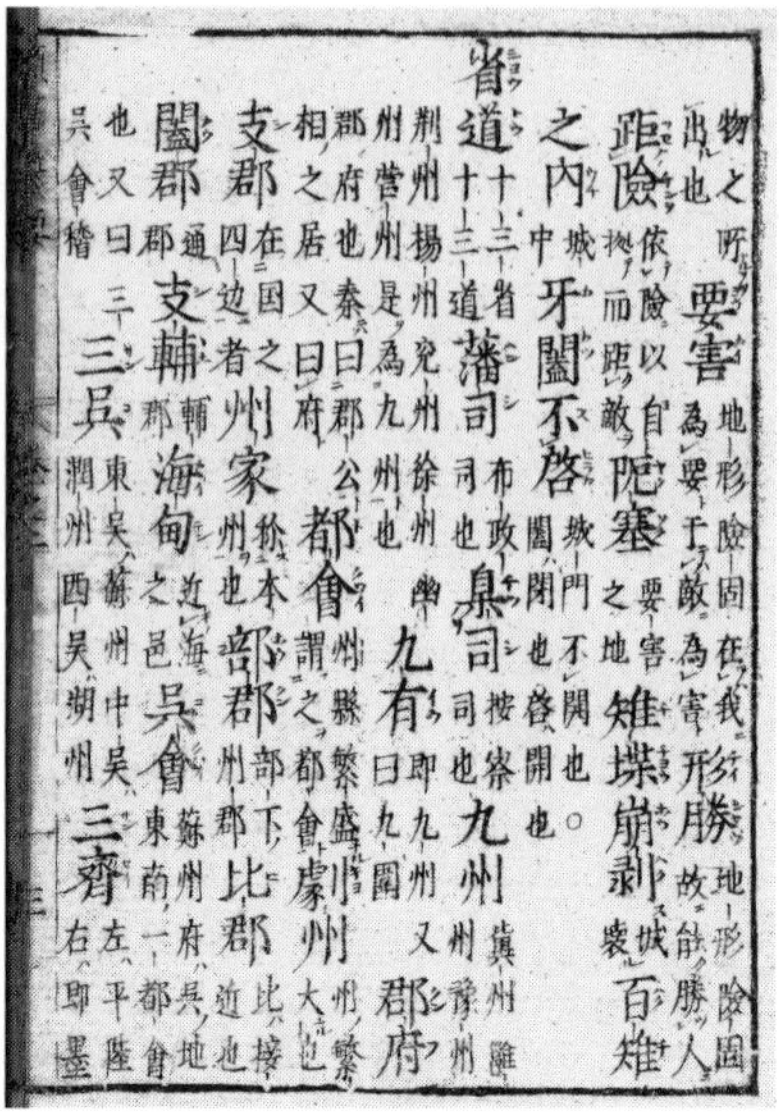
物之所出也　要害　地形險固在我為要于敵為害　形勝　地形險固故能勝人
距險　依險以自固拠而距敵　隘塞　要害之地　雉堞　崩城褎　百雉
之內　中城　牙閫不啓　城門不開也閫閉也啓開也。
省道　十三省十三道　藩司　布政司也　臬司　按察司也　九州　冀州雍州豫州
荊州揚州兗州徐州幽州即九州又營州是為九州也　九有　曰九圍　郡府
郡府也秦曰郡公相之居又曰府　都會　州縣繁盛謂之都會　濠州　大也州繁
支郡　在国之四边者　州家　州也　於本部郡　部下州郡　比郡　比接近也
閫郡　通郡　支輔　輔郡　海甸　近海之邑　呉會　蘇州府呉地東南一都會
也又曰三三呉　東呉蘇州中呉　三齊　右即墨平陸左　潤州西呉湖州　呉會稽

図27　『古今類書纂要』（巻之二・三丁表）

的にこれを使って東涯がどのようにして『名物六帖』をつくっていったかを説明してみよう。図27において、大きな字で掲げられているところが見出しで、小さな字二行（細字双行）で記されているところが見出しに対する説明にあたる。今七行目の「部郡」と八行目の「閫郡」を話題にする。図では、漢字列「部郡」の右に「ホウクン」、「部」の左に「フ」、「閫」の右に「カウ」とみえるが、これらはいずれも書き込みで、もともとの和刻本『古今類書纂要』においては、見出しに振仮名が施されていない。こういうことはインターネットに公開されている画像ではわかりにくいので注意する必要がある。

見出し「部郡」は「部下／州郡」、見出し「閫郡」は「通／郡」と説明されている。『名物六帖』地理箋上にはこの二つの見出しが、「閫郡〔類書纂要－－ハ／通部〕」（三丁表）、「部郡〔類書纂要－／－ハ部下ノ州郡〕」というかたちで見出しになっている。「類書纂要」は□で囲まれていて、出典であることが視覚的にわかりやすくなっている。これは他の出典も同様である。出典名「類書纂要」が『名物六帖』を編集する時点に加えられたことはいうまでもないが、「－－ハ～」という形式を採ったのも『名物六帖』編集の時点であることがわかる。こうした形式によって、『名物六帖』全体が整えられている。中国文献の名称を出典として明示し、中国文献の引用を定式に従って示す。丁寧なテキスト作りといえるだろう。地理箋が出版されたのは、安政六（一八五九）年であるが、こうした形式は享保十二（一七二七）年に出版された器財箋でも同じである。享保十二年にはテキストを通して情報、広い意味合いでの知の提示のしかたも成熟していることがわかる。

『名物六帖』の動物箋、植物箋は出版されていない。稿者が所持している動物箋の一部を図28・29として示す。図28のテキストは「高橋龜／三郎蔵書／之訳」という朱印が冒頭の丁におされており、図29のテキストには「竹清蔵」という朱印が、やはり冒頭の丁におされている。まず、同じ『名物六帖』の動物箋の写本であっても、写されかたがかなり異なっている。図29は出版されている『名物六帖』にちかいかたちで写されているが、図28はいわばレイアウトされていない。「雞鷺家禽」は小見出しのようなものであるが、図28のテキストではそれが上部にある。図28で右振仮名のない見出し「味欶」「矮鶏」「頭生鶏子」には図29でも振仮名がない。このことからすれば、両テキストが写した本＝親本の「本文」はちかいことが推測される。ただし、細かい点をみるならば、図28の「味欶」は図29では「味潄」であるし、図28は見出し「叢子」に「マタカ」と振仮名を施しているが、図29の振仮名は「スタカ」であるなど、小異はある。器財箋には「補」という符号のもとに見出しが増補されていると思われるが、図29にはその「補」がみられる。「鷹打鳥《タカトリヲトル》郷」「打赶鳥　正」は『郷談正音』から増補されたか。

まず中国語で書かれたテキストがある。日本語を母語とする東涯がそれを読んで、抜き書きをつくる。中国語テキストには、『史記』や『漢書』のように古典中国語で書かれたものもあれば、『水滸伝』や『拍案驚奇』のように、白話を交えた近代中国語で書かれたものもある。また、『太平御覧』や『文苑英華』のように、すでにあるテキストから、何らかの観点に従って「情報」を抽出して類聚した「類書」もある。「「情報」を抽出して類聚する」ことによって、「情報」は（類聚した観点において）濃度、密度が高まるといってもよい。東涯の抜き書きは東涯が読書を続けていくに従って、充実したものになっていく。東涯の読書は中国語テキストに限られてはいないはずであるが、中国語テキストに限っていうな

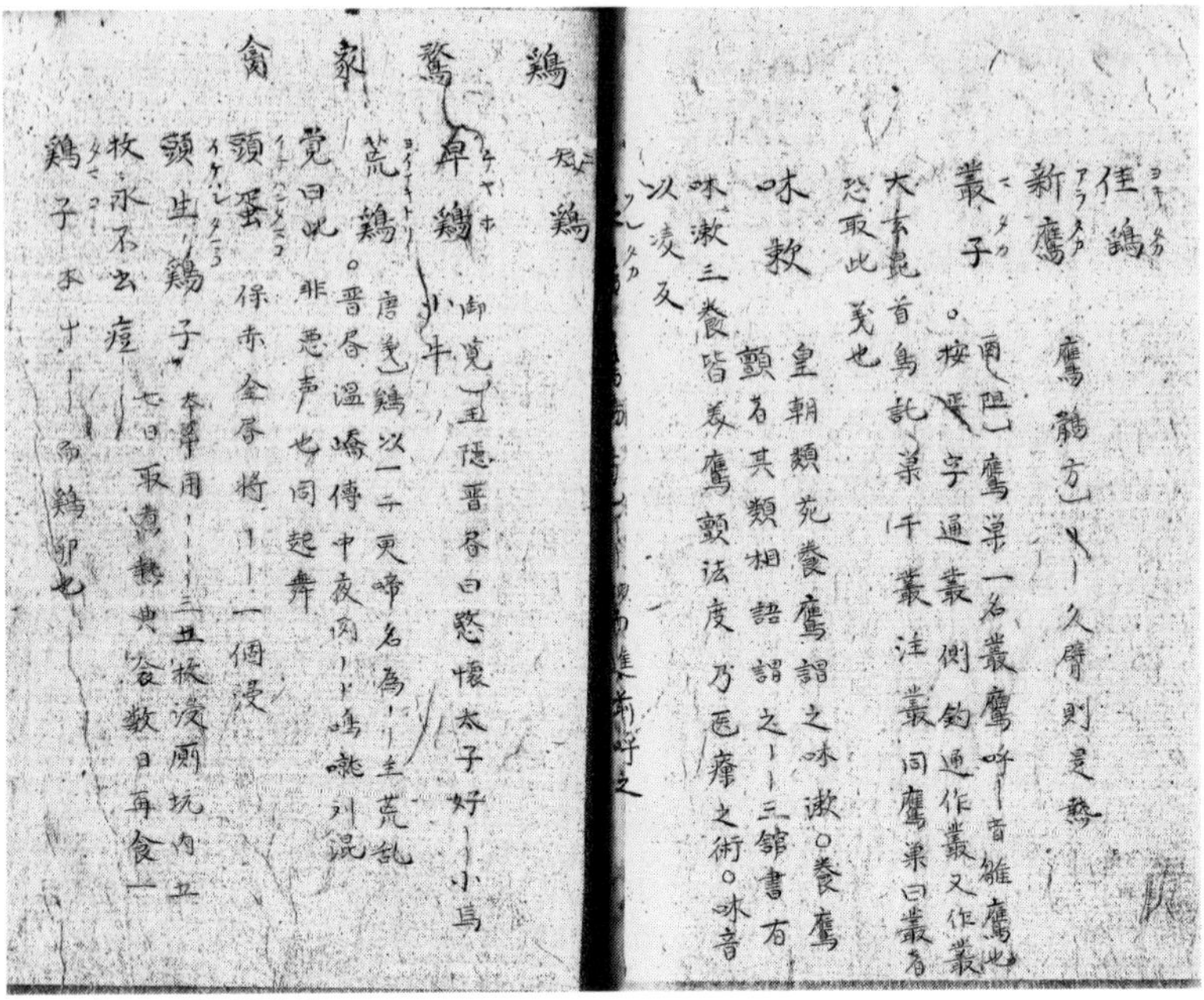

図28 『名物六帖』(動物箋)より

らば、こうした中国語テキストの抜き書きは、東涯の読書記録であると同時に、中国語文化圏、中国語世界の知を抽出し類聚したものといってよい。東涯の関心はひろく、読書の範囲は古典中国語をはるかに超えている。伊藤東涯を江戸時代の儒学者と呼ぶことに異を唱える人はいないだろう。「儒学者」だから『論語』や『孟子』といった経書や朱子学関連のテキストは読む。しかし読書の範囲はそれにとどまってはいない。

中国語テキストの側からみるならば、江戸時代は、先にあげたような中国語テキストを読むことができるような状況になっていたことをまずおさえておくべきであろう。中国語のテキストは中国での出版からあまり時日をおかずに舶載されることがあった。舶載された中国語テキストが日本において和刻版として出版されることは多かったし、その和刻版も、

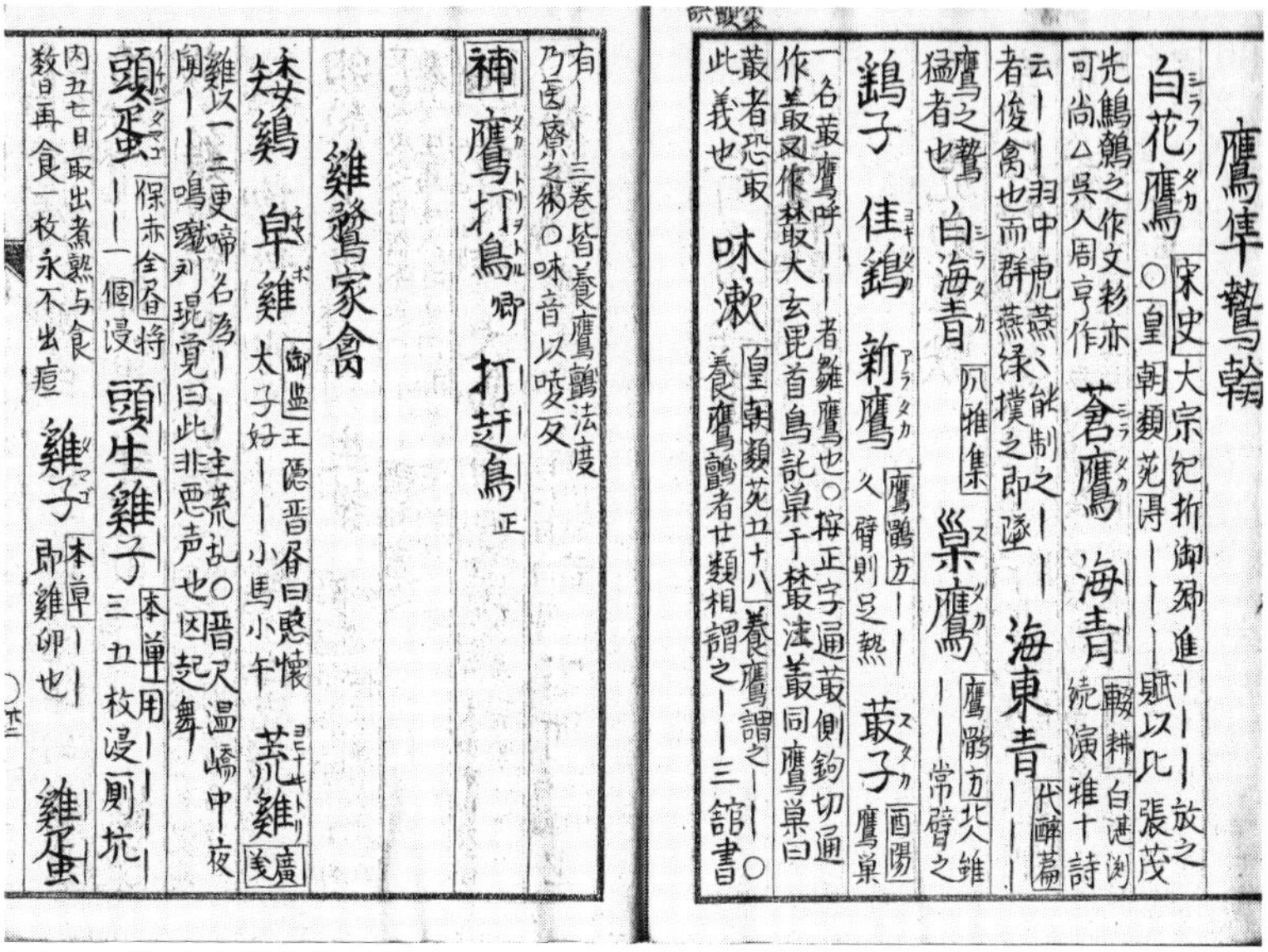

図29 『名物六帖』（動物箋）より

需要があれば、二度三度と重ねて出版されている。江戸時代は製版印刷が定着した時期で、訓点や振仮名を施す技術も安定し、テキストに図版を組み込むこともできた。江戸時代の初期、慶長、元和頃には活字による印刷も行なわれていたが、活字による印刷の場合、訓点はいうまでもないが、振仮名は施しにくい。また活字印刷した版面に図版を組み込むことは、製版印刷と比して、格段にめんどうなことになる。『本草綱目』のような本草書や、『天工開物』のような科学技術書は図版を必要とするテキストといってよい。言語を基調とする「名物学」が図版を必要とする博物学へと展開するためには、製版技術が重要な役割を果たしたとみることができるだろう。製版印刷は、知が「具体の枠組み」の中で深化していくことを確実に助けたといってよい。

さて、東涯が具体的にはどのようなテキストを読んだのか、という問いをたてて東涯の知を追求していくこともできる。中国から船載されてきたテキストを読んだのか、舶載されてきたテキストの写本を読んだのか。自身でそのテキストを所持していたのか、借覧したのか、それぞれがまた具体的な問いにつながっていく。具体的な物としてのテキストというとらえかたも重要である。

伊藤仁斎、伊藤東涯は江戸時代の儒学者で、仁斎は反朱子学的な思想に至った、というとらえかたはひろく認められている。それはいわば仁斎・東涯にまずそういう、いわばわかりやすい「レッテル」を貼って外側から仁斎、東涯をおさえていく、というアプローチにみえる。外側からおさえるのだから、どちらかといえば「静的」なとらえかたということになる。仁斎・東涯がどんな本を読んでいたのだろう、という問いは内側での問いといえよう。本を読んで抜き書きをつくるのは人間の行為だから、人間を「動的」にとらえている。そしてまた、中国語文化圏、中国語世界の知が抽出され類聚され、それがさらに『名物六帖』というテキストとして日本において出版されるということは、知に関しての動きといってよいので、知を「動的」にとらえていることになる。本書のタイトルは「江戸の知」であるが、当然のことながら江戸の知すべてをとらえることはできない。しかしその一部のそのまた一部、ほんのわずかな部分であっても、知を「動的」にとらえ、知が形成されていくさまを動きとしてとらえることによって、他の部分の動きを想像することはできるだろう。外側からおさえて「静的」に、ある程度抽象的に、今風にいえばざっくりととらえたほうがわかりやすいことも当然あるだろう。しかし、少しでも内側に入って、ことがらを「動的」に、ある程度具体的にとらえることによって、知を動きのある広がりとしてとらえ、そうすることによっておもしろさが格段に増すということもあると考える。

註

（1）頼惟勤（一九九六）はその「序」において、清の儒学者であり考証学者であった戴震（一七二四～一七七七）のことばにふれながら次のように述べている。〈戴震は曽《かつ》て「六書九数《りくしょきゅうすう》などは轎夫《きょうふ》のようなもので、轎中の人を舁《か》くためのものに過ぎぬ」と言った。それでは「轎中の人」は「轎夫」に導かれて何を志向すべきか、というと、それは「聖人の道」であり、それを明らかにしたのが「『孟子字義疏證』であり、これは人心を正しくするための著作である」と言った。戴震のこの言葉ほど、吾人を忸怩たらしめるものはない。同じことを解り易く『大学』の八條目を借りて表現すれば、六書九数は畢竟、條目の第一・第二たる「格物・致知」どまりのものである。もしも「轎中の人」が、條目の第三・第四たる「誠意・正心」の工夫を蔑《ないがし》ろにしたならば、第五・第六・第七の段階を経て、條目最後の聖人の道、つまり「平天下」を実現することはあり得ない、ということである〉（ⅰ頁）。今ここでは便宜的に『日本国語大辞典』の説明を引くことにするが、「格物致知」は「理想的な政治をするための第一と第二の段階。知を完成するには、物の理をきわめつくさねばならないこと。「致知」とは、朱子によれば、自分の知識を極限にまで推し広めること。王陽明によれば、自然な心情、本来的な心のはたらきを徹底的に発現させること。格致」ということで、戴震は、それはまだ「轎舁き」の段階で、「誠意・正心」をもって、聖人の道、平天下の実現を目指すのが目標であると考えていたことになる。

（2）新井白石『東雅』は明治三十六（一九〇三）年に活字印刷されて出版されている。その解説において大槻如電が「東雅とは日東爾雅の謂なり」と述べている。『東雅』の自筆稿本二十一冊が現在、国立公文書館内閣文庫に蔵されている。今ここでは「英賀堂直清」（室直清）の序を備えた稿者の所持本（写本）を使うことにする。『東雅』の「凡例」の冒頭には「爾雅の書始に釋詁釈言釋訓あり。東方上世の言本朝／の正史に見へし所のものは先儒の訓訳すでに備ありて後代／の歌文辞のごときも諸家の註解亦少からず。此書の編事に／要とする所、物名を釈するにあれば、和名聚抄に見へし所に／よりて天地より始めて虫豸の類に至るまで、其名の釋す／べきを釈す」（句読点を適宜補い、濁点を施した。なにゆえか釋・釈両方が使われている）とあって、「爾雅」「東方」という語が使われており、「東方の爾雅」という命名である可能性はひくくはないと考える。どのようなテキストであるかを紹介するために、巻之二十「虫豸」の見出し「蟋蟀」を示しておく。「蟋蟀　キリ々々ス　和名抄に見べし所のごとき、今にいたりては方俗の言相／混じて別れ難かり。漢人の説のごときも又是に同じかりけり。和名／抄には兼名苑を引て絡緯一名促織ハタヲリ鳴聲如急機故以／名之。蟋蟀一名蛬即促織又蜻蛚と見へて、もと是一物なれ／ど、方俗に随ひて其名はしからずと見へたり。（以下略）」（句読点を補い、濁点を施した）のように、『和名類聚抄』の記事から説き起こすことが多い。

（3）　文政十（一八二七）年頃に成ったと目されている、宇田川榕庵の『植学独語』では「腊葉の外草木の真形を遠久に伝ふべき術ある事」という條において「腊葉は全形を腊すれば真形を存するに足るといへ共、遠久に伝へかたし。物の真形全く存してしかも伝遠不朽なるは写生の設色図にしくものなし。凡そ画図はいかに描くとも却て能文の千百言を重たるに勝れり。百聞一見にしかずといふ語は実なり。然れども画工の図は大抵丹青過実多く、或は態度点景にのみ拘りて徒に婦女児輩の観物にすぎず。植学家の採用に充らず。たゞ自ら生草に対臨し、其法を得べし」（句読点を適宜補った。テキストとしては、国立国会図書館デジタルコレクションに画像が公開されている国立国会図書館蔵本を使わせていただいた）と述べられている。「腊葉」は植物を平らにおして乾燥したいわゆる「押し葉標本」のことで、榕庵は「腊葉」が「写生の設色図」にはかなわないという。そもそも、千百言を費やした「文」すなわち言語による説明よりも「画図」がまさるとみている。しかしまた、「画工の図」は実際のものよりも過剰に「丹青」を施してあったりするので、それは「婦女児輩の観物」にとどまるという。右の言説中で、榕庵が「遠久に伝」えるということを明確に意識していることには注目しておきたい。そして、宇田川榕庵の『植学啓原』においては、図が別冊になっているが、「本文」がどの図に対応しているかが、きちんと「本文」の欄外に示してある。『植学啓原』が出版された天保五（一八三四）年はすでにそうした到達にあったことがわかる。右で使われている「設色図」は

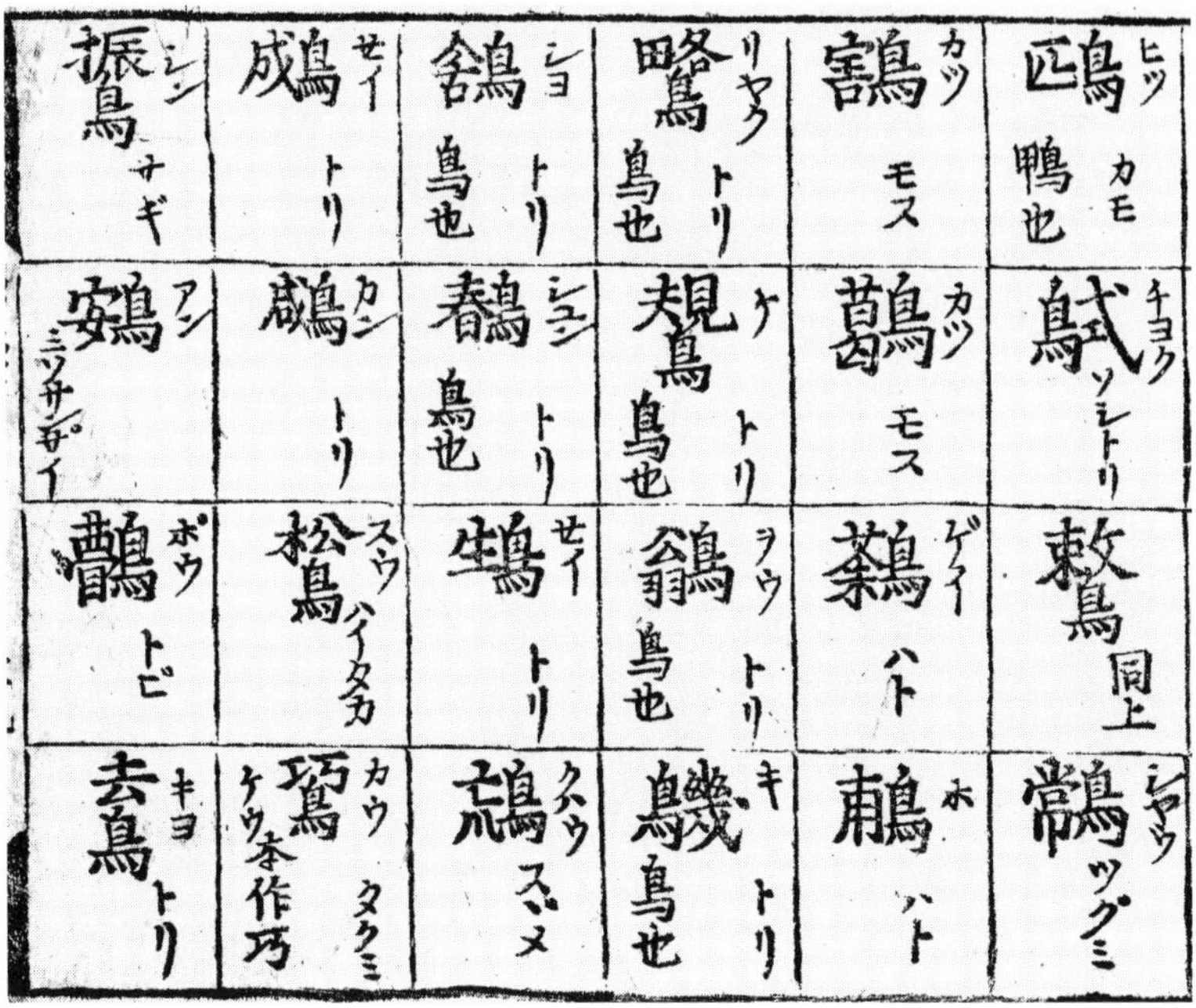

図30 『倭玉篇』（鳥部）より

「セッショクズ」を文字化したものとみるのがもっとも自然であろう。「設色」は彩色をすることと思われるが、『名物六帖』の人事箋においては「設色」に「サイシキ」と振仮名が施されている。

（4） 上野益三『日本博物学史』（一九八九年、講談社学術文庫）は日本の「近世」すなわち「織田・豊臣二氏の政権時代を経て、徳川幕府の終りまで、約二百九十余年間」（六十四頁）を「『本草綱目』輸入以前の時代」「前《プレ》『大和本草』時代」「後《ポスト》『大和本草』時代」「シーボルト渡来以後の時代」（六十五頁）の「四期」に分けている。

（5） 生物学、分類学において使われるリンネ式階層分類は、界・門・綱・目・科・属・種のように階層化されている。

（6） 図30は慶長頃に出版された『倭

玉篇』の鳥部のある箇所であるが、二行目の三字目と四字目とは明らかに異なる漢字であるが、どちらにも「ハト」という和訓が配されている。あるいは、三行目の一字目「鶬」、二字目「䳏」、三字目「鷄」、四字目「鸃」にはいずれも「トリ」という和訓が配されている。これらの四字には「鳥也」という漢文注も置かれているので、中国の字書においてもこれらの四字が「鳥」と説明されていた可能性がたかい。そのことは措くとして、構成要素に「鳥」を含む字が「鳥をあらわす字」であろうということは、漢字についての基礎的な知識があれば予想できる。その意味合いで、「トリ」という和訓は、字書の情報としても不十分ということになる。加えて、「名物学」的でもない。また、「鶷」「鷮」は漢字の構成要素が異なるのだから、そもそもは異なる鳥をあらわしていたはずで、それがどちらも「モス」であるというのは、中国におけるこの鳥は日本においてはこの鳥である、という「中国語日本語対訳辞書」という枠組みにも十分にははいっておらず、こうした字書・辞書を対置することによって、「名物学」「博物学」の目指すところがより鮮明になると考える。

（7）国立国会図書館には『文会録』が三つ蔵されているが、そのうちの一つには表紙に「伊藤／篤太／郎記」という方形朱印がおされ、さらに「此編亦重本ナルヲ以テ篤太郎ニ／附與ス」と朱書され、「文会録縁起」という冒頭ページには「尾張伊藤／圭介之記」という朱印がおされている。したがって、このテキストはもともと伊藤圭介の蔵本であったが、重複していたために伊藤篤太郎に譲られたものであることがわかる。テキストへの書き入れや蔵書印などを読み解くことによって、テキストの「流れ」をつかむことができることがある。『文会録』は誰がどのような物を出品したかが記録されている。たとえば、「紀州和哥山山瀬次右衛門」が出品をしていることがわかる。この山瀬次右衛門は、薬種商山瀬春政のことで、稲生若水に本草学を学び、宝暦十（一七六〇）年に日本で最初の鯨の専門書として知られる『鯨志』をあらわしている。『鯨志』はライデン大学図書館のシーボルト・コレクションに含まれている。文政七（一八二四）年二月にシーボルトに師事した岡研介《おかけんかい》（一七九九～一八三九）はシーボルトの信頼があつく、美馬順三とともに鳴滝塾の最初の塾長となるが、『鯨志』の大部分をオランダ語に翻訳して、シーボルトに提出している。あるいはまた「和州松山　森野賽郭翁」が「仏法鳥」を出品しているが、森野賽郭翁は、註19でふれている森野旧薬園の創始者である。具体的なテキスト、人を追うことで、江戸の知の広がりがつかめる。

(8)『講談倶楽部』昭和十年八月号に発表された、岡本綺堂「菊人形」（後に「菊人形の昔」と改題）は文久元（一八六一）年九月二十四日の事件という設定になっている。この作品には「西洋馬」が登場する。「それから本郷の屋敷へ牽いてゆくと、主人の神原も少しおどろきました。異人の馬を盗んで来るなぞは、もちろん良くないに決まつてゐる。そこで平吉を叱つて、元へ返すやうに指図すれば好いんですが、扨そこが道楽の禍で、平生から欲しい々々と思つてゐた西洋馬や西洋馬具を眼の前に見せられると堪らなく欲しいやうな気もする。平吉もそばから勧める。結局その気になつて、神原は西洋馬を自分の廏に繋いで置くことにしました」というくだりがあり、もちろんフィクションではあるが、文久頃であっても西洋馬が日本では珍しかったことが窺われる。

(9)国立国会図書館には「長塩某」が作った「腊葉」一五七点、印葉図六点が「礫川官園薬草腊葉」というタイトル（請求記号：寄別十一十六）で蔵されている。国立国会図書館（二〇〇五）は「作成年は文化九〜十年」（五十五頁）と推測している。このことからわかるように腊葉はかなり長期間保存することができる。

(10)一日あたり、大人一人の消費分とされる五合（約〇・九リットル）を支給することを標準にしてその一年間分を支給するのが一人扶持にあたる。年間では一石七斗七升五合（約二六六キロ）になる。

(11)現代日本語においては、「官」と「民」との区別がなされないこともある。例えば、「面接官」という語は、国立大学でなくても使われることがあるし、自動車学校の「教官」という表現もある。

(12)石田一良（一九七五）は「室町中期以降、ことに戦国時代に入ると禅院では儒学の兼修が流行し、禅僧が儒学の教養を以て諸侯の賓師となることはむしろ常態と考えられていた」（四七四頁）と述べている。

(13)『羅山林先生集』は早稲田大学が公開している「古典籍総合データベース」の画像によって確認した。

(14)『多識編自筆稿本刊本三種研究並びに総合索引』(一九七七年、勉誠社)の「研究篇」において月瀬文庫蔵慶安二年製版本の巻末に、旧蔵者が「読本草時并考之以識国訓其功不大哉」と書き込んでいることが報告されている。すなわち、『本草綱目』を読む時や『本草綱目』について考える時には、国訓がたよりになる。国訓の功績は大きいと述べている。

(15)日本語訳は、『頭註国訳本草綱目』第十二冊獣人部(一九三三年、春陽堂)に従った。『本草綱目』の引用した箇所は人文学オープンデータ共同利用センターが画像を公開している国文学研究資料館に蔵されているテキスト(国文研書誌ID 200022040)であるが、国訳が「饑ゑるときは」と訳している箇所には「飢」字が使われ、国訳が「熊蟠」とする箇所には「熊蹯」とある。

(16)この本の国立国会図書館における請求記号は「特1-1875」で「書誌ID」は「000007325936」で、国立国会図書館デジタルコレクションによって画像が公開されている。『訳官雑字簿』は『唐話辞書類集』第十九集(一九七五年、汲古書院)にやはり国会図書館蔵本が収められているが、この本にはまず栗本丹州の識語があり、そこにはこの本が小野蘭山の座右の書であることが記されている。栗本丹州の識語の後には森立之の識語があり、この本が井沢蘭軒の旧蔵本で、文化の初め頃に江戸に出た頼山陽がお金に困って筆耕をしていたことがあり、この本も全巻が頼山陽が書写したものだと記しているが、そうであるかどうかを疑問視するむきもある。

(17)服部徹也『はじまりの漱石』(二〇一九年、新曜社)は、夏目漱石が東京帝国大学英文学科で行なった「文学論」の「講義を受講した学生たち(若月保治、岸重次、森巻吉、金子健二、中川芳太郎、木下利玄)の受講ノートについて調査」(二十四頁)している。

(18)堀田正敦(一七五五〜一八三二)は下野佐野藩主から当時の老中、松平定信の引き立てで幕府の若年寄となり、四十二年間若年寄をつとめ、定信の寛政の改革を助けた。本草・博物学にも関心をもち、蘭学者などの学者を厚遇した。その一方で自らも鳥類図鑑『禽譜』や、その解説書『観文禽譜』を編纂し、現在東京国立博物館に蔵されている『観文獣譜』や貝類を採りあげた『観文介譜』も執筆している。

(19) 髙橋京子・森野燾子(二〇一二)は奈良県宇陀市大宇陀町に現存する日本最古の私立植物園である「森野旧薬園」について詳しく述べている。この「森野旧薬園」は森野通貞(藤助賽郭)(一六九〇~一七六七)によって始められたが、そのきっかけは、藤助が幕府の採薬師である植村左平次の採薬調査にあたって、案内随行する薬草見習に指名されて左平次の採薬の補佐をしたことにあった。藤助が画いた写生図が「松山本草図譜」全十巻として残っており、その図譜の抄録が髙橋京子・森野燾子(二〇一二)に掲げられている。

(20) 地理箋において、『本草綱目』を出典としている見出しには次のようなものがある。「焼戸場土ヒトヤキバノツチ」「千歩峰ニハコブ」「浮石カルイシ」「水石カルイシ」「海浮石カルイシ」「慈石ジシヤク」「吸鐵石ジシヤク」(以下略)

(21) 試みに人品箋から『水滸伝』を出典としている見出しを抜き出してみる。

揆子　モノミ　人品箋十四丁裏
揆細人　モノミ　人品箋十四丁裏
把門軍官　モンバンノサフライ　人品箋二十五丁表
緝捕人　トリテノモノ　人品箋三十四丁裏
解魔法師　ヤマフシ　人品箋二・十五丁裏
賣柴　シバウリ　人品箋三・三十四丁表
車脚夫　クルマツカヒ・左振仮名シヤリキ　人品箋三・四丁表
打船匠　フナタイク　人品箋三・十一丁裏
挑酒的　サケニナヒ　人品箋三・二十四丁表
賣炊餅的　ムシクワシヤ　人品箋三・二十四丁裏
販生薬　キクスリヤ　人品箋三・二十九丁裏

兩姨兄弟　ハ、カタノフタイトコ　左振仮名ハ、ノイトコノコ　人品箋四・三十五丁裏
魚牙子　ナヤ　左振仮名ウオトヒヤ　人品箋五・一丁裏
肉舗戸　シ、ヤ　人品箋五・三丁表
鈴下卒　ス、ハンノアシカル　人品箋五・九丁表
做公的　カ、リヒト　人品箋五・九丁表
打傘的　カラカサモチ　人品箋五・十一丁表
提燈籠的　テウチンモチ　人品箋五・十一丁表
梯巳人　テヒト　人品箋五・十二丁裏
使女　ツカヒヲンナ　人品箋五・十五丁表
帯傷的人　テヲヒ　人品箋五・十八丁裏
真漢　シヤウジキモノ　人品箋五・三十七丁裏

東涯がかなり丁寧に抜き書きを作っていることが窺われる。

(22) 明和八年版には都賀庭鐘の序文が附されているが、その序文において「一開巻則勿論其善本。大改旧観。叩之則於木氏蒹葭堂之蔵」(＝一たび巻を開けば則ち其の善本たるを論ずる勿けん。大いに旧観を改む。之を叩けば則ち木氏蒹葭堂の蔵たり)と述べられている。

(23) 早稲田大学に蔵されているこのテキストは表紙裏に「宋先生著／書林楊素卿梓／天工開物」とあり、さらに序の冒頭に「天工開物序」、序末には「宋應星題」とある。明和八年版すなわち和刻本は序の冒頭が「天工開物巻序」となっており、序末には「時崇禎丁丑孟夏月奉新宋應星書于家食之間堂」とある。早稲田大学の蔵本は、明和八年版に合わせて、書き入れをしていることがはっきりとわかる。したがって、もともとは崇禎版を写したテキストであったが、いずれかの所蔵者が明和八年版と校合をして書き込みをしたことがわかる。またこの早稲田大学の蔵本には訓点が施されており、見出しや「本文」の左側に振仮名が施されてい

る箇所が少なからずある。この訓点、振仮名が崇禎版書写時に施されたものか、後に施されたものかは判断しにくいが、訓点が、窮屈ではなく比較的自然なかたちで施されているようにみえることからすれば、あるいは崇禎版の書写時に、同時に施された可能性がある。

(24) 日本語訳は東洋文庫一三〇藪内清訳注『天工開物』(一九六九年、平凡社)を示した。

参考文献

朝日新聞社編　一九八八『江戸の動植物図』(朝日新聞社)
石田一良　一九七五　林羅山の思想(岩波書店、日本思想体系28『藤原惺窩　林羅山』所収)
磯野直秀　二〇〇七　明治前動物渡来年表(『慶應義塾大学日吉紀要　自然科学』第四十一号)
　二〇〇九　小野蘭山年譜(『慶應義塾大学日吉紀要　自然科学』第四十六号)
市川寛明　二〇一五　江戸における園芸の普及と園芸市場の形成(『東京都江戸東京博物館調査報告書第二十九集　江戸の園芸文化』所収)
上野益三　一九八九『日本博物学史』(講談社学術文庫)
狩野博幸監修　二〇一五『江戸の動植物図譜』(河出書房新社)
北村四郎　一九七五　ケンペルの『日本植物記』について(八坂書房『植物と文化』第十三号)
国立国会図書館　二〇〇五『描かれた動物・植物―江戸時代の博物誌』(紀伊國屋書店)
近藤尚子　一九九二『応氏六帖』の資料性(『文化女子大学研究紀要』第二十三集)
　一九九三『応氏六帖』と『名物六帖』―器用箋・器財箋を中心に―(『文化女子大学紀要　人文・社会科学研究』創刊号)
三枝博音　一九四三『天工開物』の研究(十一組出版部『天工開物』附載)
末木文美士　二〇二〇『日本思想史』(岩波新書)

高橋京子他　二〇一二『森野旧薬園と松山本草　薬草のタイムカプセル』（大阪大学総合学術博物館叢書）
たばこと塩の博物館編　二〇一九『江戸の園芸熱　浮世絵に見る庶民の草花愛』
古勝隆一　二〇二二『中国注疏講義―経書の巻』（法藏館）
細川博昭　二〇二一『江戸の植物図譜』（秀和システム）
頼惟勤　一九九六『中国古典を読むために』（大修館書店）
和田清　一九四二　明代総説（『東亜史論藪』所収）

第四章

町衆の知のコミュニティ

富永仲基『出定後語』をよむ

富永仲基（一七一五〜一七四六）は、大坂、北浜の漬物屋、醤油醸造を営む家に、富永芳春（道明寺屋吉左衛門）の三男として生まれ、弟の富永定堅とともに十五歳頃まで、懐徳堂において、懐徳堂初代学主であった三宅石庵（一六六五〜一七三〇）に儒学を学んでいる。

「江戸の知」はいろいろなプロセスを経て形成されていった。当然のことながら形成のプロセスは一つではない。学ぼうとする人が生きている時空において、もっとも優れていると目される機関で学ぶことは、当該時期における「知」を修得する「方法」の一つであることはいうまでもない。しかしそれは、「方法」の一つなのであって、すべてではない。また「もっとも優れていると目される機関」はどのような「知」を優れているとみなすかによって変わるのであって、絶対的なものではない。ある機関を絶対的に優れているとみる「みかた」はあるだろうが、それは「みかた」であると思っておく必要があるだろう。

富永仲基の『出定後語』をよむ前に、富永仲基がどのように自身の「知」を形成していったかを少し丁寧にたどって、「江戸の知」の形成のされかたに留意してみたい。そのためには、まず、富永仲基が学んだ懐徳堂がどのような「機関」であったかについて整理しておきたい。

懐徳堂について

懐徳堂は、享保九（一七二四）年、大坂の上層町人、豪商であった、三星屋武右衛門（中村睦峰）・道明寺屋吉左衛門（富永芳春）・舟橋屋四郎右衛門（長崎克之）・備前屋吉兵衛（吉田盈枝）・鴻池又四郎（山中宗古）が出資して船場の尼崎町一丁目北側（現在の大阪市東区今橋四丁目、日本生命ビルの位置）に設立された。三星屋以下の五人は懐徳堂の「五同志（五人衆）」と呼ばれる。懐徳堂の「懐徳」の由来については、諸説あるが、『論語』里仁篇の「君子懐徳」（君子は徳を懐《おも》う）に由来を求める説がある。懐徳堂の創建には、儒学者中井甃庵《なかいしゅうあん》（一六九三〜一七五八）が協力し、自身の師にあたる三宅石庵を懐徳堂初代学主に迎えた。中井竹山、中井履軒は中井甃庵の子で、五井蘭洲《ごいらんしゅう》に師事し、後に懐徳堂の「教授」を務めることになる。甃庵自身は懐徳堂二代目学主を務めた。『大日本史』の編纂に従事した三宅観瀾は三宅石庵の弟にあたる。石庵と観瀾は山崎闇斎に学び、「崎門の三傑」の一人に数えられる浅見絅斎に入門している。甃庵は懐徳堂を中心として、伊藤東涯、室鳩巣、梁田蛻巌らの儒者と交流した。

享保十一（一七二六）年には将軍徳川吉宗によって、懐徳堂が公認され、官許の学問所という位置を得、用地も拝領する。江戸幕府の昌平黌が創建されたのが元禄三（一六九〇）年であるので、その三十六年後ということになる。明治二（一八六九）年に閉校しているが、約百五十年にわたって、大坂の中心的教学機関であった。

享保期に大坂の町人が儒学塾といってよい懐徳堂を創設した背景、理由として、大坂の経済力が文化を開花させていた、戦国期の後、優れた人材が市に隠棲していた、大坂の豪商は諸藩に出入りし士人と交流があったため文化的な素養が求められていた、ということなどがあろう。

『懐徳堂内事記』の享保十一（一七二六）年十月の項に、（実際は中村陸峰〔三星屋武右衛門〕が作成したともいわれている）三宅石庵が懐徳堂に掲げた「壁署（壁書）」三条が採録されている。『懐徳堂内事記』は「国書データベース」に収められている「大阪大学附属図書館懐徳堂文庫画像一覧」によって確認することができる。その画像で確認した「壁署（壁書）」を次に示す。句読点、濁点、振仮名を補った。三条を示した後に「午十月　学問所行司」と記されている。

一　学問は忠孝を尽し職業を勤むる等の上に有之事《これあること》にて候。講釈も唯《ただ》右の趣を説すすむる義第一に候へば、書物不持人《もたざるひと》も聴聞くるしかるまじく候事。但し不叶《かなわざる》用事出来候はば、講釈半にも退出可有之候《これあるべくそうろう》。

一　武家方は可為上座《じょうざとなすべく》候事。但し講釈始り候後出席候はば、其差別有之まじく候。

一　始而《はじめて》出席之方は、中井忠蔵迄、其断可有之候事。

「忠孝」をどのように位置づけるかということをまず考える必要があるが、ごく一般的に、〈主君に対する忠誠と親に対する孝心〉とひとまず考えることにする。これらを、気持ちの持ち方を含めて、ひろく人としての行動にかかわる概念であるとみるならば、「人倫」すなわち「人としての倫理」ということになる。「職業を勤むる」は職業活動すなわち「経済」ということになる。そうであれば、第一条は「学問」が「人倫」と「経済」を前提としてある、と述べていることになる。そして、懐徳堂で行なわれる「講釈」はそうした考えのもとに行なわれるのだから、「書物」を持っていない人が聴聞してもいいと述べる。ここでは「書物」すなわちテキストを離れた「知」が最初から認められているということに注目したい。「用事」は特に説明されていないけれども、「人倫」と「経済」の上に「学問」があるという「みかた」からすれば、親が病気であるというような「人倫」にかかわる「用事」も、仕事上の打ち合わせのような「経済」にかかわる「用事」もともに「用事」として認められているとみるのが自然だろう。そういう「用事」によって「講釈」の途中で「退出」することを認めている。

第二条では、「武家方」の席次を「上座」とする。しかし、「講釈」が始まった後は、「差別」はないものとしている。大げさないいかたをすれば、秩序として「武家方」を「上座」とみることはする。しかし、懐徳堂の「学問」においては身分的な「差別」はないものとみている。こうした「みかた」が享保年間の大坂においてすでにあったことには注目しておきたい。懐徳堂が官許の学問所となるのは、湯島に昌平坂学問所＝昌平黌がつくられてから三十六年後であることについては先に述べた。右で「大坂において」と表現したのは、幕臣・藩士やその子弟だけに入学を許し、正統の朱子学を教授していた江戸の湯島の昌平坂学問所では、こうした「みかた」は成り立たなかったのではないかと臆測するからであった[1]。

享保二十年になって浄書された懐徳堂の「定約」（内部規定）には「講じ可申書は、四書五経其他道義之書講談致し、他之雑書講じ候儀、一切無用に候事」とあり、講義が四書（大学・中庸・論語・孟子）五経（詩経・書経・易経・礼記・春秋）といった儒学の古典的テキストがおもに講じられていたことがわかる。『懐徳堂内事記』には「小学」や『近思録』の名前もあがっている。また、「定約」には「同志の輩、講日の外、一月両度ばかり講堂にて会合可致事。但一会には書物講習致し、一会は何となく寄合、俗談を相止め、翁問答、孝子伝、集義和書等、仮名書を読み、且世間の美事物語を致し、書物不案内の人もいざなひ、相互に心ありさまをも語り、先覚の教を請ふて、あしきを改め、よきにうつり候様に致し候こそ、美事なる工夫と存候」とある。「翁問答」は中江藤樹の『翁問答』、「集義和書」は熊沢蕃山の著作で、いずれも陽明学系のテキストである。石庵は陽明学系であるが、朱子学をも説いており、そうしたところが「鵺学《ぬえ》」と呼ばれる原因となった。また「定約」には「詩文等之講釈はくるしからざる事」とも記されている。

中井竹山、履軒兄弟の師、五井蘭洲（一六九七～一七六二）は二十年余、助教として懐徳堂を支えたが、程朱の学を中心としながらも、経書学習の一方で詩文を修めることを認めた。蘭洲自身は、『万葉集』の辞書『万葉集話』、『源氏物語』の辞書『源語詁』などをあらわしており、国学者としての業績ももつ。懐徳堂が詩文の兼修を認めていたことにも注目しておきたい。仲基のこととしていえば、弟である荒木蘭皐《らんこう》（一七一七～一七六七）とともに、摂津池田に隠棲していた田中桐江《たなかとうこう》（一六六八～一七四二）の結社「呉江社」の一員となって詩文を学んでいる。田中桐江は三十一歳の時に、五代将軍綱吉の大老であった柳沢吉保に仕えるようになり、そこで荻生徂徠と知り合っている。「呉江社」の詩集『呉江水韻』には仲基の詩が載せられている。五井蘭洲は五井持軒の三男であるが、持軒は、伊藤仁斎、中村惕斎に儒学を、向井元升に医学を学び、貝原益軒や松下見林、三宅石庵らと交流していた。持軒ははじめ朱子学を学んだが、後に孟子に傾倒した。和歌は下河辺長流に学んでおり、そうした和漢にわたる「知」は蘭洲に継承されていった。

歌人の加藤景範、山片蟠桃は懐徳堂で学んでいる。寛政の三博士、柴野栗山、尾藤二洲、古賀精里らも懐徳堂と何らかの交渉があったと考えられている。また日本の貨幣史についてのテキスト『三貨図彙』（古今貨幣図説）』四十二巻をあらわした草間直方（一七五三～一八三一）も懐徳堂で学んでいる。『三貨図彙』は金貨、銀貨、銅貨（銭貨）の鋳造と流通の歴史を図入りで説明しており、文化十二（一八一五）年に成っている。現代においても「江戸時代の物価史研究における重要な参考史料となる箇所で、金銀貨幣における品位の高下がそのころの米価にいかに変動を及ぼしていたか、また江戸における銀相場の騰貴が下り貨物の価格にいかに影響していたかを記述しているあたりは、著者の体得していた貨幣物価理論が、きわめて確かなものであったことを示している」（吉川弘文館『国史大辞典』の「三貨図彙」の項目）というような高い評価を受けている。

草間直方は京都綾小路烏丸通りの商人桝屋唯右衛門の子として生まれ、十歳の時に京都四条の鴻池家の京都両替店に丁稚奉公に出、二十二歳の時に鴻池家の別家の一つである大坂尼崎町の草間家の婿養子に迎えられて、鴻池伊助を名乗って、大坂今橋の鴻池本家に勤務するようになった。本家勤務の後半は支配人として務めた。商人の子として生まれた草間直方が、鴻池伊助を名乗るまでになったことは、おもに直方自身の力といってよいであろう。しかし、また、懐徳堂での学びが、直方の考える力を育てたことは（証明はできないが）疑いのないことであろう。

初代学主となった三宅石庵の学風は、一つの学を固定的にそのまま説くのではなく、いろいろな学のよい点をとりいれるユニークなものであったが、そのために「鵺学」（頭がサル、足はトラ、尾はヘビに似ている伝説上の怪獣が鵺）と呼ばれることもあった。「鵺学」は批判的な、あるいは嘲笑的な呼称であろうが、固定的ではなく、動的とみることもでき、あるいはまた学際的とみることもできる。「リゾーム（rhizome）」的といってもよいであろう。そして実際に、そうした非固定的、動的な学風の中から、富永仲基がうまれ、山片蟠桃がうまれた。

『出定後語《しゆつじようごご》』をよむ

富永仲基は仏教思想の史的展開について述べた『出定後語』（延享二：一七四五年）、随筆『翁の文』（延享三：一七四六年）という二つのテキストを相前後して刊行している。前者は、日本思想体系43『富永仲基　山片蟠桃』（一九七三年、岩波書店）に収められ、後者は日本古典文学大系97『近世思想家文集』（一九六六年、岩波書店）に収められている。『出定後語』は漢文で、『翁の文』は漢字平仮名交じりで、記されている。両テキストはその内容が相互にかかわりをもっているので、『出定後語』をよむにあたっては、必要に応じて、『翁の文』を対照することにしたい。

『出定後語』には「加上」という用語及び概念がみられる。「加上」という概念にふかくかかわると思われる『翁の文』の箇所を、次に示す。

①然《しか》れどもここに翁《おきな》が説《せつ》あり。おほよそ古《いにしへ》より道《みち》をとき法《ほう》をはじむるもの、必ずそのかこつけて祖とするところありて、我より先にたてたる者の上を出んとするが、その定《さだま》りたるならはしにて、後《のち》の人は皆《みな》これをしらずして迷ふことをなせり。

右は第九節也。

②釈迦《しやか》の六仏《ろくぶつ》を祖《そ》とし、然燈《ねんとう》を思《おも》ひ出《いだ》して、生死《しやうじ》を離《はな》れよとすすめられしは、それより先の外道《げどう》どもの、天を祖《そ》として、これを因《いん》に修《しゆ》すれば、升《のぼ》りて天に生《むま》るると説たる、其上を出たるものなり。それより先の外道《げどう》共も、皆互《たがひ》にその上《うへ》を出《いで》あひたるものにて、鬱陀羅《うつたら》が非非想《ひひそう》をときたるは、阿羅《あら》羅《ら》が無所有処《むしようしよ》の上を出たるものなり。

③又孔子の、堯舜を祖述《そじゆつ》し、文武《ぶんぶ》を憲章《けんしやう》して、王道《わうだう》を説出《ときいだ》されたるは、是《これ》は其時分《そのじぶん》に、斉桓《せいくはん》・晋文《しんぶん》のことをいひて、専《もつぱ》ら五伯《ごは》の道《みち》を崇《たつと》びたる、其上《うへ》を出たるものなり。又墨子《ぼくし》の同じく堯舜を崇びて、夏《か》の道を主張《しゆてう》せられたるは、是は又孔子の文武《ぶんぶ》を憲章《けんしやう》せられたる、その上を出たるものなり。（略）又荀子《じゆんし》が性悪《せいあく》を説たるは、又孟子《もうし》が性善《せいぜん》を説たる、その上をいでたるものなり。楽正子《がくせいし》が孝経を作りて、曾子《そうし》の問答《もんどう》にかこつけて、孝《こう》を主張《しゆてう》して説《とき》たるは、又もろもろの道をすてて、孝《こう》へおとしこ

めたるものなり。是《これ》をしらずして、宋儒《そうじゅ》は皆これを一なりと心得、近頃《ちかごろ》の仁斎《じんさい》は、孟子《もうし》のみ孔子《こうし》の血脈《けつみやく》を得《え》たるものにて、余他《よた》の説《せつ》は、皆邪説也《じやせつなり》といひ、又徂徠《そらい》は、孔子《こうし》の道《みち》はすぐに先王《せんわう》の道《みち》にて、子思《しし》・孟子《もうし》などはこれに戻《もと》れりなどいひしは、皆《みな》大なる見ぞこなひの間違たる事どもなり。此始末《しまつ》をしらんと思はば、説蔽《せつへい》といふ文《ふみ》をみるべし。

右は第十一節なり。

④扨《さて》又神道《しんとう》とても、みな中古の人共が神代《じんだい》の昔《むかし》にかこつけて、日本《にほん》の道と名付、儒仏の上を出たるものなり。譬《たと》へていはば、天竺《てんぢく》の光音天《くはうおんてん》、漢《から》の盤古氏《ばんこし》の時分《じぶん》にも、仏といひ儒といふ、一廉《ひとかど》の定《さだま》りたる道のあるにはあらず。仏といひ儒といふも、皆後《のち》の世の人が、わざとかりに作《つく》り出たることどもなれば（略）右は第十二節なり。

③の末尾にみえる『説蔽《せつへい》』は富永仲基の著述と考えられているが、現存していない。「加上」によって儒教を論じた書であったと推測されており、当時の儒学者に孔子をおとしめるものと受け止められた可能性がある。仲基はこの『説蔽』が原因となって三宅石庵に破門されたという「みかた」が『諸家人物誌』（寛政四：一七九二年刊）に述べられている。それが石庵存命中であるとするならば、仲基が十五歳頃に『説蔽』をあらわしたことになり、疑問も呈されている。漢字「蔽」は〈覆う〉という意味をもつが、その他に〈さだめる〉〈わける〉という意味ももっているので、「説蔽」は「説き蔽《さだ》む」あるいは「説き蔽《わか》つ」という意味をもたせていると思われる。

①では「道をとき法を」始める者には、必ず「かこつけて祖とするところ」があり、その、「我より先に」説をたてている者の上に出ようとするのが「定りたるならはし」であると述べる。「出ようとす

る」（出んとする）は、そういう気持ちになるということで、心理的な解釈といえよう。それと同時に新しい「何か」が加えられていく。

②では、仏教について、釈迦も自身より「先の外道ども」の上を出ようとしているということを述べる。

③では孔子は堯舜の上に出ようとし、墨子は孔子の上に出ようとし、荀子は孟子の上に出ようとしている、と述べる。つまり、それぞれの説くところは、そのように重層的であるが、宋儒はその重層性に気づかず一つのものと「心得」ている。また日本においては、伊藤仁斎は孟子だけが孔子の考えを踏襲しており、他の説は「邪説」であるといい、荻生徂徠は「孔子の道」が「先王の道」だとみているが、みな「大なる見ぞこなひの間違たる事ども」であるという。

④では神道について、「中古の人」が「儒仏の上」に出ようとして「日本の道」と名付けたものだという。

仲基は「加上」説によって仁斎、徂徠もともに批判する。宮川康子（一九九八）は、仲基の学友である井狩雪渓の、徂徠の『論語徴』を批判した『論語徴駁』に仲基が徂徠批判の膨大な書き込みをしていることを報告し、仲基が伊藤仁斎の人間中心主義を突き進め、徂徠を批判して人間の理性に立脚した合理主義を唱えたと述べている。

ただし、その徂徠は、「思想の相互抗争性」（日本思想体系43『富永仲基　山片蟠桃』補注十四：六二〇頁上段）を繰返し説いており、それが富永仲基に示唆を与えたという指摘もある。「独自性（オリジナリティ）」を重視する「みかた」からすると、そのことは富永仲基の「加上」説の「価値」にかかわることかもしれない。しかし、そもそも、もののみかたの「独自性（オリジナリティ）」をどうやって測定するかということがあるだろう。みかけとしてはユニークであったとしても、それが他の「みかた」とまったくかかわらないで成立したということを証明することはおそらくできない。そう考えれば、徂徠の「みかた」に富永仲基が影響を受けていたとしても、それを一つの「みかた」としてまとめあげた富永仲基の「加上」説は富永仲基の「みかた」として評価すればよいと考える。

先に述べたように、『出定後語』は仏教の史的展開について述べているが、その中でも大乗仏教経典は釈迦の滅後に、長い年月をかけてつくられたもので、釈迦が説いた教えではないという「大乗非仏説論」が注目されている。仲基は、釈迦の直説＝直接説いた教えが文字化されない口伝であったために、そこに「加上」があり、また「分派」があって阿含経典が成立し、そこから「空」を主張する般若経典や『法華経』が成立し、さらに現在、中期大乗経典と位置づけられている『大集経』、『涅槃経』や『楞伽経《りようが》』（＝禅宗）がうまれ、最終的に後期大乗経典と位置づけられている密教経典群がうまれたと説く。これは現代の「みかた」とほぼ一致しているが、『出定後語』が江戸期の仏教界にとって衝撃的な「みかた」を主張したテキストであったことは『出定後語』の刊行後、あまり時日をおかずに、大坂の僧侶である放光の『辯後語』（延享三年十月成）や浄土宗西山派の無相文雄《むそうもんのう》の『非出定（後語）』（宝暦九年九月成）がつくられていることからもわかる。文政三（一八二〇）年には、浄土真宗の僧侶である慧海潮音《えかいちようおん》の『摑裂邪網編《かくれつじやもうへん》　弾出定後語』がつくられている。

ただし、『出定後語』は仏教を批判したテキストではない。江戸期においては、「大乗非仏説論」は仏教そのものの否定ととらえられて、先に示したような反論が行なわれたが、『出定後語』は、仏教がどうやってできあがっていったかという「生成」の観点から仏教をとらえたテキストで、その展開発達の原理として「加上」という「みかた」を使ったとみるのが妥当であろう。そしてまた、釈迦が説いた教えと、後の大乗経典とは「加上」や「分派」を介してつながっているという「みかた」であることになる。

三物五類

『出定後語』第十一は「言有三物」(言に三物有り)と題されている。「本文」には「凡言有類、有世、有人、謂之言有三物」(凡そ言に類有り、世有り、人有り、これを言に三物有りと謂う)とある。仲基は、何かについて述べるにあたって「主張」をする者、あるいは学派によって同じようなことを述べる場合でも使う用語が異なり、また概念が異なることを「有人」(人有り)と述べ、「言語随世而異」(言語は世に随いて異に=言語は時代によって異なる)と述べる。「言に人有り」「言に世有り」という「みかた」は、同じ「情報」を言語化していても、言語化する「人」によって言語化のしかたが異なり、「世」=時期によって言語化のしかたが異なるという認識といってよい。

仲基は「この五類は、いはゆる言に類あるなり」と述べており、「言」に「五類」があるとみている。この「五類」についてはいろいろな見解が示されている。しかしながら、「この五類は」とあることからすれば、直前の言説内にその「五類」が提示されているとみるのがもっとも自然であろう[2]。ここでは、日本古典文学大系97『近世思想家文集』(一九六六年、岩波書店)の『翁の文』の「解説」を参照させていただきながら整理を試みることにしたい。

仲基は「増含」(=増一阿含経巻四十二)や「起世」(=起世経巻七)で説かれている「四食《しじき》」を例にして、まず「張」という概念について述べる。仏教における「食」は肉体と精神を保ち続けるための条件のことを意味しており、「三界」(欲界・色界・無色界)にあって肉身を養い保持するための「世間食」をさらに四つに分けて「四食」と呼ぶ。その四つとは「段食《だんじき》」「触食《そくじき》」「思食《しじき》」「識食《しきじき》」で、「段食」は実際の飲食物のことを指すが、「触食」は外界の何かに接触しておこる感覚のことで、その感覚が生命を養い保持する。また「思食」は意志の働きのことで、意志作用や願望が生存を支える。そして「識食」はいわゆる「六識」(=眼識・耳識・鼻識・舌識・身識・意識という六つの認識〔六根〕をよりどころとする六種の認識作用)の働きが身体を支えるということで、結局「段食」以外の「食」は「食」の概念を拡大張説していることになり、比喩的表現といってもよいが、これを「張」と呼ぶ。

次に「およそ、説の実によつて濫せざる者は、いはゆる偏《へん》なり。偏は乃ち実なり」と述べる。漢字「偏」は〈かたよった〉という意味をもつが、「偏は乃ち実なり」と述べていることから、この「偏」は言語の原義と考えられている。しかし、漢字一字を使って「五類」をたてていることからすれば、漢字字義が考慮されていないことは考えにくい。言語の原義がまずあって、原義の上に「張」「偏」「泛」「磯」「反」という五つの使い方=用法があるとみるのが自然ではないだろうか。まず「張」を述べているのに、その次に原義を述べるのは順次がいかにも整っていない。今一つの「みかた」として、この「偏」は原義が限定的にすなわち偏って使われる場合と考えてみることにする。松岡正剛(一九八六)は「偏」を「意味の狭義化」(一六七頁)ととらえているので、稿者の「みかた」と重なる。

次に仲基は「泛」という概念について述べる。「如来」はもともとは「かくのごとくにして来たる」という意味で、「心体」(=心の本体)をあらわすことばであった。しかし『楞伽経』や『般若経』では普遍的な善悪未分の心体の名として用いられている。これが「泛」であるが「解説」は「泛」を「特殊性・具体性が秘められ、内包される諸概念は未発共存のままの状態に保たれている」(五三三頁)と説明している。漢字「泛」には〈うかぶ〉〈あまねく〉という意味がある。日本思想大系43『富永仲基　山片蟠桃』(岩波書店)に収められている『出定後語』の頭注(水田紀久担当・五十二頁)は「泛」を「実儀(偏)に分化・定着する以前の普遍的基礎概念。本来の意味」と説明している。この「泛」について少し考えてみたい。

語に原義、もともとの語義があって、当該の語が使われていく間に、もともとはなかった語義を獲得したり、もともとの語義が変わったりする。これはどのような言語にもみられることで、言語が時間の経過とともに変化するという大きな枠組みの中における、語義に関してのことといえよう。

説明をわかりやすくするために、ある語Xのもともとの語義＝原義をαとし、後に獲得した語義をβとする。そして語義αが変化したものをAとする。もともとは語Xの語義はα一つであった。しばらくして語Xの語義αがAに変わった。さらに時間が経過して語Xは語義Aの他に語義βを獲得して、二つの語義をもつ多義語になった。もともとの語義＝原義αを基準にすれば、語義Aも語義βも、「後に語Xが獲得した語義」すなわち広い意味合いでの「転義」とみることができる。「原義」に対して「転義」があるというとらえかたで、これはわかる。

仲基の「泛」が頭注が説くように「実儀（偏）に分化・定着する以前の普遍的基礎概念」であるとするならば、どのようにそれを位置づければいいだろうか。先に引いたように「解説」は「特殊性・具体性が秘められ、内包される諸概念は未発共存のままの状態に保たれている」と説明している。この説明は、ある語の原義が成る前に、原義が備えている具体性を捨象した抽象的な語義があり、それが「泛」であるという説明で、いわば「語成立以前（の語義）」が想定されている説明になっている。

稿者の設定している言語モデルにおいては、他者に伝えたい「情報」がまず脳内にあると仮定する。この「情報」はかたちをもっていない。この「情報」を映像によって他者に伝えることもできるし、言語によって他者に伝えることもできる。つまりまだかたちをもたない「不定形（アモルファス）な情報」ということになる。「偏」に「定着する以前」が「泛」であるならば、それは稿者いうところの、脳内にあって、「不定形な情報」にちかい。そうであれば、「泛」を転義とみることはできなくなる。

しかし、仲基がまず「張」について述べ、次に「偏」について述べ、それについで「泛」「磯」「反」について述べていることからすれば、「泛」が転義であれば自然であろう。「泛」が〈うかぶ〉〈あまねく〉という意味をもっていることからすれば、原義を抽象化したものとみるのはどうだろうか。やはり言説の順次が整っていないのではないか。もともとは抽象的であった語義が次第に具体性を帯び、限定的に使われるようになることは少なくない。しかし、もともと具体性を帯びていた語義が抽象的に使われるようになることもある。もともと身体の一つの器官をあらわす語であった「ミミ（耳）」が「パンの耳」や「小判の耳」というように使われるようになる。松岡正剛（一九八六）は「泛」を「包括化の誤謬」（二六七頁）と述べる。

漢字「磯《き》」には〈激する〉という意味がある。「解説」は「『孟子』告子篇下に用いられた語であって、原義のある一方の面が激しく揺り動かされ強められて、他義に変化することを言う」（五三三頁）と説明している。『孟子』には「親之過小而怨、是不ㇾ可ㇾ磯也。愈疎、不孝也。可磯亦不孝也」（親の過ち小にして怨むるは、是、磯すべからざるなり。愈々疎んずるは不孝なり。磯すべからざるも亦不孝なり＝親の過ちが小さいのにこれを怨むのは事を荒立ててしまうことになる。親を疎遠に思うことは不孝であるが、事を荒立ていきすぎることをするのも不孝である）とある。「解説」は「「磯」は「泛」の加上と見ることができる」（五三三頁）と述べている。「加上」はいわば大きな概念で、原義に対して「張」「偏」「泛」「磯」そして次に述べる「反」がさまざまなタイプの「加上」とみるべきではないか。

「反」は比較的わかりやすい。仲基は「自恣」という語が「鉢刺婆刺拏《はつらばらな》」という梵語の訳語であることを指摘した上で、もともとは「自恣」という語は「悪」であったという。「ジシ（自恣）」の語義は〈自分の欲するままに行動すること〉であるので、「悪」とまでいえるかどうかわからないが、とにかく仲基は欲望にまかせて行動する「自恣」を「悪」とみた。「自恣」は夏安居《げあんご》の最後の日（七月十五日）に、集会した僧が安居中の罪過の有無を問い、反省懺悔しあう作法のことをも指すようになり、それを善い行ないとみれば、もともとは「悪」を原義としていた語が原義とは対義的な「善」を語義とするようになった、ということになる。

国に俗有り

仲基は『出定後語』第二十四「三教」の章において、「夫、言有物、道為之分、国有俗、道為之異」（それ、言に物有り。道、これが為に分かる。国に俗あり。道、これがために異なり）と述べ、第八「神通」の章において、「竺人之俗、好幻為甚」（竺人の俗、幻を好むを甚だしとなす）と述べ、さらに「竺人之於幻、漢人之於文、東人之於絞、皆其俗然」（竺人の幻における、漢人の文における、東人の絞における、みなその俗しかり）と述べている。

「竺人」「漢人」はそれぞれ、インドの人、中国の人を指す。「東人」は〈東の国の人〉すなわち日本人を指していると思われる。「幻」は「幻術」、「文」は「文辞」、「絞」については、「解説」は「質直性」という表現で説明している。あるいは松岡正剛（一九八六）は「直絞性」（一六七頁）という表現を使っている。「質直性」も「直絞性」も一般的には使われない語で、一般的に使われない語を自身の言説内で使うことはもちろん許されるが、その場合、当該用語があらわしている概念について、簡単でもいいので、示す必要があるだろう。使われている「（学術）用語」の概念が共有されていることが、意見交換においては大前提になるのであって、わかったようなわからないようなという状態では意見交換ができない。仲基が使っている、そのままでは現代日本語母語話者には理解しにくい概念の説明に、語義や概念が不分明な語を使うのでは、わからない語をわからない語で説明するということになるのではないか。漢字「絞」の意味は〈締める〉〈絢う〉〈厳しい〉などが主なもので、「質直性」「直絞性」という「みかた」が漢字「絞」の意味とどのようにつながっているのかが不分明に思われる。

『翁の文』第十四節、第十五節、第十六節には次のようにある。

仏道のくせは、幻術《げんじゆつ》なり。幻術は今の飯縄《いづな》の事《こと》なり。天竺《てんぢく》はこれを好《この》む国《くに》にて、道を説《とき》人を教《おし》ゆるにも、これをまじえて道びかざれば、人も信《しん》じてしたがはず。されば釈迦《しやか》はいづなの上手《じやうず》にて、六年山に入て修行《しゆぎやう》せられたるも、そのいづなを学《まな》ばむとてなり。又諸経《しよきやう》にいへる、神変《しんぺん》・神通《じんつう》・神《じん》力《りき》などいふも、皆いづなの事にて、白毫光《びやくごうくはう》の中《うち》に三千世界《さんぜんせかい》をあらはし、広長舌《くはうちやうぜつ》を出して梵天《ぼんてん》まであげられたるなど、又維摩詰《ゆいまきつ》が八万四千《はちまんしせん》の獅子座《ししざ》を方丈《はうぢやう》の内《うち》に設《もう》け、神女が舎利弗《しやりほつ》を女になしたるなど、皆そのいづなをつかひたるものなり。さてそれよりいろいろのあやしき、生死流転因果《しやうじるてんゐんぐは》をとき、本事《ほんじ》本生未曾有《ほんしやうみぞう》をとき、奇妙《きめう》なる種々《しゆじゆ》の説《せつ》をせられたるも、皆《みな》人に信《しん》ぜられんがための方便《はうべん》なり。是は天竺の人をみちびく仕方《しかた》にて、日本にはさのみいらざる事也。（第十四節）

儒道のくせは、文辞なり。文辞とは、今の弁舌《べんぜつ》なり。漢《から》はこれを好む国にて、道を説き人を導《みちび》くにも、是を上手にせざれば、信《しん》じて従《したが》ふ事なし。たとへていはば、礼《れい》の字《じ》を説にも、本は冠昏喪祭《くはんこんさうさい》の礼式《れいしき》をこそ礼とはいふべきに、それを「為《たるの》㆓人子《ひとのこ》㆒之礼」「為《たるの》㆓人臣《ひとのしん》㆒之礼《れい》」と、人の道にもいひ、又視聴言動《していげんどう》の上にもいひ、又礼は天地の別《べつ》なりなど、天地にまでかけていふにてしるべし。（第十五節）

扨又《さてまた》神道のくせは、神秘《しんぴ》・秘伝《ひでん》・伝授《でんじゆ》にて、只物をかくすのがそのくせなり。凡《およそ》かくすといふ事は、偽盗《いつはりぬすみ》のその本にて、幻術《げんじゆつ》や文辞は、見《み》ても面白《おもしろ》く、聞《きき》ても聞《きき》ごとにて、ゆるさるるところもあれど、ひとり是くせのみ、甚《はなは》だ劣《おと》れりといふべし。それも昔《むかし》の世は、人の心すなほにして、これをおしえ導《みちび》くに、其便《そのたより》のありたるならめど、今の世は末《すゑ》の世にて、偽盗《いつはりぬすみ》するものも多《おほ》きに、神道

> を教《おしゆ》るものの、かへりて其悪を調護《てうご》することは、甚《はなは》だ戻《もと》れりといふべし。彼《かの》あさましき猿楽《さるがく》・茶《ちや》の湯様《ゆよう》の事に至るまで、みな是を見習《なら》ひ、伝授印可《でんじゆゐんか》を拵《こしら》へ、剰《あまつさへ》價《あたい》を定《さだ》めて、利養《りよう》のためにする様になりぬ。誠《まこと》に悲《かなし》むべし。然《しかる》にその是《これ》を拵《こしら》へたる故を問《とふ》に、根機《こんき》の熟《じゆく》せざるものには、たやすく伝《つた》へがたきがためなりとこたふ。是も聞《きこ》ゆるやうなれども、其かくしてたやすく伝《つた》へがたく、又價《またあたい》を定《さだ》めて伝授《でんじゆ》するやうなる道《みち》は、皆誠《みなまこと》の道《みち》にはあらぬ事《こと》と心得《こころえ》べし。（第十六節）

仲基は「仏道のくせは幻術」「儒道のくせは文辞」「神道のくせは神秘・秘伝・伝授」とわかりやすく述べる。「飯綱《いづな》」は「管狐《くだぎつね》」などと呼ばれる小動物を指し、それを使って呪術的なことを行なう人を「飯綱使い」と呼んだ。右では呪術のことを指していると思われる。第十五節にみえる「為㆓人子㆒之礼」は『礼記』曲礼上に、「為㆓人臣㆒之礼」は『礼記』曲礼下に使われている。漢文は文彩を重視する。「文彩」は〈文の彩り〉であるが、それはおもに典拠のあることばを使うということを意味している。しかし、仲基は「幻術や文辞は、見ても面白く、聞ても聞ごとにて、ゆるさるるところもあれど、ひとり是くせのみ、甚だ劣れり」と述べ、「物をかくす」という「神道のくせ」は許していない。ここでは「神秘・秘伝・伝授」を「神道のくせ」としてとらえているが、「神秘・秘伝・伝授」は江戸時代以前の芸道や学ではごく一般的なことであった。「情報」は「一子相伝」されたり「門外不出」のものとして扱われることがほとんどであった。

江戸時代になって、日本列島はとにもかくにも「戦乱」から抜け出たといってよいだろう。どういう状態を「安定した状態」ととらえるかについては、「基準」が必要になるが、「戦乱」がほとんどない、ということは「基準」の一つになり得るだろう。鉤括弧附きであったとしてもその「安定」のもとに、交通網が整えられ、経済が発展した。江戸時代にはいろいろな技術がうまれ、発展していったと思われるが、その中でも印刷技術の発達は具体的に、いろいろな分野に影響を与え、抽象的には「江戸の知」を支えたといってよいだろう。版木に文字を刻み、絵を描く、という製版印刷が常態となることによって、室町期まで「秘伝・伝授」として蓄積されていた「情報」が印刷されたテキストとして広通するようになった。例えば、室町期までであれば、『万葉集』を「よんだ」人はごく限られていたと思われるが、江戸時代になると『万葉集』が印刷されるようになる。江戸時代初期には古活字と呼ばれる活字によって印刷されていたが、寛永二十（一六四三）年に製版本が刊行され、広く流通した。『万葉集』が伝授の対象であったわけではないが、誰もがよむテキストではなかった。製版印刷の定着によって、江戸時代までに蓄積されていた「知」が（その一部ではあろうが）「共有」されることが可能になった。武士であれ町人であれ、購入することができるのであれば、印刷されたテキストを通してさまざまな分野の「知」にふれることができる。江戸時代は「経済」を背景にして、「知」が「共有」されるようになった時代とみることができる。仲基が「物をかくす」「くせ」を批判するのは、「知」の「共有」の対極的な行為とみているからではないだろうか。第十六節の末尾に、「誠の道」ということばが使われている。

誠の道

『翁の文』は「此文は、ある翁のかきたるものなりとて、朋友の本よりかして見せたる也」と始まる。仲基は、自身の著作を「ある翁のかきたるもの」と設定する。釈徹宗（二〇二〇）は『翁の文』について、グレゴリー・ベイトソンの「メタローグ」にふれながら、「メタローグ的テクスト」（一八九頁）と述べる。「メタローグ」は他者の視点を自身の内部にとりこみ、そこから世界を見て、自身と対話するというような「方法・概念」であるが、仲基がつくりだした「ある翁」の言説に対して仲基自身がさらに述べるというような言説のくみたてかたは斬新といってよい。

第二節では神道、儒教、仏教の道を「三教」と呼び、「此三教の道は、皆誠の道に、かなはざる道」だという。なぜならば、仏教は天竺すなわちインドの道、儒教は「漢《から》の道」で、国が異なるので「日本の道」ではない。神道は「日本の道」であるが、「時」が異なるから「今の世の道」ではない。仲基は、国が異なっていても、「時」が異なっていても、道は道であるはずであるが、「行はれざる道は誠の道」ではないと述べる。行なわれない道は、つまり行なうことができない道ということと思われ、それは具体的に、あるいは実際的に、ということと推測する。仲基は日常生活において日々実践できる「道」こそが「誠の道」と考えていると思われる。

第六節は「しからばその誠の道の、今の世の日本に行はるべき道はいかにとならば」という問いから始まる。その答えは「唯物ごとそのあたりまへをつとめ、今日の業を本とし、心をすぐにし、身持をただしくし、物いひをしづめ、立ふるまひをつつしみ、親あるものは、能これにつかふまつり、君あるものは、よくこれに心をつくし、子あるものは、能これをおしへ、臣あるものは、よくこれをおさめ、夫あるものは、能これに従ひ、妻あるものは、能これをひきひ、兄ある者は、能これをうやまひ、弟あるものは、よく是を憐み、年よりたるものは、よく是をいとをしみ、幼なきものは、能これを慈み、先祖のことを忘れず、一家のしたしみをおろかにせず、人と交りては、切なる誠をつくし、あしき遊びをなさず、すぐれたるをたつとび、愚なるをあなどらず、凡我身にあてて、あしきことを人になさず、するどにかどかどしからず、ひがみて頑からず、切りてせはせはしからず、怒どもそのほどをあやまらず、喜べどもその守りを失はず、楽むで淫るるにいたらず、悲しびて惑へるに至らず、ことたるも、ことたらぬも、皆我仕合よとそれに心をたり、受まじきものは、塵にてもたらず、あたふべきに臨みては、国天下をも惜まず、衣食のよしあしも、我身のほどにしたがひ、奢らず、しはからず、盗まず、偽らず、色このみてほふれず、酒飲してみだれず、人に害なき者を殺さず、身の養をつつしみ、あしき物くらはず、おほく物くらはず」「暇には己が身に益ある芸を学び、かしこくならんことをつとめ、今の文字をかき、今の言をつかひ、今の食物をくらひ、今の衣服を着、今の調度を用ひ、今の家にすみ、今のならはしに従ひ、今の掟を守、今の人に交り、もろもろのあしきことをなさず、もろもろのよき事を行ふを、誠の道ともいひ、又今の世の日本に行はるべき道ともいふなり」で、あえて現代日本語に置き換えないけれども、いわばごく常識的なことばかりが述べられているようにみえなくもない。

右のくだりについて、「ありがちな人生訓」「文献を解読して比較検討する能力は天才であっても、仲基自身の思想を構築することはできなかったのでしょうか。あるいは、年齢から考えて、まだこれから、ということだったのかもしれません」（釈徹宗〔二〇二〇：一七三〜一七四頁〕）といった「みかた」も提示されている。(3) しかし、右の言説において注目すべきところは「今の世の日本に行はるべき道」と述べている点であると考える。「今の世の日本」の対義を考えるならば、「過去の世の日本以外の空間」ということになるであろう。その「日本以外の空間」を中国とみるならば、これは「古代中国」に範を求める荻生徂徠を中心とした古文辞学派（徂徠学派）を視野に入れた言説ということになる。

文章の最後においては「今の」という表現が繰り返されている。先に述べたように、仲基にとって大事なのは、今ここで実践できるということで、そこに「基準」があると思われる。

本居宣長の評価

本居宣長の『玉勝間』の八の巻に「出定後語といふふみ」という文章が載せられている。句読点、表記形式を調整して掲げる。

ちかきよ大坂に、富永仲基といへりし人有り。延享のころ、出定後語といふふみをあらはして、仏の道を論へる、昔かの道の経論などいふ書どもを、ひろく引出て、くはしく證《アカ》したる、見るにめさむるここちする事共おほし。そもそも此人、儒のまなびをも、いふかひなからずしたりと見えて、その漢文も、つたなからず、仏ぶみを見明らめたるほどはしも、諸宗の物しりといはるるほうしも、かばかりはえあらぬぞおほかめるを、ほうしにもあらで、いといみしきわざにぞ有ける。そののち無相といひしほうしの、非出定といふ書をあらはして、此出定をやぶりたれど、そはただおのが道を、たやすくいへることをにくみて、ひたぶるに大声を出して、ののしりたるのみにて、一くだだに、よく破りえたることは見えず。むべにいふかひなき物也、さるは音韻のまなびに、名高き僧《ホウシ》なるを、ほとけぶみのすぢは、うとかりしと見えたり。されどかの道のまなびよくしたるほうしといふとも、此出定をば、えしもやぶらじとこそおぼゆれ。（全集第一巻・二四四頁）

宣長が仲基の「漢文」を「つたなからず」と褒めていることにも注目しておきたい。宣長といえば「漢意」を忌避したと考えられているが、そうであれば、『出定後語』は漢文で記されているからだめだ、と言ってもよいはずであるが、そうは述べていない。「つたなからず」と評価できるのは、宣長が漢文を読み、書くことに習熟しているからであり、そうしたことには留意する必要がある。それはそれとして、宣長が『出定後語』のどういう点を評価しているかということが具体的に述べられていないことが残念であるが、批判めいたことがまったく述べられていない。「無相といひしほうし」は無相文雄《もんのう》のことであるが、文雄（一七〇〇～一七六三）は『磨光韻鏡』や『和字大観抄』などをあらわした、音韻研究なども行なった僧侶であるが、宣長に「ほとけぶみのすぢは、うとかりし」と評されてしまっている。

宣長に「夢中対面」したと述べる平田篤胤（一七七六～一八四三）は、『出定後語』の版本を探し、『出定後語』のさらなる出版を促した。篤胤は自身も『出定後語』をもじった『出定笑語』をあらわし、

『出定後語』版本の探索についても述べている。

石田梅岩『都鄙問答』をよむ

石田梅岩（一六八五〜一七四四）は貞享二年に、丹波桑田群東懸村《とうげ》（現在の京都府亀岡市東別院町）の農家の次男として生まれている。元禄八年、梅岩十一歳の時に京都の商家に奉公に出されているが、奉公先の商家は商売がうまくいかず、十五歳の時に故郷に戻っている。宝永四年、二十三歳で、京都で呉服物を扱う黒柳家に奉公することになる。

梅岩は黒柳家に奉公しながらも読書につとめたと考えられているが、具体的にどのようなテキストを読んでいたかについてはわかっていない。『都鄙問答』は田舎から出てきた人物が京都の梅岩を訪れ、梅岩にさまざまな質問をし、梅岩がその質問に答えるという問答形式を採り、四巻十六段の構成になっている。初学者向けのテキストにこうした問答形式が採られることがあるが、これも「メタローグ」といえ、『翁の文』と同様の形式を採っていることは興味深い。巻一の冒頭には「都鄙問答ノ段」と題された「序論」にあたる段が置かれている。ここで、梅岩は自身の教化の志を述べ、自身が「知心見性」し開悟し、天の理を得たことについて述べる。そしてそれはそのまま聖賢の道であり、人々が具有している「性」であると述べている。そこに「十五年ほど坐禅」をしているけれども「見性」[4]しないという「禅僧」との問答がある。改めていうまでもないが、問答体のテキストであるので、こういう「禅僧」を梅岩が質問者として設定していることになる。この「禅僧」は自分が「十五年ノ間、心ヲ尽シテモ、性ヲ知リ得ルコト」は難しいのに、「不学ノ身」でどうして「知ルコト安シ」などといえるのか、と言う。「禅僧」が「不学」ということばを使ったことに対して、それは「文字ニ疎《ウトキ》ト云コトカ」と確認した上で、禅宗中興の祖である「六祖」（大鑑慧能）は禅宗の始祖である達摩から一字も学んでいない、と述べ、「聖人ノ道ハ心ヨリナス。文字ヲ知ラズシテモ親ノ孝モ成リ、君ノ忠モ成リ、友ノ交リモ成リ、文字無世ナレ共、伏羲神農ハ聖人ナリ。只心ヲ尽テ五倫ノ道ヲ能スレバ、一字不学トイフ共、是ヲ実ノ学者ト云」と述べる。右での「心」は一般的な心ではなく、自身がもっている（であろう）仏になる可能性（＝仏性）のようなものを指している。「心ヲ尽テ」は『孟子』「尽心上」の「孟子曰、尽二其心一者、知二其性一也。知二其性一、則知レ天矣」（＝孟子曰く、その心を尽くす者はその性を知る。その性を知れば則ち天を知る）をふまえていると思われる。そしてさらに「聖人ノ学問ハ、行《ヲコナヒ》ヲ本トシテ、文学ハ枝葉ナルコトヲ知ルベキコトナリ」と述べる。「学問」に関して「行」と「文学」とを二者択一しなければならないということはないだろう。したがって、「文学」を修め、「行」という「やりかた」は当然ある。杜甫も蘇東坡も官吏であったことを考え併せれば、そもそも中国においては、「文学」と「政事」とが一体化していたとみることができる。しかしそれも一つの価値観といえば価値観ということで、日常生活、日々生きていくことが起点である梅岩からすれば、「行」と「文学」とに優先順位をつけるとすれば、当然「行」を重視するということになる。「禅僧」は「汝ガ如キ四書ノ素読モセザル者ニ、聖人ノ道何ヲ云ヒ聞センヤ」と言う。これは梅岩が「禅僧」にそう言わせているのであり、それはおそらく梅岩が実際に自身言われたことであろう。とすれば、梅岩はおそらく少年時に「四書ノ素読」というような基礎的なトレーニングを受けていない。そうであれば、梅岩の学びは自己流の独学を基礎として構築されたことになる。

「禅僧」との問答に続いて、「隠遁ノ学者」との問答が置かれている。この「隠遁ノ学者」は梅岩が師事した小栗了雲という人物だと考えられている。梅岩の高弟たちが編んだ『石田先生事跡』に附録されている「姓名爵里」には、故あって「京師に隠れ」ているが、「性理の蘊奥を極め且釈老の学」に通じていて、享保十四（一七二九）年に六十歳で没したと記されている。そうであれば、一六六九年生まれで、貞享二（一六八五）年生まれの梅岩よりも十六歳年上であったことになる。「性理」は儒学（朱子学）、「釈」は仏教、「老」は老壮を指す。梅岩はこの「隠遁ノ学者」のことばについて一年半ばかり日々考え、四十歳の正月に病気の母を看病している時に、「人ハ孝悌忠信、此外子細ナキコトヲ会得シテ、二十年来ノ疑」が晴れる。このことは『石田先生事跡』に「其時先生四十歳ばかりなり。正月上旬の事なりけるが、母の看病し居たまひしに、用事ありて扉《とぼそ》を出でたまふとき、忽然として年來のうたがひ散じ、尭舜の道は孝弟のみ、魚は水を泳《くぐ》り、鳥は空を飛ぶ、道は上下に察（あきらか）なり。性は是天地万物の親と知り、大いに喜びをなし給へり」と記されている。

享保十四（一七二九）年、梅岩四十五歳の時には、自宅で講席を開き、講義を始める。聴講していたのは、ほとんど市中の商人であったと思われる。元文三年四月下旬から五月上旬にかけて有馬温泉で、数名の門人たちと討議をしながら、稿をつくり、京都に戻って、さらに高弟たちの意見を聞いて推敲し、翌元文四年に脱稿して、その七月に京都の書肆、山村半右衛門・小川新兵衛を版元として、四巻二冊のしたてで刊行されたのが『都鄙問答』である。巻之三はすべて「性理問答ノ段」となっており、一巻すべてを「性理」すなわち「人が持って生まれた性命と天がつかさどっている理」についての言説にあてているが、その言説は「宋儒の説そのまま」で「おどろくほど忠実に朱子学に従っている」（日本古典文学大系97『近世思想家文集』小高敏郎「解説」：三五六頁）ことが指摘されている。独学でそうした「知」を獲得していたことは驚くべきことといえようが、「宋儒の説を盲信、或いは安易無批判に依拠しているのではなく、はっきりと宋儒の説を消化し、自分で納得した上でこれを用いている」（同前）と指摘されており、そのことにも注目しておきたい。石田梅岩の『都鄙問答』は独学の可能性を示したテキストといってよい。梅岩の学は「独学として雑駁、習合の特色を有する」（同前）ことはしばしば指摘されている。その点において、三宅石庵の「鵺学」と通うといってよい。しかし、「雑駁」「鵺」は一つの考え方にとらわれない、単一の価値観によって言動が固定的にならない、とみれば、自由な「知」といってよい。学派、学閥に固執することによって、「知」は発展性を失う。というよりも、発展性を失うのは、「知」ではなく学派、学閥に固執する「人間」で、このように考えると、「知」を発展させていくのは、自由な気づきであることがよくわかる。

『都鄙問答』で注目しておきたいのは、商人についての言説であるので、巻之二の末尾に置かれた「或学者商人ノ学問ヲ譏ノ段」をよんでみたい。まず梅岩は「摠テイヘバ道ハ一ナリ。然レドモ士農工商トモニ、各行フ道アリ。商人ハ云ニ不レ及、四民ノ外乞食マデニ道アリ」と、「道」は一つであるが、士農工商それぞれにそれぞれの「道」があると述べる。商人は「貪欲」でつねづね貪ることばかり考えているのだから、商人に「無欲」を教えることは「猫に鰹の番」をさせるようなものだという問いに対しては、貪ってばかりいる商人は道を知らない商人で、そういう商人は家を滅ぼす。道を知る商人は「欲心」を離れて「仁心」をもって商売につとめるのだと答える。問者は、それなら「売物ニ利ヲ取ラズ元金ニ売渡スコトヲ教」えるのか、とたたみかける。梅岩は「賣利ヲ得ルハ商人ノ道ナリ」と述べた上で、武士が君に仕えるにあたっては禄を得ることを引き合いにだしながら、「商人ノ賣利ハ士ノ禄ニ同ジ。賣利ナクハ士ノ禄無シテ事《ツカフル》ガ如シ」と述べる。

そして「商人ト屏風トハ直ニテハ不立《タタズ》」（商人も屏風もまっすぐでは成り立たない）という成句について反論をする。梅岩の反論はやや無理なようにも思われるが、屏風は「地面」が平らでなければ立たないように、商人も「正直」でなければ成り立たないのだと述べる。

また商人が「皆農工」となってしまったら、物資を流通させる者がいなくなり、「万民ノ難儀」となる。「士農工商ハ天下ノ治ル相《タスケ》トナル」のであって、「四民」が一つでもかけてしまっては、助けがなくなってしまう。君を助けるために、士農工商はそれぞれの「職分」があり、「士」は「位アル臣」で、「農人ハ草莽ノ臣」すなわち民間、在野の臣で、「商工ハ市井ノ臣」すなわち町中の臣で、「臣トシテ君ヲ相《タスク》ルハ臣ノ道ナリ」と述べる。

そして「商人ノ心得」を問われると「一事ニ因テ万事ヲ知ル」（一事が万事）が第一であるという。そういうつもりでいれば、あらゆるところに気づきがあり、その気づきがやがて筋の通った「知」を形成していくということを梅岩はおそらく経験的に知っていたと推測する。商行為という具体的な行為の中にも気づきがあり、それは朱子学的な「知」と離反しているわけではない。「理」と「性」とを具体的な日常生活を通して通わせていったのが、梅岩の「心学」であったのではないだろうか。

この巻之二は「孟子モ、「道ハ一ナリ」トノ玉フ。士農工商トモニ天ノ一物ナリ。天ニ二ツノ道有ランヤ」ということばで終わる。『孟子』の滕文公上に「滕文公爲世子。將之楚、過宋而見孟子。孟子道性善、言必稱堯舜。世子自楚反、復見孟子。孟子曰、世子疑吾言乎　夫道一而已矣」（＝滕の文公世子たり。まさに楚にゆかんとす。宋を過ぎ、而して孟子を見る。孟子性善をいふ。言へば必ず堯舜を称す。世子楚より反り、復孟子を見る。孟子曰く、世子吾が言を疑ふか。夫れ道は一つのみ）というくだりがある。そのくだりをふまえながら、士農工商は天のつくった万物の一つであるのだから、一つの「道」の中にあるのだということが梅岩の主張であり、そうした梅岩の主張がひろく受け入れられていったと思われる。

増穂《ますほ》残口《ざんこう》『艶道通鑑《えんどうつがん》』をよむ

増穂残口（一六五五～一七四二）は明暦元年にうまれている。民間で講釈を通じて神道を鼓吹した「俗神道家」ととらえられることが多い。多くの著作を刊行しているが、正徳五（一七一五）年刊の『艶道通鑑』をはじめとして、享保元（一七一六）年刊の『異理和理合鏡』、同年刊の『有像無像《うぞうむぞう》小社探《ほこらさがし》』、同二年刊の『直路《すぐじ》の常世《とこよ》草《ぐさ》』、同三年刊の『神国加魔祓《しんこくかまばらい》』、同年刊の『つれづれ東雲《しののめ》』、同四年刊の『神路の手引草』、同年刊の『死出《しで》の田分言《たわごと》』を「残口八部書」と呼ぶ。

残口の活動は広く世に知られ、戯作や浄瑠璃作品にもとりいれられる一方で、『残口猿轡』のように、残口の著作に反論を加える著作、逆にその残口の言説と同様の言説を述べるような著作が少なからず公刊されている。『艶道通鑑』は広く知られ、文体が談義本の流行につながり、志道軒や平賀源内に影響を与えたと考えられている。残口は儒教的な道徳説を批判して、男女の性的結合を神道理念として賞揚し、夫婦の和を孝よりも重んじており、人の欲望、人情を肯定する古文辞学派や本居宣長ら国学者の主張とも重なり合う面があった。

『艶道通鑑』は「神祇之戀」「釈教之戀」「戀之上」「戀之下」「無常之戀」「雑之戀」の六冊に分かれている。残口の考えがよくあらわれている、「神祇之戀」の冒頭に置かれている「つらつら思ひ量るの段」をよむことにしたい。

残口はまず「人の道の起りは、夫婦よりぞ始まる」といわば「宣言」をする。そして、『易経』序卦伝に「有二天地一、然後有二万物一。有二万物一、然後有二男女一。有二男女一、然後有二夫婦一」とあることを引き、その後に「神も仏も聖人も出給ふ事」だと述べ、「人道」が立って初めて「仏法、神道、老、孔、荘、列」であるのだから、夫婦が「世の根源」であることは明らかで、その夫婦が「和せずして一日も道あるべからず」と述べ、「道なければ誠なし。誠なければ世界は立ず。件《かく》根本たる夫婦の子との疎かに成行ば、道も誠もなくなりて、後は孝も失せ忠も絶」えてしまうと述べる。人間中心主義といってよい。

しかし「余り和過て猥り」になってしまったので、「異国の礼」すなわち儒教の教えによって節度を守ろうとしてきたが、「此頃」は「礼」ばかりを守って「根本の和の道」を失っているという。だから「我朝に生れたる人は、神代の徳化を明らかにして大きに和らぐの域を本とし、及ばずながら敷島の道に足を踏込和哥の浦の詠に心を慰め、恋慕愛別の情、松風蘿月の楽を知らんこそ、本を立る君子なるべけれ」という。ここで、「敷島の道に足を踏込」ことが慫慂されていることには注目しておきたい。「敷島の道」は〈和歌の道・歌道〉を意味しているが、「和歌の道」は「和歌を詠む」ということだけではなく、「和歌を読む」（解釈する）ということをも含んでいるとみたい。和歌をはじめとする詩的言語を「よむ」ことによって、他者の気持ち・感情がどのように言語化されているかを経験的に知り、その一方で、同じ枠組みである詩的言語によって、自身の気持ち・感情を言語化するということが、双方向的な「敷島の道」であろう。「江戸の知」は詩的言語と隣接していることが少なくない。田中康二（二〇二二）は『歴史で読む国学』（二〇二二年、ぺりかん社）が「国学者の詠んだ」歌にふれず、国学者が「歌を詠む営為について全く言及がないこと」（七十頁）について「違和感を抱かざるを得ない。古道論に邁進した荷田春満や平田篤胤も、家集にするほどの歌を残しているのは周知の事実である。近代の「国学者」も歌を詠むことを基本としていた」（同前）と述べ、「国学の学的体系」が「道の学び」と「歌の学び」とによって構成されていると述べている。「歌の学び」は国学者にとって重要であっただけではなく、増穂残口のような「俗神道家」にとっても重要であった。「俗神道家」の「俗」は負の呼称にみえるかもしれないが、そうではない。「俗」の強み、よさは、具体的な日常生活を通して具体的に「世界」とふれていることにある。そしていろいろな「具体性」が「みかた」に磨きをかけ、「みかた」の全体的なバランスをよくする。それは打ち寄せる波によって、いつか丸くなっていく海岸の石のようなものではないだろうか。

「釈教之戀」の冒頭に置かれている「恋慕渇仰の段」は「釈教之戀」の総括的な文章になっていると思

われるが、まず「男女の交はりは、強く親しきもの」で「百八煩悩の随一」となり「恋慕可愛の根元」となるので、「迷ふ時は一生を誤る」。それゆえに「誠」も強いと述べる。「私の情に委」せてしまうと悪道に落ちる原因となるが、「道の誠」となるならば、極楽に生まれることができる。「恋慕愛情」は執着すると迷うし、身を誤る。しかしそれを避けるために、「恋慕愛情」を捨てるべきではない。文章は「此道なくて一日も世界が立つもの歟」と終わる。

本書は「江戸時代の知」をよむことをテーマとしている。その場合の「江戸」は一定の時間幅を指しているが、その江戸時代における空間としての「大坂」をとらえると、そこには空間としての「江戸」とは異なる「知」が展開していたことがわかる。

経済力を背景に豪商が懐徳堂をつくり運営していく。そこでは、学派や身分にとらわれない自由な知が講じられ、ユニークな知がうみだされていく。日常生活を大事にする具体的な知の獲得、経済と「知」とのかかわりについて考えることは現在においても重要なテーマといってよいだろう。

註

（1）水田紀久（一九七三）は「もともと大阪町人が、自分たちの知的欲求から、自分たち自身で建てた懐徳堂は、文字通りの町人の学問所であることが、創業当初よりの大前提であった。したがって、この自明の設立目的に背く所業は、教学両者ともにのぞむべくもなく、たとい宋儒以来の定説であっても、聴講者の実生活にそぐわぬ非合理的内容は、荒唐の説として退けられ、受業者もまた、自家中心の日常倫理に還元するという実学的受け止め方で、消化されて行った。五行説の否定は、その好例である。その点では、たとえば仏者が黙々と虚心に自門の宗乗を修め、儒徒が孜々として自派の所説を学ぶような、真摯な内弟子的学習態度を、懐徳堂生たちの多くに期待することは、無理であろう。かれらは、そもそものはじめから、自己本位の理想と熱意しか、持ち合わせていなかった」（六四六頁）と述べている。「自己本位」は〈考えや行動の中心に自分自身を置くこと〉で、「自分本位・自己本位」（＝自分を第一に考えること）とは異なる概念ととらえた上で、右の文章中の「実生活」「実学的」「自己本位」は懐徳堂のキーワードとみておきたい。

（2）『出定後語』の最終章にあたる「雑　第二十五」は「本文に収録されなかった断片的なノート」（宮川康子一九九八：一四三頁）が収められていると目されているが、「聖行品に云く「一闡提《いちせんだい》の人も、また善を断つといへども、なほ仏性あり」と。ここにおいて、諸師みなために媿服《きふく》す。余謂《おもえ》らく、一闡提はもと仏性なき者、故に一闡提となせり。しかるに、極悪の者も、またあに廻心《えしん》すべからざらんや。廻心は己れによる。人によるにあらず。仏性の種子は、実にここにあり。何ぞ仏性なしと謂はん。これ、言の類において、転なり」というくだりに、第十一にはみられなかった「転」という用語がみられる。日本思想大系43『富永仲基山片蟠桃』の頭注はこの「転」を「基本的事実概念（実義）を原義に即し推し進め変革させた結果、実義と矛盾するまでに転じた別箇の概念。実義の対義的転用概念（反）より推論性・演繹性が濃厚である」（一〇五頁頭注：傍点稿者）と説明している。「基本的事実概念（実義）」という表現がなされていることからすれば、「基本的事実概念」＝「実義」と理解するのが自然であるが、「基本的事実概念」も「実義」もそれ以上は説明されていない。今ここでは「基本的事実概念＝実義」は語の原義（もともとの語義）と等しい概念であると仮定して以下述べる。そうであれば、ある語の語義が当該語の原義と「矛盾するまでに転じ」「別個の概念」をあらわすようになったものが「転」ということになる。「一闡提《いちせんだい》」は「仏法をそしり、成仏する因をもたない者」のことであるが、そうであっても「廻心」することができるのだから、仏性がないとはいえない、ということを述べていると思われる。「廻心」して転じることができるという意味合いにおいての「転」で、それが「言の類において、転なり」と述べている。第十一には述べられていない用語であるので、ある時期には「転」という概念も考えていたとみればよいのではないか。「転義」は語義が転じたもので、「反義」は反対の語義であるので、「転義」と「反義」とは別の概念であって、どちらがどちらよりどうであるかという比較をするものではない。第十一にみられる「張」「偏」「泛」「磯」「反」から「偏」を除き、この「転」を加えて「五類」とみる「みかた」が水田紀久（一九七三）によって提示されている。テキストに「この五類は」とあって、その前に「張」「偏」「泛」「磯」「反」五つの用語が置かれているにもかかわらず、その中から一つをはずして、テキストの「雑」と題された箇所にある「転」をもってきて「五類」とみるのは一般的にみても不自然といわざるをえない。宮川康子（一九九八）は『出定後語』というテキストを、統一的な整合性を求める観点からのみ読んでいくこと」（一四四頁）を問題視している。「統一的な整合性」は現代日本語母語話者（の中のある人）がそう感じる「整合性」であって、テキストをできるだけ自然に理解するのもまた「整合性」といってよい。現代日本語母語話者が「わかりやすい」かたちにテキストを再編成して理解するのは、現代を優先させた「やりかた」で、そこに「現代の知」のありかたや方法が反照的に現れてくる。

（3）　日本古典文学大系97『近世思想家文集』「翁の文（解説）」は「翁の文」について「一々の内容は常識的に見て至極妥当な日常自明のモラルであり、全体の通俗的啓蒙性はおおうべくもない」（五二三頁）、「既成思想否定の手際の、あのあざやかさと勇気とにひき換え、その結末の穏健さは、読む者をして意外の感を懐かせずにはおかないであろう」（五二四頁）と述べる。「読む者」が「意外の感を懐」くことは自由であろうが、「翁の文」を「通俗的啓蒙性」とみなす時、その「通俗的」や「啓蒙性」はどのような基準に基づいての判断であろうか。現代日本語母語話者がそのように直覚する、ということであるとすれば、それは現代の価値観に基づいた「印象批評」ということになる。またテキストの言説について、「勇気」という語をもって何が説明できるのだろうか。書き手が勇気をもってあらわしたテキストか、そうではないかは何をもって判断するのだろうか。富永仲基に「天才」というレッテルを貼り、『出定後語』の言説を天才的だと賞賛すると、

「翁の文」にはその天才の片鱗がみられず物足りない、ということであろうか。
(4)「見性《けんしょう》(成仏)」は「禅宗で、人の本性は仏性そのものであると見抜いて、その仏性を開きあらわすこと」(『仏教語大辞典』)で「自己に執着し、外物に執着する自己の心を掘り下げ、そこに自己の本性として見られるものがなに一つないことをはっきり見極めることができた時、その身がそのまま仏にほかならないと悟ることができる、というもの」(同前)で、例えば、『碧巌録』をあらわしたことで知られる中国、宋の禅僧、圜悟《えんご》克勤《こくごん》(一〇六三～一一三五)の『圜悟佛果禪師語録』には「不立文字」「直指人心」ということばとともに「見性成仏」ということばが何度も使われている。これらに「教外別伝」を加えた「不立文字」「教外別伝」「直指人心」「見性成仏」は禅宗において「四聖句」と呼ばれている。

参考文献

釈徹宗　二〇二〇『天才　富永仲基　独創の町人学者』(新潮新書)
田中康二　二〇二二　書評　國學院大學日本文化研究所編『歴史で読む国学』(『鈴屋学会報』第三十九号)
松岡正剛　一九八六『遊学　一四二人のノマドロジー』(大和書房、後『遊学Ⅰ』『遊学Ⅱ』として二〇〇三年に中公文庫になる。引用は中公文庫によった)
水田紀久　一九七三　富永仲基と山片蟠桃(日本思想大系43『富永仲基　山片蟠桃』「解説」)
宮川康子　一九九八『富永仲基と懐徳堂』(ぺりかん社)
脇田修・岸田知子　一九九七『懐徳堂とその人びと』(大阪大学出版会)

第五章

国学における人情

「宣長が自身の一生をかけて追究したかったこととは何か」という問いはもちろん成り立つだろう。しかし、その問いに対して、誰もが納得するような「答え」をまがりなりにであっても提示することは難しい。「誰もが納得するような答え」であるためには、「答え」を提示した人以外の人がその「答え」を検証することができなければならない。つまりどういう「方法」でその「答え」を導き出すにしても、検証できるような「プロセス＝方法」が必要になる。「これが答えである」と中空から突如つかみとってくるような「答え」では検証ができない。[1] そう考えると、そもそもそうした「誰もが納得するような答え」を提示することは難しいことが推測できる。また、「答え」が一つであるかどうかもわかっていない。生きている宣長とやりとりができない時期に生きる者が宣長を知るためには、宣長があらわしたテキスト（及び宣長について記されたテキスト）をよむしかない。宣長について記されたテキストは、宣長が生きている時期にもつくられているし、宣長の死後、江戸時代にも明治時代にも、現代においてもつくられている。そしてまた、「宣長以前」につくられたテキストに目を通しておく必要もある。[2] つまり「宣長以前の知」の上に「宣長の知」が存在し、その「宣長の知」を宣長が生きた時代の知の枠組みの中にどう位置づけるかということがあり、宣長の現し身が滅びてからの「知」の枠組みの中にどう位置づけられてきたか、ということがある。しかし、当然のことながら、本書において、そうした「道筋」をすべてたどることはできない。

本書は「テキストをよむ」ということを「方法」としているので、ここでは宣長が初学者向けにあらわした『うひ山ぶみ』を、「総合の言葉」（吉川幸次郎　一九七七：六頁）をあらわした「理論の書」（同前）として採りあげ、「分析のことば」をあらわしたテキストとして『古事記伝』を採りあげることにしたい。後に述べるように、宣長は「ことがら」も「気持ち・感情」も言語によってあらわされていることをはっきりと認識し、それゆえ「言語を精密によむ」ということを重視していたと思われる。そして「言語を精密によむ」ことによって宣長の知は精緻に整えられていったと推測する。そうであれば、宣長の知を窺うためには、「分析のことば」を多く含む宣長のテキストをよむことが必須となるが、まずは『うひ山ぶみ』によって「総合の言葉」をよむことにしたい。

本居宣長『うひ山ぶみ』をよむ

宣長は『うひ山ぶみ』の中で次のように述べている。

まづ大かた人は、言《コトバ》と事《ワザ》と心《ココロ》と、そのさま大抵相かなひて、似たる物にて、たとへば心のかしこき人は、いふ言のさまも、なす事《ワザ》のさまも、それに応じてかしこく、心のつたなき人は、いふ言のさまも、なすわざのさまも、それに応じてつたなきもの也、又男は、思ふ心も、いふ言も、なす事も、男のさまあり、女は、おもふ心も、いふ言も、なす事《ワザ》も、女のさまあり、されば時代時代の差別も、又これらのごとくにて、心も言も事も、上代の人は、上代のさま、中古の人は、中古のさま、後世の人は、後世のさま有て、おのおのそのいへる言となせる事と、思へる心と、相かなひて似たる物なるを、今の世に在て、その上代の人の、言をも事をも心をも、考へしらんとするに、そのいへりし言は、歌に伝はり、なせりし事は、史に伝はれるを、その史も、言を以て記したれば、言の外ならず、心のさまも、又歌にて知るべし、言と事と心とは其さま相かなへるものなれば、後世にして、古の人の、思へる心、なせる事《ワザ》をしりて、その世の有さまを、まさしくしるべきことは、古言古歌にある也、さて古の道は、二典の神代上代の事跡のうへに備はりたれば、古言古歌をよく得て、これを見るときは、其道の意、おのづから明らかなり、さるによりて、上にも、初学のともがら、まづ神代正語をよくよみて、古語のやうを口なれしれとはいへるぞかし、古事記は、古伝説のままに記されてはあれども、なほ漢文なれば、正《マサ》しく古言をしるべきことは、万葉には及ばず、書紀は、殊に漢文のかざり多ければ、さら也（全集第一巻十七〜十八頁）

右で宣長は、人には「言《コトバ》」と「事《ワザ》」と「心《ココロ》」とがあって、「そのさま」は「大抵相かなひて、似」ているのだと述べる。「言《コトバ》」は言語、「心」は心で、「事《ワザ》」はひろく行動ととらえておくことにする。言語、心、行動が一致しているのだから「心のかしこき人は」言語も、行動も「それに応じてかしこく」、「心のつたなき人は」それらが「それに応じてつたな」いことになる。

右の範囲内でいえば、宣長の目的は「今の世に在て」「上代の人の、言をも事をも心をも、考へしらん」ということになるが、「いへりし言」は「歌に伝は」ると言う。これまであまり指摘されていないと思われるが、ここで宣長が「いへりし言」という表現を使っていることには注目しておきたい。「いへりし言」は「はなしことば」ととらえるのが自然であろう。右では「上代」や「二典」すなわち『古事記』『日本書紀』が話題の中心にある。

上代においては、日本語は漢字によって文字化されていた。「二典」は古典中国語との「ちかさ」において差があるけれども、どちらも、おおむねは古典中国語＝漢文とよび得るようなかたちで記されている。上代における「かきことば」は古典中国語、漢文であった。上代の人々が漢文で話をしていたとは考えられないのであって、そう考えると上代は現代よりも「はなしことば」と「かきことば」の「距離」がはっきりしていたとみることができる。「はなしことば」と「かきことば」はまったく別の言語態であったといってよい。

『万葉集』には、詞書きや左注その他、漢文で記されている箇所、そのようにみえる箇所が少なからずある。そうでない箇所すべてが「漢文で記されていない」すなわち背後に明白な日本語文をもつ、と断言はしにくいが、今仮にそうとらえておく。そして『古事記』『日本書紀』よりも『万葉集』のほうが、具体的な日本語が「みえている」ことは疑いない。

宣長が生きた江戸時代は漢字と仮名とによって日本語を文字化している。自身が使っている「はなしことば」と「かきことば」とがイコールでないことも当然宣長はわかっていた。だからこそ、『古今和歌集』を江戸時代の「はなしことば」に訳した『古今集遠鏡』というテキストをつくった。宣長が「始原の日本」で使われていた「始原の日本語」についてどのように考え、どのようにイメージしていたかは不分明であるが、自身が使っている江戸時代の「はなしことば」をある程度にしても投影して「始原の日本語」のイメージを形成していたとすれば、そのイメージしている「はなしことば」と、漢字によって文字化され、八世紀の「かきことば」としてテキストになっている『古事記』『日本書紀』のことばとのへだたりははなはだしいと感じていたであろう。それは「これが始原の日本語であるはずがない」という確信であったかもしれない。『古事記』や『日本書紀』に比べれば、『万葉集』には平安時代以降の日本語につながっているであろう具体的な日本語が看取できる。宣長の「いへりし言は、歌に伝はり」はそのように考えるとわかりやすいだろうし、「正《マサ》しく古言をしるべきことは、万葉には及ばず」も具体的な日本語ということについての言説と考えるとよいだろう。

その言語をしるしとどめるための文字をもっている言語には「かきことば」と「はなしことば」とがある。日本語は漢字と出会うまでは文字をもっていなかった。その無文字の時期には「はなしことば」のみがあったことになる。日本の始原に遡っていった時に、その途中で「二典」すなわち『古事記』『日本書紀』と『万葉集』にいきつく。これらは八世紀頃の日本語を文字化したものと考えられている。「日本の始原」を探ろうとするならば、まずは文字化されたテキストを読み解く必要がある。宣長は、テキストを読み解きながら「はなしことば」を聞こうとしていたのではないだろうか。(3)

宣長は『古事記』に記されている「ことがら」をそのまま受け入れ、文字化されたテキストを超えて「日本の始原」を探ろうとはしていないようにみえなくもない。ために「神秘主義」と呼ばれることがある。しかしそれは探っていないのではなく、「テキストをよむ」ことを「方法」として「日本の始原」を探ろうとしているとみるべきであろう。「テキストをよむことを方法」とするのだから、まずテキストは受け入れる必要がある。

西郷信綱(一九四八)は「古典の記載」すなわちテキストとして文字化されていることが「事」の「信憑すべき表象」(四十二頁)であると述べ、さらに「そうして実はこゝに、文献学的方法が要求されてくる契機がある。何故なら「事」の表象としてある古典は、「理」といふ観念によつてではなく、古典に記載されてあるがまゝの姿で無心に理解されねばならないからである。ところでこのためには、言辞の研究が中心にならねばならない」(同前)と述べている。その上で、「宣長を始め多くの国学者等の業績が、文献の註釈や考証や国語学的研究の形態をとつたのも、かういふ風に彼らの立場にとつて、文献に固定された言語が「事」の唯一の客観的表象であり、古典解釈を科学的に遂行するうへでの唯一にして最終の足がかりであつたことの結果に外ならなかつた」(同前)と述べる。

テキストに沈潜すればするほど、当該テキストから知り得る「情報」ははっきりし、ここまではわかるが、ここからはわからない、ということになる。それは、「具体的な分析」「文献学的追究」が必ずいきつく「地点」といえよう。宣長はそうした「地点」があることを知っていただろう。しかし、その「地点」を超えて「ことばの内奥」に迫ろうとしていたのではないだろうか。そうした宣長の「方法」に「不可知論」や「神秘主義」というレッテルを貼ることはできるであろうが、そのような抽象度のたかいレッテルを貼っても、宣長が考え、感じていたことからは遠ざかるだけではないだろうか[4]。

稿者は、他者に伝えたい「情報」に「ことがら情報」と「感情情報」があるというモデルを想定している。「かきことば」は「情報」を整然と盛り込む「器」のようなもので、どちらかといえば「ことがら情報」を盛り込むことが想定されている。「感情情報」が「かきことば」に盛り込まれていないわけではないが、「感情情報」を伝える「器」として詩的言語が存在していると考える。漢文に「感情情報」が盛り込めないわけではないが、「日本の感情情報」は「中国の感情情報」よりも盛り込みにくいかもしれない。「心のさまも、又歌にて知るべし」は稿者の考えと重なり合う。

また宣長は『うひ山ぶみ』（ム）の条において「萬葉は歌にて、歌と文とは、詞の異なることなどあれども、歌と文との、詞づかひのけぢめを、よくわきまへえらびてとらば、歌の詞も、多くは文にも用ふべきものなれば、古文を作る学びにも、萬葉はよく学ばでかなはぬ書也」と述べ、「歌」＝詩的言語と「文」とが異なる言語で成り立っているという認識を示している。この（ム）の条では、「みづからも古風の歌をまなびてよむべし、すべて萬づの事、他のうへにて思ふと、みづからの事にて思ふとは、浅深の異なるものにて、他のうへの事は、いかほど深く思ふやうにても、みづからの事ほどふかくはしまぬ物なり、歌もさやうにて、古歌をば、いかほど深く考へても、他のうへの事なれば、なほ深くいたらぬところあるを、みづからよむになりては、我が事なる故に、心を用ること格別にて、深き意味をしること也」と述べる。古言を知るためには、自身も「古風の歌をまなびてよむ」べきだという主張であるが、言語が双方向的なものであることが述べられていて興味深い。

そして、古言を知り、古道を知るという「道のために学ぶすぢ」を離れて「ただ歌のうへにつ」いて言うならば、「そもそも歌は、思ふ心をいひのぶるわざといふうちに、よのつねの言とはかはりて、必ず詞にあやをなして、しらべをうるはしくととのふる道」であるという。「思ふ心をいひのぶる」ことは「よのつねの言」によってもできるが、歌は「詞にあやをなして、しらべをうるはしくととのへ」てつくるものであると述べる。この「思ふ心をいひのぶる」は先に述べた稿者の用語を使うならば、「感情情報」の表出ということになる。

「事《ワザ》」＝行動は「史に伝は」るが、「その史も、言」によって記されている。結局、「古の人の、思へる心、なせる事《ワザ》」を知るには「古言古歌」を読み解くしかない。そして、『古事記』は「古伝説」を記したテキストではあるが、「漢文」で、『日本書紀』は「殊に漢文のかざり」が多いので、「正《マサ》しく古言をし」るためには『万葉集』を読み解く必要があるという。『日本書紀』はほぼレギュラーな漢文でかたちづくられ、『古事記』はややイレギュラーな漢文でかたちづくられているということは、現代においても認められている。宣長は「正《マサ》しく」という表現を使っているが、これは「正誤」といった場合のような〈正しい〉ということではなく、具体的な、ととらえておくべきだろう。宣長は「漢意」を排除するという「思想」をもっているという先入観、「前提」で宣長のあらわしたあらゆるテキストが読まれているように感じることが少なくないが、例えば、右のくだりでは、『古事記』『日本書紀』が漢文であることは述べられているが、だからといって忌避しているわけではまったくない。ただ単に漢文だから具体的な日本語がとらえにくい、といっているだけで、そうしたことについては後に改めて話題にしたい。

（ヤ）の条には次のようにある。

いにしへ人の風雅《ミヤビ》のおもむきをしるは云々、すべて人は、雅《ミヤビ》の趣をしらでは有るべからず、これをしらざるは、物のあはれをしらず、心なき人なり、かくてそのみやびの趣をしることは、歌をよみ、物語書などをよく見るにあり、然して古へ人のみやびたる情をしり、すべて古への雅《ミヤビ》たる世の有りさまを、よくしるは、これ古の道をしるべき階梯也、然るに世間の物学びする人々のやうを見渡すに、主《ムネ》と道を学ぶ輩は、上にいへるごとくにておほくはただ漢流の議論理窟にのみかかづらひて、歌などよむをば、ただあだ事のやうに思ひすてて、歌集などは、ひらきて見ん物ともせず、古人の雅情を、夢にもしらざるが故に、その主とするところの古の道をも、しることあたはず、かくのごとくにては、名のみ神道にて、ただ外国の意のみなれば、実には道を学ぶといふものにはあらず、さて又歌をよみ文を作りて、古をしたひ好む輩は、ただ風流のすぢにのみまつはれて、道の事をばうちすてて、さらに心にかくることなければ、よろづいにしへをしたひて、ふるき衣服調度などをよろこび、古き書をこのみよむたぐひなども、昔ただ風流のための玩物にするのみ也、そもそも人としては、いかなる者も、人の道をしらでは有べからず

宣長は「古人のみやびたる情をしり」「古の雅《ミヤビ》たる世の有さまをよくしる」ことが「古の道をしるべき階梯」であると述べる。そして、「古人のみやびたる情」を知るためには「歌をよみ、物語書などをよく見る」必要があるという。右の言説では、「人の道」を知ること、「道を学ぶ」ということが宣長の目的であることがはっきりと表明されている。「みやびたる情」は「物のあはれ」とつながり、それは結局は「言」「事」「心」のうちの「心」と重なり合う。「言」を通してしか探り得ない「心」と古代の「事」を「言」によってかたちづくられているテキストに沈潜し、精読することによって「日本の始原」

を探る。そして、どのように言語化されているかを探ることがいちだんと難しい「心」＝「感情情報」を詩的言語である歌を読むことによって探り、自身が歌を詠むことによって自身の読みを確認する、という双方向的な「学び」を宣長は提示している。

宣長は中国を排斥していたか？

『うひ山ぶみ』には「さて又漢籍《カラブミ》をもまじへよむべし」とはっきり記されている。九世紀末頃に仮名がうまれるまでの間、日本語は漢字によって文字化されていた。「漢字による文字化」にはいろいろな「やりかた」があったが、日本語を中国語文＝漢文に翻訳することも「漢字による文字化」の一つとみることができる。先に述べたように『日本書紀』はほぼレギュラーな中国語文＝漢文でかたちづくられている。中国語を母語としている人々が『日本書紀』にかかわっていたこともわかっており、『日本書紀』の「本文」のすべてが日本語を背後にもつかどうかは不分明ではあるが、日本語でつくられた歌謡を含んでいることからすれば、『日本書紀』全体はやはり日本語のテキストとみるのが妥当であろう。そう考えると、『日本書紀』も『古事記』も日本語を漢字によって文字化したテキストということになり、この二つのテキスト＝「二典」を読み解かなければ「日本の始原」を明らかにすることはできない。

宣長は「古書どもは、皆漢字漢文を借りて記され、殊に孝徳天皇天智天皇の御世のころよりしてこなたは、萬づの事、かの国の制によられたるが多ければ、史どもをよむにも、かの国ぶみのやうをも、大抵はしらでは、ゆきとどきがたき事多ければ也、但しからぶみを見るには、殊にやまとたましひをよくかためおきて見ざれば、かのふみのことよきにまどはさるることぞ、此心得肝要也」（全集第一巻六頁）と述べている。「史ども」は六国史を指すと思われるが、「かの国ぶみ」すなわち漢文を「大抵は」知らなくては「ゆきとどきがた」いと言う。

「やまとたましひ」を「日本民族固有の精神」のようにとらえると、それが「からぶみ」と対置されているようにみえてしまうが、古典中国語としての漢文にはつねに「文彩」が求められている。それが「ことよき」で、そうしたことを知って、「からぶみ」がどういうことを表現しようとしているかということをつかむことが「やまとたましひをよくかため」おくということであろう。

宣長は「又件の書どもを早くよまば、やまとたましひよく堅固《カタ》まりて、漢意《カラゴコロ》におちいらぬ衛《マモリ》にもよかるべき也、道を学ばんと心ざすともがらは、第一に漢意儒意を、清く濯《スス》ぎ去て、やまと魂《タマシヒ》をかたくする事を、要とすべし」（全集第一巻五頁）とも述べている。「件の書」は「古事記書紀の二典《フタツフミ》」で、『古事記』『日本書紀』を「早くよ」んでいると「やまとたましひ」がよくかたまると述べていることには注目したい。そして、よくよむことが「漢意におちいらぬ衛」になると述べている。つまり、漢文テキストをよく読むことによって、漢文がどのような言語表現を採るかということをつかみ、その漢文テキストにどのように日本語がうめこまれているかを知ることができる。「どのように日本語がうめこまれているか」は具体的な日本語としてよむ、ということでもある。

吉川幸次郎（一九七七）は『うひ山ぶみ』『石上私淑言』『玉くしげ』を「理論の書」「みずからの経験を総合した言葉ども」（六頁）ととらえる。その上で、「宣長自身は、総合の言葉というものに対して、不安をもっていた」（同前）と述べる。『うひ山ぶみ』の冒頭には次のように記されているが、それをあげた上で、「この言葉の中に、宣長の謙遜が含まれていないとはいえない。しかしより多くみとめられるのは、総合の言葉というものに対しての宣長のもつ根本的な不安である。おのれの言葉も、この書に述べるような形でならば、一わたりの大ざっぱな総合でしかない」（七頁）と述べる。

まなびのしなも、しひてはいひがたく、学びやうの法も、かならず云々《シカシカ》してよろしとは、定めがたく、又定めざれども、実はくるしからぬことなれば、ただ心にまかすべきわざなれども、さやうにばかりいひては、初心の輩は、取りつきどころなくして、おのづから倦《ウミ》おこたるはしともなることとなれば、やむことをえず、今宣長が、かくもやあるべからんと思ひとれるところを、一わたりいふべき也（全集第一巻四頁）

学びの品も、どうであるべきとは言いにくく、学びの方法も、こうすれば必ずいいと定めにくい。しかしそもそもそういうことは定めなくてよく、各人の自由であるが、そうとばかりいってもいられないから「一わたり」は述べる。宣長は型にはめようとしていない。吉川幸次郎（一九七七）はさらに「早年のころあんなに沈潜した漢籍を、やがてけんめいに排撃するのは、それは総合の言葉にのみ満ちると、感ずるに至ったからである」（七〜八頁）と述べる。「けんめいに排撃」したかどうかについては慎重に考えたいが、(5) 漢籍が「総合の言葉にのみ満ちる」と宣長が感じただろうと吉川幸次郎（一九七七）が推測している点には注目したい。

言語としてみれば、中国語は具体的に展開し、日本語は抽象的といってよい。それはおもに、言語を語彙的にとらえた時に成り立つ「みかた」といってよい。「かきことば」としてみた場合、漢文すなわち古典中国語は、日本語の「かきことば」よりもいっそう型をもち、典故を必須のものとする。つまり古典中国語はきれいな形をつねに求めているといってよい。それはおおむね、具体的、個別的というよりは、抽象的になる。吉川幸次郎（一九七七）の「総合の言葉」をそのように説明することは粗いであろうが、そのように理解したい。吉川幸次郎（一九七七）が述べるように、宣長は「総合の言葉」に対して「根本的な不安」をもっていたとしても、「総合の言葉」を忌避したわけではない。『うひ山ぶみ』『石上私淑言』『玉くしげ』をあらわし、「源氏物語玉の小櫛」をあらわしている。そしてまた、宣長が

「総合の言葉」というものがあることに気づいたのは、具体的なテキスト、例えば『古事記』を精読したからであるだろう。

『うひ山ぶみ』（下）の条には次のようにある。

第一に漢意儒意を云々、おのれ何につけても、ひたすら此事をいふは、ゆゑなくみだりに、これをにくみてにはあらず、大きに故ありていふ也、その故は、古の道の意の明らかならず、人みな大にこれを誤りしたためたるは、いかなるゆゑぞと尋ぬれば、みな此漢意に心のまどはされ居て、それに妨《サマタ》げらるるが故也、これ千有余年、世の中の人の心の底に染着《シミツキ》てある、痼疾なれば、とにかくに清くはのぞこりがたき物にて、近きころは、道をとくに、儒意をまじふることの、わろきをさとりて、これを破する人も、これかれ聞ゆれども、さやうの人すら、なほ清くこれをまぬかるることあたはずして、その説くところ、畢竟は漢意におつるなり、かくのごとくなる故に、道をしるの要、まづこれを清くのぞき去るにありとはいふ也、これを清くのぞきさらでは道は得がたかるべし、初学の輩、まづ此漢意を清く除き去て、やまとたましひを堅固《カタ》くすべきことは、たとへばもののふの、戦場におもむくに、まづ具足をよくくし、身をかためて立出るために、手を負ふがごとく、かならずからごころに落入べし

右にははっきりと「ゆゑなくみだりに、これをにくみてにはあらず」と述べられている。例えば、『古事記』は漢字によって文字化されている。しかし、文字化されているのは日本語、あるいは日本語による「情報」であるということをつねに意識しなければ、『古事記』を日本語としてよむことはできない。しかしまた、漢字によって文字化されているのだから、文字化に使われている漢字についての

「情報」に基づいて文字化されている日本語を探るしかない。文字化されている日本語を、つねに漢字側から探っているうちに、ついには、漢字にひきつけて、つまり中国語＝漢文にひきつけて『古事記』をよんでしまう。これが「漢意に心のまどはされ」るということで、そうならないためには、日本語をよんでいるという意識をつねにもたなければならない。それが「やまとたましひを堅固《カタ》くす」るということであろう。

また『うひ山ぶみ』（ネ）の条には次のようにある。

からぶみをもまじへよむべし、漢籍を見るも、学問のために益おほし、やまと魂だによく堅固《カタ》まりて、動くことなければ、昼夜からぶみをのみよむといへども、かれに惑はさるるうれひはなきなり。然れども世の人、とかく倭魂《ヤマトタマシヒ》かたまりにくき物にて、から書をよめば、そのことよきにまどはされて、たぢろきやすきならひ也、ことよきとは、その文辞を、麗《ウルハ》しといふにはあらず、詞の巧にして、人の思ひつきやすく、まどはされやすきさまなるをいふ也、すべてから書は、言巧にして、ものの理非を、かしこくいひまはしたれば、人のよく思ひつく也、すべて学問すぢならぬ、よのつねの世俗の事にても、弁舌よく、かしこく物をいひまはす人の言には、人のなびきやすき物なるが、漢籍もさやうなるものと心得居べし

右では、「やまと魂」が「堅固《カタ》ま」っているならば、「昼夜」漢籍のみをよんでも問題はないとまで述べている。しかし「世の人」はなかなか「倭魂《ヤマトタマシヒ》」がかたまらないので、漢籍をよむとその「ことよき」に惑わされてしまう。宣長は無条件で漢籍、漢意を排斥しているのではないとみるのが自然であろう。

宣長は「日本の始原」がどうであったかを知りたかった。「日本の始原」を記したテキストを読み解くということをそれを知る「方法」とした。そのテキストは漢字によって文字化されている。しかし、そのテキストの背後には日本語があるはずだ。このことを比喩的に表現するならば、「日本の始原」が漢字という衣装を着ている。「日本の始原」をできるだけリアルにとらえるためには、「漢字という衣装」をはずすしかない。そうなった時に、「漢字という衣装」が憎いわけでもなければ、それを忌避したいわけでもないけれども、どうしてもそれははずさなければならない。テキストを読み解くことを「方法」とし、「始原の日本」を探ろうとしていた宣長にとって、そのよりどころとなるテキストが漢字によって文字化されているということは、もどかしいことではなかったか。そのもどかしさを「漢意」という語、レッテルによっていわば比喩的に表現していたということはないか。それを「直言」としてまともに受け取って、宣長の「内なる言語」を聞き損なっているということはないのだろうか。まともに受け取るしかなかった時期もあるだろうし、あえてまともに受け取った時期やそれをなんらかの「方向」に増響させて受け取った時期もあったのではないか。

本居宣長『古事記伝』をよむ

『古事記』中巻に収められている景行天皇の条は、全体が倭建命《やまとたけるのみこと》の物語となっている。天皇は倭建命にまず熊曽建《くまそたける》の征討を命じ、続いて出雲建《いずもたける》の征伐を命じる。その命をはたした倭建命に、天皇はさらに「東方十二道之荒夫琉《あらぶる》神」と「摩都楼波奴《まつろはぬ》人等」の平定を命じる。倭建命は「伊勢大御神宮」に参って、叔母倭比売命《やまとひめのみこと》に「天皇既所以思吾死乎」「猶所思看吾既死焉」と申し上げる。『古事記』の当該箇所をあげておく。

故、受レ命罷行之時、参二入伊勢大御神宮一、拝二神朝庭一、即白二其姨倭比売命一者、天皇既所三以思二吾死一乎、何。撃二遣西方之悪人等一而、返参上来之間、未経二幾時一、不レ賜二軍衆一、今更平二遣東方十二道之悪人等一。因レ此思惟、猶所レ思二看吾既死一焉

宣長は「天皇既所以思吾死乎」を「すめらみこと、はやく、あれをしねとやおもほすらむ」とよみ、「猶所思看吾既死焉」を「なほ、あれはやくしねとおもほしめすなりけり」とよむ。そして、前の「天皇既所以思吾死乎」について「ヤと云《いい》ラムと云《いい》て、決《さだ》めぬ辞なり」と言う。「吾《あれ》を死ねとや思《おも》ほすらむ」は「私を死ねとお思いになるのでしょうか」で「ヤ」が疑問の係助詞、「ラム」が推量の助動詞であるので、断定辞が使われていない。

『古事記』の「天皇既所以思吾死乎」が「すめらみこと、はやく、あれをしねとやおもほすらむ」というような日本語と対応していると読み解いているのは宣長なので、そうであるとは限らないといえば、そういうことになる。原文の「天皇既所以思吾死乎」のどこにも「ヤ」もなければ「ラム」もない。例えば、新編日本古典文学全集『古事記』（一九九七年、小学館）は続く「何」を含めて「天皇の既に吾を死ねと思ふ所以《ゆゑ》や、何」とよんでいる。しかし宣長は、「ヤ」「ラム」が含まれているとよみ、その自身のよみをいわば確信している。そして、この表現は「決《さだ》めぬ辞」つまり断定的な表現を採るには至っていない状況での表現とみている。後ろの「猶所思看吾既死焉」は「吾早く死ねと思ほしめすなりけり」すなわち「私を早く死ねとお思いになっているのだ」とよむ。倭建命はよくよく考えて、そう気づいた。その「気づき」をあるいはその「気づき」に伴なう嘆きの心情を「ケリ」にこめた。宣長は類似の表現がなぜ並んでいるのかということから自身の「よみ」を深めていったのだろう。「天皇既所以思吾死乎」

と「猶所思看吾既死焉」と類似した表現が並んでいる「その心」は、前の表現は倭建命がまず思ったこと、次の表現はよくよく考えて思ったことで、この二つの表現の間に、倭建命の心情は疑問から嘆きへと変化していく。その変化していくさまは、語られている物語の悲劇性をたかめていく。そこまでをよむことが宣長にとって『古事記』という物語をよむことであった。

　神野志隆光（二〇一二）は宣長が「天皇既所以思吾死乎」の「所以思」について、「〔所以を、ユヱと訓ては語 穏《オダヤカ》ならず、さてオモホスと云には、以《ノ》字あまりたれども、下に所思看《オモホシメス》とあると、相照して思ふに、此も必《ズ》然あるべきところなり〕以《ノ》字は、もと思の下に在て、以《ヲ》レ吾《アレ》なりけるを、後に誤《リ》て上に書るなり」と述べていることに注目する。宣長が「下に」と述べているのは、続く対句的な表現「猶所思看吾既死焉」のことで、そこに「所思看」とあることからすれば、こちらも「所思」でよくて、「以」は元来は「思」の下にあるべきもので、「以吾」というまとまりであったはずだという「みかた」が提示されている。「所以」が原因・理由を示す「ユヱ」であるとみると、下に理由をあげるかたちの構文になる。そうよむと、天皇が私のことをもう死ねと思う理由は、と下に続いていくかたちになるが、「何」があるので、そのようには続きにくい。「死ねとお思いのせいか、どうして兵士も賜わらずに」のように「所以」が原因を表現しているとみると、結局天皇は倭建命のことを死ねと思っていることになってしまう。宣長はそうではないとみていると思われ、それが「穏《オダヤカ》ならず」という表現になっているのだろう。神野志隆光（二〇一二）はそこまで『古事記伝』をよんで、「「語穏ならず」という、宣長のことばは直観的印象に聞こえますが、きちんと踏まえるところがあり、要点を衝いているのです」（一六六頁）と述べている。宣長は、そして吉川幸次郎は「何を表現しようとしているかではなくどのように表現しようとしているか」こそが問題であるとみているが、宣長が「何を表現しようとしているか」を的確につかむこともたやすいことではない。

「所思看」のどこにも「ナリケリ」はない。そのことはもちろん宣長にはわかっている。宣長は「下に、那理祁理《ナリケリ》と云ことを添るは、思決《サダ》めていささか嘆《ナゲ》き賜へる辞なり」と述べ、自身でも「添る」と述べている。倭建命が、天皇の意図に気づいて嘆く気持ちがある以上、「ナリケリ」という日本語と対応しているはずだとよみ、『古事記伝』において次のように述べている。

さばかり武勇《タケ》く坐皇子《マスミコ》の、如此《カク》申し給へる御心のほどを思ひ度《ハカ》り奉るに、いといと悲哀《カナ》しとも悲哀《カナシ》き御語にざりける、然れども、大御父天皇の大《オホ》命に違《タガ》ひ賜ふ事なく、誤り賜ふ事なく、いささかも勇気《イサミ》の撓《タワ》み給ふこと無くして、成功竟《コトナシヲヘ》給へるは、又いといと有難《アリガタ》く貴《タフト》からずや、〔此の後しも、いささかも勇気《イサミ》は撓《タワ》み給はず、成功《コトナシ》をへて、大御父天皇の大命《オホミコト》を、違《タガ》へ給はぬばかりの勇《タケ》き正《タダ》しき御心ながらも、如此《カク》恨み奉るべき事をば、恨み、悲むべき事をば悲み泣《ナキ》賜ふ、是ぞ人の真心《マゴコロ》にはありける、此れ若し漢人《カラビト》ならば、かばかりの人は、心の裏《ウチ》には甚《イタ》く恨み悲みながらも、其《ソ》はつつみ隠《カク》して、其の色を見せず、かかる時も、ただ例の言痛《コチタ》きこと武勇《タケ》きことをのみ云てぞあらまし、此を以て戎人《カラビト》のうはべをかざり偽ると、皇国の古へ人の真心《マゴコロ》なるとを、万づの事にも思ひわたしてさとるべし」（全集第十一巻二一九頁）

〔　〕内は細字双行で「割注」のように記されている。倭建命は、臆することなく、「大御父天皇の大命」をはたす。そういう「勇《タケ》き正《タダ》しき御心」であっても、お恨み申し上げる事はお恨み申し上げ、悲しむべき事は悲しんでお泣きになる、これこそが「人の真心」というものだと宣長は言う。ここでやめておけば、いいようなものであるが、「漢人《カラビト》」についても述べる。「かばかりの人」は倭建命のように天皇の命令は天皇の命令として遂行できるような「勇《タケ》き正《タダ》しき御心」を備えた人であるが、「漢人《カラビト》」の場合、そういう人は心の中では「甚《イタ》く恨み悲」んでいても、それをつつみ隠して、そうした気配を見せない。「コチタシ」は〈おおげさな〉という語義であるが、そして、おおげさに勇ましいことだけを言って「うはべを」取り繕う。「皇国の古人の真心」とは違うと。「筋」で言うのであれば、「皇国の古人」も「漢人《カラビト》」も「甚《イタ》く恨み悲」むという「心」は共通していて、ただ、それをストレートに出すか出さないかという、行動の違いということになるが、宣長は（あえて、かどうか、それはわからないけれども）「真心」ということと結びつけている。そして、宣長が、倭建命が人間のような感情をもっているととらえていることには留意しておきたい。

日本語の助詞、助動詞にあたるものが中国語にはない。したがって、日本語を中国語＝漢文に翻訳しようとすると、助詞、助動詞が担っていた「情報」が翻訳しにくくなる。多くの場合は、省くことになる。『古事記』にはもととなっている日本語文があったとする。稗田阿礼が覚えていたものがそれであるとすると、「はなしことば的な日本語文」があったことになる。それは日本語文であるのだから、助詞、助動詞が使われている。その「はなしことば的な日本語文」を漢文という「かきことば」におとしこむ。そのプロセスで、助詞、助動詞が省かれる。おとしこまれてできあがった漢文が『古事記』の「本文」であるのだから、それを日本語文として「よむ」場合には、省かれた助詞、助動詞は復元しなければならない。「もととなっている日本語文」があって、それを復元するという意識が希薄になると、目の前に見えている漢文のみを見つめ、それをよもうとしてしまう。宣長が「漢意」に惑わされてはいけない、「やまとたましひ」をしっかりと固めろと繰返し言っているのは、そういうことで、『古事記』は漢字によって文字化されているのだから、漢字をよもうとすると、漢字字義の側で『古事記』をよもうとしてしまう。そうではなくて、「もととなっている日本語」「もととなっている日本語文」はどういう語、どういう文であるかをしっかりと意識し、そういうよみかたをしなければならないとひとまずは述べていると思われる(6)。

宣長のフェミニズム

『石上私淑言』に次のようなくだりがある。

おほかた人は。いかにさかしきも。心のおくをたづぬれば。女わらはべなどにもことに異《コト》ならず。すべて物はかなくめめしき所おほきものにて。もろこしとても同じ事なめるを。かの国は神の御国にあらぬけにや。いと上《カム》つ代よりして。よからぬ人のみほおくて。あぢきなきふるまひたえず。ともすれば民をそこなひ国をみだりて、世中をだしからぬおりがちなれば。それをしづめ治《ヲサ》めむとては。よろづに心をくだき思ひをめぐらしつつ。とにかくによからん事をたどりもとむるほどに。をのづから賢《カシコ》く智《サト》り深き人も出来《イデキ》。さるからいとど万の事に。さるまじき事にもいたく心をもちひて。目に見えぬふかきことはりをもあながちに考へくはへなどしつつ。いささかのわざにも善《ヨ》さ悪《アシ》さをわきまへあらそふをいみじき事にして。をのづからさる国のならはしになりぬれば。人ごとにをのれかしこからんとのみする故に。かの実《マコト》の情の物はかなくめめしきをば恥《ハヂ》かくして言《コト》にもあらはさず。(全集第二巻・一五一頁)

以下、「メメシイ」という語が宣長の言説の中で繰返し使われていく。西郷信綱(一九四八)はこの「メメシイ」という語について、それが「士大夫の虚偽を見破つた」「嫋々たるフェミニズム」(九十九頁)の輝きをともなっていることを指摘し、「宣長のフェミニズムは必然的であつたし、またその時代としての新しさを正当な理由づけをもつて評価し、肯くことができる」(一〇六頁)と述べる。熊野純彦

（二〇一八）は右の西郷信綱の「フェミニズム」について「現在の用法ともつながるかたちでフェミニズムという語が古典研究に登場した、おそらくは最初期の例のひとつであるはずである」（二四五頁）と述べている。

「女わらはべなどにもことに異《コト》ならず。すべて物はかなくめめしき所おほきものにて」という表現は、今日では避けるべき表現であろうが、宣長は「メメシイ」を負の文脈で使っていない。「物はかなくめめしき事」は「わろくおろかに思ふ」だろうが、そう言う人もみんな「心のおくは同じはかなさ」を感じていて「まぬかれがたき人情」をもっていることを述べ、「深く哀《カナ》しきこと」に遭遇すると、思いが静まらず、「心まどひ」をすることも多いが、それこそが「まことの人情」であると言う。(7) そしてさらに次のように詩歌と結びつけていく。

いよいよかなしくむねにせまりて堪《タヘ》がたければこそ。詩《シ》に詠《ナガ》め出てそのかなしさをばはるけやれる物なれば。其詩はかならず女々《メメ》しからではかなはぬ事也。もし雄々《ヲヲ》しくつくろひていひ出《イデ》たらんには。何《ナニ》によりてかは欲泣《ナカムトスル》ばかりのかなしさははるくべきぞ。されば詩歌はこと書《フミ》のやうに。とあらんかくあらんとよろづにつくろひかまへていふべきならず。ただよくもあしくも思ふ心のありのままなるべきことなるを。今の様《ヤウ》に是は不可《アシシ》それは近婦人《ヲンナノヤウナリ》といふ心ばへなるかしこき詩は。詩の本意にはあらず。ただ物はかなく女々《メメ》しげなる此方《ココ》の歌ぞ詩歌の本意なるとはいふ也。（全集第二巻一五三頁）

耐えがたい鬱情を詩に詠んで「そのかなしさ」をはらすのであるのだから、鬱情を詠みこんだ「其詩」は「女々《メメ》し」くないはずがない。もしも内心は悲しいのに「雄々《ヲヲ》しく」詩をつくってしまったら、

「かなしさ」をはらすことはできないではないかと宣長は言う。宣長の師である真淵は「ますらをぶり」「たわやめぶり」という表現を使っているが、その表現でいうならば、「たわやめぶり」を「雅びの本統」と考えていた。そして詩歌は「よろづにつくろひかまへていふべき」ではなく、「思ふ心のありのままなるべき」と述べている。詩歌は定型をもつ。したがって、「思ふ心のありのまま」は「内容」についてのことで、詩歌としての定型にはきちんと収める必要がある。宣長は『排蘆小船』において「よき歌をよまむとおもはば、第一に詞をえらび、優美の辞を持って、うるはしくつつけなすべし」「ことばさへうるはしければ、意はさのみふかからねども、自然とことばの美しきにしたがふて、意もふかくなる也」と述べている。単に心に思い浮かぶよしなしごとを歌にするのではない。「思ふ心のありのまま」を「よく歌」としてよもうとする。そのためには「詞」を選ばなければならない。「ことばさへうるはしければ、意はさのみふかからねども」はあきれ果てた「本末転倒」に思われるかもしれないが、深い意、深い心はうるわしいことばによってのみ表現できる。だから、うるわしいことばを選び採ることができれば、それに応じて深い意、深い心が表現できるということで、宣長にとっては「本末転倒」ではないことになる。

「人情」は「真心」と通じる。宣長は『玉勝間』(二十三)において「そもそも道は、もと学問をして知ることにはあらず、生れながらの真心《マゴコロ》なるぞ、道には有ける、真心《マゴコロ》とは、よくもあしくも、うまれつきたるままの心をいふ、然るに後の世の人は、おしなべてかの漢心にのみうつりて、真心をばうしなひはてたれば、今は学問せざれば、道をえしらざるにこそあれ」(全集第一巻四十七頁)と述べ、「よくもあしくも、うまれつきたるままの心」を「真心」と呼ぶ。現代日本語においては「マゴコロ」とは「いつわりのない真実の心」であろう。宣長は「よくもあしくも」と述べているので、宣長いうところの「真心」は現代日本語の「マゴコロ」とは語義が異なる。こういうところをきちんとおさえないで、現代日本語の理解をそのままあてはめると宣長のいいたいことが正確に理解できなくなる。そして「真心」は「物のあはれ」にもつながっていく。

富士谷御杖「言霊倒語説」をよむ

富士谷御杖《みつえ》（一七六八〜一八二三）は国学者、富士谷成章《なりあきら》の長男として京都にうまれている。しかし、御杖が十二歳の時に、成章は四十二歳で死去する。御杖は『百人一首燈』の「おほむね」で「わが父成章はいとはやくうしなひて、なにの心ばえも口づからは聞かざりしに」と述べているが、そのように、父成章から「口づから」（＝直接）受けた指導はほとんどなかったと推測されている。十三歳の頃には、朝廷と幕府の間の連絡にあたる役職である武家伝奏を務めた公卿、広橋兼胤《ひろはしかねたね》（一七一五〜一七八一）に和歌を学んでいるが、「ふむばこのうちにおちとまれりける」（＝文庫の中に残されている）成章が残した『あゆひ抄』などの著作あるいは草稿を「かしこきしるべ」として、御杖は和歌についての学びを深めていったと思われる。漢学は伯父である皆川淇園（一七三四〜一八〇七）について学んでいる。

御杖の宣長批判

本居宣長の『古事記伝』四十四巻は寛政十（一七九八）年に完成するが、初帙五冊（巻一〜巻五）が寛政二（一七九〇）年九月に、第二帙六冊（巻六〜巻十一）は寛政四（一七九二）年に、第三帙六冊（巻十二〜巻十七）は寛政九（一七九七）年に刊行されるといったように、何回かに分けて刊行され、文政五（一八二二）年に全巻の刊行が終了する。

御杖は文化五（一八〇八）年に『古事記燈』と名づけたテキストを出版している。この時点で『古事記伝』は刊行を終えていないが、第三帙までは刊行されており、御杖は出版された『古事記伝』をそこまでは読むことができた。御杖は『古事記燈』の「おほむね上」の冒頭ちかくで次のように述べている。丸括弧のついた振仮名は稿者が補った。

近比《ちかごろ》、伊勢国松坂なる本居宣長、古事記の日本紀にまされる事を見いでて、かの皇子の非どもをあげつらへり、げにその論をみるに、いともいともさる事にて、此記はわが御国言のままをしるされたる所多きにても、宣長が論あたれるは明らかなる事也、予もこのぬしの恩によりて、力をもいれずしてこの記の正しきをしりぬ（『富士谷御杖全集』第一巻・三十七〜三十八頁）

「かの皇子」は『日本書紀』編纂の総裁をつとめたと考えられている舎人親王を指していると思われる。御杖は『古事記伝』によって、「力をもいれずして」「記の正しき」を知ったと述べている。しかし、右に続いて御杖は次のように述べている。少し長くなるが、御杖の考えていることがはっきりと述べられているので、次に掲げておきたい。

しかるに宣長、さばかりわが御国のいにしへを明らめ、ふるき言どもその義をきはめ、其師翁の不及を補ひ過たるをけづられたるいさをいふばかりなきに、わが御国言は、言霊［言霊の事、下にくはしくいふをみて心うべし］をむねとする事に思ひいたられざりしによりて、ただわが御国言は、みやびをむねとすとのみおもひもいひもせられたり［これ即その師真淵が説なり、師の見を伝へて、しか心えられしなるべし］されば此神典も、なほ詞の表をのみ見て、かくれたる所なきを我御国ぶりなりと、ひたふるに思ひとられしおのがひとへ心をのりとして［かく隠れたる事なき也と定められしは、何の拠ありともみえず、ただしひたる理をのみとける、古来の神学者流にきそひての事なるべくみゆ」とかれけるより、ただ神典は、帝の御はじめにて、教のふみにあらずとし、教といふもの、もとてぶりあしき国こそあれ、わが御国のすぐれたるに、いかでか教はいるべき、此神典をみむやうは、みかどの御はじめはかくのごとくくしびにあやしくおはしし、其御すゑにましませば、ただかしこみにかしこみ奉りて、その御おもむけにのみしたがひなば、なにばかりの智も無用のものなりとの心にみえたり、これ古事記伝の大意、かつ直毘霊とてかかれしものの意趣なり、ひとわたりはさるべき事のやうにも聞ゆるが故に、近比よにこの説を信ずる人いと多し、げにおのが智を捨よとなれば、世のさまたげとなるべきいひざまにはあらねど、その説のおこれる所を考ふるに、この神典、いかにみれどもいかに思へども、いとあやしき事のみありて、これをとかむとすれど、その首尾人事に応ぜざるが故に、なかなかかかる事をたづねむは無益の事也、神の御うへははかり知るべからず、ただ、すめら御おや神たちの、不測の妙事を録して、後のよまで御すゑの御稜威《ミイツ》にかきおかれしものなるべしとぞ思はれけらし、伝のうち、すこしもあやしく心えがたき所々は、かかる事深くたづぬるはから心なりとみえたり、さらば聞えぬままになしおくをば、やまと心とやいはん、いとおほつかなき事なりや［されども、さすがさばかり心を入れられし事なれば、中には言霊に近づかれし所々もみゆ、しかるを猶引かへして、もとのうはべにとどまられしは、いとをしむべきことなり］しかるに此説を信受する人々は、うまれえて世のすなほ人なるが故に、げに神の御うへはしるに及ばざることと思ひてもあるなれど、成元がごときしうねく、ねぢけたるさがなるは更に更にこれを信ずる事あたはねば、宣長が説もまたうくる事あたはざるなり（同前三十八〜四十頁）

「其師翁」は賀茂真淵のこと。御杖は初めは成寿《なりのぶ》と名のっていたが、主君の名をはばかって寛政五（一七九三）年に成元と改名し、文化八年に御杖と名のるようになった。「しうねく」は〈執念深い・しつこい〉。

御杖は、宣長が「わが御国言」は「みやびをむね」としているとだけ考え、そのように主張していると述べる。そうであるから、「此神典」すなわち『古事記』についても、「詞の表」だけを見て、かくれた所がないととらえ、それを「我御国ぶり」と思っているが、それは宣長の「ひとへ心」を「のり」＝よりどころとしてのことである。「ひとへ心」は御杖の用語であるが、ここでは〈偏った心〉ぐらいにとらえればよいだろう。宣長はそもそも『古事記』を「教のふみ」＝教典とはみていない。教典が必要なのは、「てぶりあしき国」すなわち風俗、習慣がよくない国で、「わが御国」はすぐれているので、教典は必要ない。「みかどの御はじめ」は『古事記』に描かれているように「くしびにあやしく」＝霊妙なもので、それをそのままうけとめていればいい。それが「古事記伝の大意」であり「直毘霊とてかれしものの意趣」だと御杖はとらえ、それは「ひとわたりは」そのようにも聞こえるので、近頃は「この説を信ずる人」が多い。宣長の「智を捨てよ」という主張は「世のさまたげとなるべきいひざま」ではない。しかし『古事記』には、どのように見、どのように考えても「あやしき事」が記されている。それを解明しようと思っても、それができないから「神の御うへは」人間には「はかり知る」ことができない、だから「不測の妙事」を記録したものとして『古事記』を受け入れればよい、それを深く探究しようとするのは「から心」であると宣長は言う。では、と御杖は言う。「聞えぬままになしおくをば、やまと心とやいはん、いとおほつかなき事なりや」わからないままにしておくのが「やまと心」なのかと。御杖は「神の御世の事どもは、人のたばかりもてはかるべからずと、宣長かへすがへすいへり、しかれども、もと神といふは何物ぞや、人といふは何物ぞや、人身のうちなるがやがて神なるをや、ただ外にていへば人なり、内にていへば神なるばかりなるを、さもはるかにいはれしは、もとより神といふ物をば明らかにせられざりければなるべし、これは此翁にかぎらず、世々の神学者流もひとしき事なり」（『古事記大旨』全集第一巻四十六頁）とも述べる。「神」が説明できないのは、「神といふ物を」明らかにできていないからではないのか、と宣長や「世々の神学者流」を厳しく追及する。ただし、説明できない『古事記』の言説が、「倒語」によって説明できるということではない。『古事記』は「倒語」を使って言語化されているので、『古事記』の言説を「直言」と理解してはいけないというのであって、後に採りあげるように、大伯母と結婚したと記されているのはなぜか、が「倒語」で説明できるのではない。そう考えると、神典だから、そこはもう追及しないという宣長の「いきかた」と「倒語」だからそうなっているのだという御杖の「いきかた」は、『古事記』の言説に関してはさほど逕庭がないともいえるだろう。

御杖の「倒語」という「みかた」が優れているのは、言語化しにくい「気持ち・感情」といった「感情情報」を言語化するにあたっては、伝達を主目的とする通常の「伝達言語」とは違う言語化が行なわれているということをかなりな程度具体的に説明している点にあると考える。

御杖は宣長が『古事記』に「心を入れ」、解読しようとしたことは認め、「中には言霊に近づ」いた所もある、言霊に迫っていたのに、「引かへして、もとのうはべにとどま」ったことは残念だったと述べている。褒めているのかけなしているのかわからないが、実際に、「不可知論・神秘主義」と呼ばれることがある宣長の『古事記』に対する「みかた」と御杖の「言霊倒語説」とは最後の最後での「分岐」といえなくもないだろう。

『古事記』には、人の世の理屈では理解できないことが少なからず記されている。御杖が具体的にあげている例でいえば、『古事記』上巻に伊邪那岐命《いざなきのみこと》が迦具土神《かぐつちのかみ》の頸を「十拳剣《とつかのつるぎ》」で斬る場面がある。「トツ力」は拳十個分ということなので、長剣ということになる。この場面の少し先に、この剣が「天之尾羽張《あめのおはばり》」または「伊都之尾羽張《いつのおはばり》」という名前であったことが記されている。さらに先、建御雷神《たけみかづちのかみ》を出雲国に派遣する場面では、「伊都之尾羽張神」の名前が派遣する神の候補として挙げられ、そうでなければこの神の子の「建御雷神」を派遣するということになる。御杖は「はじめはただ剣なるに、後にはかく活たるもののごとく子もあり、かつその御言まであげられ」ていることに疑問をもつ。その他、「布波能母遅庇奴須奴神《フハノモヂクヌスヌノカミ》」が自身の大伯母、すなわち祖父母の姉妹をめとったとか、御杖でなくても、『古事記』を丁寧に読み進めていくと、理屈では説明できないことに遭遇する。

　右では「人の世の理屈」という表現を使ったが、「人の世」の「人」も、八世紀の日本列島上の人や、紀元前一〇〇年頃の中国大陸上の人など、さまざまあり、「理屈」を（ある時期のある空間において）「多くの人が納得できる「みかた・考えかた」と仮にとらえるならば、「理屈」にもさまざまな「理屈」があることになる。

『古事記』というテキストには何らかの「情報」が記されているとみることにする。ここではおもに「ことがら情報」を話題にする。その「ことがら情報」について「江戸という時空」に生きた宣長、御杖いずれも疑問をもった。これは言い換えれば、「江戸という時空の人の世の理屈」では読み解けないということになる。そうした事態に遭遇して、宣長は、神について記されたテキストであるから、人知の及ばないことが記されていてもおかしくない。それはそのまま受け入れようと思った。この宣長の態度を「不可知論」「神秘主義」と呼ぶことがあるが、その「みかた」はふさわしいのだろうか。宣長は『古事記』というテキストの読み解きにいわば全身全霊を傾けた。漢字によって文字化されているテキストの背後にある日本語、日本の世界を可能な限り現出させようとした。そのようにテキストに沈潜してもなお、「江戸という時空の人の世の理屈」では説明ができないことがある。それを無理に説明しようとしないことが「神秘主義」であろうか。宣長はとにかくいけるところまではいこうとして、これ以上いけないという地点で「もはやこれまで」と言ったのではないだろうか。同じように『古事記』というテキストを読み解こうとした御杖には宣長が全身全霊を傾けていることはよくわかり、宣長が「これ以上はいけないという地点」にたどりついていることも実感としてわかっていたと推測する。だから、せっかくいい所まで行っているのに、「引かへし」てしまったことが惜しい、と述べているのだろう。宣長はせいいっぱいの取り組みをして、それ以上無理をすることを避けた。御杖は、「情報」の言語化のしかたが特殊なのではないかと考えた。それが「言霊倒語説」である。

御杖にとっての和歌

御杖の「言霊倒語説」を理解するためには、御杖が和歌をどのようにとらえていたかを知っておく必要がある。御杖はその著『真言弁《まことのべん》』において次のように述べている。筆者の所持している写本によって引用する。

哥もと鬱情を托し、時を全うする事専用の物なれば、後悔と見ゆるも、教喩と見ゆるも、ただその哥を見る人の心にて、哥ぬしはひとへに時をやぶらじの歎なり。此故に後悔とみゆる哥は、今の時宜、これまでの所思をおしたててやぶるべからざるが故によみ、教喩とみゆる哥も、今の時宜、教喩せまはしき心にまかせてやぶるべからざるが故によむにて、畢竟後悔するに堪ぬ心をなぐさめ、教喩せまほしき心のひたぶるなるをなぐさむるなり。もとより後悔せらるべくば、哥よまずともありぬべし。教喩して、時に宜しくば、哥よまでもありなん。もし後悔してよみ、教喩せんとてよむ哥ならば、これ幸をもとむるわざにして、やがて真をうしなふべし。

「時宜」の語義は〈時がちょうどよいこと〉で、転じて〈その時の物事の状態・状況〉を意味することがある。したがって、「時を全うする」「時をやぶらじ」はその時の物事の状態・状況がいいバランスを保っているということを述べていると思われる。その保たれているいいバランスを破らないようにする。御杖は、歌はもともと「鬱情を托し、時を全うする」ためのものであるとまず述べる。「鬱情」は〈鬱屈した気持ち〉であるので、それを歌に托すことによって、いい状態を保つ。鬱情をそのまま他者にぶつけると、他者とのトラブルが起こり、他者も自身も傷つく。鬱情を行動として他者にぶつけると場合によっては生命にかかわる事態にならないとも限らない。この歌は作者が後悔している気持ちを詠んだのだな、この歌は作者が教喩＝教え諭そうと思って詠んだのだなと思ったとしても、それは「その哥を見る人の心」がそうとらえるのであって、「哥ぬし」すなわち作者は、「時をやぶらないように」という気持ちで詠んでいる。つまり、教え諭そうという心が「ひたぶる」になっていることを慰めるために詠んでいるのだと御杖は言う。誰かを教え諭して、それで「時宜」にかなっている（＝状況がわるくならない）のであれば、教え諭していい、つまり歌を詠む必要はない。そして教え諭してやろうとして詠む歌だとすると、これは自身の「幸」を求める行為だから、「真」とはいえない、というのが御杖のとらえかたである。しかし、自身が後悔している、その気持ちを表明した歌と、自身が後悔して、それに堪えられない気持ちをなぐさめるために詠んだ歌との違いは、微妙としかいいようがない。御杖は「直言」という用語を使うが、自身が後悔している、その気持ちをダイレクトに表明した歌は「直言」の歌ということになる。「直言」を歌にそのまま表明すると、そのことによって時宜を破ることがあると御杖はみている。

宣長には『古今集遠鏡』という、『古今和歌集』を江戸時代の「はなしことば」にいわば翻訳した著作がある。宣長は和歌という「定型」＝決まったかたちの器に托された作者の「気持ち・心情」をあますところなく汲みとろうとして口語訳をつくっている。御杖の父、成章は和歌を素材として、文法研究を行なった。御杖はそうした成章のあらわしたテキストを繰返し読んで、自身の考えを深めていった。いずれも、和歌という、言語量が制限された「器」に、作り手がどのように「ことがら情報」「感情情報」を盛り込むかということを読み解くためにエネルギーを注いだ。『古事記伝』において宣長がどのように和歌を読み解こうとしているかについては先に述べたが、宣長も御杖も歌が何をどのように表現しようとしているかを追究していたことにおいては共通している。御杖は「直言」「倒語」という用語を使って、自身の「みかた」をはっきりしたかたちで自身の外にアウトプットした。用語を使ったアウトプットはわかりやすく、現代日本語母語話者にも（ある程度までは、と言うべきであろうが）御杖の「みかた」はわかる。宣長も一つ一つの和歌が何を表現しようとしているかはわかっていた。しかしそれを用語を使って整理することはしなかった、両者はごく近い「地点」に立っていたようにみえる。

ここで留意しておきたいのは、少なくとも江戸時代の国学者にとって、和歌とはそういうものであった。「そういうもの」はいかにもぼかした表現であるが、国学者それぞれ、和歌にどのようにむきあい、とりくんでいたか、は具体的にみると異なっている。しかし、大げさな言い方をすれば、和歌をつくらない国学者はいなかっただろう。和歌を通して、国学者はいろいろなことを考え、いろいろなことに気づいた。和歌はそれぞれの国学者の研究素材であると同時に、自身も歌を詠んで、双方向的に歌に向き合っていた。現代日本語母語話者で、歌をつくっている人はもちろん少なからずいるであろうが、しかし作っていない人のほうが多いことは言うまでもないだろう。そうした「人の世」に生きているとしらずしらず、歌に目が向けられなくなる。[8]「江戸の知」を追うおもしろさは、いろいろとあるが、それを追うことによって「現代の知」をとらえなおすきっかけになることがもっとも興味深いことではないだろうか。

御杖の倒語

御杖の「倒語」という用語は、『日本書紀』巻第三の「初天皇草創天基之日也、大伴氏之遠祖道臣命帥大来目部奉承密策、能以諷歌倒語掃蕩妖気。倒語之用始起乎茲」（＝初めて、天皇、天基を草創めたまひし日に、大伴氏が遠祖道臣命、大来目部を帥い、密策を奉承り、能く諷歌、倒語を以て妖気を掃蕩へり。倒語の用いらるるは、始めて茲に起れり）に由来している。御杖は『歌道挙要』というテキストにおいて、右の神武紀のくだりを引いて、「倒語」について次のように述べている。

倒語といふ事、倒とはたとはば、ゆくをゆかずといひ、見るを見ずとはいふ是也。されどこれは事のうへ也。情のうへにも倒あり。思ふ所をいはずして、思はぬ所に詞をつくる、是也。これをおしこめて倒語と心うべし。（略）古人其思ふ情をば直にいはずして、思はぬ花鳥風月のうへに詞をつけられたる物也。されば詞のうへはただ花鳥風月にして其情をよせたるものとは更にみえざるが故に、後世の題詠のごとくよめる物ぞとは心え、古今集四季等の部立にてつひに題詠さかりになりよせたる情ありともしらず、ただ其おもはざる花鳥風月をばかへりて主のごとく心うる事となりはてにたり。（富士谷御杖全集第四巻七六六〜七六七頁）（句読点、濁点を補った）

「事」＝「ことがら情報」でいうならば、「ユク」を「ユカズ」、「ミル」を「ミズ」というのが倒語であるが、「情」＝「感情情報」においても「倒語」はあると御杖はいう。それは「思ふ所」を言語化するのではなく「思はぬ所」を言語化するということで、「事」における倒語、「情」における倒語を総合して倒語ととらえるのだと言う。そして御杖はその倒語にさらに二つがあるという。

一は比喩なり。比喩はたとへば、花の散をもて無常を思はせ、松のときはなるをいひて人のことぶきをさとせる、これ也。二には比喩にはあらずして外へそらすこれ也。たとはば妹をみまほしといふは妹が家をみまほしとよみ、人の贈りものを謝するに其物の無類なるよしをよむ類也。

一つは「花の散」ることで「無常を思はせ」たり、松の常葉なることで「人のことぶき」をさとす「比喩」で、もう一つは「外へそらす」だという。例えば恋人に会いたいと言わずに、恋人の家を見たいといい、人から贈り物をされたことを感謝するにあたって、贈り物がすばらしいことを言う。「比喩」も「外へそらす」もいずれも「直言」しないという点において重なる。

哲学者の中村雄二郎（一九七二）は右の二つを「最近ヨーロッパの言語学で重要視されるようになった「隠喩」（メタファ）と「換喩」（メトニミー）にほかならないと言っていいのではなかろうか。（略）この「倒語」のような理論があったことは、和歌（広くは和文）において、日本語が、感情や情念の間接的表現に関して、高度の発達をとげてきたことを示している」（一八三〜一八四頁）と述べている。坂部恵（一九七六）も、「ここにいう「比喩」が今日の言語学でいう〈隠喩〉に、「外へそらす」ことが〈換喩〉にあたる」（二三一頁）と述べている。

現代の言語学が認めていることと重なるから、御杖の言説が評価できるというのは、現代の価値観を「スケール」として過去の言説にあてているだけのことになる。そうではなくて、言語化されているテキストに沈潜し、精読することによって得られる「気づき」はいつの時代であっても共通することがある、と考えたい。「古いからいい」「古いのにいい」「古いからだめ」いずれも違うだろう。

御杖は「感情」を言語化するということについて深く考えた。そうした過程で『古事記』は「直言」ではなく「倒語」で言語化されているのではないかという「みかた」を得、かつての和歌もそうであったと考えるにいたった。「感情」を直接言語化すると「時宜」を破ることがある。そうした事態を避けるためには、「感情」を直接言語化しないで、「倒語」を使う。そのことによって、自身の鬱情をそらすことができる。「言霊倒語説」というと、いかにも奇矯な説のように受けとられやすいけれども、決してそうではない。鬱情がさまざまなところに浸みだしてきているように感じられる現代においてこそ、「倒語」的な発想が必要になってきているように思われてならない。本書のサブタイトルには「近代日本の始まり」ということばが含まれている。それは「江戸の知」に近代日本の知のいぶきがはっきりと感じられるということであるが、それは（場合によっては）現代の知へのつながりが感じられるということでもある。

本章では国学者として具体的には、本居宣長と富士谷御杖を採りあげた。それぞれについて、採りあげることができたテキストは限られ、採りあげることができた言説も限られている。その点においては「断章取義」と言わざるをえない。しかしまた、江戸時代の終焉から四〇〇年ちかく経過した現代において江戸時代の「知」を追うことの複雑さ、おもしろさは、ある程度描けたのではないか。宣長の『古事記伝』がどのようなテキストであるかは『古事記伝』を読み解いてつかむしかない。『古事記伝』は八世紀に成った『古事記』についてのテキストであるので、『古事記』を離れて『古事記伝』を読み解くことはできない。神野志隆光（二〇一〇）は「はじめに」において「『古事記伝』が『古事記』として読まれていないのです。評論家であれ、研究者であれ、おなじなのですが、それは、『古事記』をきちんと読むことをしない（というより、読むことができない）ことに由来します。宣長とおなじように『古事記』と向き合うことなしにどうして『古事記伝』を読むことができるでしょうか」（二頁）と述べている。しかしまたそれが、ほとんどの現代日本語母語話者にとって難しいことになっていることも事実であろう。

本章においては、宣長以後、特に二十世紀以降に成った、宣長を採りあげたテキストの言説についても折々触れることにつとめた。そのために、ここでの言説は複雑になり、重層的になったと思われる。しかしそれは、江戸時代に離陸した宣長という飛行機が滑走路を離れて、どこに着地したか、どういう飛行場に迎えられたか、ということを観察することによって、飛行機についての理解を確かめ、深めようとする「方法」でもあるはずで、そうした「補助線」によって、「読むことができない」テキストにアプローチすることはあってよいと考える。[9]

宣長も御杖も、「日本の始原」をテキストを通して探ろうとした。その意味合いで二人とも「文献学」的なアプローチをしていたといってよい。そしてまた二人はそうした追究の中で、それぞれの具体的な日々を送っていた。そうした意味合いにおいて「具体的な生」がしっかりと意識されていたと考えるのが自然であろう。「具体的な生」「具体的な日常生活」は江戸時代を考えるにあたってのキーワードの一つであろう。具体的な生を大事にする「心性」は「めめしさ」を大事にする「心性」で、現代においてもその「心性」は大事にされてよいと考える。

註

（1）ある言説が提示されていて、その言説に至る「道筋」と「根拠」とが示されていれば、「根拠」が妥当なものであるかどうか、その「根拠」から（結論としての）「言説」に至る「道筋＝プロセス」が妥当なものであるかどうかという検証ができる。「根拠」や「道筋」が明示的に言説内に提示されていない場合は、検証者がそれを推測しなければならなくなり、検証そのものの「道筋」も不明瞭になりやすい。稿者はしかしだからといって、あらゆる言説が「根拠」「道筋」を明示していなければいけないということを主張しようとしているのではない。宮川康子（二〇〇一）は「言語の説明による事物の理解が、認識の常道のように思われているが、これは、事物のはっきりした義の伝達と理解という言語の実用的な働きが、私達の実生活を、広く領しているからである」という小林秀雄『本居宣長』の言説を採りあげ、宣長が「そうではない言葉」すなわち、例えば『古事記』というテキストの内奥に響いている「内なる言語」に迫り、それを聞いていたととらえている。その宮川康子（二〇〇一）の言説もどちらかといえば「内なる言語」でかたちづくられているといえようが、首肯できるとらえかたといってよい。ただし、こうした「よみ」に対しての批判はある。子安宣邦（一九九五）は小林秀雄を「ヴィルトゥオーソ（virtuoso）」（＝達人）と呼んだ上で、小林秀雄の『本居宣長』について「この書は結論に向かって著書の論理の展開を追うような書ではありません。また著者の問題提起にしたがって、その問題の解明の筋道をたどるような書でもありません」（二三五頁）、（読者は）「飽くことのない小林による宣長の徹底した読みにつき合わされるのです。しかもその読みたるや、宣長の内側に入ってする読みです。テキストの外側に立ってする読みではありません。自分は内から読んだというとき、そこには、己れがただ外部から観察する眼ではない、内部から読みうる眼の所有者であることの自負が隠されております。テキストの内部から読みうる眼というのは、紙面の行と行との間に、あるいは書かれた文字の背後に、著者の心の向かうところを、あるいは意思のおもむくところを、そしてめぐらされた思惟の迹を読みうる眼ということです」（二三七〜二三八頁）、「小林は古代日本人の言葉の発生の現場に立つことによって、日本民族という内部の成立を確認するのです。宣長を〈内から読む〉ことを主張する小林が、『本居宣長』でやりとげたことはそのことです。〈内から〉読みうることの特権性を自負する近代の文学者小林の、その

〈内からの読み〉の究極するところがそれです」(二四三頁)と述べている。小林秀雄が『本居宣長』をあらわすにあたって、使った「方法」は「方法」であるので、それに対しての賛否はあってよい。ただ、「紙面の行と行との間に、あるいは書かれた文字の背後に、著者の心の向かうところを、あるいは意思のおもむくところを、そしてめぐらされた思惟の迹を」探るということは、文学研究でごく一般的に行なわれることではないか。文学作品をよむということはそういうことではないか。子安宣邦(一九九五)は文学研究一般が採る「方法」についても疑問を呈しているのだろうか。また小林秀雄がやったことは、本居宣長が採った「方法」によって本居宣長にアプローチしようとしたことであって、(小林秀雄がそういう感覚をもった可能性はあるにしても)「古代日本人の言葉の発生の現場に立つことによって、日本民族という内部の成立を確認」することではないはずで、「特権性を自負する」というとらえかた、表現と相まって、「加上」にみえなくもない。

(2) 熊野純彦『本居宣長』(作品社)は「外篇」と「内篇」とに分けて構成されている。「はしがき」には、前者は「明治改元によってこの国の近代が開かれたそののち、宣長のうえに流れてきた時間を測りなおそうとするこころみ」で、後者は、そうした時間の「蓄積をふまえ」ながら「その堆積をかき分けて」「今日の時代のただなかで、宣長の全体像をあらためて捉えかえす」「くわだて」であると記されている。

(3) 小林秀雄(一九七七)は「文字の出現以前、何時からとも知れぬ昔から、人間の心の歴史は、ただ言伝えだけで、支障なくつづけられていたのは何故か。言葉と言えば、話し言葉があれば足りたからだ。意味内容で、はち切れんばかりになっている、己れの肉声の充実感が、世人めいめいの心の生活を貫いていれば、人々と共にする生活の秩序保持の肝腎に、事を欠かぬ、事を欠く道理がなかったからだ」(五六五頁)と述べている。「はち切れんばかりになっている」「肉声」は「内なる言語」のもつ力を的確に表現していると思われる。結局、言語によって「見えない所」に迫るしかない。小林秀雄(一九七七)は「意味内容で、はち切れんばかりになっている」と表現しているので、これは「意味内容」の充実のようなことの謂いととらえるのが自然であろうが、さまざまな声が響き合っているというように表現すれば「ポリフォニー的なはなしことば」ということになる。ミハエル・バフチンはドストエフスキーについて「ポリフォニー」というとらえかたをしている。宮川康子（二〇〇一）は小林秀雄が『本居宣長』に先だってドストエフスキーに取り組んでいたことに注目し、それが「小林による〈内なる言語〉の再生がもつ意味をさらにきわだたせてくれる」（四十七頁下段）と述べている。

（4）安永六年から八年、宣長が四十八歳から五十歳にかけての頃、弟子の質問とそれに対する宣長の答えを記録した草稿があり、宣長の没後三十年余を経た天保六年に『答問録』として刊行されている。そこに収められている、全集では十三という番号が附されている宣長の言説中に「上古の世は悪神あらびずして、人心もよかりし故に、国治まりやすく、万の事善神の道のままに有し也、後世は悪神あらびて、上古のままにては治まりがたく成ぬる也、かくの如く時有て悪神あらび候へば、善神の御力もかなはぬ事あるは、神代に其証明らか也、然れば人の力にはいよいよかなはぬわざなれば、せんかたなく、其時のよろしきに従ひ候べき物也」というくだりがある。悪神が「あらび」ると「善神の御力もかなはぬ事」（全集第一巻五二八頁）があるが、それは（善神でも治めることができないのだから）「人の力」では治めることができない。それは「せんかた」ない、つまりどうすることもできない、と述べている。相良亨（一九七八）は宣長が「せむかたなし」と述べていることに注目して、「「せむかたなく」」は宣長の思想を理解するための重要な一つの鍵であるように思われる。「せむかたなく」という言葉を用いる用いないにかかわらず、この「せむかたなく」という心のうごきは終生宣長の心の底辺に流れ、様々な形をとってこれが現われていたように思われてならない」（二〇九〜二一〇頁）と述べ、他の箇所においてはそれを「精神の緊張」（二四一頁）と表現している。

（5）『本居宣長事典』（二〇〇一年、東京堂出版）の見出し「漢意　からごころ」（二〇七頁）は「わが国の古道を明らかにするには、漢意を除くべしとは宣長の繰り返し説いたところである。漢意批判は、若き日の歌論書『排蘆小船』でも、「理非議論」「唐風議論ノカタギ」の言い方でなされている。また、「物のあはれ」

が儒教的な規範主義による歌物語の価値評価をしつこく退けたのは周知の通り」と述べている。「わが国の古道を明らかにするには、漢意を除くべしと」「繰り返し説いた」ことは事実として認めることができるだろうが、そのように「繰り返し説」くと「漢意批判」をしたことになるかどうか。この「批判」が単に〈批評し判定する〉という意味合いで使われているのであれば異を唱える必要はないが、〈まちがっていて、よくないと論じること〉（『三省堂国語事典』第八版における見出し「ひはん」の語釈）という意味合いで使われているのであれば、はたしてそうとらえていいかどうか。そもそも「漢意」を排斥する、「漢意」を批判するということをどういうこととしてとらえればいいのだろうか。「漢意」を仮に〈中国的なとらえかた〉とみた場合に、あることがら、あるテキストの解釈において、〈中国的なとらえかた〉をすることがふさわしくないという主張は成り立つであろう。宣長の主張していることはそういうことではないだろうか。しかし、「あることがら、あるテキストの解釈において」という「具体」あるいは「条件」を離れて〈中国的なとらえかた〉そのものを排斥、批判するということは奇妙なことといわざるをえない。中国で成立したテキストが〈中国的なとらえかた〉＝漢意に基づいて成立していることはいうまでもなく、〈中国的なとらえかた〉＝漢意そのものを批判するのであれば、中国で成立したテキストはすべて受け入れられないということになる。そういうことを宣長が主張しているとはおよそ考えにくい。

『本居宣長』下（一九九二年、新潮文庫）には「『本居宣長』をめぐって」と題された、江藤淳と小林秀雄との対談が附録されている。その中で、小林秀雄は「宣長の説いている漢ごころというものは、学問をしたとかしないとかということと関係ないものなんです。文字も知らぬ人にも漢ごころはあるし、漢ごころなど少しも持っていないと主張する人にも、これはあると言う。漢ごころの根は深い。何にでも分別が先きに立つ。理屈が通れば、それで片をつける。それで安心して、具体的な物を、くりかえし見なくなる。そういう心の傾向は、非常に深く隠れているという事が、宣長は言いたいのです。そこを突破しないと、本当の学問の道は開けて来ない。それがあの人の確信だったのです。その自己証明が『古事記伝』という仕事になった」（三九四頁）と述べ、江藤淳は「今度の御本（引用者補：小林秀雄『本居宣長』のこと）を拝見して、初めて得心がいったのは、いまおっしゃった点ですね。つまり、証拠主義でもなければ、排外主義でもない。漢ごころを斥けるというのは何も反中国ということでも何でもなくて、文字を操るようになった人間の中に宿命的に生じる認識のねじれといいますか、そういうことでしょうね」（同前）と述べている。

（6）　小林秀雄（一九七七）は「宣長が、「古言のふり」とか「古言の調《シラベ》」とか呼んだところは、観察され、実証された資料を、凡て寄せ集めてみたところで、その姿が現するといふものではあるまい」（三六〇頁）、「「古言」は発見されたかも知れないが、「古言のふり」は、むしろ発明されたと言つた方がよい。発明されて、宣長の心中に生きたであらうし、その際、彼が味つたのは、言はば、「古言」に証せられる、とでも言つていい喜びだつたであらう」（三六一頁）と述べている。「フリ」には〈すがた・ふるまい〉という語義があるので、「古言のふり」は〈古言のすがた〉ぐらいの意味合いで、語義にとどまらない「語性」といってもよいかもしれない。右の「古言」は「古言の語義」ぐらいに理解すればよいだろう。古語をあれこれと探って、古語の語義をつきとめていく。それはテキストを精読していく過程そのものといってよい。しかし、語は集まって文を成し、文は集まって文章を成し、文章が集まって『古事記』という一つのテキストをかたちづくっている。『古事記』をよむ、ということの入口は「語をよむ」すなわち古語の語義を理解するということであろうが、それがどのような表現として文と成り、文章と成り、テキストと成っているかを、表現としてつかむことがテキストをよむ、ということのはずで、古代の「心」がどのように言語によって表現、表出されているかをつかむことを右では「古言のふり」の「発明」と呼んでいると覚しい。小林秀雄（一九七七）は笹月清美（一九四四）にふれながら、宣長においては、「文の「調」とか「勢」とか「さま」とか呼ばれる全体的なものの直知があり、そこから部分的なものへの働きが現れる。「調」は完全な形で感じられてゐるのだから」「理由ははつきり説明出来ぬし、説明する必要もない」（三六一頁）と述べる。こうした小林秀雄（一九七七）の言説そのものを証明することはできない。しかし、首肯できるみかたであろう。この直覚的なとらえかたは、真淵に通じるのではないだろうか。註が長くなるが、蓮田善明（一九四三）は、宣長が『玉勝間』二の巻において、真淵の『冠辞考』について、「はじめ一わたり見しには、さらに思ひもかけぬ事のみにして、あまりことゝほく、あやしきやうにおぼえて、さらに信ずる心はあらざりしかど、猶あるやうあるべしと思ひて、立かへり今一たび見れば、まれまれには、げにさもやとおぼゆるふしぶしもいできければ、又立かへり見るに、いよいよげにとおぼゆることおほくなりて、見るたびに信ずる心の出来つゝ、つひにいにしへぶりのこゝろことばの、まことに然る事をさとりぬ、かくて後に思ひくらぶれば、かの契沖が万葉の説《トキゴト》は、なほいまだしきことのみぞ多かりける」（全集第一巻八十五頁）と述べていることについて、「『冠辞考』がその文字の彼方に深く湛へてゐる「古へぶりのこゝろことばのまことに然る」ものが、それを慕つてやまぬ此の学者の志に迎へられて、悠遠なところから、おほらかな足どりを以て近づいてくる様を語つてゐるといはなければならない。一度決然とさとつた後、さらに又一度おほらかにそれは高いはるかなところからやつてくるのである」「かうした体験を経て宣長の古道の学びは、まことに高きものに至つた」（二十六頁）と述べている。熊野純彦（二〇一八：一六七頁）は右の蓮田善明（一九四三）の言説にふれながら、子安宣邦（二〇〇五）が「宣長と真淵との出会いは、求め合ったもの同士の宿命の出会いといったものからは遠い、異質なものの偶然の出会いといった性格」（四十頁）と一度は述べながら、子安宣邦（二〇〇六）においては「この真淵と宣長との邂逅をめぐって私のいいたいことはこうだ。宣長の古学は真淵との違和する邂逅を通して生まれたものだということである。いいかえれば宣長の古学とは、真淵から彼なりに継承した何かであり、同時に継承しなかった何かである。違和する師弟の邂逅とは、決して両者間における同一性の反覆を生み出す出会いではない」（七十八頁）と述べていることを指摘している。このことは、一年の間に、あることがらについての「みかた」が変わることはある、ということを示している点においても興味深い。稿者は、宣長が、いったんは「契沖といひし人の説をしり、そのよにすぐれたるほどをもしり」と述べている契沖について「後に（引用者補：真淵に）思ひくらぶれば」「なほいまだしき」と感じたのは、契沖のメタ言語と真淵のメタ言語との違いに由来するのではないかと推測する。寛永十七（一六四〇）年生まれの契沖と、元禄十（一六九七）年生まれの真淵とは五十七歳の年齢差があり、三十年を一世代とするならば、およそ二世代ほどの隔たりがある。契沖の頃の「かきことば」が「気持ち・感情」にふみこむだけの「器」となっていなかった可能性はないだろうか。

（7）宣長は『排蘆小船』において、「縉紳先生」すなわち儒学者流の先生に、歌は「何トナク言《コトハ》モ女童ノヤウニテ、心モハカナクアダアダシキモノ也、大丈夫ノワザニアラズ、コトニ恋ノ部ヲタテテ、ソノ歌甚多フシテ、イト淫靡ナルモノ也」（＝何となくことばも女童のようで、歌われている心もはかないもので、大丈夫がすることではない。ことに歌集に恋の部をたてているが、恋の歌は多くて淫靡である）とまず述べさせ、それに対して「人間ノ思情ノウチ、色欲ヨリ切ナルハナシ、故ニ古来恋ノ歌尤多シ、ソノウチ非道姪乱ノ歌モアルベシ、コレ歌ノ罪ニアラズ、作者ノ罪也」「恋ト云モノモ、モトハ欲ヨリイヅレドモ、フカク情ニワタルモノ也」（全集第二巻二十六頁・二十七頁）と述べている。蓮田善明（一九四三）は、宣長は「真に感動のいきを保持するものこそ、神に感通し、従って又神の御心に通うたいのちを受け伝へ得る」（二二四頁）と考えていたととらえる。蓮田善明（一九四三）は、しかし、「「あはれ」を純《もつぱら》に保持する時、それは、儒仏のやうに善悪是非の論で定める（表面だけではあるが）雄々しくきつとして、すくよかに悟り得た心慥かさとは違ひ、寧ろたはれて、あだで、みだりがはしく、ものはかなく、めめしく、まことに言ふ甲斐なき頽廃の有様をも呈することにもあり、また「あはれ」の深さ忍びがたさに至ると、随分不倫の所為にも及ぶことが起る。さういふ時、人は勧善懲悪的な教戒で之を堰きとめようと意図し、又その不倫を堰きとめる力も全くないではない。しかし考へなければならないのは、そのことによつて人生が本統に立派に生きるのではない。人生が立派なのは、深い感動に満ちてゐることである。神これに感じ給ひ、人また感動しあつてゐるといふ所が立派でなければならないのであつて、そこにこそ高い道が存するといふことが出来る」（二二五頁）と述べる。これは蓮田善明の言説であり、宣長の言説といってよいだろう。熊野純彦（二〇一八）は、百川敬仁（一九八七）が「「物のあはれ」の倫理的性格をはっきりと指摘したのは、私の知る限りでは蓮田善明氏の『本居宣長』（一九四三年、新潮社）」（一二〇頁）であると述べ、それに小林秀雄（一九七七）を「付け加えてよい」（同前）と述べていることを指摘した上で、「蓮田の「あはれ」論解読は、「もののあはれ」と古事記伝の古道とをつないで、本居における中古主義と上古主義とのあいだを、なだらかに架橋するものであった」（一七三頁）という評価をしている。

（8） 田中康二（二〇一二）は「国学には歌学と古道学の二つの顔がある。そのことは当事者である国学者もはっきりと自覚していた。だが、重心の置き方は人それぞれであった。歌学専門の契沖法師もいれば、歌学者を毛嫌いした平田篤胤もいた。絶妙なバランスを保った賀茂真淵や本居宣長もいた。国学者当人だけでなく、国学は時代によってもその姿を変えた。太平の世には歌学が前面に迫り出し、危機の時代には古道学がクローズアップされた」（九頁）と述べている。

（9） 例えば日本教育先哲叢書第十一巻として出版されている河野省三（一九四四）は「やまと心が緊張してやまと魂となつたのである。日本人の雄々しい勇気は、君の御為、国家の為、親のため、国体のため、夫《をつと》や子のためと云ふやうな神々しい場合に、思ひきりのよい清々しい心、清廉潔白な至誠が動き出してくるのである」（八十七〜八十八頁）と述べている。

参考文献

熊野純彦　二〇一八『本居宣長』（作品社）

河野省三　一九四四『本居宣長』（文教書院）

神野志隆光　二〇一〇『本居宣長『古事記伝』を読むⅠ』（講談社選書メチエ）

　二〇一二『本居宣長『古事記伝』を読むⅢ』（講談社選書メチエ）

小林秀雄　一九七七『本居宣長』（新潮社）

子安宣邦　一九九五『「宣長問題」とは何か』（青土社）
二〇〇五『本居宣長とは誰か』（平凡社新書）
二〇〇六『宣長学講義』（岩波書店）
西郷信綱　一九四八『國學の批判　封建イデオローグの世界』（青山書院）
坂部恵　一九七六『仮面の解釈学』（東京大学出版会）
相良亨　一九七八『本居宣長』（東京大学出版会）
笹月清美　一九四四『本居宣長の研究』（岩波書店）
田中康二　二〇一二『国学史再考―のぞきからくり本居宣長―』（新典社選書）
中村雄二郎　一九七二『制度と情念と』（中央公論社）
蓮田善明　一九四三　日本思想家選集『本居宣長』（新潮社）
三宅清　一九四二『富士谷御杖』（三省堂）
宮川康子　二〇〇一「内なる言語」の再生―小林秀雄『本居宣長』をめぐって―（『思想』第九三二号所収）
百川敬仁　一九八七『内なる宣長』（東京大学出版会）
吉川幸次郎　一九七七『本居宣長』（筑摩書房）

終章　江戸の知の広がり

本書はここまで「古典中国からの離脱」という観点から「江戸の知」について述べてきた。序章で述べたように、「江戸の知」には広がりがある。当然のことながら、分野を絞って述べるしかない。終章では、ここまでに採りあげることができなかった分野やテキストなどについて簡略に補っておきたい。

蘭学と漢字世界

江戸時代には「古典的中国世界」から離れた学としてオランダからもたらされた西洋学である「蘭学」があった。

若狭国小浜藩の藩医の息として江戸藩邸で生まれた杉田玄白（一七三三〜一八一七）は前野良沢、中川淳庵らと、ドイツ人医師ヨハン・アダム・クルムスによる解剖書『*Anatomische Tabellen*』（一七二二年、ダンツィヒ）のオランダ人医師ヘラルト・ディクテンによるオランダ語訳書『*Ontleedkundige Tafelen*』（一七三四年、アムステルダム）（「ターヘル・アナトミア」と呼ばれることが多い）の翻訳を試みた。翻訳は明和八（一七七一）年から安永三（一七七四）年にかけて行なわれ、安永三年に五巻仕立てで刊行され、奥医師の桂川甫周の父、桂川甫三によって将軍に献上された。翻訳というと、現代日本語母語話者は日本語に翻訳してあると思うであろうが『解体新書』は漢文で記されている。つまり杉田玄白らはオランダ語を古典中国語のかきことばに翻訳したということになる。

長崎平戸のオランダ商館長（カピタン）は、寛永十（一六三三）年から、毎年一回、江戸に行き、将軍に拝礼し、献上物を呈上していた。このカピタンの江戸参府は嘉永三（一八五〇）年までに一六六回行なわれている。『蘭学事始』には「彼国持渡《もちわたり》の物を奇珍とし、すべて其舶来の珍器の類を好み、少しく好事ときこへし人は、多くも少くも取聚《とりあつめ》て常に愛せざるはなし」と記され、「彼船より」「テルモメートル　寒暖験器」「ドンクルカームル　暗室写真鏡」「トーフルランターレン　現妖鏡」「ゾンガラス　観日鏡」などの器物がもたらされていたことがわかる。「テルモメートル」は「thermometer」、「ドンクルカームル」は「doncker camer」、「トーフルランターレン」は「duivels lantaarn」（＝悪魔のランタン）、「ゾンガラス」は「zonneglas」（＝太陽鏡）にあたると思われるが、こうした器物が珍器としてでまわっていた。カピタン一行の江戸参府の往復の時に、一行の宿泊所をさまざまな人が質問などのために訪れている。これも「江戸の知」の形成といってよい[1]。

『解体新書』五巻の中、一巻は序と図とで構成されている。その図を描いたのが秋田藩士で画家の小田野直武（一七五〇～一七八〇）であった。小田野直武は平賀源内から洋画を学び、秋田蘭画と呼ばれる一派をつくった。

『解体新書』巻之一、八丁表に「世奴《セイニー》［此翻／神経］其色白而強其原自脳與脊出也。蓋主視聴言動且知痛痒寒熱。使諸不能動者能自在者以有此経故也」（世奴《セイニー》［此に神経と翻す］其の色白くして強く、其の原、脳と脊とより出づ。蓋し視聴言動を主どり、且つ痛痒寒熱を知る。諸々動くあたわざる者をして能く自在ならしむる者は此の経あるを以ての故なり）とあり、オランダ語「Zenuw（ゼニュウ）」を「神経」と翻訳したことが記されている。

『蘭学事始』には次のように記されている。『蘭学事始』のテキストとしては早稲田大学古典籍総合データベースに公開されている画像を使わせていただいた。この早稲田大学蔵本は表紙に「明治二年初夏

杉田廉卿所贈　箕作秋坪蔵」「秋坪先生所賜文彦」と記されていて、明治二年に杉田廉卿《すぎたれんけい》（一八四五～一八七〇）から箕作秋坪《みつくりしゅうへい》（一八二六～一八八六）に贈られ、秋坪から大槻文彦が譲り受けた本であることがわかる。(2)

（「阿蘭陀の外科」の）「諸家の伝書といふ者共を見るに、皆、膏薬油薬の法のみにて委しき事なし。斯の如き類にて備らざる事のみなれども、其業は漢土の外科には大に勝り、又本邦の古へより伝りたる外治には大に勝れりといふべき歟。其中に翁が見たる楢林家の金瘡の書と云ふものあり。其中に人身中に「セイメン」といへるものあり。これは生命にあづかる大切のものなりと記せり。今を以て見れば、是れ「セーニュー」にして神経と義訳せしものと思はる」（句読点、濁点を適宜補った）

「楢林家の金瘡の書」は楢林鎮山《ならばやしちんざん》（一六四八～一七一一）の『紅夷外科宗伝《こういげかそうでん》』のことを指す。(3)寛政七年に出版された『和蘭陀医事問答』（上下二巻）には、奥州、一の関の医師建部清庵と杉田玄白との書簡二通が収められている。巻之下十二丁表に収められている書簡において、杉田玄白は次のように述べており、「セイニー」の他に「セイニュウ」「セイヌン」とも呼ばれていたことがわかる。

右之書中「セイヌン」といふ経、七十四有り。経絡は幾千万といふ数不知と御座候所、漢名何と申物に相当り候哉と御尋被下候。全体和蘭人所説の経脈は直に見候事定候事故、漢人所立とは大きに違ひ十二経の十四経のと申事無之御座候。去年書入御覧候経図に新訳仕候通、動脈・血脈・筋・神経と四通より外無之御座候。右之内、神経と訳し申候其蘭語「セイニュウ」と申候。御家蔵之書「セイヌン」と御座候者、此「セイニュウ」と奉存候。

「セイニー」「セイニュウ」「セイヌン」は、オランダ語「Zenuw」の発音（にちかい発音）を片仮名によって文字化しようとした例にあたり、「世奴《セイニー》」は、「Zenuw」の発音（にちかい発音）を漢字によって文字化し、かつそれを（片仮名の）振仮名ではっきり示した例にあたる。これらは表音文字による「音訳」ということになる。一方、「神経」の発音は「シンケイ」でオランダ語「Zenuw（ゼニュウ）」と発音がちかいわけではない。「神経」は「神気の経脈」を圧縮したものと考えられており、表意文字による「意訳」ということになる。

東京開成学校と東京医学校をもとにして、法学部、理学部、文学部、医学部の四学部と予備門から成る、東京大学が明治十（一八七七）年四月十二日に設置された。この時に授業科目の一つとして「神経学」が開講されている。オランダ語「Zenuw」が「神経」と意訳され、その語形が定着すれば、その語をもとに新たな複合語をつくることができる。

日本語の歴史の中で変わらず続いたことの一つに「漢字の使用」がある。漢字は日本語を文字化する文字として使われ始め、九世紀末に日本語を文字化する表音文字として仮名がうみだされてからもずっと使われていった。日本語の語彙体系内に、漢語を借用し、その漢語を、漢字を単位として理解するという「経験」が奈良時代以降ずっと継続していたとみることができるが、オランダ語や英語などの翻訳にあたっても、漢字を使った翻訳が行なわれた。それは外国語を日本語内の「漢字世界」の枠組み内で理解しようとするということともいえよう。本書が述べてきたように、江戸時代になって古典的中国世界からの離脱が始まった。その一方で、強固なかきことばとしての漢文をめぐる「漢字世界」「漢文脈[4]」の中に外国語をとりこむことで、外国語、外国文化を咀嚼したところに「日本」の特徴があらわれているといってもよいだろう。

杉田玄白は『蘭東事始』下之巻において次のように述べている。『蘭学事始』（二〇〇〇年、講談社学術文庫）によって引用するが、使用する漢字字体、濁点使用、送り仮名などに関して稿者が調整し、振仮名はおおむね省いた。

　翁が初一念には、此学今時のごとく盛んになり、斯く開くべしとは曽《かつ》て思ひ寄らざりしなり。是我不才より先見の識《おぼえ》乏しき故なるべし。今に於いてこれを顧《かえりみおも》ふに、漢学は章を飾れる文故、其開け遅く、蘭学は実事《じつじ》を辞書に其のまま記せし者故、取り受けはやく、開け早かりし歟。又、実は漢学にて人の智見開けし後に出たる事故、かく速《すみやか》なりしか、知るべからず。（二二三〜二二四頁）

右には興味深いことが述べられている。まず、玄白は蘭学がこれほど盛んになるとは思っていなかったと述べる。その理由として玄白は、漢学は「章を飾れる文」であるために「開け」が遅い。しかし、蘭学は「実事」すなわち〈実際の事〉が辞書にそのまま記されているので、理解も早いし、「開け」も速い。そして、漢学によって「人の智」が「見開け」た後に蘭学が発展したのではないだろうか、と言う。

第二章において、「漢学名家録」を話題にした。「漢学」は漢文を読む学と言い換えてもいいだろう。つまりこの「名家録」でいうところの「漢学」は漢文学者ということではない。儒者も医者も、漢文で記されたテキストを読む。漢文とは古典中国語のかきことばであるので、やはりなかなか古典中国語から離脱することはできない。しかしまた、それは漢文をよむことができなければ、「江戸の知」にはかかわることができないということでもある。伊藤仁斎、本居宣長は医者であったし、「宣長没後の門人」を自称する平田篤胤（一七七六〜一八四三）、『自然真営道』や『統道真伝』をあらわした安藤昌益[5]（一七〇三～一七六二）、『贅語』『玄語《げんご》』をあらわした三浦梅園[6]（一七二三～一七八九）も医者であった。徂徠は訓読して漢文を理解することを批判した。しかしまた、江戸時代のあらゆる人が漢文を訓読できたわけではない。漢文を訓読せずに直読することも、訓読することもできなかった人は、「俚諺抄」「俚諺解」「国字解」といった語を書名に含むテキストによって日本語にやわらげられた四書五経を読むことができた。

さて、『蘭学事始』の次のくだりには本木栄之進、志築忠次郎、吉雄六次郎の名前がみえる。

> 昔、長崎にて西善三郎はマーリンの釈辞書を全部翻訳せんと企てしと聞しが、手初迄にて、事成らずときけり。明和安永の頃にや、本木栄之進といふ人、一二の天文暦説の訳書ありと也。其余は聞く処なし。此人の弟子に志築忠次郎といへる一訳士ありき。性多病にして早く其職を辞し、他へ遜《ゆず》り、本姓中野に復して退隠し、病を以て世人の交通を謝し、独《ひとり》学んで専ら蘭書に耽り、群籍に目をさらし、其中彼文科の書を講明したりとなり。文化の初年、吉雄六次郎、馬場千之助などいふもの、その門に入りて、彼属文並に文章法格等の要を伝へしとなり。此千之助は今は佐十郎（貞由）と改名し、先年臨時の御用にて江戸に召寄られしが数年在留し、当時御家人に召出され、永住の人となり、専ら蘭書和解《わけ》の御用をつとめ、此学を好めるもの、皆其読法を伝ふる事となれり。（講談社学術文庫一三四頁）

本木栄之進は本木良永（一七三五～一七九四）のことで、長崎の医師西松仙の次子としてうまれる。寛延元（一七四八）年には通詞であった本木良固の養子となり、翌年に稽古通詞、天明七（一七八七）年に小通詞、その翌年には大通詞となる。本木栄之進は『和蘭地図略説』『阿蘭陀地球図説』『平天儀用法』『天地二球用法』『太陽距離暦解』『日月圭和解』『阿蘭陀全世界地図書訳』『象限儀用法』『阿蘭陀海鏡書和解』『阿蘭陀永続暦和解』『和蘭候象器附解』など、天文・地理に関する訳書を多くあらわしている。

　寛政四（一七九二）年に出版した『太陽窮理了解説』には太陽中心説が述べられており、地動説を紹介した言説の嚆矢と考えられている。この『太陽窮理了解説』の内題は「星術本原太陽窮理了解新制天地二球用法記」となっている。英国王室の数理機器商であったジョージ・アダムスが、天球儀や地球儀を販売する時に添付していた「Treatise describing and explaining the construction and use of new celestial and terrestrial globes」（一七六六年）というタイトルの説明書をジャック・プロースが一七七〇年にオランダ語に翻訳したものを本木が翻訳した。

　志築忠次郎（志筑忠雄・中野柳圃　一七六〇～一八〇六）はこの本木栄之進の弟子ということになっている。ニュートン力学の概念を宋学の気の理論を援用して解釈した『暦象新書』は西洋の天文学、物理学研究の書として高い水準を示していると評価されている。『暦象新書』に収められている「混沌分判図《こんとんぶんぱんず》説《せつ》」は、志筑忠雄が自身の独創的な見解として、宋学の気の回転というアイディアをもとにして、ニュートン力学の遠心力・求心力という概念を応用して宇宙生成を説いたものと目されている。『暦象新書』はイギリス人ジョン・ケール（一六七一～一七二一）がニュートンの力学を解説した物理学書のオランダ語訳版に基づいて、志筑の見解も加えて抄訳したもので、上中下三編から成る。

　また、『求力法論』において、志筑はニュートン粒子論を訳述したが、その考え方は中天游、門人であった吉雄如淵（権之助）らに継承された。『火器発法伝』中の放物線理論は、弟子末次忠助を経て熊本の池部啓太の弾道学研究に受け継がれた。当時はロシアが南下政策をとっている時期で、そうした政情を背景にして、ケンペルの『日本誌』の第一章の抄訳を行ない『鎖国論』と名づけた。これが「鎖国」という語の初出と考えられている。

池部啓太（一七九七〜一八六八）は肥後藩士で、長崎に行って末次忠助について蘭学を学び、高島秋帆の父である四郎茂紀の門下生となって、荻野流、天山流の砲術を修得し、肥後藩の兵制改革に貢献した。わが国最初の空気抗力測定による射擲表をあらわしている。

前野良沢（一七二三〜一八〇三）は福岡藩江戸詰藩士、源新介の子として生まれたが、幼少時に両親を亡くし、母方の大叔父で淀藩の医者であった宮田全沢に養われ、寛延元（一七四八）年に、全沢の妻の実家で、中津藩の藩医であった前野家の養子となる。青木昆陽（一六九八〜一七六九）からオランダ語を学び、明和六（一七六九）年に藩主の参勤交代に同行して中津に下向した時に長崎に留学している。

青木昆陽はもともとは江戸日本橋の魚屋、佃屋半右衛門の息として生まれている。伊藤東涯の古義堂に入門して儒学を学び、江戸町奉行所与力であった加藤枝直の推挙によって南町奉行、大岡忠相にとりたてられ、幕府書物の閲覧を許されるようになる。吉宗の命によってオランダ語を学んでいる。

享保十七（一七三二）年の「享保の大飢饉」をきっかけとして、救荒食についての関心がたかまるが、青木昆陽は甘藷（サツマイモ）が救荒作物となることを八代将軍吉宗に献言し、それが認められて小石川薬園などで甘藷の試作を行なった。享保二十（一七三五）年には『蕃藷考』を刊行し、元文元（一七三六）年には薩摩芋御用掛を拝命して幕臣身分となっている。

前野良沢は安永三（一七七四）年に『蘭訳筌』を出版し、後天明五（一七八五）年にその増補改訂版である『和蘭訳筌』を出版している。「筌」は荻生徂徠の『訳文筌蹄』から採られていると推測されている。佐藤昌介（一九八〇）は、文化七（一八一〇）年に養嗣子伯元が上梓した『形影夜話』（巻上）の中で、杉田玄白が「瘍医の家に生れし身なれば、是業を以て一家を起すべしと勃然と志は立たれど、何を目当、何を力に事を謀るべき事を弁へず、徒に思慮を労するまでなりし。斯くて日月を過すうち、不図徂徠先生の鈴録外書といふものを見たり。其中に真の戦といふものは今の軍学者流の人に教る所の如くにはあらず、地に嶮易あり、兵に強弱あり、何れの時何れの所にても同じ様に備を立、予め勝敗を定めて論ずるものにてはなし。総て蘆原萱原にては弓の用はなさず、雨降には鉄炮は用立ず、殊に太平の世の如く何時にても硫黄焔硝鉛の類、市町に買得らるるものにはあらず。諸国乱るる時に当りては鉛は出て焔硝の出ぬ国もあり。焔硝硫黄は出ても鉛の出ざる国もあるものなり。其時は鉄炮ありても打事ならず。常に軍理を学び得て大将の量に従ひ、勝敗は時に臨て定るものなりと記し置給ひたり。是を読て初て発明する事あり。是実に然るべき事なるべし。我医も旧染を洗ひ、面目を改めざれば、大業は立べからずと悟れり。かくありて後、初て真の医理は遠西阿蘭《おらんだ》にあることを知りたり。夫、医術の本源は人身平素の形体内外の機会《ようす》を精細に知り究るを以て此道の大要となすと、かの国に立ればなり」（八丁裏～九丁裏）（早稲田大学古典籍総合データベースの画像をもとにして、句読点、濁点を補った引用した）と述べていることにふれ、「徂徠の「作為」の思想の中には、科学的認識と技術的実勢との関係についての、ふかい洞察がふくまれていた」「蘭学創始の思想的前提をなすのが、（引用者補：荻生徂徠の）『鈴録外書』を通じて玄白が学んだ、徂徠の「作為」の思想である、と考えるものである」（四十五頁）と述べている。「瘍医」は腫物や傷創などを治す、現在の外科医のこと。『鈴録《けんろく》』は徂徠があらわした兵学書。右において、玄白が「医術の本源」を「人身平素の形体内外の」状態を「精細に知り究る」ことにあると述べていることに注目したい。具体的な状態、状況に応じて「戦術（tactics）」を臨機応変に考えるということは、まさに「具体」からの発想といってよいが、それは「実学」においてはむしろ当然のことといえるだろう。[7]

大槻玄沢（一七五七～一八二七）は自身のあらわした『蘭訳梯航《らんやくていこう》』において「問曰　師等ソレヨリノ成リ行キハ如何ナリシニヤ」という問いに対して次のように答えている。句読点を補った。

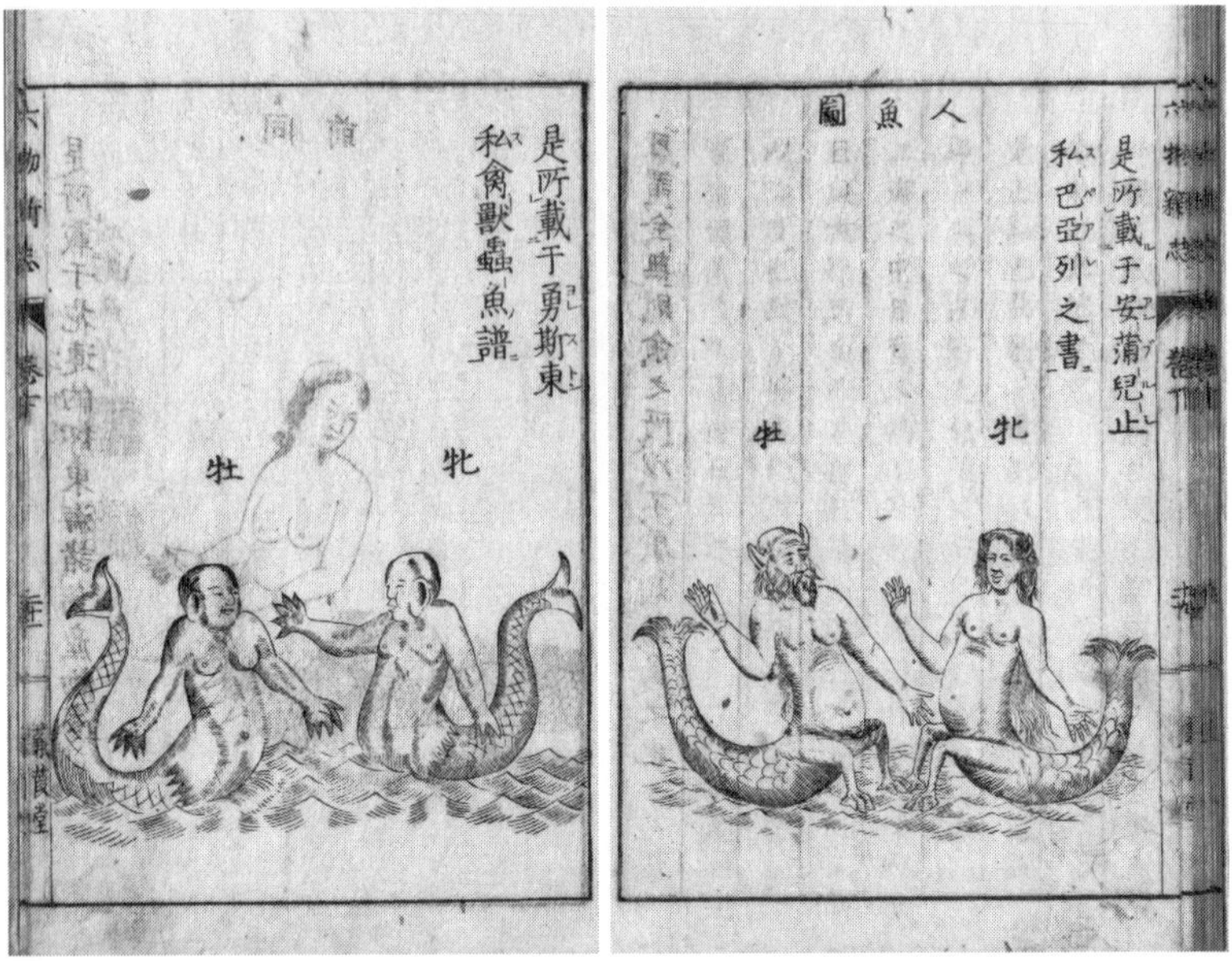

図31　人魚の図（大槻玄沢『六物新志』２巻より）［国立国会図書館デジタルコレクション https://dl.ndl.go.jp/pid/2555433］

翁等、其教ニ従ヒ勉強セシモ僅ニ数言ヲ記セシマデノ事ナレバ、其文法、章法、語脈、照応等ノ事ヲ学ブニモ及バズ、縦令、其疑フ所アリテモ、之ヲ質正スル人ヲモ得ズ、唯其一草一條中、僅ニ知ル所ノ諸言ヲ以テ右ノ教ニ従ヒテ訳セシナリ。但、後々ニハ毎語ニ訳字ヲ施シ、順逆廻環ノ訓点ヲ為セシニモ及バザレドモ、心ニハ逆読顚倒ノ意ヲナシテ推シテ大意ヲ得シ者ナリ。（略）漢土ノ書モ其国音ニテ直読セザレバ、其真ノ意味ハ解シガタク、逆読シテコレヲ解スルハ実ハ上スベリノ牽強ナリト語リシ人アリ。西文モ横行コソカハレドモ、皆従頭直下ナレバ、コレ亦其類ニモアランカ。我方語、固ヨリ逆トイフニモアラザルベケレドモ、異方ノ書ヲ読ムニハ必ズ逆読ナラザレバコレヲ解シガタシ。唯コレ、早クコレヲ暁ラシメントスルノ仮法ニシテ已ムコトヲ得ザルノ教ナリ。

「順逆廻環」「逆読顚倒」は荻生徂徠の『訳文筌蹄』巻一の冒頭に置かれた「題言十則」の第二則において使われている表現で、「語リシ人」は徂徠を指しているとみてよいだろう。すなわち、蘭学者は徂徠のテキストを学んでいた。玄沢は江戸に芝蘭堂を開き『蘭学階梯』をあらわした。玄沢は文化八（一八一一）年に幕府の天文方蛮書和解御用に出仕し、通詞の馬場《ばば》貞由《さだよし》（一七八七〜一八二二）と協力して主としてショメールの百科辞書を翻訳し『厚生新編』を刊行した。玄沢は天明六（一七八六）年に『六物新志』を出版している。「六物」とは「一角《ウニコウル》」「泊夫藍《サフラン》」「肉豆蔲《ニクズク》」「木乃伊《ミイラ》」「噎浦里哥《エブリコ》」「人魚」の六種類の薬物のことで、大槻玄沢は蘭書に基づいてこれらについて考証した。図31は「人魚」の図。「噎浦里哥《エブリコ》」はさるのこしかけ科のきのこ。

馬場貞由佐十郎は長崎の商家に生まれたが、馬場為八郎の養子となって和蘭陀通詞となる。語学の天才と呼ばれることもある人物で、中野柳圃にオランダ語を、オランダ商館長であったドゥーフにオランダ語とフランス語を、ブロムホフに英語を学び、松前においてゴロウニンからロシア語を学んでいる。文化五（一八〇八）年には幕府天文台の『万国全図』の補訂事業に召し出され、文化八年の天文方蛮書和解御用の開局とともに、外交文書の翻訳や異国船の応接にあたった。文化十年には松前に出張して、ロシア船の応接にあたったこともあり、江戸に戻ってから魯西亜辞書取調御用掛を命ぜられている。

文化四（一八〇七）年にロシア船がエトロフ島を襲撃した際に捕虜となりシベリアに拉致され、文化十年に日本に送還された中川五郎治（小針屋佐七）は、ロシアの牛痘種痘法に関する書物二冊を持ち帰った。五郎治はシベリア滞在中に牛痘種痘法を習得していたと考えられている。松前に幽囚されていたゴロウニン取り調べのために派遣された馬場貞由はこのうちの一冊を翻訳し、『遁花秘訣《とんかひけつ》』と名づけた。この『遁花秘訣』はジェンナーの牛痘種痘法紹介の嚆矢と目されている。『遁花秘訣』は出版されずに写本として伝えられたが、三河、吉田藩の町医の家に生まれた利光仙庵《としみつせんあん》によって『魯西亜牛痘全書』という書名に改題されて出版されている。利光仙庵は『引痘夜話』もあらわしている。『魯西亜牛痘全書』の「原序」には「抑《そもそも》、人間ニ患ル万病ノ中ニ於テ疫癘ヲ除クトキハ、痘瘡ノ外ニ多ク人ヲ悩マシ人ヲ殺ス病ハナシ。其人ヲ失亡スル反テ劇キ戦軍ヨリ甚シ。其故ハ戦場ノ人ヲ失亡スル唯其戦場ノミ。痘瘡ハ是ト異ニシテ、一国一州人民ノ居所偏ク此ニ至テ損害ヲ起ス」（句読点を適宜調整した）とあり、「痘瘡」を「戦軍」よりも「人ヲ悩マ」すものと位置づけている。

天然痘を予防するための牛痘種痘法は、多くの人の命を救うことができる「技術」といえるだろう。その「技術」は「医学」という学問分野における「技術」ということになる。先にあげた『魯西亜牛痘全書』の「原序」は「痘瘡」（天然痘）の恐ろしさを「戦軍」よりも甚だしいものとみている。牛痘種痘法の「技術」を日本にもたらし、それが行なわれることによって日本における天然痘の流行を防ぎたいという意志によって、翻訳が行なわれた。それを現代人は「思想」とは呼ばないし、「思想」とはみなさないであろう。しかし、天然痘に関しての「知」が蓄積されることによって初めて牛痘種痘法が有効であることがわかる。『遁花秘訣』はまぎれもなく「江戸の知」といってよい。そしてそれは、きわめて「具体的なかたちに結実した知」といえよう。

『蘭学事始』上巻には、「其頃平賀源内といふ浪人者あり。此男、業は本草家にて生得て理にさとく敏才にして、よく時の人気にかなひし生れなりき。何れの年なりしか、右にいふ「カランス」といへる加比丹参向の年なりしか、或る日彼客屋に人集り酒宴ありし時、源内も其坐に列りありしに、「カランス」戯に一つの袋を出し、此口試みに明け給ふべし、あけたる人に参らすべしといへり。其口は智恵の輪にしたるものなり。坐客次第に伝へさまざま工夫すれども誰も開き兼ねたり。遂に末坐の源内に至れり。源内これを手に取り暫く考へ居しが乍ち口を開き出せり」とあり、平賀源内（一七二八〜一七八〇）についても記されている。右では「本草家」とみなされているが、小野田直武に蘭画を教えたのは源内であったし、戯作者「風来山人」としても活躍している。宝暦十三（一七六三）年には源内が、師である田村藍水元雄（一七一八〜一七七六）とともに、一七五七年から五回にわたって開催した薬品会（物産会）の出品物から主要なもの三六〇種を選んで解説した『物類品隲』を刊行している。

実学としての知

「江戸の思想」をテーマとした本には、「具体的なかたちに結実した知」は採りあげられにくい。程度はいろいろであっても、なにほどかの抽象化を前提とした「思想」と「具体的なかたちに結実した知」とは同居しにくいということであろうか。「具体的なかたちに結実した知」は「実学としての知」と言い換えることができるだろう。そう考えると、宮崎安貞（一六二三〜一六九七）の『農業全書』などは代表的な「実学としての知」といえそうだ。

宮崎安貞は広島藩士、宮崎儀右衛門の次男として広島に生まれている。二十五歳の時に家を出て、筑前福岡藩の黒田氏に山林奉行として仕える。寛文元（一六六一）年、安貞が三十九歳の時に、福岡藩の儒者であった貝原益軒などと交流し、中国の農書や本草書の知識を得る。中国において、出版された最新の農書である『農政全書』（一六三九年刊）を参考にしながら、元禄十（一六九七）年に京都で『農業全書』を刊行する。『農業全書』には益軒が叙文と跋文を書いている。『農業全書』は体系的かつ全国的な農書として評価され、徳川吉宗も座右に置いたことが知られている。

宮崎安貞は江戸時代前期の農学者であるが、江戸時代後期の農学者としては大蔵永常（一七六八〜？）

が知られている。大蔵永常は豊後国日田郡隅町（現在の大分県日田市）の篤農家に生まれている。永常は諸国を歩き回って農業技術の研究につとめ、享和二（一八〇二）年には永常最初の著作で、九州地方の特産物である櫨の研究書である『農家益』前編（天地人三巻）を出版した。この書では、まず為政者に特産物生産の利を説明し、そうしたものの一つとして、九州各地で栽培されていた櫨栽培を採りあげ、櫨の栽培技術や実を原料とする蠟の製造法などについて述べている。特産物生産の普及に力点があるところが注目される。以下に『農家益』第一巻のあるくだりをあげる。もともとはほぼすべての漢字に振仮名が施されているが、振仮名は稿者が必要と判断したもの以外は省き、句読点を補った。

我筑紫にては無用の物、不毛の地をして有用熟田たらしむるの術《てだて》を施せば、自《おのづから》不朽に国富めり。其術《てだて》といへるは、石を焼て伊万里の陶器となし、土を焼けば丹土となり、山を掘ては明礬をとり、丘陵曠野塘堤《とうてぃ》をして大に櫨《はじ》を植て国用をなす。此利《り》大にしてはかるべからず。凡《およそ》元禄の頃より櫨蠟を絞りて、其益の偉《おほひ》なる事、畿内関東に似るものなしといへば、大和の男、呵々《かか》と大笑《だいしやう》していわく、されば其事にて候。近世、地頭より其櫨とやらんを種《うゆ》べしと命ぜられて、堤の縁《ゑり》に植たりしに、唯いたづらに木而已茂りて実といへるものを見ず。剰、秋は紅葉して色よければ果は行かふ人の手折てつとにし、牛馬にそこなはれて枯果ぬ。其上櫨の木の露は灰汁気多くてすべての穀物の為によろしからずといへり。按るに菓樹草木に土地相応不応有。寒国の柑類、雪国の竹、みな育たざる処なり。丹波栗、大和柿、近江梨、甲斐葡萄など、如斯し。筑紫の男の云、それは一隅を揚て三隅を取らざる僻論と云べし。それ京の水菜、大坂の天王寺蕪の美味は土地によつてなる処なれども、又米と麦との国を撰ばるに類して、櫨は其処をゑらまず生育する木なり。それ、櫨の木の益といへるは夜を以日に続ぐ、人界の大益にして菓樹の徒に口腹を養ふごとき無用の用たらず。

筑紫において国を富ませる「術」として、「伊万里の陶器」「丹土」「明礬」とともに、櫨を栽培して蠟を採ることを提唱している。また、『農家益』が「漢字片仮名交じり」ではなく、「漢字平仮名交じり」の表記体によって文字化されていることには特に注目しておきたい。つまりこのテキストは「漢文訓読文」の流れの中にはないということになる。永常は、文化元（一八〇四）年には『老農茶話』を、文化七年には『耕作便覧』、文化八年には『農家益後編』、文化九年には『除蝗録』を出版し、文化十四年には『農具便利論』三巻をあらわし、文政八年には『民家育草』を出版した。この年に永常は大坂から江戸に移住し、九年間ほど住んで、関東地方の見聞を広めている。文政九年から、『農稼肥培論』『製葛録』『油菜録』などをあらわし、天保四（一八三三）年には『綿圃要務』を出版した。

天保五年には渡辺崋山の推薦により三河国田原藩主三宅氏に召され物産方を務める。この年、『国産考』を脱稿し、天保十三年に出版している。この『国産考』を増補して『広益国産考』と改題したものが、おそらく永常の死後である安政六（一八五九）年に全八巻で出版される。

『蘭学事始』下巻の末尾ちかくに次のようなくだりがある。

一滴の油、これを広き池水の内に点ずれば散じて満池に及ぶとや。さあるが如く其初前野良沢、中川淳庵、翁と三人申合せ、仮初に思ひ付し事、五十年に近き年月を経て、此学海内に及び、其所彼所と四方に流布し、年毎に訳説の書も出るやうに聞けり。これは一犬実を吠れば、万犬虚を吠るの類にて、其中にはよきもあしきもあるべけれども、それは姑らく中に及《およば》ず。

杉田玄白は、前野良沢、中川淳庵と始めた蘭学が五十年ちかい年月の経過にともない、全国に広がり、翻訳書も年々出るようになったという感慨を述べている。しかし、そうした翻訳書の中には「よきもあしきもある」ことに言及しながらも、そのことはわざわざいうには及ばないだろうと述べる。

「一滴の油」が「満池に及ぶ」というたとえが、現代における「知のネットワーク」のたとえとしてふさわしいかどうか、そこは措くが、現代においては「情報」は瞬時に広がっていく。「江戸の知」は瞬時に広がることはなかった。人と人との結びつきを介して、あるいは人があらわしたテキストが出版されることによってゆっくりと、しかしたしかなつながりとして「知」が展開していったのが江戸時代といってよいだろう。テキストを写しながら、内容が吟味され、書簡によって意見交換を行なう。そうした「江戸の知」を追いかけるためには、やはり相応の時間と、場合によっては追いかけるためのスキルが必要になる。

本書は「古典中国からの離脱」という観点から「江戸の知」をとらえることを試みた。そのことについてはある程度描き出せたと思いたいが、その一方で、「古典中国語のかきことば」である「漢文」を読み、書くという「スキル」によって「中国の知」「西洋の知」を受け入れることが可能であったことについても述べた。漢文に習熟していたこと、それにともなって漢字に習熟していたことによって、蘭学を受け入れることができた。明治期の「リーダー」たちはいずれも漢学に習熟していた。「江戸の知」は近代日本に確実にうけつがれていった。そう考えると、「江戸の知」は「近代日本の始まり」でもあった。これまでは、明治になって西洋との接触によって近代日本が始まったというみかたが主流であった。もちろんそれは首肯できる。「脱亜入欧」は明治の「スローガン」として知られている。しかし中国を古典的中国世界ととらえると、そこからの離脱は江戸時代にすでに始まっていたのではないかというのが本書の主張であり問題提起だ。

抽象度がたかい「思想」は具体的な「スキル」とともには語りにくいだろう。しかし、「知」は「スキル」とともにあるといってもよい。過去につくられた文献＝テキストを読み解く「スキル」は今後とも重要な「スキル」であることは疑いない。手で書かれた漢字、手で書かれた仮名をよむ、という具体的な「スキル」は未来に継承されていってほしいと思う。

何かを考えるにあたって、そこに戻りたくなる本、どのように述べられていたかを確認しておきたくなる本がある。本書においてはそうした本も参考文献に含めてある。「古い」本があげられていると思われるかもしれないが、それにはそのような理由がある。石崎又造『近世日本に於ける支那俗語文学史』や吉川幸次郎『仁斎・徂徠・宣長』などはそうした本だ。そして確認したいことは「何が記されているか」ではなく「どのように記されているか」だ。碩学がそのことを述べるにあたって、どのような語を選び、どのような表現として言説をくみたてているか。何を述べようとして何を述べないようにしているか、そういうことをよく確認し、よみとることによって、碩学、先人のそのことがらについての「スコープ」がどのように絞られているかを確認し、それを導きの一つとして本書をまとめた。「江戸の知」はゆっくりとひろがり、しっかりと根をおろし、そこからまた次の時代へとつながっていった。本書がそうした「江戸の知」を追いかけるきっかけになってくれればと思う。

註

（1）『蘭学事始』上巻には、杉田玄白が前野良沢と「或る年の春、例の如く拝礼として蘭人江戸へ来りし時」に「蘭人の客屋に参り通詞に逢ふて和蘭の事を聞き、模様により蘭語抔も問尋ね」ようとして「客屋に行き」、「大通詞」として同道していた西善三郎に会った時のことが記されている。「蘭人の客屋」は江戸参府のカピタンの一行が定宿としていた阿蘭陀宿長崎屋のことで、代々の主人は長崎屋源右衛門を名乗った。片桐一男（二〇〇〇）は江戸の「長崎屋」の他に、京都に「海老屋」、大坂に「長崎屋」、下関では町年寄の伊藤家と佐甲《さこう》家が阿蘭陀宿をつとめたことを述べている。『蘭学事始』には、西善三郎が「コンストウヲールド」（Konstwoord = 術語）という「辞の書」をオランダ人から借りて「三通りまで写」したことが記されている。この「辞の書」は具体的には特定されていない。西善三郎は晩年になってマーリンの蘭仏辞書（一七一七年刊）、仏蘭辞書（一七一〇年刊）をもとに蘭日辞書の編纂を企図したが、完成には至らなかった。マーリン（Pieter Marin）（一六六七〜一七一八）はフランスに生まれ、アムステルダムで語学教師をしていた。

（2）人物の関係について補う。杉田立卿（一七八七〜一八四五）は杉田玄白とその後妻いよとの間に次男として生まれ、馬場佐十郎にオランダ語を習い、文政五（一八二二）年には江戸幕府の天文台訳員となっている。『日本幽囚記』を青地林宗と共同で翻訳し、ショメルの『日用百科辞典』の翻訳にもかかわった。立卿の子が成卿（一八一七〜一八五九）で、成卿は坪井《つぼい》信道《しんどう》に蘭学を学ぶ。一八四〇年には天文台訳員となり、一八五三年のペリー来航に際しては、アメリカ大統領からの国書を翻訳している。坪井信道（一七九五〜一八四八）は美濃国に生まれ、江戸で宇田川榛斎に蘭医学を学び、江戸で家塾を開く。この江戸の家塾で、緒方洪庵や川本幸民《かわもとこうみん》が学んでいる。成卿の養子となったのが玄端（一八一八〜一八八九）。玄端は後に杉田本家の跡継ぎとなる。成卿の養子となったのが、杉田廉卿で、元治元（一八六四）年には時の老中井上正直によって外国奉行手付翻訳御用御雇を命じられ、福沢諭吉、杉田玄端の下で外交文書の翻訳にあたった。福沢諭吉が杉田立卿に『蘭学事始』の出版を勧め、明治二（一八六九）年に刊行された。川本幸民（一八一〇〜一八七一）は三田藩侍医の川本周安の息として生まれている。嘉永四（一八五一）年には『気海観瀾広義』を、文久元（一八六一）年には『化学新書』を出版した。『気海観瀾広義』は川本幸民の岳父にあたる青地林宗が訳述した『気海観瀾』を増補したもの。

（3）『紅夷外科宗伝』は、フランスの王室公式外科医であったアンブロワーズ・パレ（Ambroise Paré 一五一〇～一五九〇）の『De Chirugie ende Opera van alle de Werken』（外科と外科諸技術）をカロルス・バッツ（Carolus Battus）がオランダ語に翻訳して一六四九年に出版したものをもとにして、「漢土の外科」書の構成も採り入れ、長崎出島蘭館医のホフマンの口授を加味して編述している。この本は出版されなかったが、宝永三（一七〇六）年の貝原益軒の序を備えている。

（4）齋藤希史（二〇〇五）は「近代以前の中国を起点に東アジア全体に流通した漢字による文語文をひとまず、「漢文」とし、それを原点として展開した écriture ―書かれたことば―の圏域を、「漢文脈」として捉えようとするのである」「「漢文」という écriture の可能性は、東アジアにおける地域の諸語を越えて展開したところにある」（·i頁）と述べている。齋藤希史（二〇〇五）は「東アジアにおける地域の諸語を越えて」かきことばとしての「漢文」が流通した、その「圏域」を広義の「脈」ととらえて「漢文脈」と呼んでいると推測する。稿者は、日本語を使って生活をする「日本語圏」の中に「漢文」がかきことばとして機能し続けたことは改めて指摘するまでもないこととして、「かきことば」を超えて一つの「世界」を形成していたとみたい。江戸時代において古典的中国世界からの離脱は始まった。しかしそれは「漢文」を捨てるというようなことではまったくない。「漢文」は、というよりも漢字は、と述べたほうがわかりやすいだろうが、「漢文」・漢字はもはや捨てられないものとなっている。

（5）尾藤正英（一九七七）は安藤昌益の「思考方法の基礎」が「金元医学と、それと原理を同じくする宋学」（五八四頁）にあったと述べ、さらに「自然真営道」とは「人間の身体やその社会のあり方を含む所の、天地の間にある万物すべてが生生活動しているありさまと、その活動の原理をなす法則とを意味するもので」（五九四～五九五頁）あったことを指摘した上で、こうした「思想は、やはり日本の社会からでなくては生み出されることのなかったものであるように思われる」（五八四頁）と述べている。

（6）島田虔次（一九八二）は三浦梅園の「出発点」（六五三頁）を「西洋天文学」と「気」の二つであったこ

とを指摘した上で、「梅園の最も顕著な特徴は、気の哲学を語の本来の意味における自然哲学として打ち建てたことである。このことは、朱子をのぞいて、中国で今日気の哲学の系譜に列せられるいかなる学者にも見られない特徴であるといってよい。中国における気の哲学は、専ら人性哲学の範囲でのみ語られた」(六六八頁)と述べている。ただし、島田虔次(一九八二)は「梅園の哲学が、新時代の開幕を告げる思想、近代的科学思想の胎動であったとは、私にはどうしても思われない。それは、儒教風自然哲学の最後にして最高の成果であった、というべきもののように感ぜられる」(六七一頁)と述べ、梅園の述べていることを、「反朱子学的」とはとらえていない。

(7) 佐藤昌介(一九七六)は蘭学について「「実用の学」という、伝統的な学問観から継承した側面のほかに、いま一つ、これから演繹できない「実理の学」という側面をも備えていた。いいかえれば、蘭学者にとって、西洋科学が実理と実用との連続的構成をもつものとして、認識されていた、とわたしは考える」(六一二頁)と述べ、杉浦明平訳『レオナルド・ダ・ヴィンチの手記』の「科学は将校であり、実践は兵である」「理論を述べ、しかるのち実践を述べることが必要である」(六二〇頁)ということばをあげている。

参考文献

島田虔次　一九八二「解説」(日本思想大系41『三浦梅園』、岩波書店)

尾藤正英　一九七七「解説」(日本思想大系45『安藤昌益　佐藤信淵』、岩波書店)

片桐一男　二〇〇〇『江戸のオランダ人　カピタンの江戸参府』(中公新書)

齋藤希史　二〇〇五『漢文脈の近代　清末=明治の文学圏』(名古屋大学出版会)

佐藤昌介　一九七六「解説」(日本思想大系64『洋学　上』、岩波書店)

一九八〇『洋学史の研究』(中央公論社)

あとがき

本書を書き終わって、改めて江戸時代はてごわいと思った。

室町時代と江戸時代とを比べた時に異なる点は少なからずあるが、残されている文献の数がかなり異なる。もちろん江戸時代のほうが室町時代よりもずっと多い。その江戸時代よりも明治時代のほうがさらに多いだろう。

かつて出版した本に「鳥瞰虫瞰」という角書きのようなものを附したことがある。その時はもちろん、現在でも、鳥が上空から俯瞰するようにみわたす、虫が這うように、文献＝テキストに密着し、鳥になったり虫になったりするということは稿者の「方法」といってよい。「鳥瞰」はどちらかといえば、ことがらを抽象的にとらえることと、「虫瞰」はことがらを具体的にとらえることと対応しているだろう。ここしばらくは「抽象／具体」という枠組みとしてことがらをとらえ、説明することが増えてきたが、「抽象／具体」は「鳥瞰虫瞰」と重なり合う。

稿者はまず「虫瞰」してみたいと思うことが多い。具体的な文献＝テキストをまず見て、手で触り、そうした具体に裏付けられた文献＝テキストを読み解きたいと思う。しかし残されている文献＝テキストが膨大であると、全貌をつかむのが難しくなる。本書のタイトル「江戸の知」は大きな、抽象度のたかいタイトルといえるだろう。終章では少しの補いをしたが、ふれることができなかった「江戸の知」はいわばいくらでもある。稿者が知らない、接したことのない日本語がいくらでもあるのと同様、ふれることができない「江戸の知」もいくらでもある。

本書の原稿をほぼしあげてから、「道中獨案内圖」を入手した。入手したものは二枚に分かれていたが、ほんとうは全国にわたる道中案内図であったかもしれない。稿者は鎌倉生まれであるが、ちょうど鎌倉周辺の図があった。「かまくら」から「ほとかや（保土ケ谷）」までが二里、そこから「かな川（神奈川）」まで一里九丁、神奈川から「河さき（川崎）」まで二里半、川崎から「六カウ川（六郷川）」を越えて「品川」まで二里半、品川から「江戸」までが二里と示されており、これを合計すると「かまくら」から「江戸」まで、十里九丁と計算されていたことがわかる。江戸を出発して、京都に向かう場合、最初の宿泊地が保土ケ谷（あるいは戸塚）と言われているので、江戸時代の一日の移動はそのくらいであったことになる。

この案内図は「だちん付」であることを謳っている。駄賃の欄をよくみると「本」「カ」「人」という略号で、値段が記されている。「本」は「本馬」、「カ」は「軽尻」、「人」は「人足荷」をあらわしていると思われるが、「軽尻（からじり・かるじり）」は「荷物をつけないで、旅人だけ馬に乗り道中すること。また、その馬。その場合、手荷物五貫目までは乗せることが許されていた」（『日本国語大辞典』）とのことで、こういうことも調べないとわからない。つまり、今、日本列島上で現代日本語を母語としている人と江戸時代との間にはかなりの隔たりがあり、その具体的な隔たりをいわば捨てて、相当に抽象化された「江戸時代」と接していることになる。それがよくないという主張をするつもりはない。しかしまた、具体的に「江戸時代」を知ることには困難さもあるが、おもしろさがあるし、「気づき・発見」も多い。自身がいろいろなことに気づきながら書き上げた本書が、読んでくださった方の「江戸の知」探究に何ほどかにしても役立つことを願いたい。

二〇二三年七月二十一日　まだ梅雨明けが宣言されていない東京にて

今野真二

【や行】

【ら行】

【わ行】

【ま行】

【な行】

【は行】

【た行】

【か行】

主要人名索引

※人名横の書名は、本書で言及されている主な著作（編書、訳書を含む）を示す

著者
今野真二（こんの・しんじ）
1958年、神奈川県生まれ。清泉女子大学教授。日本語学専攻。『戦国の日本語』『日本語の教養100』『日本語 ことばあそびの歴史』『教科書では教えてくれない ゆかいな日本語』（以上、河出書房新社）、『日本とは何か』（みすず書房）、『「鬱屈」の時代をよむ』（集英社新書）、『豊島与志雄『未来の天才』』（武蔵野書院）、『うつりゆく日本語をよむ』（岩波新書）、『ことばのみがきかた』（春陽堂書店）、『言霊と日本語』（ちくま新書）など著書多数。

江戸の知をよむ——古典中国からの離脱と近代日本の始まり

2023年9月20日　初版印刷
2023年9月30日　初版発行

著　者　今野真二

装　幀　松田行正

発行者　小野寺優
発行所　株式会社河出書房新社
〒151-0051
東京都渋谷区千駄ヶ谷2-32-2
電話 03-3404-1201（営業）
03-3404-8611（編集）
https://www.kawade.co.jp/

印　刷　株式会社亨有堂印刷所
製　本　大口製本印刷株式会社

Printed in Japan
ISBN978-4-309-23140-2
落丁本・乱丁本はお取り替えいたします。

今野真二［著］

戦国の日本語
五百年前の読む・書く・話す

激動の戦国時代、いかなる日本語が話され、書かれ、読まれていたのか。
武士の連歌、公家の日記、辞書『節用集』、キリシタン版、秀吉の書状……
古代語から近代語への過渡期を多面的に描く。

日本語　ことばあそびの歴史

古来、日本人は日常の言語に「あそび心」を込めてきた。
なぞなぞ、掛詞、判じ絵、回文、都々逸……
生きた言葉のワンダーランド、もう一つの日本語の歴史へ。

河出文庫